LITERATURA PARA CONSTRUIR LA NACIÓN

Estudios sobre historiografía literaria en España (1779-1850)

LITERATURA PARA CONSTRUIR LA NACIÓN
Estudios sobre historiografía literaria en España (1779-1850)

Mercedes Comellas (coord.)

PRENSAS DE LA UNIVERSIDAD DE ZARAGOZA

La edición de este libro ha sido parcialmente financiada por el proyecto de investigación SILEM II, Plan Estatal de I+D+i, RTI2018-095664-B-C22.

Colección Humanidades, n.º 191
Director de la colección: Juan Carlos Ara Torralba

Prensas de la Universidad de Zaragoza. Edificio de Ciencias Geológicas, c/ Pedro Cerbuna, 12
50009 Zaragoza, España. Tel.: 976 761 330
puz@unizar.es http://puz.unizar.es

La colección Humanidades de Prensas de la Universidad de Zaragoza está acreditada con el sello de calidad en ediciones académicas CEA-APQ, promovido por la Unión de Editoriales Universitarias Españolas y avalado por la Agencia Nacional de Evaluación de la Calidad y Acreditación (ANECA) y la Fundación Española para la Ciencia y la Tecnología (FECYT).

ISBN 978-84-1340-672-5
Impreso en España
Imprime: Servicio de Publicaciones. Universidad de Zaragoza
D.L.: Z 2057-2023

El pintor Marceliano Santa María ante su lienzo *El triunfo de la Santa Cruz en la batalla de las Navas de Tolosa* (Archivo Municipal de Burgos. Fondo Juan Antonio Cortés)

LA HISTORIA LITERARIA EN MOVIMIENTO. DIRECCIONES Y CONTORNOS DEL DISCURSO HISTORIOGRÁFICO ENTRE LA ILUSTRACIÓN Y EL ROMANTICISMO

Mercedes Comellas
(Universidad de Sevilla)

Cuando en las postrimerías de la Ilustración la literatura se encontró con la historia, comenzó su carrera disciplinar. Dejaría de ser un centón de materiales poéticos inarticulados para someterse a un orden narrativo que le confería también consistencia orgánica, sentido, trayectoria e, incluso, una finalidad. Desde entonces, el estudio del hecho literario no ha podido prescindir de la historia sin perder sus coordenadas más reconocibles y, sin embargo, necesitadas de cuestionamiento. El examen de esta armazón narrativa implica penetrar en los cimientos de la disciplina, revisar su fábrica y la intención con la que se fue forjando al calor de un enmarañado amasijo de intereses en los que se reunieron ingredientes políticos, sociales, culturales o religiosos. La complejidad de su análisis ha sido probablemente una de las razones de que la Historiología e Historiografía hayan sido, y en parte continúen siendo hoy, las «asignaturas pendientes» de los estudios literarios, en expresión de Pozuelo Yvancos (2000: 53). O de que, durante casi todo el siglo xx, las configuraciones históricas convencionales siguieran aceptándose «con extraña parsimonia intelectual, como si de cosas o *faits acomplis* se tratara» (Guillén, 1989: 363), sin que se diera la necesaria reflexión sobre su articulación, coyunturas, base epistemológica, o incluso sobre las denominaciones en que se apoyaba, y que aún continúan empleándose y pasando de unos estudiosos a otros como si se impusieran por sí mismas (Pozuelo Yvancos, 2000: 52). Hoy en día, las preguntas sobre los principios básicos de la historiografía, los recursos narrativos que emplea, la manipulación interesada de sus puntos de vista y la inestabilidad temporal de sus parámetros continúan exigiendo atención y estudio, a riesgo de que esta rama de los estudios literarios se desligue del árbol disciplinar y quede atrasada respecto de las nuevas tendencias críticas que han hecho crecer extraordinariamente la teoría o el comparatismo.

Así ocurrió en los años sesenta y setenta, cuando tras un largo periodo de crisis metodológica, los derroteros de la disciplina fueron examinados internacionalmente. En otoño de 1970, la revista *New Literary History*, publicada por la Johns Hopkins University Press, sacó un monográfico con el título *Is Literary History Obsolete?* Lo encabezaba un artículo de Hans Robert Jauss, «Literary History as a Challenge to Literary Theory», para no dejar duda de que los planteamientos teóricos estaban haciendo profunda mella en la historiografía literaria y obligando a una profunda revisión de la misma. Ese mismo año, Jauss había publicado *Literaturgeschichte als Provokation*. En 1973, René Wellek se planteaba con inquietud el declive e incluso la muerte de la historia literaria, y todavía en 1985, según afirmaba Gebhard Rusch, la reflexión teórica en el campo seguía sin superar el nivel de los debates de los siglos XVIII y XIX (1985: 257). Sin embargo, para entonces ya habían despuntado algunas propuestas de renovación bajo la influencia de la crítica de la ciencia histórica, de la teoría de la literatura y de los propios historiadores de la literatura. Se empezaron a cuestionar conceptos, modelos, límites, géneros, teorías, métodos selectivos de materiales, canonización, cronología y periodización, la subjetividad y la parcialidad de las valoraciones, poniendo todo ello al descubierto las insuficiencias, incertidumbres y vaguedades que ahogaban los planteamientos de la ciencia. Había que repensar la historia literaria desde la teoría y en diálogo con ella (como propone el título de Hutcheon y Valdés, 2002), so pena de perderla en ese pasado que era su campo de trabajo.

Tras la profunda renovación de los estudios históricos y la influencia del Nuevo Historicismo o la *Nouvelle Histoire*, nadie duda de que el pasado es una construcción intelectual y la historia un medio para la configuración de un imaginario comunitariamente inteligible y una identidad asentada en el ayer. Esa certidumbre ha llevado a un importante proceso de escrutinio de la historiografía literaria, sobre todo desde que la crítica recuperó la perspectiva histórica como enfoque inexcusable desde el que reflexionar sobre el hecho literario. En 1980, Frank Lentricchia presentaba las nuevas tendencias posestructuralistas bajo el significativo título de «La historia o el abismo» (1997: 155-204). Además, la revisión del canon promovida por las recientes corrientes críticas implicaba también, necesariamente, la de los diseños historiográficos que le habían servido de asiento. Si, como afirmaba Louise Bernikow (1974: 3), la historia literaria se apoya sobre un registro de selecciones (cuáles son los escritores que sobreviven a su tiempo depende de quién se fijó en ellos y decidió dejar constancia), de la misma manera puede decirse que se construye como una narrativa —en la mayoría de los casos, de ambición nacionalista— que elige, en función de determinados intereses, una manera de contar sus derivas y evolución (Harrington, 2005: 208-209; Mainer, 2006: 201-202; Pérez Isasi, 2014: 914-916). Y es que, para construir su identidad cultural, las sociedades han necesitado forjar esas historias literarias (Valdés, 2002: 80). Según David Perkins, que llega a preguntarse por la respetabilidad intelectual de la disciplina en su *Is Literary History Possible?,* esa es su función principal: crear «ficciones útiles sobre el pasado» (1992: 182). En un trabajo posterior, el mismo Perkins compara la historia literaria con una mina de oro en cuanto pueden encontrarse con facilidad nuevas vetas e interpretaciones, y escribirse, por lo general, sin un gran esfuerzo intelectual (Perkins, 1995: 63). A pesar de esta cínica apertura de sus páginas, concluye que, incluso convencido de sus limitaciones, sigue contento de participar en esa «fiebre del oro» (67-68); siempre, claro está, que le ilumine la clara consciencia de la dimensión contextual de cualquier modo de historia literaria: tanto la pasada de moda como la más actual. Esto es, la ingenuidad de las antiguas certezas se ha visto puesta en entredicho con el cuestionamiento sobre las posibilidades de categorización, evaluación y selección (Gies, 2004: 275), y las viejas etiquetas han empezado a considerarse, más que categorías temporales, sistemas culturales ideacionales que no deben usarse en sentido restrictivo (Valdés, 2002: 69) ni tampoco ignorando su proceso de construcción. Y es que, como bien señala Fernández Sebastián para el caso de la disciplina histórica, la acuñación de conceptos analíticos (como *liberalismo, socialismo* o *colonialismo*) implica con frecuencia la proyección de un marco intelectivo y normativo sobre el pasado, con intención de iluminarlo.

> Esta operación exporta repetidamente a las formaciones sociales pretéritas ciertas pautas de inteligibilidad —incluyendo a veces criterios de periodización historiográfica— y juicios morales no siempre congruentes con los marcos descriptivos y evaluativos que los actores de dichas sociedades se daban a sí mismos. Se enuncian así continuidades improbables y reevaluaciones drás-

ticas de determinados fenómenos y sucesos históricos, mientras el pasado se va poblando poco a poco de sujetos imaginarios, juicios imposibles, identidades narrativas y cronologías espurias. (Fernández Sebastián, 2014: 43)

De la misma manera, las historias literarias han sido construidas muchas veces como versiones interesadas cuya articulación, fundamentos y urdimbre han de explorarse. Sobre todo en relación con los nacionalismos, a cuyo calor nacieron las visiones parciales y territoriales, como ha estudiado Itamar Even-Zohar al observar «La función de la literatura en la creación de las naciones de Europa» (1994). De hecho, la visión comparatista es la que con más frecuencia ha puesto en cuestión las frágiles convicciones de la historiografía clásica, obligando, por su propio ejercicio transnacional, a la revisión de las coyunturas en que se asienta (Minissi, 2007).

Precisamente fue gracias al magisterio de Claudio Guillén y la publicación de su *Literature as System* (1971) en su ampliada versión española (*Teorías de la Historia literaria,* 1989), que se difundieron en España las primeras prospecciones para una reflexión que apenas contaba con algunos estudios pioneros (Mainer, 1981) y que tuvo su continuidad en el dominio disciplinar de la teoría literaria y el comparatismo con los trabajos de Pozuelo Yvancos sobre historiografía y canon (2000 —dedicado precisamente a Claudio Guillén— y 2006) y Luis Beltrán Almería (2005*a* y *b*). El volumen editado por Brad Epps y Luis Fernández Cifuentes en 2005 *(Spain Beyond Spain. Modernity, Literary History, and National Identity)* ofreció una importante colección de trabajos que se proponían el replanteamiento de aspectos fundamentales de la historiografía literaria española, como los de Harrington, Wadda Ríos-Font o el propio Beltrán Almería. El hispanismo británico también aportó importantes estudios, como los de Derek W. Flitter, cuyo imprescindible ensayo sobre la historiografía romántica española rescató textos y propuso nuevas perspectivas de abordaje (*Spanish Romanticism and the Uses of History: Ideology and the Historical Imagination,* 2006). Entre los investigadores alemanes, debe recordarse el exhaustivo estudio de Frank Baasner (*Literaturgeschichsschreibung in Spanien von den Anfänger bis 1868,* 1995), lamentablemente nunca traducido al castellano, que repasó un valioso repertorio de textos historiográficos, catalogado por Fermín de los Reyes en su tesis de 2009 sobre *Las Historias literarias españolas. Repertorio bibliográfico (1754-1936).* Este trabajo doctoral se inscribía en uno de los grupos de investigación dirigidos desde la Universidad de Zaragoza por Leonardo Romero Tobar, quien acometió con renovados alientos el estudio sistemático de un territorio al que llevaba asomándose desde mediados de los noventa —con «La Historia de la Literatura Española en el siglo XIX (materiales para su estudio)», 1996— y que encaró sobre todo durante el primer decenio del siglo XXI (Romero Tobar, 2004, 2006, 2008, 2010), como él mismo explica en el primer capítulo de este volumen.

Recientemente, tomó con energía el relevo de la empresa historiográfica el proyecto de investigación *La historiografía literaria en la España de los siglos XIX y XX (castellano, catalán, euskera y gallego),* dirigido con mano sabia por Pozuelo Yvancos, quien, como se ha señalado, fue una de las primeras voces de la renovación de la investigación historiográfico-literaria española. En este proyecto (cuyos objetivos presenta en Pozuelo y Rodríguez Alonso, 2021) su propuesta se ha concentrado en «el trazado de la articulación interna de la historiografía literaria publicada para los cuatro sistemas literarios (castellano, catalán, gallego y vasco)», a partir de las «calas más representativas de la historiografía literaria de los cuatro sistemas» (Pozuelo Yvancos, 2022: 14). Sus resultados quedan recogidos en los *Ensayos de historiografía literaria (castellana, catalana, gallega, vasca)* (2022), que inician las páginas del recorrido castellano con la gran empresa historiográfica de Amador de los Ríos en los años sesenta del siglo XIX.

El periodo anterior ha sido precisamente el objeto de nuestro proyecto de investigación, *Hacia la institucionalización literaria: polémicas y debates historiográficos (1500-1844)* (SILEM II), del Plan Estatal de I+D+i (RTI2018-095664-B-C22), centrado en las polémicas literarias y debates historiográficos como mecanismos confluyentes de definición del campo literario y los valores que lo rigen. Sobre las polémicas se enfocaron sendos monográficos publicados en prestigiosas revistas internacionales: las polémicas renacentistas y barrocas se recogieron en *Calíope. Journal of the Society for the Study of Renaissance and Baroque Hispanic Poetry* (2021), con el título *Batallas de plumas: poesía y polémicas en los Siglos de Oro;* mientras las dieciochescas —con sus prolongaciones románticas— en la revista *Dieciocho,* bajo el título de *Controversias ilustradas* (2021).

Entre estas últimas se contaban las que agitaron los primeros vagidos de la historiografía literaria, cuyo estudio se aborda en el volumen que ahora se presenta. Nos guio en su gestación el convencimiento de que las nuevas herramientas adquiridas por la disciplina tras su profunda crisis y revisión no han sido suficientemente probadas, y, todavía hoy, como afirmaba Marshall Brown hace veinte años, la historia literaria está mejor «armada» que «escrita» (2002: 116). En particular, son muchas las tareas pendientes para el caso peninsular que nos concierne, algunas de las cuales apuntaba Santiago Pérez Isasi en un trabajo de 2014:

> [H]ay aún caminos y espacios de la historiografía literaria que no han recibido una atención especializada y pormenorizada, como la que sin duda merecen. [...] por ejemplo, no se ha prestado tanta atención, creo yo, al proceso mismo de construcción de la historia literaria como género, ni a los procesos a través de los cuales las ideas románticas en torno a la historia, la literatura y la nación penetraron efectivamente en la Península (a través de diversas vías, como veremos) y se enraizaron en la misma autoconciencia de los propios historiadores españoles y portugueses. (2014: 914-915)

Estos son algunos de los retos del presente volumen, que aborda los inicios de la historiografía literaria española para observar la estrecha relación que mantuvo con la creación de la identidad nacional entre los lustros finales del siglo XVIII y especialmente en la primera mitad del XIX.

Historiografía y nación española

En mayo de 1828, Alberto Lista leyó en la Real Academia de la Historia un «Discurso sobre la importancia de nuestra historia literaria». Aquel texto, una de las primeras reflexiones teóricas sobre la necesidad de construir una historia literaria española, confirmaba, de boca de uno de los prohombres de las letras contemporáneas, el arranque de una nueva disciplina académica todavía en mantillas. Los principales argumentos esgrimidos por Lista para concederle su espaldarazo apuntan a la nueva concepción de la temporalidad, que convertía al pasado en fuente primaria de conocimiento, a la consiguiente consolidación e institucionalización progresiva de las ciencias históricas y, especialmente, a la necesidad de asumir en las propias manos españolas una misión de primera magnitud, que afectaba a la nación y que, sin embargo, había sido hasta entonces dejada en manos extranjeras: él mismo había publicado en la *Gazeta de Sevilla* de 1811 la traducción anotada de una reseña francesa al anónimo *Essai sur la littérature espagnole* (1810); y la traducción española de la *Geschichte der spanischen Poesie und Beredsamkeit* de Bouterwek saldría, también con reseñas muy críticas de Lista y Reinoso, en 1829. Entretanto, los primeros hispanistas británicos habían sacado ya también en prensa sus aproximaciones a nuestra historia literaria, demostrando, como Bouterwek, su preferencia por la Edad Media como el periodo fundacional y más característico de nuestro *Volkgeist* y el origen de la tradición literaria de la nación (Comellas, 2016, 2017 y 2021: 261-268). Era hora, según Lista, de que los españoles tomaran las riendas de la narración de su propia historia literaria y, con ella, la de su cultura y carácter nacional, pues «los observadores extranjeros distorsionaban las cosas de España» (Romero Tobar, en Lista, 2007: 275, n. 67). Por esos mismos años, artículos y novelas de costumbres (Cecilia Böhl de Faber aún no ha publicado, pero sí escrito sus primeras obras) reclamaban contar la realidad española desde dentro, para contradecir el imaginario que al otro lado de los Pirineos estaba fabricándose para la nación y con el que los peninsulares se sentían incómodos, incluso disfrazados.

Aquel fundamento reivindicativo había estado presente desde el primer texto que se propuso hacer colección del pasado literario en clave biologista: los *Orígenes de la poesía castellana* de Luis José de Velázquez (1754), que quería que «los extranjeros vieran la injusticia con que han juzgado del talento poético de una nación» (Velázquez, 1754: 142). Con el mismo espíritu de reclamación, los jesuitas exiliados en Italia se enzarzaron en una polémica que dio como resultado, entre otros títulos fundamentales para los inicios de la historiografía literaria, el que sirvió como libro de texto para la primera cátedra de Historia literaria de los Reales Estudios de San Isidro en 1785: *Origen, progresos y estado actual de toda la literatura* (1784-1806) de Juan Andrés, traducido por su hermano Carlos del original italiano (*Dell'origine, progressi e stato attuale d'ogni letteratura,* 1782-1799). La primera historia literaria española, desde su cuna, se escribió con intención reivindicativa y en relación dialógica y polémica con voces europeas (Román Gutiérrez, 2021).

Todavía cuando en los prolegómenos románticos Lista lee su «Discurso» en la Real Academia de la Historia, está convencido de que «nuestra literatura propia, exclusiva y verdaderamente española» era el mejor sistema para vindicar su posición egregia: la historia literaria española podía demostrar que había tenido «tanta influencia [...] en la civilización europea» desde que «creó y perfeccionó el habla y la poesía castellana y las colocó al frente de las naciones cuando se disiparon las tinieblas de la barbarie»; aquella literatura, «tan calumniada en el siglo XVIII», era «apreciada y aplaudida, quizá con exageración, en el siglo XIX» (Lista, 2007: 77). Las letras españolas se habían puesto de moda en Europa con la revolución romántica (desde el Romancero a Calderón, pasando por Lope y Cervantes) y aquella ventaja («Fatigaría la atención de mis sabios oyentes si hubiese de referir uno por uno los diferentes géneros de literatura en que nos distinguimos y servimos de modelo a las demás naciones», Lista, 2007: 82) debía aprovecharse y conducirse por los propios españoles.

> De aquí nace, señores, la importancia de nuestra historia literaria, ligada íntimamente con la gloria más eminente de una nación, que es la de la inteligencia. Desenterrar los tesoros de nuestra literatura que yacen sepultados y comidos del polvo en los archivos, compararlos con las composiciones en que fundan otras naciones sus títulos a la alabanza eterna, separar lo que tomaron de nosotros de lo que se les debe a ellas [...], valuar hasta qué punto ha influido el genio español en la civilización europea, es una de las empresas más laudables, más arduas y, por decirlo de una vez, más dignas de esta ilustre asociación. (Lista, 2007: 83)

España requería refrendar históricamente su identidad en el concierto europeo, una vez que la universal república de las letras había dejado paso a la nueva comunidad de naciones que pretendían hacer oír la singularidad distintiva de sus voces; de ahí la necesidad de asumir como propia la misión de explicar nuestro pasado y, con él, la base de nuestra cultura y atributos. La nación liberal se encargaría en los decenios siguientes de esa tarea (Mainer, 1981; Cabo Aseguinolaza, 2012: 35-64; Ginger, 2012: 229-236), confirmando a través de la historia de la literatura española la excelencia y antigüedad de los orígenes de la nación, su fortaleza y la esencial continuidad de su carácter: «Nadie, [...] ni fuera ni dentro, dudaba hacia 1850 de que existiera una "forma de ser" española, un carácter que figuraba entre los cinco o seis más marcados de Europa» (Álvarez Junco, 2013: 63). Cómo se había llegado a ese convencimiento y cómo se eligieron los rasgos de dicho carácter es cuestión inseparable de los presupuestos de liberalismo,[1]

1 En palabras de Álvarez Junco, «la premisa básica, tanto de estos literatos como de los historiadores, era que en España existía un carácter nacional que había sobrevivido a toda una serie de invasiones foráneas a lo largo de milenios. Esta nación idealizada había alcanzado su cénit en la Edad Media, para los liberales, cuando los "españoles" habían sostenido una larguísima guerra para preservar su identidad frente a una invasión extran-

y al tiempo, indistinguible de la interpretación de los textos literarios. Si la historia se había confirmado como el ingrediente ideológico fundamental para vincular a una sociedad con un pasado unitario, dándole cohesión y proyectándola hacia el futuro, la historia literaria resultaba su demostración documental y emocional. La construcción del imaginario nacional tenía en las fuentes literarias un opulento almacén de materiales flexibles y adaptables a las interpretaciones convenientes. La comunidad se imaginaba en sus viejos textos. La elección de los mismos, además de configurar el canon, implicaba tomar partido por un itinerario «correcto» del pasado que se proyectaba hasta el imaginario del presente e incluso se proponía como trayectoria de futuro. La tarea enfrentó largamente a distintos partidos y posiciones: no hubo fácil acuerdo sobre la identidad histórica y la personalidad cultural de la nación (Álvarez Junco, 2013: 62).

Así, las polémicas del último tercio del siglo XVIII que enfrentaron a «apologetas y antiapologetas» en dos «visiones de la nación»[2] se apoyaron en sendos enfoques del patrimonio cultural y en la selección de un canon literario específico y demostrativo de sus posturas. Lo mismo ocurrió cuando el «descubrimiento» de la Edad Media como periodo literario que alojaba los imprescindibles orígenes empezó a reclamar la atención de los estudiosos hasta entrar en franca confrontación canónica con el Siglo de Oro: las diferentes posiciones respecto a la jerarquía y el valor de ambos venían respaldadas por sendas posiciones, no solo literarias, sino ideológicas e incluso políticas (Comellas, 2017). El volumen colectivo recientemente publicado en el marco de nuestro proyecto de investigación, titulado *La invención romántica de la Edad Media* (Comellas, 2022), se adentraba precisamente en las razones que movieron a los románticos a la entusiasta reivindicación del pasado medieval, cuyos motivos, imágenes y argumentos nutrieron sin descanso los relatos de «invención de España».

---

jera, a la vez que se dotaban de unas instituciones sociales y políticas caracterizadas por la participación popular, la tolerancia, la diversidad regional y local y las limitaciones al poder regio expresadas en los fueros y las Cortes» (2013: 63). Véase, más por extenso, su *Mater dolorosa: la idea de España en el siglo XIX* (2001); en particular el capítulo dedicado a «Historia nacional y "memoria colectiva"», pp. 187-227.

2 Me valgo aquí del título de «Apologetas y antiapologetas: visiones de la nación» que Pérez Magallón dio a uno de los capítulos de su brillante *Soñando caminos: Moratín y la nación imaginada*, Valencia, Calambur, 2019.

Estudios sobre historiografía literaria en España (1779-1850)

Avanzando sobre aquella perspectiva, toca ahora examinar los engranajes internos del proyecto historiográfico sobre el que se apoyaron los inicios de la ciencia. Para ello se ha contado con un equipo interdisciplinar de especialistas en Historia, Historia de la Literatura, Teoría literaria y Comparatismo. El abordaje conjunto corresponde a la necesidad de aglutinar puntos de vista complementarios para enfrentar un fenómeno que afecta en conjunto al campo de investigación de las Humanidades y en el que, no obstante, la colaboración entre las ramas disciplinares literarias e históricas ha sido muy escaso. Y ello a pesar de que, para construir dicho proyecto, los mismos historiadores románticos trabajaron sumando la información histórica de los hechos políticos, sociales y culturales, incluyendo los literarios, vinculándolos de forma inextricable en un objetivo común. Así, Gonzalo Morón cree que, para llegar a una «descripción viva y animada» del pensamiento y la moral de las naciones, de sus costumbres, de sus hábitos y de lo que constituía «el carácter y la vida de un pueblo», era tan necesario el estudio de su historia como el de su literatura, dado que la función de la poesía, desde sus inicios, había sido la de servir de soporte a la historia: «trasmitir a la posteridad en armonioso y encantador lenguaje los grandes hechos o terribles sucesos que agitaron la vida o la nacionalidad de algún pueblo». La literatura es el depósito vivo de la historia. Y la expresión poética de la historia nacional conforma la tradición literaria del pueblo que vivió esos acontecimientos: historia patria e historia literaria no se distinguen:

> Cuando e[l] poeta de la historia y de la nacionalidad de un pueblo ha sentido latir en su corazón y reflejarse en su mente vivaz y rica de imágenes todo lo que aquella presenta de encantador y de sublime, entonces, su imaginación arrebatada conoce y crea la belleza ideal, da a sus versos un colorido indeleble, eleva un monumento a su lengua y a su patria, imprime el sello de su poderoso genio a las costumbres y a la poesía; y las generaciones y los poetas que le siguen agotan los elogios y su numen para conservar el reflejo de las bellezas del primero, y formar el magnífico coro en loor de sus admirables dones. (Morón, 1841: I, 340)

Coordenadas, contornos, plumas y personajes

Historia, literatura, imaginario, emociones, ideologías y teoría se estudian en combinación y desde diferentes perspectivas y enfoques que constituyen las cuatro secciones de este libro. La que abre el volumen *(Coordenadas: conceptos y límites)* se dedica a la conceptualización teórica, límites y vocación actual de la historiografía literaria, con un capítulo inicial de Leonardo Romero Tobar, cuya extraordinaria actividad investigadora ha abierto, roturado y sembrado fecundos campos de trabajo en el territorio de la literatura española decimonónica: literatura popular, literatura de viajes, epistolarios y un inagotable etcétera por el que generaciones de estudiosos deberán seguir teniéndole por maestro. Especialmente en la última curva de su inabarcable trayectoria se entregó a la investigación de la historiografía literaria romántica, campo de estudio prácticamente inexplorado hasta que su magisterio lo convirtió en contexto ineludible que debía preceder la interpretación y el estudio de los textos. Leonardo Romero Tobar no solo inició, con un grupo de discípulos, esa línea de investigación en la Universidad de Zaragoza, sino que además ha sido durante años el motor más señalado en los estudios sobre los inicios de la historiografía literaria española. Las referencias obligadas para cualquiera de los interesados en el ámbito que abordamos en este volumen son las distintas obras que, apoyadas en diferentes proyectos de investigación, ha ido publicando sobre el asunto: *Historia literaria / Historia de la literatura* (2004); *La literatura en su historia* (2006); *Literatura y nación. La emergencia de las literaturas nacionales* (2008), sin contar con otros trabajos esenciales sobre las primeras historias de las literaturas ibéricas en tiempos románticos (2010). Su cumplido conocimiento del territorio le convertía en el más indicado para elaborar ese estado de la cuestión sobre los inicios de la historiografía literaria española que constituye su contribución al volumen.

Rosa María Aradra, cuyos trabajos sobre teoría literaria entre la Ilustración y el Romanticismo (1997, 2019, etc.) son de obligada referencia para el estudio del periodo, ha acometido una empresa hasta ahora inédita y, sin embargo, indispensable: la de presentar una aproximación al mapa disciplinar en el que se construye la historia literaria en España desde mediados del XVIII a la primera mitad del XIX. Contando con que la tipología de textos que acoge la reflexión sobre la evolución literaria es muy variada en la época, parte de la relevancia que tienen todavía la poética y la retórica para estudiar cómo se inserta en ellas el pensamiento histórico cuando teorizan sobre géneros o estilos, cuando ofrecen modelos de composición o reivindican los méritos poéticos nacionales; analiza también de qué manera el relato histórico organiza el pasado literario según criterios de valor que conectan con una estética también en transformación. Sus acendradas páginas verifican que el reajuste disciplinar que se produce entre poética y retórica con la quiebra del normativismo clasicista se interrelaciona con la construcción de una historia literaria nacional que se legitima y desarrolla en paralelo, asumiendo categorías compartidas con las que selecciona, ordena e interpreta el pasado literario.

Los renovadores trabajos sobre historiografía e iberismo de Santiago Pérez Isasi (2010, 2013, 2014, 2020, entre otros) han llevado a un replanteamiento de los límites en los estudios literarios peninsulares. Su participación en el volumen incorpora la perspectiva del iberismo, reflexionando sobre la relación entre la historiografía y los proyectos de construcción de identidad nacional, y proponiendo aplicar un marco interpretativo ibérico como modo de superar algunos de los problemas que esta relación provoca. Su primer apartado recupera algunas reflexiones sobre la matriz nacional de la historiografía literaria española, ibérica y europea, ofreciendo a continuación ejemplos que muestran las dificultades de la historiografía nacional para responder a la diversidad y a la complejidad de los fenómenos literarios y culturales en el ámbito peninsular. Cierra sus páginas proponiendo algunas ideas para la (re)construcción de una historiografía literaria ibérica, que intente contrariar las tendencias jerarquizadoras y homogeneizantes de la tradición historiográfica nacional.

En la segunda sección del volumen, titulada *Contornos: caracterizaciones, periodos y voces,* se acometen los comienzos de la propuesta periodológica, atendiendo a la creación de la Edad Media como periodo literario y la participación de las voces extranjeras: tanto las del primer hispanismo alemán como las de los viajeros por España. El primer asunto ha sido estudiado por el profesor Edward Baker con la luminosa penetración que ya desplegó en su imprescindible trabajo sobre «Nuestras antigüedades: la formación del canon poético medieval en el siglo XVIII» (2001), en esta ocasión ampliado a una innovadora propuesta teórica que parte de la nueva concepción del tiempo vivida en la Ilustración y la implicación que ello tuvo en la reconfiguración de las taxonomías discursivas imperantes en los siglos modernos. Y es que los primeros esbozos de historiografía literaria inauguran su mecánica periodológica inventando los imprescindibles orígenes: la Edad Media, periodo fundamentalmente nuevo en el interior de la macroperiodización de la antigüedad y la modernidad. La labor filológica y lexicográfica de Tomás Antonio Sánchez en los cuatro volúmenes de la *Colección de poesías castellanas anteriores al siglo* XV rompió múltiples esquemas y alimentó de textos un periodo casi inédito. En adelante, encarnando un imaginario cada vez más poderoso, el Medioevo acompañaría como espacio temporal privilegiado la larga y accidentada marcha hacia una visión nacionalizante de la literatura y de la cultura, identificada cada día más con aquel periodo nutricio.

De la participación extranjera en dichos discursos iniciales se han ocupado Carmen Calzada Borrallo y Manuel Contreras Jiménez. Calzada, estudiosa del hispanismo alemán y que ya ha abordado la visión que este ofreció de la Edad Media española (2022), investiga la historia de la literatura española construida por los alemanes de finales del siglo XVIII y comienzos del XIX, con extraordinario impacto en la imagen de España difundida por la Europa de los prolegómenos románticos. Para ello confronta tres textos señeros: la traducción anotada de Dieze de los *Orígenes* de Velázquez, la *Geschichte der spanischen Poesie und Beredsamkeit* (1804) de Bouterwek y las *Vorlesungen über Universalgeschichte* que Friedrich Schlegel impartió entre 1805 y 1806. Su comparación permite poner de relieve el cambio gradual en la mirada histórica de sus autores y observar el papel fundamental que tendría el nuevo historicismo en la revalorización de la literatura española dentro del marco europeo.

Contemporáneos a estas formulaciones académicas de enorme trascendencia, los viajeros europeos por España difundían por otros canales, más abiertos y menos exigentes, una imagen del país acompañada o sustentada en noticias de historia literaria. Como argumenta Manuel Contreras en su trabajo, esto fue posible gracias a la metodología enciclopedista y el valor epistemológico que alcanzó el género de los libros de viaje en la Ilustración, sobre el que ha publicado ya valiosos trabajos (2018, 2021). Su atención se detiene ahora en algunos de estos relatos (los de Giuseppe Baretti, Richard Twiss, Jean François Peyron, John Talbot Dillon, Robert Southey, Alexandre de Laborde, John Bowring y Edward Blaquière) para explorar su consideración como género historiográfico entre la Ilustración y el Romanticismo, involucrado en los debates europeos sobre el canon y el carácter poético español.

La tercera parte del volumen está dedicada a *Las plumas: historiadores y literatos,* para presentar a los autores fundamentales que diseñaron las historias de la literatura española de mayor difusión y alcance; entre ellos se cuentan sin duda los tres primeros protagonistas de la tercera sección: Manuel José Quintana, Antonio Alcalá Galiano y Antonio Gil y Zárate. El caso de Quintana, clave referencial para los primeros historiadores de la literatura española por la extensa circulación, tanto nacional como europea, de sus escritos sobre historiografía literaria española, ha sido estudiado por Rodrigo Olay Valdés, cumplido colaborador del proyecto en publicaciones anteriores (2021). Su cuidada comparación de los textos historiográficos del autor y una revisión minuciosa de los diferentes prólogos con que acompañó sucesivas antologías de la poesía española le ha permitido observar cómo Quintana fue modificando lentamente aquellos escritos en una progresiva ampliación a los anteriores, además de esclarecer las bases estéticas e ideológicas de su canon personal.

Uno de los asuntos de mayor calado, motivo de fecundas polémicas en la construcción historiográfico-literaria española, fue el del sedimento del sustrato arábigo en la cultura y literatura peninsular. Xavier Andreu Miralles, autor de imprescindibles estudios sobre imaginario cultural e identidad nacional en el periodo romántico (2015, 2016), ha contribuido a esta propuesta de revisión de la historiografía literaria española con un lúcido examen de cómo fue tratado el sustrato árabe por la pluralidad de voces del liberalismo español e incorporado a la historización literaria romántica. En concreto, presenta una profunda relectura del pensamiento historiográfico de la época, atendiendo a las variadas fuentes y tendencias que influyeron en el proyecto de Antonio Gil y Zárate en su *Resumen histórico de la literatura española* de 1844, una de las obras más prominentes y representativas de la historiografía literaria española de mediados de siglo. El legado andalusí de la Península fue recibido por los liberales españoles con una actitud cambiante a medida que se consolidaban, por un lado, el historicismo y el organicismo románticos, y por otro, los nuevos discursos orientalistas. Este proceso ayuda a entender la ambivalencia de autores como Gil y Zárate ante una dimensión oriental de la lengua y la literatura españolas que era a la vez temida y celebrada, así como su apuesta por un eclecticismo literario que puede entenderse como un «romanticismo clásico».

El tercer proyecto historiográfico-literario estudiado es el de Antonio Alcalá Galiano. Crítico literario, historiador y político vinculado al partido moderado, se interesó toda su vida por la literatura como expresión escrita del espíritu de la nación, estableciendo un paralelismo entre historia política e historia cultural. El análisis de Raquel Sánchez, reconocida especialista en la figura de Galiano (1999, 2000, 2005) y en las transferencias culturales en la España decimonónica (2017), estudia las lecciones sobre historia literaria española que el escritor impartió en el Ateneo de Madrid y que se publicaron con el título de *Historia de la literatura española, francesa, inglesa e italiana en el siglo* XVIII (1845). La propia perspectiva del texto le permite incorporar la dimensión comparatista y comprobar cómo Galiano, partiendo del romanticismo literario nacionalista y apoyado en el cotejo entre las historias literarias de varios países de la Europa occidental (Gran Bretaña, Francia, Alemania, Italia y Portugal), diseña, por medio de la literatura, una historia de las mentalidades que va más allá de la historia política y la historia literaria para ofrecer una interpretación de la cultura europea expresada a través de las ideas estéticas dominantes en cada periodo histórico y en cada país.

La sección se cierra con una aproximación a las historiografías románticas de autor; en particular, mi contribución al volumen en el último capítulo de este apartado observa el uso estratégico que se hizo de la historia en tres grandes manifiestos románticos, los de Shelley (*Defensa de la poesía*, 1821), Hugo (prólogo a *Cromwell*, 1827) y Ros de Olano (en su prólogo a *El Diablo Mundo* de Espronceda, 1840). El desarrollo de la visión histórica romántica estaba transformando la imagen que el autor tenía de su papel creativo y su posición en el campo literario. El nuevo poeta, desde esa constante histórica, se observaba a sí mismo como resultado de una movilidad temporal que le colocaba en una situación débil e insegura. En su apoyo, recurrirá a una serie de estrategias o «escenografías autoriales» acordes con el nuevo sistema, entre las que se cuenta la aplicación de la nueva visión histórica a la exposición de la propia poética, ejercicio del que son ejemplos paradigmáticos los textos analizados. Los tres generan una suerte de historiografía romántica de autor, que les permitía autogestionar su protagonismo en la narración de la historia literaria y justificar una trayectoria de la poesía que concluye en la suya propia.

La última sección se dedica al personaje que la historiografía literaria convirtió en el origen de nuestra historia cultural y el código modélico del carácter español. En ella se recoge un magistral repaso de Isabel Román Gutiérrez por el papel que tuvo el personaje del Cid en la reconstrucción historiográfica, convertido progresivamente en protagonista del proceso de recuperación del pasado histórico y cultural que apoyó la construcción de la nación. Cuando en el siglo XVIII España suma a la pérdida de la hegemonía territorial y política ataques propagandísticos y críticas a su atraso cultural por parte de los demás países europeos, los ilustrados van recuperando el legado literario medieval que culmina con el hallazgo del manuscrito del *Cantar de mío Cid* en 1775 y su publicación en 1779. Las hazañas de Rodrigo Díaz habían sido transmitidas por los romances, pero es ahora cuando su figura se hace depositaria de los valores nacionales, una estimación que se intensifica en el cambio de siglo al hilo de tres acontecimientos determinantes: la importancia concedida a las masas y el pueblo por la Revolución francesa, la rebelión de los españoles frente a las fuerzas napoleónicas y el advenimiento del Romanticismo, que reivindica finalmente el *Cantar* como el origen de nuestra tradición literaria. Román Gutiérrez, buena conocedora de la querella entre antiguos y modernos (2017) y del debate sobre el progreso de España en las respuestas a Masson de Morvilliers en la historiografía ilustrada (2021), analiza el proceso de canonización del texto cidiano en la historiografía española y europea, así como los avatares que sufre la imagen del personaje a lo largo de los siglos XVIII y XIX, manipulada siempre en función de intereses políticos e ideológicos. Este último trabajo del volumen permite comprobar, en el tratamiento del personaje cidiano, las consecuencias a que llevó la invención del nuevo periodo literario medieval, así como la trascendencia que tendría el primero de los textos salidos en la colección de Antonio Sánchez, estudiada en el capítulo de Baker.

Con este trazado circular del volumen, se consuma cabalmente la revisión del diseño historiográfico-literario que alimentó la primera visión histórica de nuestra literatura. En dicha revisión han participado enfoques diversos y complementarios con una voluntad transdisciplinar que pretende enmendar la incomunicación habida hasta ahora entre las ramas de la Historia, la Literatura, la Teoría literaria o el Comparatismo en el abordaje de la historiografía literaria. Solo con la colaboración de todas estas perspectivas se pueden repasar fronteras geográficas y conceptuales, atender al trazado teórico que sustenta la periodología, escrutar los diseños histórico-literarios más difundidos, observar las redes de transculturalidad y mediación y explorar los mitos fundamentales de la construcción histórico-literaria.

Como ya explicó Siegbert Prawer (1970: 11), la novedad fundamental de la historiografía romántica con respecto a la ilustrada es que usa la historia con diferente propósito: percibe el arte y la historia como elementos de un proceso regenerativo que va conformando el futuro. Confiamos que esta contribución a los estudios de historiografía también pueda favorecer el progreso futuro de esta línea de investigación.

Bibliografía

Álvarez Junco, José (2001), *Mater dolorosa: la idea de España en el siglo xix,* Madrid, Taurus.

Álvarez Junco, José (2013), «La conflictiva formación de la identidad nacional en la España del xix», en Yolanda Arencibia (ed.), *Actas del X Congreso Internacional Galdosiano,* Las Palmas de Gran Canaria, Cabildo Insular de Gran Canaria, pp. 59-69.

Andreu-Miralles, Xavier (2015), «Nacionalismo español y culturas políticas. El comienzo de una buena amistad», *Historia y Política,* 34, pp. 355-381.

Andreu-Miralles, Xavier (2016), *El descubrimiento de España. Mito romántico e identidad nacional,* Barcelona, Taurus.

Aradra Sánchez, Rosa M.ª (1997), *De la retórica a la teoría de la literatura (siglos xviii y xix),* Murcia, Servicio de Publicaciones de la Universidad de Murcia.

Aradra Sánchez, Rosa M.ª (2019), «Juan Andrés y la noción de progreso en los inicios de la historia literaria española», en María José Rodríguez Sánchez de León y Miguel Amores Fuster (dirs.), *La ciencia literaria en tiempos de Juan Andrés (1740-1817),* Madrid, Visor, pp. 269-294.

Baasner, Frank (1995), *Literaturgeschichsschreibung in Spanien von den Anfänger bis 1868,* Fráncfort del Meno, Klastermann.

Baker, Edward (2001), «Nuestras antigüedades: la formación del canon poético medieval en el siglo xviii», *Hispania,* 61, 209, pp. 813-829.

Beltrán Almería, Luis (2005*a*), *Qué es la Historia literaria,* Madrid, Mare Nostrum.

Beltrán Almería, Luis, y José Antonio Escrig (2005*b*), *Teorías de la Historia literaria,* Madrid, Arco Libros.

Bernikow, Louise (1974), *The World Split Open: Four Centuries of Women Poets in England and America, 1522-1950,* Nueva York, Vintage.

Brown, Marshall (2002), «Rethinking the Scale of Literary History», en Linda Hutcheon y Mario J. Valdés (eds.), *Rethinking Literary History. A Dialogue on Theory,* Oxford, Oxford University Press, pp. 116-154.

Cabo Aseguinolaza, Fernando (2012), *El lugar de la literatura española,* Barcelona, Crítica.

Calzada Borrallo, Carmen (2022), «La recuperación de la literatura medieval española desde Alemania: Dieze, Bouterwek y Friedrich Schlegel», en Mercedes Comellas (coord.), *La invención romántica de la Edad Media. Representaciones del Medievo en el siglo xix,* Sevilla, Editorial Universidad de Sevilla, pp. 47- 84.

Comellas, Mercedes (2016), «La historia literaria española según John Bowring: "Observations on the state of religión and literatura in Spain" (1819), "Poetical Literature of Spain" (1821-1822) y *Ancient Poetry and Romances of Spain* (1824)», en José Manuel González Herrán *et alii* (coords.), *La Historia en la Literatura española del siglo xix,* Barcelona, Sociedad de Literatura Española del Siglo XIX / Universitat de Barcelona, pp. 395-416.

Comellas, Mercedes (2017), «Argumentos poéticos para un debate político: la poesía del Siglo de Oro en los años del exilio romántico», *e-Humanista,* 37, pp. 143-171.

Comellas, Mercedes (2021), «La "Escuela propiamente española": la polémica sobre el lenguaje poético y la idea de nación», *Dieciocho,* Anejo 8, pp. 247-280.

Comellas, Mercedes (ed.) (2022), *La invención romántica de la Edad Media,* Sevilla, EUS.

Contreras Jiménez, Manuel (2018), «Las *Letters* de John Talbot Dillon (1781) y el *Essai sur la littérature espagnole* (1810) en los inicios de la historiografía literaria española», *Esferas Literarias,* 1, pp. 155-187.

Contreras Jiménez, Manuel (2021), «Sur y Oriente en *L'Espagne sous Ferdinand VII* (1838) del Marqués de Custine: una visión de España entre la civilización y la barbarie», *Artifara,* 21, 1, pp. 215-231.

Epps, Brad, y Luis Fernández Cifuentes (2005), *Spain Beyond Spain. Modernity, Literary History, and National Identity,* Lewisburg, Bucknell University Press.

Even-Zohar, Itamar (1994), «La función de la literatura en la creación de las naciones de Europa», en Darío Villanueva (ed.), *Avances en Teoría de la Literatura,* Santiago de Compostela, Universidad, pp. 357-377.

Fernández Sebastián, Javier (2014), «Historia, historiografía, historicidad. Conciencia histórica y cambio conceptual», en Manuel Suárez Cortina (coord.), *Europa del sur y América Latina: perspectivas historiográficas,* Madrid, Biblioteca Nueva, pp. 35-64.

Flitter, Derek W. (2006), *Spanish Romanticism and the Uses of History: Ideology and the Historical Imagination,* Londres, Legenda.

Gies, David Thatcher (2004), «El reto imposible de la historia literaria: el caso Cambridge», en Leonardo Romero Tobar (ed.), *Historia literaria / Historia de la literatura,* Zaragoza, PUZ, pp. 273-283.

Ginger, Andrew (2012), *Liberalismo y Romanticismo: la reconstrucción del sujeto histórico,* Madrid, Biblioteca Nueva.

Guillén, Claudio (1971), *Literature as System,* Princeton, NJ, Princeton University Press.

Guillén, Claudio (1989), *Teorías de la Historia literaria,* Madrid, Espasa Calpe.

Harrington, Thomas (2005), «Belief, Institutional Practices and Intra-Iberian Relations», en Brad Epps y Luis Fernández Cifuentes (eds.), *Spain Beyond Spain,* Lewisburg, Bucknell University Press, pp. 205-230.

Hutcheon, Linda, y Mario J. Valdés (eds.) (2002), *Rethinking Literary History. A Dialogue on Theory,* Oxford, Oxford University Press.

Lentricchia, Frank (1997 [1980]), *Después de la «Nueva Crítica»,* Madrid, Visor.

Lista, Alberto (2007), *Ensayos,* Leonardo Romero Tobar (ed.), Sevilla, Fundación José Manuel Lara.

Mainer, José-Carlos (1981), «De historiografía literaria española: el fundamento liberal», en Santiago Castillo (coord.), *Estudios de Historia de España: homenaje a Manuel Tuñón de Lara,* Madrid, UIMP, vol. ii, pp. 439-472.

Mainer, José-Carlos (2006), «La invención de la literatura española», en Dolores Romero López (coord.), *Naciones literarias,* Madrid, Anthropos / Universidad Complutense de Madrid, pp. 201-230.

Minissi, Nullo (2007), «Literary Historiography from National to European Literature», *Dialogue and Universalism,* 17, 12, pp. 87-94.

Morón, Fermín Gonzalo (1841), «Reflexiones sobre Homero y la tragedia griega. Caracteres distintivos de la literatura antigua y moderna», *El Iris,* I, n.º 20 (20 de junio de 1841), pp. 340-342; I, n.º 22 (suplemento al n.º 21 del 27 de junio), pp. 385-388.

Olay Valdés, Rodrigo (2021), «Una polémica soterrada. El paso de la poesía anacreóntica a la filosófica», *Dieciocho,* Anejo 8, pp. 212-246.

Pérez Isasi, Santiago (2010), «La historiografía literaria como herramienta de nacionalización en España (1833-1939)», *Oihenart: Cuadernos de Lengua y Literatura,* 25, pp. 267-279.

Pérez Isasi, Santiago (2013), «The Limits of Spanishness in Nineteenth-century Spanish Literary History», *Bulletin of Hispanic Studies,* 90, 2, pp. 167-188.

Pérez Isasi, Santiago (2014), «Adopción, traducción, adaptación: primeras tentativas de historiografía literaria romántica en la península ibérica», en Domingo Sánchez Mesa *et alii* (eds.), *Teoría y comparatismo: tradición y nuevos espacios. (Actas del I Congreso Internacional de ASETEL),* Granada, Universidad de Granada, pp. 913-924.

Pérez Isasi, Santiago (2020), «¿Hacia unos Estudios Ibéricos 2.0? Críticas, debates y caminos abiertos», *Theory Now. Journal of Literature, Critique and Thought,* 3.2, pp. 145-167.

Perkins, David (1992), *Is literary history possible?,* Baltimore / Londres, Johns Hopkins University Press.

Perkins, David (1995), «Some Prospects for Literary History», en Marshall Brown (ed.), *The Uses of Literary History,* Durham, Duke University Press, pp. 63-72.

Pozuelo Yvancos, José María (2000), «Ángel Valbuena: la renovación de la historiografía literaria española», *Monteagudo. Revista de Literatura Española, Hispanoamericana y Teoría de la Literatura,* 5, pp. 51-70.

Pozuelo Yvancos, José María (2006), «Canon e historiografía literaria», *Iberoamericana,* 6, 22, pp. 99-108.

Pozuelo Yvancos, José María, y Mariángeles Rodríguez Alonso (2021), «Veinte años de teoría: canon, pensamiento literario e historiografía», *Theory Now: Journal of Literature, Critique and Thought,* 4, 1, pp. 6-21.

Pozuelo Yvancos, José María, Pere Ballart, María Xesús Lama y Lourdes Otaegi Imaz (eds.) (2022), *Ensayos de historiografía literaria (castellana, catalana, gallega, vasca),* Barcelona, Gredos.

Prawer, Siegbert (ed.) (1970), *The Romantic Period in Germany,* Londres, Weidenfeld & Nicolson.

Reyes Gómez, Fermín de los (2009), *Las Historias literarias españolas. Repertorio bibliográfico (1754-1936),* Zaragoza, PUZ.

Ríos-Font, Wadda C. (2005), «National Literature in the Protean Nation: The Question of Nineteenth-Century Spanish Literary History», en Brad Epps y Luis Fernández Cifuentes (eds.), *Spain Beyond Spain. Modernity, Literary History, and National Identity,* Lewisburg, Bucknell University Press, pp. 127-147.

Román Gutiérrez, Isabel (2017), «Un episodio español de la "querella entre antiguos y modernos": Cándido María Trigueros y su teoría sobre la versificación», *eHumanista,* 37, pp. 103-119.

Román Gutiérrez, Isabel (2021), «De polémicas y apologías. El debate sobre el progreso de España en las respuestas a Masson de Morvilliers y la historiografía ilustrada», *Dieciocho,* Anejo 8, pp. 125-162.

Romero Tobar, Leonardo (1996), «La Historia de la Literatura española en el siglo xix (materiales para su estudio)», *El Gnomo,* 5, pp. 151-183.

Romero Tobar, Leonardo (ed.) (2004), *Historia literaria / Historia de la literatura,* Zaragoza, PUZ.

Romero Tobar, Leonardo (2006), *La literatura en su historia,* Madrid, Arcos/Libros, pp. 109-145.

Romero Tobar, Leonardo (coord.) (2008), *Literatura y nación. La emergencia de las literaturas nacionales,* Zaragoza, PUZ.

Romero Tobar, Leonardo (2010), «El Romanticismo y las primeras historias de las literaturas ibéricas», en F. Lafarga y E. Gallén (eds.), *Interacciones entre literaturas ibéricas,* Berna, Peter Lang, pp. 463-479.

Rusch, Gebhard (1985), «The Theory of History, Literary History and Historiography», *Poetics,* 14, pp. 257-278.

Sánchez, Raquel (1999), «La crítica literaria en el siglo xix: Antonio Alcalá Galiano (1789-1865)», *Dicenda: Estudios de Lengua y Literatura Españolas,* 17, pp. 231-249.

Sánchez, Raquel (2000), «La historia del siglo xix desde la perspectiva moderada: reflexiones de Antonio Alcalá Galiano sobre España», *Hispania,* 60, 204, pp. 289-314.

Sánchez, Raquel (2005), *Alcalá Galiano y el liberalismo español,* Madrid, Centro de Estudios Políticos y Constitucionales.

Sánchez, Raquel (2017), *Mediación y transferencias culturales en la España de Isabel II. Eugenio de Ochoa y las letras europeas,* Madrid / Fráncfort, Iberoamericana / Vervuert.

Valdés, Mario J. (2002), «Rethinking the History of Literary History», en Linda Hutcheon y Mario J. Valdés (eds.), *Rethinking Literary History. A Dialogue on Theory,* Oxford, Oxford University Press, pp. 63-115.

Velázquez de Velasco, José Luis (1754), *Orígenes de la poesía castellana,* Málaga, Herederos de D. Francisco Martínez de Aguilar.

I.
COORDENADAS: CONCEPTOS Y LÍMITES

LOS INICIOS DE LA HISTORIOGRAFÍA LITERARIA ESPAÑOLA: ESTADO DE LA CUESTIÓN

Leonardo Romero Tobar
(Universidad de Zaragoza)

La historiografía literaria, como la de las otras Bellas Artes, es un relato hecho desde un tiempo presente que ordena y organiza los textos artísticos escritos en una o en varias lenguas. En la literatura española escrita en castellano tenemos una primera obra que puede servir de punto de arranque de la historiografía literaria en la *Carta-Prohemio al Condestable don Pedro de Portugal* del marqués de Santillana, texto que como es sabido se estructura sobre el modelo de la Poética clásica añadiendo juicios y valoraciones de algunas obras medievales. Este modelo de repaso a textos literarios —equivalente al que se hizo en muchas antologías generales o centradas monográficamente en los diversos géneros literarios— sirve de antecedente informativo a la actividad previa con que algunos estudiosos del siglo XVIII sentaron las bases de la moderna historiografía literaria, cuyo núcleo argumental se instala en la constatación de los cambios e interrelaciones vividos por los textos artísticos en el sucederse del tiempo, planteamiento que estuvo estrechamente ligado con la idea de *nación* construida en la Edad Moderna y palpitante en los textos literarios y los acontecimientos políticos y bélicos vividos en España entre los siglos XVIII y XIX.

Recuérdese también que el canon de autores y obras que se comentan en las historias de la literatura suele variar a tenor del momento sociohistórico y la teoría historiográfica más prestigiada en el punto en que se escribe cada una, factores a los que difícilmente se resisten el autor (o autores) de cada obra de historia literaria. Las empresas editoriales y los moldes pedagógicos vigentes en ese momento también influyen en la orientación de cada historia.

Estos condicionantes son muy paralelos a los que se proyectan en los textos de historia que, en algunos casos, entretejen su discurso con observaciones sobre artes y literatura. Por ejemplo, en el reciente libro de Xavier Andreu Miralles (2016) se explica el lugar de España entre Oriente y Occidente con la ayuda del análisis inteligente de varios textos literarios modernos en los que los escritores románticos ocupan un lugar muy destacado, ya que Andreu Miralles comenta obras de unos cuantos autores para mantener su tesis histórica sobre el «descubrimiento de España» y que muy hábilmente sintetiza al final en dos personalidades opuestas por el vértice: la conservadora Fernán Caballero y el progresista Wenceslao Ayguals de Izco. Con todo, por muy cercana a la realidad que esté, la representación literaria supone un énfasis de invención que diferencia radicalmente la construcción literaria de la realidad históricamente documentada.

Nunca ha faltado la proyección de los gustos y de las preferencias de quienes han escrito estas obras. Por ejemplo y como modelo de historias literarias escritas desde la perspectiva de los españoles que perdieron la Guerra Civil, pueden verse las de los exiliados Max Aub, Juan Chabás, Vicente Lloréns y Ángel del Río, muy interesados en la creación hecha fuera de España por los vencidos en la guerra, creación a la que denominan literatura «enterrada» o «peregrina» y que en todos los escritores responde al «espíritu nacional» que se había sostenido por los republicanos. Un caso extremo de invención personal del autor en su trazado de la historia literaria es la muy divertida novela de Rafael Reig *La cadena trófica. Manual de literatura para caníbales* (2016), que organiza la sucesión de los movimientos literarios desde el Romanticismo como una pelea de monstruosos animales desde los ornitorrincos hasta las anacondas y las criaturas animalescas más recientes.[1]

1 He formulado una reseña de este libro en mi artículo «La Historia de la Literatura escrita en broma». En esta reseña yo escribía que «el marco básico de esta guasa histórico-literaria es la invención de una cadena familiar que en el curso de sus sucesivos ocho miembros vive el cambio estético-cultural de los varios movimientos y estilos que se sucedieron desde 1820, momento este vivido por el primer anillo de la cadena familiar, Agustín Belinchón Cerralbo, en el que *aprendió a leer y escribir*» (Romero Tobar, 2020: 123).

Hasta el momento son pocos los trabajos que se han dedicado a reconstruir la historia de las historias literarias españolas. Se inició esta tarea con la monografía del profesor Frank Baasner (1995) que ha prolongado Fermín de los Reyes Gómez en su repertorio bibliográfico del año 2009. Habían precedido a estos trabajos los repertorios estrictamente bibliográficos de José Simón Díaz (1950-1963), de carácter general, y de Francisco Aguilar Piñal dedicado al siglo XVIII (1981-2001).[2]

Estas aportaciones han estimulado a dos equipos de investigación ahora en activo. El más antiguo lo inicié yo con la ayuda de varias colegas de mi Departamento en la Universidad de Zaragoza y con el que estaba vinculado Fermín de los Reyes. El grupo se constituyó el año 2000 y ha reunido en dos volúmenes los textos de los estudios del grupo junto con las comunicaciones presentadas en reuniones con otros hispanistas (Romero Tobar, 2004 y 2008*a*). Una monografía aparecida en el año 2006, *La literatura en su Historia,* reúne mis trabajos sobre historiografía literaria hasta esa fecha y se incluye en la actividad del equipo citado.

Más recientemente ha surgido el proyecto SILEM II de la Universidad de Sevilla, en cuya línea de historiografía han publicado Mercedes Comellas, Isabel Román Gutiérrez, Manuel Contreras, Fátima Rueda, Carmen Calzada y demás miembros del grupo distintas aportaciones dedicadas a los debates historiográficos, como las controversias vividas en España durante los años de la Ilustración y el primer Romanticismo, estudiadas en el tomo monográfico de la revista *Dieciocho. XVIII* (Anejo 8, 2021), que contiene trabajos muy pertinentes relativos al tema que aquí nos ocupa.

En este repaso apresurado no pueden olvidarse las antologías generales y las de géneros literarios determinados, que proporcionan también información ordenada sobre autores y textos. Tampoco debía prescindirse del *Diccionario de Autoridades,* donde son los escritores hasta finales del siglo XVIII los que justifican las explicaciones lexicográficas como estas que leemos en el volumen IV de este *Diccionario* (1734): «*Literatura,* el conoci-

2 Simón Díaz, *Bibliografía de la literatura hispánica,* Madrid, CSIC, desde 1950, 17 volúmenes que llegan hasta el siglo XVII y su posterior *Manual de bibliografía de la literatura española,* Barcelona, Gustavo Gili, 1963. Francisco Aguilar Piñal, *Bibliografía de autores españoles del siglo XVIII,* Madrid, CSIC, 1981-2001, 10 volúmenes.

miento y ciencia de las Letras» y «*Letras,* se toma muchas veces por las ciencias, artes y erudición», explicaciones autorizadas por autores como Bernardo José de Aldrete para estos mismos términos. Recuérdese que algunos repertorios informativos incluyen noticias sobre otras cuestiones e, incluso, rasgos de humor como el que ofrece Félix Torres Amat en una página preliminar de sus *Memorias para ayudar a formar un Diccionario crítico de los escritores catalanes y dar alguna idea de la antigua y moderna literatura de Cataluña* (1836), donde se dirige irónicamente a «los que dicen que en esta ciudad no conocemos sino letras de cambio».

A partir de aquí me centraré en lo que sugiere el título de mi trabajo: el repaso de las publicaciones recientes en que se vuelve a considerar los orígenes de la historia literaria española. Especial interés tienen en esta construcción las noticias que ofrecen los viajeros en España que proceden de otros países y que, en determinados casos, al iniciar su recorrido están muy influidos por la «leyenda negra» y la idea establecida de la barbarie e incultura de los españoles.

El caso de George Ticknor es muy ilustrativo. Como ha mostrado Martín Ezpeleta en la traducción de sus cuadernos de viaje, el primero a España lo hizo el año 1818, según el propio Ticknor recuerda en el prólogo de su *History of the Spanish Literature* (1849). Su correspondencia con Gayangos y la adquisición que hizo de muchos libros sentaron la base de su biblioteca personal, que constituyó el núcleo inicial de la biblioteca hispánica de la Universidad de Boston. En los diarios de viaje afirma su impresión de que en España no encuentra «nada en las Bellas Artes, Retórica, Historia literaria, Crítica, Metafísica o Filosofía Moral» (Ticknor, 2012: 61), para aludir la situación de perseguidos políticos que estaban sufriendo Estala, Meléndez Valdés, Sempere y Guarinos, Moratín, Juan Antonio Llorente, Fernández Navarrete, Juan Antonio Conde, Ceán Bermúdez, Diego Clemencín y otros. Con todo, recuerda que en Córdoba había conocido al joven escritor Ángel de Saavedra y en Cádiz la «bella biblioteca española» del cónsul hanseático Böhl von Faber.

Pero, como es bien sabido, fue en la época en la que confluyeron la Ilustración dieciochesca y el Romanticismo decimonónico cuando se fijaron las bases ideológicas que sostuvieron y aún sostienen la fundamentación de la historiografía literaria española. En mi libro del año 2006 resumí los efectos del solapamiento habido entre el interés de los eruditos por el

Romancero y la difusión de la idea de *Naturpoesie* alumbrada por los románticos germanos (Romero Tobar, 2006: 114 y ss.). La investigación sobre los orígenes de la poesía lírica española ofrecía a los estudiosos y a los lectores de esta etapa histórica el incentivo de su origen, visto por ellos en la difusa frontera de las actividades culturales de una colectividad castellana primigenia. La idea germana de *Naturpoesie* la situaban sus primeros usuarios entre las emanaciones más idóneas del *Volksgeist* y en ella encontraban un brillante argumento demostrativo de la secular tradición de los romances. Pero un caso más de incoherencia entre la construcción crítica y la realidad histórica es la ingenua ejemplificación con la que Bouterwek y Sismondi, en sus historias literarias (*Geschichte der spanischen Poesie und Beredsamkeit,* 1804, y *De la littérature du midi de l'Europe,* 1813, respectivamente), presentaban como testimonios elocuentes de la «poesía natural» romances tomados de la colección de Escobar, impresa en 1592 y pertenecientes al ciclo del artificioso «Romancero nuevo».

En este contexto de ideación entretejida de datos histórico-culturales y estéticos se construyó también la moderna idea de *nación*. Igual que la palabra *español* es un gentilicio generado en el sur de Francia, la primera acuñación del sintagma *literatura nacional española* es la traducción de un marbete alemán, lengua en que fue empleado por varios contribuyentes germanos al vehemente debate dieciochesco generado por Masson de Morvilliers en la *Encyclopédie Méthodique*. Testigos de esta construcción son el incipiente hispanismo de Herder, al incorporar romances españoles a su colección de cantos populares de distintas lenguas, conocida en su edición póstuma bajo el título de *Stimmen der Völker in Liedern* (1778) y que él consideraba «como una voz viviente de los pueblos o de la humanidad», y, por supuesto, los aportes de Lessing sobre el Cid, Andreas Dieze en su traducción de la *Historia de la poesía española* de Luis Joseph Velázquez, las contrapuestas versiones del *Quijote* efectuadas por Bertuch (1775-1777), Tieck (1799-1801) y Soltau (1800-1801), o la difusión del teatro calderoniano impreso o representado bajo la intervención de autores tan acreditados como Goethe, Hoffmann o Schreyvogel (Romero Tobar, 2008*b*).

Algunas de las primeras historias de la literatura española consideraban también la relación de lo escrito en castellano con los textos expresados en las otras lenguas románicas de la Península (portugués, gallego, catalán); ahora bien, de los dos géneros literarios que los veterorrománticos germanos habían señalado como marcadores insustituibles de la «literatura nacional española» (Romancero y teatro barroco), solo el Romancero se presenta como un *continuum* entre todas las literaturas peninsulares (Romero Tobar, 2010).

En el traspaso de las dos centurias, las Bellas Artes tuvieron en muchos casos una fuerte incidencia en la configuración de la idea de nación y particularmente en el caso de cada una de las constituidas en aquellos momentos. Por ejemplo, Friedrich Schlegel en sus lecciones vienesas del año 1812, dedicadas a historiar la literatura antigua y moderna —lecciones que fueron impresas varias veces a partir de 1815—, parte del supuesto de la innegable influencia de la literatura en la vida y dignidad de las naciones. Idea que Schlegel subraya desde los griegos primitivos hasta la época de los escritores geniales, que para él eran los alemanes contemporáneos y la poesía de Lamartine.

Esta proyección de Schlegel fue muy influyente y cosechó una amplia recepción en los años vividos en Cádiz en torno a las Cortes y la elaboración de la Constitución de 1812, cuyo primer artículo reza «La nación española es la reunión de todos los españoles de ambos hemisferios». Valga como testimonio gráfico el dibujo de la nación española en algunas obras de Goya o los textos literarios en los que pasó de la figuración alegórica a la visión personalizada en una figura concreta, como María de Molina. Esta evolución del tratamiento del tema se atestigua desde la tragedia *Numancia destruida* (1775)[3] de Ignacio López de Ayala hasta los poemas y las tragedias de los románticos Espronceda, Larra, Zorrilla o Hartzenbusch, entre otros.

Después del extenso resumen que acabo de hacer sobre diversas publicaciones y que puede servir de prólogo a la exposición de las novedades editoriales recientes, paso a exponer los textos y trabajos que en los últimos años han actualizado nuestro saber sobre el origen de la historia de la literatura española a partir del siglo XVIII. La exposición se hace en orden cronológico por la fecha de la edición o reedición.

---

3 Leandro Fernández de Moratín escribía en la *Vida* de su padre (BAE, vol. II, p. XIII) que cuando se leyó esta obra de López de Ayala en la tertulia de la Fonda de San Sebastián fue aprobada «en gracia de los excelentes trozos que hay en ella, del *espíritu nacional* que la anima y de la seguridad del éxito en el teatro».

Comienzo con un texto del siglo XVIII que creo no ha sido empleado hasta ahora a los efectos que aquí nos interesan. Se publicó en el periódico *Paseos por Granada* del año 1767; posiblemente en otros periódicos dieciochescos se podrán encontrar también otros escritos referidos a las primeras historias literarias de España. Los *Paseos por Granada* están divididos en cuadernos y el Paseo III lleva el título siguiente en la portada: *Justa Sentencia contra la ignorancia atribuida sin razón a los españoles (...) contra la opinión que en el Primer Tomo de su Historia Literaria han estampado los Rmos. Padres Fr. Pedro y Fr. Raphael Rodríguez Mohedano*. Este texto, más allá de insertarse en la polémica recurrente sobre el fondo de la cultura española, es un discurso pretendidamente arqueológico referente a la llegada de los primeros pobladores a la Península y que el autor —un beneficiado de la iglesia mayor de la Alhambra— sitúa en Granada frente a Cádiz, definiendo su posición frente a los Mohedanos en estos términos: «Pero yo, que antepongo el amor a mi Patria (Granada), y el honor de la verdad a toda otra consideración, no dudo en manifestar el único apoyo que, en la línea instrumental, es para la historia la de mayor autoridad», y pasa a referirse a un «monumento lapídeo» encontrado en Granada el año 251 después de Cristo y enclavado en la cronología que habían considerado los hermanos Mohedano en su obra de diez tomos y donde solo habían llegado a tratar de los escritores hispanolatinos.

En relación con esta magna obra, la actual técnica telemática ha generado en 1989 una microficha que contiene la Apología del tomo V de la citada *Historia literaria de España,* apología redactada por fray Pedro Rodríguez Mohedano. Y situándonos también en los textos del XVIII recordemos que la Biblioteca de Andalucía ha producido una copia digital de los *Orígenes de la poesía castellana* (1754) de Luis José Velázquez, obra que deriva del viaje oficial por España que este personaje efectuó entre los años 1751 y 1752 para catalogar las antigüedades españolas según encargo del rey y la Real Academia de la Historia.

Los viajes también están en el origen de otros estudios primigenios dedicados al asunto que aquí nos ocupa: Manuel Contreras Jiménez ha subrayado el papel determinante que las miradas desde fuera de España han tenido para la construcción de una visión de nuestra literatura. En este trabajo de 2018, Contreras ha considerado la visión española de varios viajeros ingleses profundizando en el aporte de Thomasina Ross en 1723, quien había advertido que las *Letters from an English traveller in Spain, in 1778, on the origin and progress of poetry in that kingdom* (1781) de John Talbot Dillon fueron la fuente textual que empleó Jean-Barthélemy Lecouteulx de Canteleu en su *Essai sur la littérature espagnole* de 1810. En su repaso historiográfico, Contreras recuerda la presencia de los textos de Velázquez, Sarmiento, Tomás Antonio Sánchez y Juan Andrés en la visión literaria de los hispanistas extranjeros, visión a la que se suman los prejuicios previos sobre la intolerancia y el orientalismo de la cultura española. Dillon se apropió de la periodización histórica que había establecido Velázquez. Una de las conclusiones de Contreras es muy iluminadora para la valoración de conjunto que aquí pretendemos:

> Si el siglo XVIII expulsó el legado cultural española a la periferia de Europa, en las últimas décadas asistimos a una revalorización de este en unos términos que, sin embargo, no permite a los españoles reclamar una nueva posición en un presente que se les niega. Es la otra cara de esa visión más amable que los románticos construyeron de España, y que generó opiniones encontradas entre los mismos españoles. (Contreras Jiménez, 2018: 182)

Entre los años 1997 y 2002, la editorial Verbum reimprimió el enciclopédico tratado del P. Juan Andrés y Morilla, *Dell'origine, progressi e stato attuale d'ogni Letteratura* (Parma, 1782-1798, 7 volúmenes), que había sido traducido al español por Carlos Andrés en diez volúmenes publicados entre 1784 y 1806. La edición reciente cuenta con las cuidadas colaboraciones de varios expertos dirigidos por Pedro Aullón de Haro, muy interesado en mostrar la perspectiva comparatística del autor dieciochesco como ya ha hecho en su libro de 2002 *(Juan Andrés y la teoría comparatística)* y en el libro colectivo de 2017 *Juan Andrés y la escuela universalista española.* No en vano el P. Juan Andrés sostenía que en al-Ándalus nació la literatura europea gracias al papel que allí tuvo la cultura arábiga.

La editorial Eichhorn fue una empresa alemana que se dedicó a publicar libros escritos por autores vinculados al grupo de Mme. Staël en Coppet. El año 2002 esta editorial reimprimió la traducción española de la *Geschichte der Spanischen Poesie und Beredsamkeit* (efectuada en 1829 por Gómez de la Cortina y Hugalde Mollinedo). La edición actual ha sido hecha por Carmen Valcárcel Rivera y Santiago Navarro Pastor y añade un estudio preliminar en el que se resume el modelo intelectual del autor, el perfil herderiano que subyace en la obra y el lugar que ocupó en la colección de trece volúmenes dedicada por Eichhorn a las literaturas europeas, sobre las que estableció un orden de prioridad estética, ya que los dos primeros están dedicados a la literatura italiana y el tercero a la española.

Y concluyo con la referencia a los trabajos más recientes dedicados a nuestro asunto: los de Mercedes Comellas, que se centran en la historia literaria construida en el exilio por José Joaquín de Mora y la visión historiográfica de los primeros hispanistas ingleses (2017 y 2018*b*). En particular, en los escritos que el políglota John Bowring dedicó en diversas publicaciones periódicas inglesas desde 1820 hasta 1824 y en las que trató sobre el papel de la religión, el multilingüismo peninsular, el papel que representaron árabes y judíos y la poesía tradicional considerada junto al Romancero (2016 y 2018*a*). Estas consideraciones permiten establecer a Mercedes Comellas esta valoración de los aportes de Dillon:

> Su interpretación y valoración del género le permite considerar a los romances como la expresión de lo español en los términos en los que él —y cierta tradición inglesa— lo concebía. Pues si para los alemanes, siguiendo a Glein, eran lo caballeresco y lo sentimental los ingredientes del romance —y por ende de lo español—, para los ingleses era la convivencia con lo exótico, la capacidad de aunar Oriente y Occidente, la expresión de la unidad en la variedad lo que significaba el romance y caracterizaba la literatura española. (2016: 422)

En el recorrido en el que los estudios citados nos sitúan, más allá de los datos, que unos toman de otros, palpita una visión historiográfica en la que la estética se subordina a una percepción histórica general. La historiografía literaria posterior a los mediados del siglo XIX (tomemos a José Amador de los Ríos como punto de partida) fue desvinculándose poco a poco de esta dependencia sin llegar a perder el marco de referencia general que fueron y son los hechos históricos. De índole ideológica, social o económica y, por supuesto, en las interrelaciones que estas circunstancias mantienen con los géneros literarios.

Bibliografía

Andreu Miralles, Xavier (2016), *El descubrimiento de España. Mito romántico e identidad nacional,* Barcelona, Taurus.

Baasner, Frank (1995), *Literaturgeschichsschreibung in Spanien von den Anfänger bis 1868,* Fráncfort del Meno, Klastermann.

Comellas, Mercedes (2016), «La historia literaria española según John Bowring: "Observations on the state of Religion and Literature in Spain" (1819), "Poetical Literature of Spain" (1821-1822) y *Ancient Poetry and Romance of Spain* (1824)», en AA. VV., *La historia en la literatura española del siglo xix,* Barcelona, Edicions de l'Universitat de Barcelona, pp. 411-432.

Comellas, Mercedes (2017), «Argumentos poéticos para un debate político: la poesía del Siglo de Oro en los años del exilio romántico», *e-Humanista,* 37, pp. 143-171.

Comellas, Mercedes (2018*a*), «El *Cancionero de Baena,* perdido y hallado: breve noticia sobre el paradero del códice entre 1820 y 1824», en Antonio Chas Aguión (ed.), *Escritura y reescrituras en el entorno literario del Cancionero de Baena,* Berlín, Peter Lang (Mittelalter und Renaissance in der Romania, 9), pp. 183-214.

Comellas, Mercedes (2018*b*), «La construcción de la identidad literaria española en el exilio liberal: los artículos de José Joaquín de Mora en *The European Review* (1824-1826)», en Alberto Romero Ferrer *et alii* (eds.), *José Joaquín de Mora o la inconstancia (periodismo, política y literatura),* Madrid, Visor (Biblioteca Filológica Hispana), pp. 255-272.

Contreras Jiménez, Manuel (2018), «Las *Letters* de John Talbot Dillon (1781) y el *Essai sur la Littérature Espagnole* (1810) en los inicios de la historiografía literaria española», *Esferas Literarias,* I, pp. 155-187.

Reyes Gómez, Fermín de los (2009), *Las historias literarias españolas. Repertorio bibliográfico (1754-1936),* Zaragoza, PUZ.

Romero Tobar, Leonardo (ed.) (2004), *Historia literaria / Historia de la literatura,* Zaragoza, PUZ.

Romero Tobar, Leonardo (2006), *La Literatura en su Historia,* Madrid, Arco/Libros.

Romero Tobar, Leonardo (ed.) (2008*a*), *Literatura y nación. La emergencia de las literaturas nacionales,* Zaragoza, PUZ.

Romero Tobar, Leonardo (2008*b*), «Usos de *literatura nacional española* anteriores al Romanticismo español», en Leonardo Romero Tobar (ed.), *Literatura y nación. La emergencia de las literaturas nacionales,* Zaragoza, PUZ, pp. 467-489.

Romero Tobar, Leonardo (2010), «El Romanticismo y las primeras historias de las literaturas ibéricas», en F. Lafarga y E. Gallén (eds.), *Interacciones entre literaturas ibéricas,* Berna, Peter Lang, pp. 463-479.

Romero Tobar, Leonardo (2020), «La Historia de la Literatura escrita en broma», *Tropelías,* 7, pp. 123-129.

Ticknor, George (2012), *Diarios de viaje por España,* Antonio Martín Ezpeleta (trad., ed. y estudio preliminar), Zaragoza, PUZ.

LA POÉTICA Y LA RETÓRICA EN LAS PRIMERAS HISTORIAS LITERARIAS ESPAÑOLAS (APROXIMACIONES A UN MAPA DISCIPLINAR)[1]

Rosa María Aradra
(UNED)

Preliminar

Preguntarnos cómo comienza la historiografía literaria en España supone plantearnos cómo los hombres de letras del siglo XVIII leen el pasado literario y situarnos, por tanto, en un escenario epistemológico en el que confluyen nociones como *literatura, historia, nación* o *género,* presentes de una u otra manera en toda reflexión sobre lo literario.

Es sabido que los orígenes de la historia literaria española se vienen estableciendo en la segunda mitad del siglo XVIII, cuando una amplia tipología de obras se interesa por la construcción del itinerario temporal del hecho literario. Repertorios bibliográficos, catálogos, bibliotecas, antologías, ensayos y trabajos similares comparten su interés por rescatar textos y autores olvidados, por indagar en el nacimiento y evolución de los géneros y explicar el estado de las letras desde el conocimiento histórico. Basta la simple mención de Sarmiento, Ximeno, Velázquez, Latassa, Nicolás Antonio (reeditado), Sempere y Guarinos, Rodríguez Mohedano, Masdeu, Lampillas, Juan Andrés, Quintana, Estala o Sánchez para constatar la fuerza

1 Este trabajo se enmarca en el proyecto de investigación SILEM II: *Biografías y polémicas: hacia la institucionalización de la literatura y el autor* (RTI2018-095664-B-C21) del Ministerio de Ciencia, Innovación y Universidades.

de este movimiento historiográfico.[2] Como dirá Antonio Mestre sobre esta época, «casi todos los hombres de letras acabaron haciendo, a su manera, historia» (1996: 815).

En este contexto general el último tercio del XVIII es un periodo clave. En un elitista centro de enseñanza, los Reales Estudios de San Isidro, antiguo Colegio Imperial refundado por Carlos III en 1770, se creó la primera Cátedra de Historia de la Literatura en España.[3] No deja de resultar curiosa su inclusión en el programa de estudios de un centro que impulsaba el estudio de disciplinas escasamente atendidas en las universidades. La oportuna aparición unos años antes de la vasta obra del jesuita expulso Juan Andrés *Dell'origine, progressi e stato attuale d'ogni letteratura* (1782-1799), que se estaba traduciendo entonces del italiano,[4] permitió que se adoptara como libro de texto. Pese a la trascendencia que tuvo la creación de esta cátedra en su momento, pronto empezó a decaer hasta su supresión en 1802, y tendrán que pasar varias décadas hasta que sea obligatoria a mediados del XIX. El Plan Pidal de 1845 y la obra de Gil de Zárate en concreto serán también clave en este proceso.[5]

Con estos antecedentes y a la vista de este escenario, sorprende el amplio margen de tiempo que transcurre hasta que se consolida la historia de la literatura en nuestro país a mediados del XIX, mientras se abre paso un hispanismo extranjero que toma las riendas en las décadas previas.[6] La inestabilidad política de estos años, las consecuencias de la guerra de la Independencia, las oleadas de exilios que afectaron de manera intermitente a gran parte de la intelectualidad española y un largo etcétera de circunstancias añadidas dejaron su huella, sin duda. Sin embargo, junto a estos

---

2 Para una visión de conjunto pueden verse, entre otros, los trabajos que dedican Cebrián y Mestre, respectivamente, a la historia literaria y a la historiografía del siglo XVIII en Aguilar Piñal (1996).

3 Remitimos para más datos a los estudios de Simón Díaz (1947 y 1952).

4 La traducción castellana *Origen, progresos y estado actual de toda la literatura* se publicó en Madrid en 10 volúmenes entre 1784 y 1806.

5 Sobre las aportaciones de Pedro J. Pidal y Antonio Gil de Zárate a la formación de la historia de la literatura nacional, véase Ramos Corrada (2000: 33 y ss.). Una panorámica bibliográfica más completa sobre la historia de la literatura en su contexto institucional puede verse en López (1996).

6 Véase el documentado y clarificador panorama que presenta Romero Tobar (1996) sobre la historia de la literatura española en el siglo XIX.

condicionantes sociopolíticos cuya influencia es clara, se produce todo un movimiento subterráneo que reconfigura el dominio de las que más tarde Dilthey (1883) denominará —con particular sentido de lo histórico— *ciencias del espíritu.* Valero (1996: 177) ha retratado muy bien la conciencia de crisis epistemológica que tiene el intelectual ilustrado con respecto a la historia literaria, pero las vacilaciones y la falta de criterios definidos en la conformación de la incipiente disciplina[7] han de situarse en un contexto más amplio en el que entran en juego otras materias colindantes como la poética y la retórica. Es justamente este lugar, mucho menos atendido por la crítica, el que nos interesa explorar.

Aunque en el XVIII hay una crítica literaria dispersa que no desatiende la perspectiva histórica, la poética y la retórica van a ser las disciplinas que se ocupen de lo literario de manera más sistemática e institucionalizada. Las dos se hallan, además, en una fase de transformación interna y de replanteamiento de objetivos e intereses de enorme calado. Partiendo de ellas, nuestro objetivo en las páginas que siguen será indagar en qué medida se imbrica la construcción de la historia literaria española en los ajustes que se producen en el campo disciplinar de lo literario para ver cómo se gestiona desde el mismo la revisión histórica, o, dicho de otra manera, cómo se reordena un espacio epistemológico que da cabida al pensamiento histórico y atraviesa los conceptos de *literatura, género, canon* o *periodo literario,* por citar solo algunos.

Aproximaciones al mapa disciplinar

Una rápida mirada sobre la recopilación bibliográfica de Fermín de los Reyes Gómez en *Las historias literarias españolas. Repertorio bibliográfico (1754-1936)* (2010) corrobora la dificultad de establecer delimitaciones excluyentes a la hora de indagar en la amplísima tipología de trabajos que

---

7 Estas son patentes en la memoria sobre el «Método para la enseñanza de la Historia literaria», redactada por el bibliotecario encargado de impartir la materia en los Reales Estudios de San Isidro, Meseguer y Arrufat, junto con el también bibliotecario Miguel de Manuel (1785). Otro bibliotecario, Cándido M.ª Trigueros, publicará poco después los primeros ejercicios públicos de la asignatura junto con un discurso sobre el estudio metódico de la historia literaria (1790), en el que también reflexiona sobre la nueva materia.

miran la literatura desde un enfoque diacrónico. Más allá de la evidente diversidad de formatos en los que se manifiesta el pensamiento histórico sobre la literatura, su atención a retóricas, poéticas, preceptivas, antologías y textos diversos pone de relieve la labilidad de este concepto y la necesaria revisión de los territorios aledaños.

La primera parada que se impone en este recorrido corresponde al concepto de *historia literaria* y al significado específico que tienen entonces historia y literatura, porque, como ya apuntara Barthes (1992: 182), «¿Qué podría ser, literalmente, una historia de la literatura sino la historia de la idea misma de la literatura?». La peculiaridad del periodo que nos ocupa pone en primer término dos hechos fundamentales: de un lado, el propio concepto de *historia* experimenta una importante transformación, paralela a los trascendentales cambios políticos que se producen en la España de la época; de otro, y de forma también progresiva, asistimos al conocido reajuste del concepto de *literatura* y de las disciplinas que la estudian, al que se sumará la perspectiva nacional.[8]

En cuanto al orden histórico, los cambios van a ser relevantes. El pensamiento historiográfico europeo, en el que sobresalen Voltaire, Montesquieu, Smith, Robertson, Muratori o Vico (Mestre, 1996: 863-864), va a calar en la visión ilustrada de una historia más próxima a las costumbres y a las transformaciones sociales que a la historia de los grandes hechos protagonizados por políticos y militares.[9] Esta visión de la historia como conocimiento de las naciones, que acaba en última instancia identificando cultura e historia (Maravall, 1991: 130), diversifica métodos, tipos y contenidos en el siglo XVIII. Entendida como un conocimiento del pasado que

---

8 Sobre las distintas acepciones, transformaciones y restricciones de la voz «literatura» pueden verse Urzainqui (1987 y 2004), Aradra (1997), Ramos (2000) o Gunia (2008), entre otros. Para más datos sobre el concepto de *literatura española* como hecho complejo de cultura remitimos a los trabajos de Mainer (1981 y 1994) y Álvarez Barrientos (2004).

9 Prueba de ello la tenemos en las palabras con las que Forner abre su *Discurso sobre el modo de escribir y mejorar la historia de España:* «Las proezas y las hazañas de los héroes guerreros están ya sobradamente ensalzadas en millares de tomos; falta representar la vida política y ver en los tiempos pasados los orígenes de lo que hoy somos, y en la sucesión de las cosas los progresos, no de los hombres en individuos, sino de las clases que forman el cuerpo del Estado» (Forner, 1973: 65). Recordemos que Forner fue lector de Voltaire, como también Feijoo, Mayans, Luzán o Juan Andrés.

condiciona el presente y orienta hacia el futuro, se vertebra en historia crítica, historia civil, historia nacional, historia de la civilización, historia filosófica o historia literaria, clave esta última en la evolución general del concepto (Chacón Delgado, 2007).

Por otra parte, la preocupación por el rigor y la verdad, presente ya en los novatores, va a ser determinante también en el terreno específicamente literario. En la segunda mitad del XVIII se insiste en numerosos trabajos en una metodología crítica y erudita que desconfía de terceros y reivindica la búsqueda y el análisis riguroso de documentos y fuentes primarias.[10] Esta perspectiva crítica, imprescindible en toda catalogación de escritores y obras, la vamos a encontrar en numerosos autores, como en el caso de Mayans, uno de los que con más claridad materializa en sus escritos la interrelación de crítica e historia literaria, aunque no agote las demás exigencias que se le plantean al historiador de la literatura (Pérez Magallón, 1990 y 1991: 219 y ss.).

A esta *historia crítica* hay que sumar una historia *filosófica* y *civil* que se pregunta por los hechos que explican los orígenes, los progresos y las circunstancias que permiten entender la situación presente en materia de legislación, política, costumbres, economía, artes, etc. La *historia literaria* dieciochesca participará también de esa inquietud, pero en el estudio de los conocimientos humanos con pretensiones universalizantes y totalizadoras, ampliando su horizonte temporal y geográfico a las disciplinas más diversas. Así lo apreciamos en trabajos rotulados con el membrete de «historia literaria», como el de los padres Rodríguez Mohedano, que contaban con el precedente de la voluminosa *Histoire littéraire de la France* (1733-1763) de los benedictinos de Saint-Maur, que compartían el mismo concepto enciclopédico de *literatura* habitual en la época.

En su base estaban Descartes y Bacon. Este último había dividido el intelecto en razón, imaginación y memoria y asignado su estudio, respectivamente, a la ciencia, la poesía y la historia. Esta organización del saber la retomarán los enciclopedistas en el XVIII, como vemos en el «Discours préliminaire» de la *Encyclopédie* (1751) cuando Diderot y D'Alembert recupe-

---

10 Remitimos para más detalles a Mestre (1996).

ran de Bacon la vinculación de la historia literaria al estudio de los conocimientos humanos frente a una historia civil centrada en los hechos. Las ciencias y las artes eran para los enciclopedistas «las varias partes de la literatura» y esta misma pretensión totalizadora la veremos en autores deudores de su pensamiento como Juan Andrés (Garrido Palazón, 1988: 119),[11] que trata en su historia literaria del origen y de los progresos de todas las disciplinas, desde las ciencias naturales y los estudios eclesiásticos a la filosofía y las buenas letras.[12]

Esta atención a los principios causales y explicativos con que el pasado puede iluminar las circunstancias presentes y la evolución de un determinado conocimiento la vamos a encontrar también en los modos con que la historia se acerca al pensamiento poético-literario.

En este contexto más restrictivo, la expansión discursiva y los afanes totalizadores en géneros y materias de estas historias literarias de altas miras y ambiciones enciclopédicas, confluye con las traducciones adaptadas a la literatura española de las voluminosas preceptivas de Blair (1798-1801) y de Batteux (1797-1805) en la quiebra del siglo, que pretenden también una visión lo más completa posible de las bellas letras. De hecho, ambas obras concilian contenidos tradicionalmente asignados a la retórica y a la poética con la intención de superar parcelaciones excesivas y de ofrecer un panorama unificado de todas las producciones en prosa y en verso. Para ello no dudaron sus traductores en incorporar todas las adiciones y apéndices necesarios.[13] El título de las *Lecciones de Retórica y Bellas Letras* de Hugh Blair lo refleja muy bien, igual que los trabajos de Jovellanos, Sánchez Barbero, Gómez Hermosilla y otros muchos que siguen idéntico

---

11 Para un mayor desarrollo de estas ideas remitimos a Garrido Palazón (1992 y 1995).

12 La enumeración de los contenidos de sus distintos volúmenes (Buenas Letras, Elocuencia, Historia, Geografía, Cronología, Anticuaria, Gramática, Exegética, Crítica, Matemáticas, Aritmética, Álgebra, Geometría, Mecánica, Hidrostática, Náutica, Acústica, Óptica, Astronomía, Física, Química, Botánica, Historia natural, Anatomía, Medicina, Filosofía racional dimensión, Filosofía moral y Jurisprudencia) permite imaginarnos lo titánico de estas empresas historiográficas y la difícil culminación de las mismas, que ha llevado a Valero (1996) a considerar una disciplina frustrada la historia literaria dieciochesca.

13 Una descripción somera de sus contenidos y adiciones puede verse en Aradra (1997: 204 y ss.).

planteamiento en las primeras décadas del XIX. Además de las evidentes ventajas académicas que pudiera tener tal conjunción de saberes retóricos y poéticos para satisfacer determinadas necesidades docentes de libros de texto, revela el importante grado de complementariedad de los contenidos formativos de ambas disciplinas, de difícil vuelta atrás.

Como hemos mostrado en otras ocasiones (Aradra, 1997), hasta esta confluencia de finales del XVIII, retórica y poética presentaban ámbitos diferenciados, con publicación generalmente independiente. El campo específico de la poética y de la retórica se hallaba muy delimitado en las obras de Luzán (1737 y 1789), Burriel (1757) y Díez González (1793), de una parte, o de Mayans (1757), Capmany (1777) y Madramany y Calatayud (1795), de otra, por citar solo algunos nombres destacados. Como trasunto casi de la pureza genérica que proclama la estética ilustrada, durante la mayor parte del XVIII la poética y la retórica se esforzaron por mantener su especificidad: la poética como marco para la reflexión sobre las obras escritas en verso, y la retórica sobre las obras en prosa y la oratoria en general. Y esto permaneció así hasta muy a finales del XVIII, prolongando unos formatos teóricos cada vez más limitantes frente a una producción literaria poco representada. Baste recordar el difícil acomodo teórico de la novela en ambas disciplinas durante este tiempo, a pesar de la conciencia general de su repercusión e influencia en los hábitos lectores de la época.[14]

Ante este panorama, ¿dónde se aloja el pensamiento histórico sobre la literatura? ¿En qué cauces se expresa y qué le otorga entidad? Aproximarnos a estas cuestiones nos hace considerar que junto a esta historia literaria cultural de pretensiones universalizadoras cohabita —aunque no se formule siempre como tal— otra historia restringida a las bellas letras y a la poesía en particular, que se pregunta por sus orígenes, evolución, influencias y progresos, que selecciona autores y obras, que interpreta y construye, en definitiva, un relato en el tiempo sobre nuestro pasado poético-literario.

14 De hecho, Luzán no considera el género novelístico en su *Poética,* como tampoco lo hacen las retóricas de la centuria, salvo pequeñas menciones sueltas que encontramos cuando se trata de la narración y de la historia fingida o de la elocuencia con referencia a la obra cervantina, fundamentalmente. Para más información, véanse Álvarez Barrientos (1991) y Aradra (2014 y 2015), entre otros.

Se ha señalado aquí el papel fundacional de los *Orígenes de la poesía castellana* de Luis José Velázquez, publicada en 1754 y traducida al alemán en la década siguiente (tan solo quince años después),[15] o la importancia de las *Memorias para la historia de la poesía y poetas españoles* del P. Sarmiento, publicadas póstumamente en 1775 y probablemente escritas hacia 1745. Ambas obras, con sus particularidades, responden a este planteamiento y superan el enfoque biobibliográfico con una actitud revisionista y de reivindicación de los méritos nacionales (lengua literaria, autores, géneros, obras), perceptible también en ensayos y discursos varios de Mayans, Nasarre, Montiano..., así como en otras historias de la poesía publicadas en los países de nuestro entorno (Urzainqui, 1987; 2004). Pero esta historia de la poesía y de sus géneros, como la historia de la prosa o de la elocuencia, queda también inserta en las preceptivas que seleccionan autores y ofrecen modelos de estilo y composición. Esto, que no parece extraño, estrecha lazos evidentes entre crítica, teoría e historia literaria. Porque ¿cómo historiar la poesía, la épica o el teatro nacional al margen de su propia conceptualización como géneros poéticos? ¿Cómo hacerlo sin el andamiaje teórico o sin el soporte que ofrece la necesaria selección de textos y autores (en otros términos, canon), sobre los que inevitablemente se toma partido en un sentido o en otro?[16]

En esta línea Óscar Tacca afirma que toda historia literaria es *crítica* internamente, esto es, «históricamente crítica» (1968: 12) subrayando de este modo las conexiones entre la *historia literaria* y la *crítica literaria*. Dentro de su especificidad, como han destacado Wellek y Warren (1981: 49 y ss.), ambas disciplinas guardan importantes conexiones con la teoría literaria (llámese preceptiva, poética, etc.) en estos estadios iniciales. Está claro que la construcción narrativa de la historia literaria, como la de cualquier acercamiento histórico a una realidad, exige la adopción de una serie de decisiones. Cómo ordenar, clasificar o sistematizar una producción determinada es aquí asunto medular, y sus tanteos corroboran que la historia literaria se conforma desde criterios muchas veces confusos y cambiantes, que afectan tanto a la propia conceptualización de los géneros, como de los

15 La traducción alemana fue publicada en Gotinga, Victorinus Bossiegel, 1769.

16 Para una aproximación de conjunto a las relaciones entre canon e historia literaria, véase Pozuelo y Aradra (2000), con amplia bibliografía.

periodos o de otras categorías. Todorov lo expresará de manera similar cuando, recordando los trabajos del formalista Tinianov sobre la evolución literaria, haga desaparecer la distinción entre «estructura» e «historia» y afirme que «solo en el nivel de las estructuras puede escribirse la evolución literaria» (Todorov, 1975: 156).

Por otra parte, además de lo expuesto se hace necesario recordar las coordenadas espaciotemporales de esta producción. Ni la teoría, ni la crítica, ni la historia pueden apreciarse en su justa medida extraídas de la temporalidad inherente al concepto de *literatura.* Más allá de las evidentes delimitaciones geográficas o lingüísticas, entendemos que la configuración de cada uno de estos acercamientos bebe de su contexto histórico, político, social, cultural, pero también, y en no menor medida, del contexto interdisciplinar en el que se materializa.

Así, las obras de Sarmiento y de Velázquez se situaron, como nos dice Álvarez Barrientos (2010), en un contexto político de valoración de la cultura y de la identidad nacional al que también se sumaron en diferente medida Luzán (1737) y Mayans (*Vida de Miguel de Cervantes Saavedra, Orígenes de la lengua española,* 1737*a* y *b*), o Nasarre (1749) y Montiano (1750 y 1753), que se aproximaron a la historia de géneros particulares como la comedia y la tragedia. Se trata de acercamientos parciales, si se quiere, que se han de tener en cuenta si hablamos de los inicios de la historiografía literaria española[17] o lo que en otros términos ha llamado Escarpit la «prehistoria» literaria (cit. Tacca, 1968: 70).

Poética e historia literaria: los casos de Luzán y Velázquez

Igual que hizo Aristóteles en su *Poética,* también Luzán estimó necesaria la perspectiva histórica en la caracterización de la poesía. Su *Poética* la publicó en 1737 con una intención reformadora ante el estado de las letras españolas a fin de que el público, «a la luz de evidentes razones, reconozca finalmente el error y deslumbramiento de muchos que, más ha

17 Remitimos en este punto al reciente trabajo preparado por Jesús Cañas Murillo y José Roso Díaz (2019) con ese mismo título: *En los inicios ilustrados de la historiografía literaria española: miradas sobre la Edad Media y el Siglo de Oro (1700-1833).*

de un siglo hasta ahora, han admirado como poesía divina la que en la censura de los entendidos y desapasionados está muy lejos de serlo» (Luzán, 2008: 152).

Esta actitud revisionista, «iluminadora», podríamos decir, le lleva a comenzar su tratado con un libro titulado significativamente «Del origen, progresos y esencia de la poesía»,[18] en el que reflexiona sobre los orígenes y la evolución de la poesía o sobre antiguos y modernos, asunto este nuclear en los debates literarios europeos desde el siglo anterior. A esta parte se añadirá en la segunda edición, que se publica póstuma en 1789, un capítulo más específico titulado de manera muy parecida «Del origen y progresos de la poesía vulgar». Otro acercamiento histórico parecido lo encontramos cuando trata en el libro tercero de la poesía dramática, en el que habla «Del origen, progresos y definición de la tragedia», pero al que se añade —también en la segunda edición—, otro capítulo inicial bastante extenso de carácter histórico: «De la poesía dramática española, su principio, progresos y estado actual» (Luzán, 2008: 439-464).

Basten estos ejemplos para demostrar un interés evidente ya en Luzán por conocer la evolución de la poesía española y de ordenar este proceso, aunque los criterios de periodización no sean firmes. En un caso va a utilizar la versificación, y según esta dividirá en tres épocas la evolución de la poesía española: una primera época desde sus orígenes hasta la época de Enrique III, caracterizada por el verso de dieciséis y ocho sílabas; una segunda, desde Enrique III a principios del reinado de Carlos V, con versos de doce y seis sílabas; y una tercera, a partir de Carlos V, en la que se cultiva el endecasílabo y el heptasílabo (Luzán, 2008: 164-165). Pero junto con este criterio formal de periodización Luzán maneja también el político. Así lo apreciamos cuando relaciona el desarrollo de la poesía dramática del siglo XVII con el carácter de los distintos monarcas y contrapone el tiempo más favorable de Calderón con el de Lope,[19] para, después de

---

18 Comienza así el capítulo II de este libro primero: «Antes de pasar adelante a lo más esencial de este tratado, me parece que, para cabal inteligencia y para mayor claridad de lo que hemos de decir, será muy del caso ver primero el origen y los progresos de la poesía y un bosquejo u perfil de su antigua y moderna planta» (Luzán, 2008: 154).

19 Leemos en la segunda edición ampliada de su *Poética:* «Felipe II, monarca serio, achacoso y retirado, no veía comedias. Felipe III, devoto e inclinado a otras diversiones,

hacer un recorrido desde sus orígenes hasta su tiempo, resumir su evolución en cuatro épocas:

> Esta es en suma la historia de nuestra poesía dramática popular. No me he detenido a caracterizar más individualmente los autores y las obras, porque para mi *Poética* basta lo dicho; y lo demás es asunto proprio de algún literato que se empeñe en tratar de propósito, a fondo y con buen juicio, la historia de nuestra poesía, especialmente de la dramática. En ella observaré que se pueden asignar cuatro épocas notables. (Luzán, 2008: 459)

Luzán diferencia el ámbito de la poética de la historia de la poesía y piensa que un tratamiento más exhaustivo excedería su cometido: una atención más detenida a la historia correspondería a alguien que se ocupara de ello intencionadamente, en profundidad y con buen juicio.

Las cuatro épocas que menciona son las siguientes: una primera, que comprendería hasta el siglo XIV, dominada por canciones villanescas y diálogos cantados por poetas y juglares; la segunda, que abarcaría desde el siglo XIV a mediados del XVI, en la que destacan escenas pastoriles y los coloquios de Lope de Rueda; la tercera, desde mediados a finales del siglo XVI, caracterizada por las farsas y la producción de Torres Naharro, Juan de la Cueva y Cervantes; y la cuarta y última etapa, desde el siglo XVII hasta su tiempo, que coincide con la época de mayor auge hasta la decadencia contemporánea, desde Lope y Calderón hasta sus días.

Vemos así que la preceptiva se fundamenta a partir de una situación literaria que se explica desde su trayectoria histórica, que se construye en función de la deriva de unos autores que no respetaron los principios clasicistas. Por otro lado, es significativo que las adiciones históricas correspondan a una reflexión tardía y que se incluyan en una segunda edición que se publica a título póstumo rozando la última década del XVIII. Además, las vacilaciones en la ordenación de la producción poética y dramática (nótese que no se incluye como tal la historia del género épico) son manifiestas. Por otra parte, la exposición es continuada, no hay una divi-

---

acaso hacía escrúpulo de verlas, y aun de permitirlas; y así no tengo noticia de que comedia alguna de Lope se representase a los reyes. Al contrario, Calderón floreció cuando era joven Felipe IV, en cuya persona sobresalían las inclinaciones y habilidades caballerescas, junto con la de hacer versos. Llevó las comedias a palacio, donde se representaban con magníficas decoraciones [...]» (Luzán, 2008: 453).

sión concreta en subepígrafes. Los criterios de periodización no son unitarios, difieren en función del género literario, de la versificación en un caso, y de los subgéneros dramáticos en otro, si bien en este último se acaba diluyendo a partir del XVII. Considera reinados y siglos, y los comentarios y juicios de valor reflejan también implicaciones políticas.[20]

De cualquier modo, y pese al carácter universalista de la estética neoclásica, hay una conciencia del cambio literario y de la influencia que la sociedad y las circunstancias políticas tienen en el desarrollo de los pueblos, de la cultura y de las letras en particular, que irá afianzándose con el transcurso del siglo. No extraña que Checa Beltrán haya ensalzado la importancia de Luzán en el desarrollo de la historia literaria de la época y que afirme con rotundidad que «No hay duda de que sus presupuestos literarios, su periodización y sus valoraciones fueron la base de toda la historia literaria dieciochesca» (2019: 69).

Los *Orígenes de la poesía castellana* que publica Luis José Velázquez en 1754, considerado el primer intento serio de periodización literaria en España, siguió de cerca el texto de Luzán y manejó una periodización basada también en cuatro épocas vinculadas a los mismos reinados, asociados además a un criterio biológico marcado por fases de progreso y decadencia. Así, la primera etapa corresponde a la niñez de la poesía castellana, desde sus inicios hasta el tiempo de Juan II; la segunda, que equivaldría a su juventud, comprende desde Juan II hasta Carlos V; la tercera, desde Carlos V a Felipe IV, es la etapa de virilidad o madurez, mientras que la vejez se correspondería con la cuarta etapa, que abarcaría hasta mediados del XVIII (Velázquez, 1754: 33-34). La poesía evoluciona, de este modo, en paralelo a la historia política de la nación en un proceso de mejora progresiva desde la rudeza medieval al florecimiento del XVI y el posterior declive. Después de este, la poesía va recuperándose:

> la Poesía Castellana bolverà à ponerse sobre el buen pie, en que estuvo en su siglo de oro; no consintiendo, que en adelante se buelvan à introducir en ella los desórdenes, que hasta oy han pervertido, y desfigurado esta parte de nuestra Literatura. (Velázquez, 1754: 174-175)

---

20 Véase al respecto el iluminador artículo de Checa Beltrán (2019).

El hecho de que Velázquez estuviera protegido por el marqués de la Ensenada y vinculado a los órganos de gobierno ayuda a entender su confianza en las instituciones —pensamos, por ejemplo, en la Real Academia— o en autores contemporáneos que desempeñan importantes cargos en su tiempo (Álvarez Barrientos, 2010: 38), como no será infrecuente en otros autores de la segunda mitad del XVIII. Reflejaba así la conexión entre las circunstancias históricas, políticas y sociales y el progreso literario. Esta percepción de la evolución literaria va a ser habitual en una teoría poética que se erige en el XVIII como respuesta a la decadencia de las letras españolas después de un tiempo de esplendor.

Retórica e historia de la prosa literaria: Mayans, Capmany y Juan Andrés

En el campo de la retórica, como en el de la poética, la reflexión histórica con cierta entidad se ubica en pasajes que se apartan de la descripción de los componentes tradicionales y aparece con frecuencia en escritos independientes sobre el estado de la elocuencia en general y la lengua literaria. Que el pensamiento retórico no quedó al margen de la reflexión histórica está claro en Gregorio Mayans y Siscar, uno de sus más decididos e influyentes valedores, tanto por su papel en la recuperación, edición y traducción de obras pasadas, como en escritos de revisión histórica de diverso tipo, como sus *Orígenes de la lengua castellana* (1737*b*) y otros textos en los que adelanta una periodización de las letras españolas compartida por otros autores (Pérez Magallón, 1990: 256 y ss.). En su retórica apreciamos con nitidez el fuerte sentido crítico que impregna su idea de la historia literaria cuando escribe que esta:

> refiere cuáles son los libros buenos y cuáles los malos, su método, estilo y uso; los genios e ingenios de sus autores, los medios de promover sus adelantamientos o de impedirlos, los principios y progresos de las sectas eruditas; las universidades literarias, las academias y sociedades de varias ciencias, y el estado de la literatura en ellas; y el adelantamiento o descuido de las naciones en cada género de ciencia. (Mayans, 1757: 622)

Esto mismo es lo que ocurre en sus oraciones de juventud *en alabanza de las elocuentísimas obras de Saavedra Fajardo* (1725) o en la que *exhorta a seguir la verdadera idea de la elocuencia española* (1727), en la que el pasado literario español se presenta como ejemplo y modelo de los distintos estilos: familiar, de ficción entretenida, filosófico, histórico, oratorio...

Si aquí la historia literaria se subordina a la explicación retórica del estilo, en otro ensayo posterior de carácter biográfico, lo hace como fundamentación genérica. Nos referimos a la *Vida de Miguel de Cervantes Saavedra* (1737*a*), que escribió para la edición londinense del *Quijote*. La escasez de datos estrictamente biográficos de que disponía Mayans (recordemos que era la primera biografía que se hacía sobre Cervantes) se compensa con una explicación más exhaustiva de su obra. Para ello, basándose en el historiador francés Huet, hace un recorrido previo por los antecedentes y evolución de la novela, género que contaba con el rechazo generalizado de la crítica por sus efectos perniciosos, desde las fábulas milesias. Mayans se interesa por las causas de la introducción de los libros de caballerías y esto le sirve para trazar su recorrido por el género hasta llegar a Cervantes.[21] De este modo la historia desempeña una función en cierto modo legitimadora de un género que carece todavía de preceptiva teórica. Desde mediados del XVIII la novela va a tener una presencia creciente en las historias literarias cuando empiezan a construir la historia del género —antes que su teoría— en textos de Santibáñez, Andrés o Tójar (Álvarez Barrientos, 1991: 186-188).

Como en estos casos, también en Mayans la explicación histórica de la literatura se desenvuelve mejor en el formato ensayístico de las composiciones mencionadas que en los márgenes más sistematizados de su *Rhetórica*. La historia literaria no tiene en ella entidad como narración independiente, aunque los autores del pasado estén presentes en los numerosos ejemplos con que se ilustran tropos, figuras, estilos y géneros, generalmente por orden cronológico.

Dos décadas después, el caso de Capmany resulta asimismo significativo. La dimensión retórica de su *Filosofía de la elocuencia* (1777), centrada en la elocución, se completa con la histórica en su *Teatro histórico-crítico de la eloqüencia española* (1786-1794), después incorporada a la segunda edición de la *Filosofía de la elocuencia,* de 1812. El hecho de que poco antes vieran la luz las traducciones de Blair y Batteux, con las connotaciones que podía tener seguir unos modelos extranjeros que relegaban a un segundo

21 Para una información más detenida sobre el sentido de la voz novela y su concepción en la obra mayansiana, véase Álvarez Barrientos (1991: 365-368).

plano los nacionales, favoreció que en la segunda edición de su *Filosofía de la elocuencia* introdujera más ejemplos literarios, sobre todo españoles, con una disertación histórica sobre los mismos. En las páginas iniciales de esta segunda edición, confesará:

> mi decidida afición á este genero de estudio, el amor indeleble que profeso á nuestra lengua, y el dolor de ver que de algún tiempo acá se venden, para instrucción de la juventud española, Cursos de bellas letras, y Lecciones de retórica, traducidas, ya del francés, ya del inglés, en trage y gesto estrangero ¿no son estímulos bastantes para vengar la lengua, la eloqüencia, y la Nación? Ya es tiempo de servir á la Patria con puro y ardiente zelo, que suple el talento, y muchas veces hace hablar á los mudos. (Capmany, 1812: VIII)

Como en Luzán, la segunda edición de su obra se completa con adiciones de carácter histórico. Concretamente aquí introduce la historia en el apéndice dedicado a los «Autores españoles, de cuyas obras se han trasladado exemplos de eloqüencia, con una noticia de la época en la que escribieron». Son solamente tres páginas que cierran el libro, en las que clasifica a los autores citados por orden cronológico y por reinados: Reyes Católicos, Carlos V, Felipe II, Felipe III, Felipe IV y Carlos II. Pero, a pesar de su brevedad, con esta disposición Capmany nos muestra su voluntad de situar a cada autor en su tiempo, y el valor que adquiere con ello la perspectiva histórica, aunque no sea su tarea central. Escribe al respecto en su *Teatro histórico-crítico de la eloqüencia española:*

> En esta colección me he propuesto hacer una revista general del mejor lenguaje y estilo castellano que se lee en los más afamados escritores que se ha señalado en la serie de quatro siglos. No me he propuesto escribir instituciones oratorias, ni lecciones de rhetórica: porque en este caso debía despedazar mi plan cronológico, dividiendo la obra en clases, y subdividiendo después estas en exemplos para todos los géneros de estilos y especies de figuras. (Capmany, 1786: CXV)

Como vemos, la perspectiva crítica, intencionadamente selectiva, impregna el enfoque cronológico-histórico de esta antología, del que participarán otras de la época.

En esta apresurada panorámica no podemos dejar de mencionar la influencia que ejerce también la obra de Juan Andrés sobre este impulso de lo histórico. Instalado en Italia desde hacía unos años, Andrés había revisado con más detenimiento que Velázquez el pasado literario español. El tomo II de sus *Orígenes, progresos y estado actual de toda la literatura,* titulado

Origen, progresos y estado actual de las Buenas Letras, desarrollaba de manera mucho más completa y matizada las aproximaciones históricas que venían confluyendo desde la poética y la retórica. De hecho, organiza su exposición siguiendo el criterio poético-retórico de los géneros literarios. Así, después de tratar de la poesía en general, se detiene en los principales géneros: poesía épica, didascálica, dramática, lírica, otras especies de poesía (égloga, sátira, epístola, elegía, epigrama, inscripciones, fábula) y romances (amplio grupo en el que incluye romances griegos, libros de caballerías, romances pastoriles, romances heroicos, romances morales y novelas). El siguiente volumen lo dedicará a la elocuencia en general, la elocuencia forense, didascálica, dialogal, epistolar, elogios y elocuencia sagrada. Esta selección de géneros, en la que dedica un espacio destacado a la novela, corrobora la síntesis apuntada entre teoría e historia. La novela, género ficcional que no considera la retórica, entra en la historia sin dificultad y convierte a Juan Andrés en uno de los más señalados valedores del género en fechas en las que sigue estando excluida de las preceptivas españolas, como hemos apuntado antes.

El enfoque histórico-crítico de la obra de Juan Andrés le hace plenamente consciente del difícil equilibrio que debe manejar en la atención y en la valoración de autores, obras y géneros (Checa, 2019: 79 y ss.), pero aporta desde la lectura personal y equilibrada de las fuentes una visión moderna y conciliadora de la literatura española. Del siglo XVI reconoce, por ejemplo, su mérito general como «siglo de oro de la moderna literatura» (Andrés, 1784: II, 217), pero añade después que, pese a lo florido del estado de la poesía en el XVI, no es «tanto que las composiciones de aquella edad puedan tomarse por modelo en todos sus ramos» (II, 233). De hecho, no dudará en confesar su preferencia por el nervio del XVII frente a la languidez del XVI (II, 277-278).

Juan Andrés particulariza con detalle el análisis de autores y obras, sabe de la diversidad de criterios que influyen en la valoración de los escritores y apuesta por la lectura directa e individual de las obras, reivindicación siempre presente en el XVIII, pero muy clara y de enorme peso en este contexto.[22]

22 Para más datos sobre la actitud crítica de Andrés, *vid.* Aradra (2019).

Cuando se unen retórica y poética

Avanzamos una década en este rápido recorrido y llegamos al momento en el que la conjunción de retórica y poética se afianza de manera más sólida, limitándonos a una rápida mención de las obras más significativas de Batteux-García de Arrieta, Blair-Munárriz, Sánchez y Gómez Hermosilla, este último ya en la segunda década del XIX.

Aunque no es posible detenernos ahora en un análisis de sus obras, no podemos dejar de señalar el deseo compartido en los dos primeros autores de adicionar y completar las obras extranjeras de las que partían sus traducciones-adaptaciones al castellano. Tanto Munárriz como Arrieta comparten la necesidad de cubrir las lagunas de los originales con respecto a la literatura nacional, que desde esta perspectiva se alinea con toda una producción apologética en defensa de las letras y de la cultura española que viene afianzándose a lo largo del siglo promovida por muchas de estas revisiones históricas. Así, García de Arrieta completa las explicaciones sobre los géneros poéticos del original francés de Batteux, como hace Munárriz con el texto inglés de Blair, lo que les obliga a incluir panorámicas históricas de los distintos géneros, en las que van ubicando a los autores.

Sánchez Barbero, que sigue de cerca al autor escocés, materializa muy bien esta visión complementaria de retórica y poética cuando al final de sus *Principios de Retórica y Poética* (1805) concluye comparando los contenidos de las dos disciplinas, asociados a la prosa y a la poesía explícitamente.[23] La afirmación final de que el orador habla y el poeta canta, o de que «El orador habla como un hombre; el poeta como un Dios» (Sánchez, 1805: 281), revela el talante crítico y apasionado que predomina en buena parte de la obra.

En este momento teórico los contenidos tradicionales de la retórica están experimentando grandes cambios: se abordan de manera general los recursos elocutivos y el estilo; se obvia el grueso de los contenidos de la *inventio;* se condensa en un capítulo la disposición discursiva; *memoria* y

23 Comienza así la conclusión: «Establecidos los principios de Retórica y Poética, se conocerá fácilmente la diferencia que va de la poesía á la elocuencia ó prosa» (Sánchez, 1805: 279).

actio pierden la entidad habitual y tan solo son aludidas como calidades del talento oratorio; se comentan los géneros en prosa más importantes; persiste el incremento de contenidos estético-filosóficos que ya apreciamos en Capmany (por influencia del enciclopedismo francés) y se cuestiona la eficacia preceptiva de la disciplina. Con la clara influencia de Blair y Marmontel, Sánchez presenta la elocuencia como «el lenguaje de la pasión y de la imaginación» (1805: 1), en una definición que se mantendrá en los tratados de estas décadas que siguen fuentes similares. Basten unas líneas para probar este cambio en la percepción retórica que tan próximo percibimos al sentir romántico:

> Dirá alguno: si la elocuencia depende de la imaginación y del tumulto de las pasiones, ó lo que viene á ser lo mismo, de la naturaleza, ¿de qué sirve la Retórica, de qué la Poética? Sirven para señalar el rumbo de las pasiones y de la fantasía; sirven para dirigirlas sin amortiguar su vuelo; sirven para ponernos á la vista los derrumbaderos en que otros se despeñáron, y en que nosotros podemos caer, si no vamos fuertemente sostenidos por la crítica, y guiados por el buen gusto: sirven para admirar las bellezas, no dexarnos deslumbrar con una falsa elocuencia, y habituarnos por este medio á que nuestros sentimientos vayan siempre de acuerdo con la filosofía. En suma, la Retórica y Poética son la historia filosófica de las pasiones avivadas por la imaginación, y nos prescriben lo que debemos hacer por lo que ellas han hecho constantemente. (Sánchez, 1805: 5-6)

La voz de Sánchez se presenta decidida, beligerante incluso en algunos pasajes, contra el hacinamiento de preceptos inútiles, contra la pedantería erudita de tantos autores y sus pretensiones —que tacha de estúpidas y ridículas— de enseñar con reglas lo que la naturaleza proporciona con mayor eficacia. Retórica y poética son ahora la «historia filosófica de las pasiones avivadas por la imaginación» y lo que prescriben parte de lo auténtico, dejando atrás el del escolasticismo inservible.

Desde estos presupuestos es lógico que Sánchez aligere su obra muchísimo, dejando en algunas ocasiones solo los ejemplos literarios como explicación de los recursos.[24] Al tratar de los géneros en prosa se limita a señalar los rasgos y tipos fundamentales de cartas, escritos filosóficos y obras de historia. Únicamente al hablar de los romances y novelas, siguiendo a Blair,

24 Véase, por ejemplo, el caso de la corrección, que explica solo con un breve fragmento del *Quijote*.

da unas ligeras pinceladas históricas sobre el género con breves calas en la antigüedad de los cuentos, en los romances caballerescos medievales, en el *Quijote,* y en otras obras, con referencias al *Orlando* de Ariosto, al *Gil Blas,* a Montemayor, al *Guzmán de Alfarache,* al *Lazarillo,* etc., para concluir con una tipología centrada en romances heroicos, trágicos, familiares, pastoriles y cómicos o satíricos. De esta forma romances y novelas se incorporan a la preceptiva retórica con la suficiente entidad en un capítulo independiente, como correlato ficticio de la historia, basada en hechos reales. La relativa novedad de esta inclusión —sobre la que no se dan más detalles—, se va a ver reforzada con el aval histórico: se trata de géneros que cuentan con una tradición importante y es la relevancia de su historicidad lo que respalda su inclusión, como hiciera también Mayans.

Sánchez comienza la parte de poética con una definición de poesía como «el lenguaje del entusiasmo y la obra del genio» (1805: 145). Contrasta aquí el apasionamiento con el que habla de la poesía, de las cualidades naturales y de los componentes imaginativos y emocionales, con el seguimiento final de las reglas poéticas que propugna al final siguiendo las directrices de corte más neoclásico. En esa misma línea, como encontramos en la *Poética* de Luzán y en otras obras posteriores, dedica un capítulo a su historia: «Orígen y progresos de la poesía en general, y particularmente de la castellana». Con la referencia inmediata de Blair-Munárriz, Sánchez Barbero se detiene sobre todo en los orígenes de la poesía:

> Los antiguos poetas, hombres más instruidos, de mas imaginacion y talento que sus patriotas, para expresar las fuertes conmociones de alborozo, de admiracion, de tristeza, &c. empleáron sin disputa las comparaciones, las hipérboles, las mas brillantes y atrevidas figuras, invirtiéron el orden de las palabras, adaptándolas al que se presentaba á su imaginacion, ó á la cadencia de la pasion que los movia, dando forma real á las ideas abstractas. De aquí el principio del lenguage y colorido poéticos. (Sánchez, 1805: 145)

Su panorama histórico sobre el origen y la evolución de la poesía es poco sistemático, más atento a las etapas primitivas generales de su evolución. En el caso de la poesía castellana retoma tópicos sobre la degradación poética barroca y de Góngora en particular. La idealización con la que habla de los orígenes de la poesía y de sus etapas primitivas deja paso a un nostálgico lamento sobre la tergiversación de los verdaderos valores poéticos en la antigua Grecia y Roma, que traslada a su tiempo. La historia inmersa en la preceptiva adquiere de esta forma un valor añadido, una función legitimadora de una estética que toma partido en su interpretación del pasado literario.

Por lo demás, su deseo de brevedad le hace mencionar solamente los nombres de los autores más significativos por siglos. Tras manifestar sus reservas frente a la literatura medieval, hace un rápido repaso por los siglos siguientes diciendo que en el siglo xvi, durante los reinados de Carlos V y de Felipe II «se elevó la poesía castellana, y en él florecieron los buenos poetas» (1805: 179), pero que en tiempo de Felipe IV (siglo xvii) empezó a decaer, para sostener a continuación que quien más contribuyó a su decadencia y corrupción fue Góngora, con quien «la poesía castellana llegó al colmo de la barbarie» (1805: 180). La segunda mitad del xviii corresponderá a su recuperación, y «la España poética descollará ufana entre todas las naciones» (1805: 181). Dice al respecto:

> Á mediados del siglo xviii recobró su antiguo lustre y decoro: á fines del mismo se elevó adonde jamás había llegado. Crítica, gusto delicado, imaginación rica y correcta, invencion, filosofia, conocimiento del corazón humano, grandes planes, lenguaje poético... abren el templo de la inmortalidad á unos pocos que sobresalen en esta ciencia, acariciados de las musas y queridos de Apolo. (Sánchez, 1805: 180-181)

Las referencias literarias vemos que se ordenan por siglos y, con respecto a los últimos, la evolución literaria se ajusta a criterios políticos que le llevan a asociar el progreso literario con los diferentes reinados: desde el mayor esplendor de las letras con Carlos V y Felipe II a la posterior decadencia y recuperación en la segunda mitad del xviii coincidiendo con el reinado de Carlos III, como es habitual en los círculos literarios.

Este capítulo sobre historia de la poesía figura en la obra de Sánchez Barbero independiente de los dedicados a los géneros literarios. Será justamente en estos, en los que, tras repasar los rasgos temáticos y formales que caracterizan cada género, indique sus mejores representantes y exprese abiertamente sus gustos con recomendaciones expresas de lectura de textos clásicos y modernos de todas las épocas, nacionales y extranjeros. Aunque estas recomendaciones se limitan a algunos párrafos, el orden de atención a los máximos representantes de cada género es cronológico.

El texto de Sánchez Barbero no contó en su tiempo con la aprobación de los sectores más conservadores, en especial de Leandro Fernández de Moratín (Rodríguez Sánchez de León, 1992: 1449); sin embargo, fue un pilar importante en la mencionada conjunción de retórica y poética, ya que en la década siguiente el que fuera catedrático de los Reales Estudios de San Isidro, Luis de Mata y Araújo, publicó un manual escolar basado en Blair, en Marmontel y en el mismo Sánchez Barbero con el título de *Elementos de retórica y poética* (1818), y poco después Gómez Hermosilla dio a la imprenta su influyente *Arte de hablar en prosa y verso* (1826) siguiendo fuentes próximas.

La obra de Hermosilla, que desde su publicación contó con el favor institucional y se utilizó como libro de texto durante años,[25] ejemplifica muy bien el movedizo escenario epistemológico que estamos describiendo. Como se aprecia en su título, los términos *retórica* y *poética* de Sánchez Barbero son significativamente sustituidos por *prosa* y *verso*. El objetivo que se propone nuestro autor está en consonancia con sus inmediatos precedentes: «Componer una obra mas completa, metódica, clara y filosófica que las publicadas hasta el día, la cual baste ella sola para guiar á los escritores en sus composiciones y á los lectores en el examen y juicio de las agenas» (Gómez Hermosilla, 1826: I, I).

Desde estos presupuestos, Gómez Hermosilla cuestiona la adecuación de otros términos habituales poniendo de relieve las limitaciones de los tratados particulares sobre composiciones oratorias y poéticas de la retórica y de la poética, la excesiva vaguedad de los «principios de literatura», lo poco apropiado de sintagmas como «bellas letras», «buenas letras», «letras humanas» o «arte de escribir», etc., de tal manera que ninguna de las denominaciones habituales satisface un nuevo marco teórico que explícitamente se propone servir de orientación tanto para la creación como para la recepción literaria. O, dicho de otro modo, normativizar o «reglamentar» la

25 Según reza en las páginas preliminares, la obra aparece con la aprobación para utilizarse como libro de texto según Real Orden de 19 de diciembre de 1825 para que «se estudie en las clases de Humanidades y que la edición se hiciese en la Real Imprenta», de tal manera que solo se reconocerían como ejemplares auténticos los que se imprimieran en ella, reconocibles por una rúbrica característica. Dice mucho de su peso institucional el que Gómez Hermosilla fuera por esas fechas secretario de la Inspección General de Instrucción Pública y que dedicara a la reina una obra como esta, «destinada á promover en España el estudio de las Humanidades, á establecer sólidamente los principios de buen gusto en materias literarias, á combatir las erradas opiniones que le han estragado» o «á vindicar la memoria de nuestros clásicos injustamente desacreditados por la ignorancia presuntuosa de ciertos aristarcos noveles, y á restituir su antiguo esplendor á la hermosa lengua de Garcilaso y de Cervantes» (Gómez Hermosilla, 1826: I, s. p.).

escritura (el vocablo *reglas* será muy utilizado) y orientar en la lectura crítica de los textos literarios. Estas consideraciones a la búsqueda de un nombre adecuado reflejan la necesidad de encontrar un espacio epistemológico propio, que se está fraguando en estos años desde diversos frentes.

La «Advertencia» con la que abre Gómez Hermosilla su *Arte de hablar en prosa y verso* confirma lo movedizo de este escenario disciplinar. Pese a su extensión y a las prácticas de otros teóricos modernos, omite comentarios sobre los autores que han cultivado las diferentes clases de composición o sobre su historia (sus orígenes, progresos y estado actual), así como también las habituales disertaciones filosóficas en torno al gusto, lo bello, lo sublime, los placeres de la imaginación, etc. Gómez Hermosilla focaliza su atención en lo prescriptivo y en la dimensión práctica de las reglas de composición literaria, y separa de ello lo que correspondería al saber estético e histórico. Leemos en este sentido:

> Una cosa es saber las reglas que deben tenerse presentes para componer en prosa y en verso; otra aplicarlas al examen crítico de los autores que más se han distinguido en ambos géneros. Este es un ramo aparte; y tan vasto, que para ser tratado con la debida extensión, pide un gran número de volúmenes. (Gómez Hermosilla, 1826: I, VII-VIII)

Y continúa diciendo:

> La crítica de los clásicos griegos y latinos ocupa los tres primeros tomos del Curso de Literatura de La Harpe, y es muy diminuta. ¿Qué seria pues de una que fuese mas extensa, y á la cual siguiese luego la de los italianos, españoles, ingleses, franceses y alemanes? ¿De cuántos tomos constaría? Así, las pocas generalidades que se hallan en Blair, Batteux, Domairon, Lemercier y otros nada enseñan, y solo sirven para hacer pedantes. (Gómez Hermosilla, 1826: I, VIII)

Al margen de la consideración nacional que revelan estas palabras al referirse explícitamente a la literatura italiana, española, inglesa, francesa o alemana, esta requiere en su opinión un desarrollo individualizado y más por extenso del que se encuentra en los tratados al uso. Otro tanto sucede con la historia de cada clase de composición o género literario:

> Por la misma razón no deben entrar en obras de esta clase, ni la historia de cada especie de composición, ni teorías sobre la formación de las lenguas, ni principios de gramática general, ni observaciones particulares sobre tal ó tal lengua determinada. Cada uno de estos estudios pide mucho tiempo, si se ha de llegar á saber algo; y no puede mirarse como accesorio de otro ninguno. (Gómez Hermosilla, 1826: I, VIII)

La lectura detenida de estas líneas confirma el deseo de una especificidad disciplinar que permita la consideración independiente y suficientemente desarrollada de los estudios históricos o estético-filosóficos, deslindados de aquellos otros más claramente descriptivos o prescriptivos. Nos encontramos, por tanto, ante una materia «agotada», según el autor, en la que lo único que cabe es cierta novedad en el enfoque y la indulgencia de un público que sepa apreciarla en su totalidad, aunque no haya sido escrita por un extranjero, como apunta con ironía (Gómez Hermosilla, 1826: I, xi).

La influencia que ejerce la obra del escocés en la preceptiva literaria de las primeras décadas del xix a través de la adaptación de José Luis Munárriz es indiscutible. Su paso por las manos de Jovellanos, Sánchez Barbero o Gómez Hermosilla muestra un peculiar proceso de adaptación a conveniencia, muy fructífero en la teoría literaria de la época. Y decimos «a conveniencia» pensando sobre todo en las formas de traducir, asumir, interpretar, adicionar o reformular los textos foráneos,[26] que revelan el enfoque particular que hacen de los materiales ajenos los diferentes teóricos, pero también al intentar cubrir con su revisión del pasado literario nacional las carencias o los errores de los textos extranjeros.

Así, el itinerario teórico que reflejan los autores mencionados experimenta con Gómez Hermosilla la depuración de lo normativo con la eliminación de lo histórico y lo estético o filosófico, como hemos visto, que parece transitar otros ámbitos. En esta obra el resultado es conocido. Serían muchos los pasajes que podríamos aducir que corroboran este deseo de deslindar ámbitos de atención, de conocimiento —puntualizamos nosotros—.

Aunque Hermosilla confiese sus deudas con Blair, más acusadas en el segundo volumen (dedicado a los distintos géneros de composición literaria), su tratado no solo se desprende de la reflexión estética o filosófica, sino también de la histórica, que veníamos apreciando en otras preceptivas. De este modo, la presentación de los distintos géneros en prosa y en verso se limita a una descripción y consejos o «reglas» bastante precisos sobre los mismos. En el texto de Hermosilla impera una visión utilitaria, orientada

26 Sobre los distintos modos de traducir en la teoría literaria española del xviii, véase Urzainqui (1991).

a la enseñanza práctica de los estudiantes, defensora de la reglamentación del arte, pero a la vez muy crítica con la retórica y los múltiples preceptos que considera inútiles, como estamos viendo en estos principios del XIX.

Menéndez Pelayo (1994: I, 1116) ya señaló la pérdida que supuso para la educación estética de los españoles la sustitución de la obra de Blair por la de Gómez Hermosilla, de crítica menos elevada e independiente y mucho menos sensible a las cuestiones de estética. Recordemos que la de Hermosilla fue una obra sólidamente arraigada en la educación literaria española de la primera mitad del XIX. Este profesor, que había sido sustituto de las cátedras de Griego y de Retórica y opositor de la de Disciplina Eclesiástica en el Colegio de Santo Tomás (Simón Díaz, 1992: 332), que pidió ya en 1809 que se utilizase la obra de Blair para la enseñanza de la Retórica como se había dispuesto en las universidades, trabajó como secretario de la Inspección General de Estudios durante el segundo periodo absolutista después de haber pasado seis años exiliado en Francia, y desde ese cargo promovió la adopción de su *Arte de hablar en prosa y verso* como libro de texto en las cátedras de Humanidades, en las que se utilizaría durante más de una década.

La limitación a lo preceptivo que estamos señalando convivió entonces con la aparición de obras específicamente históricas. El texto de Gómez Hermosilla salió a la luz cuando ya había publicado Friedrich Bouterwek en Göttingen su monumental historia de las literaturas europeas en 12 volúmenes, *Geschichte der Poesie und Beredsamkeit seit dem Ende des Dreizehnten Jahrhunderts* (1801-1819),[27] y el tomo tercero dedicado a la literatura española *(Geschichte der spanischen Poesie und Beredsamkeit)* ya era conocido en Europa a través de su traducción al francés en 1812 y al inglés en 1823. La traducción al castellano aparecerá en 1829 con el título *Historia de la literatura española,* justo un año después de que Alberto Lista se lamentara justamente de la falta de una historia «nuestra» de la literatura española y se preguntara si debemos esperar a que vengan los extranjeros a revolver el polvo de nuestros archivos sin saber valorar como corresponde nuestros méritos literarios (Lista, 1828: 476-477).

27 Remitimos al estudio de Álvarez Rubio para una información más completa sobre esta obra (2007: 122 y ss.).

El siguiente peldaño en esta secuencia lo encontramos en Gil de Zárate, en cuya obra aparecen separadas preceptiva e historia de la literatura, aunque juntas en una misma publicación. Nos referimos a su *Manual de Literatura* (1842-1844), cuya primera parte se ocupa de retórica y poética, mientras que la segunda, más extensa, es un resumen crítico y razonado de la literatura española. Las conexiones entre teoría de los géneros e historia persisten, no obstante, según reconoce el mismo autor al principio de su *Resumen histórico de la Literatura española:*

> Nos proponemos entrar en cuantos pormenores sean compatibles con la naturaleza de este escrito; y no solamente haremos aquellas reflexiones generales que creamos oportunas para delinear con exactitud el carácter que ha tomado entre nosotros cada género de literatura, sino que también nos detendremos en analizar la índole de nuestros poetas y prosistas, citando trozos de cada uno, a fin de que se admiren sus bellezas y se eviten sus defectos. (Gil de Zárate, 1844: 4).

Así, al tratar de los distintos géneros alude a su estado general, hace una presentación biográfica de los autores y comenta los textos seleccionados. El paso definitivo se estaba dando.

El hecho de que la obra de Zárate fuera también libro de texto en numerosos centros de enseñanza afianzará la influencia de su propuesta desde la oficialidad educativa. El éxito de su trabajo, que propició incluso ediciones sin la supervisión de su autor, le llevó a revisarlo y a volver a publicarlo pocos años después. En la «Advertencia» que redacta en 1851 para su cuarta edición, corregida y aumentada, se mostrará consciente de lo costoso que era años antes una empresa histórica como la suya, de los avances y los descubrimientos continuos que se iban produciendo y de sus propias limitaciones para realizar una actualización de sus contenidos en condiciones. Su esperanza se va a centrar en un catedrático de Literatura de la Universidad Central que por entonces había estado traduciendo y completando *De la littérature du Midi de l'Europe* del hispanista suizo Simonde de Sismondi. Nos referimos a José Amador de los Ríos.[28]

28 La obra de Sismondi fue traducida al castellano por José Lorenzo Figueroa y después completada por Amador de los Ríos con el título de *Historia de la literatura española desde mediados del siglo XII hasta nuestros días* (Sevilla, 1841-1842). Para más datos, véase Álvarez Rubio (2007: 169 y ss.).

En los preliminares de su obra Gil de Zárate le agradece en estos términos la meritoria supervisión de su edición:

> En esto, como en todo, la suerte de los que hemos venido primero es el quedar oscurecidos por los que nos siguen: yo me daré el parabien, si vivo lo bastante para ver publicada una Historia completa de nuestra literatura; y ya que un extranjero se nos ha adelantado en esto, enmendemos semejante falta con otra obra mas perfecta y digna de la nacion española. Así lo espero: el citado Sr. Rios, en quien el deber como catedrático se hermana en este punto con la aficion literaria, se ocupa con grande afan en tan importante trabajo, que no dudo llevará á cabo para honra suya y nuestra, dando fin cumplido á la empresa que yo intenté principiar con este imperfecto bosquejo. (Gil de Zárate, 1851: VII)

No sabía Gil de Zárate que diez años más tarde, el mismo año de su muerte, se cumpliría parcialmente su deseo cuando apareció impreso el primer volumen de la *Historia crítica de la literatura española* de Amador de los Ríos. Lo que sigue es ya otro capítulo.

A modo de cierre

La historia literaria, «reto imposible» o «toda problemas», como la han visto Gies (2004) o Romero Tobar (2006), continúa siendo una disciplina que sigue poniéndose a sí misma en cuestión, como sucedió en sus orígenes. Las páginas precedentes ponen de manifiesto su complejidad, tanto por la diversidad de flancos desde los que se puede abordar la narración de la evolución literaria de una nación como por la variedad de factores (políticos, culturales, institucionales...) que entran en juego, especialmente en el periodo que nos ocupa.

La construcción de la historia literaria en España entre la segunda mitad del XVIII y la primera mitad del XIX coincide con un interés por lo histórico en todas sus vertientes, de indagación sobre el pasado literario nacional y de aprecio de los méritos propios que viene calando en distintos momentos y con distintas motivaciones en las poéticas y en las retóricas dieciochescas, ambas muy sensibles, pese a su aparente rigidez, a la creación y explicación de determinados cánones estéticos. Pero también coincide con un escenario epistemológico en transformación, en el que participan conceptos del relieve de *historia, literatura* o *nación*. Estudiar esta construcción hace necesario no solo tener en cuenta la mutabilidad y los matices de estos conceptos, sino atender a los movimientos que se producen en el campo disciplinar de lo literario.

Los dos pilares en los que se asienta el pensamiento sobre la literatura en el siglo XVIII, la poética y la retórica, introducen panorámicas históricas sobre los orígenes y la evolución de géneros y de estilos que confluyen con una valoración necesariamente selectiva de autores y obras, de sus etapas de progreso y de decadencia, de sus luces y sombras. La evolución que experimentan con el siglo estas disciplinas no es un hecho que pueda explicarse de manera aislada, como tampoco el de la historia literaria. Además de la cuestión nuclear de las fuentes y de las influencias foráneas, la unión de poética y retórica en el periodo de entre siglos supuso en el sistema educativo un reajuste de contenidos y de funciones de las que fueron plenamente conscientes sus autores, como hemos podido comprobar en Sánchez Barbero o Gómez Hermosilla. Las exigencias teóricas de una realidad literaria cambiante, que demandaba un espacio para géneros como la novela —durante mucho tiempo excluida de la preceptiva—, la quiebra de la visión normativa de poética y retórica y la búsqueda de una fundamentación filosófica de la creación literaria favoreció, entre otras razones, una conjunción teórica en la que apenas quedaba espacio para la historia.

Por su parte, la historia literaria, que tampoco fue ajena a la mirada extranjera, irá construyendo su itinerario particular desde el conocimiento de la literatura nacional, muchas veces como adición o complemento matizador en las traducciones que se publicaron en estas décadas, tanto en obras sobre retórica y bellas letras o preceptivas, como en historias de la literatura española propiamente dichas. En esta reordenación del sistema disciplinar la historia de la literatura que habitaba en los márgenes (ensayos, discursos, memorias, prólogos, etc.), que se hacía un hueco en la preceptiva para comprender el estado de las letras y de sus géneros desde el conocimiento de su origen y evolución en poéticas y retóricas (adquiriendo en no pocas ocasiones una función legitimadora), se va afianzando en las instituciones, como lo hace una preceptiva literaria cada vez menos prescriptiva.

Las conexiones entre poética y retórica e historia literaria, tan evidentes en esta breve panorámica, dejan así patente la progresiva especialización de dos ámbitos disciplinares que beben necesariamente uno del otro, pero que empiezan a demandar un espacio propio.

Bibliografía

AGUILAR PIÑAL, Francisco (ed.) (1996), *Historia literaria de España en el siglo XVIII,* Madrid, Trotta / CSIC.

ÁLVAREZ BARRIENTOS, Joaquín (1991), *La novela del siglo XVIII,* Madrid, Júcar.

ÁLVAREZ BARRIENTOS, Joaquín (2004), «Nación e historia literaria a mediados del siglo XVIII en España», en Leonardo Romero Tobar (ed.), *Historia literaria / Historia de la literatura,* Zaragoza, PUZ, pp. 101-114.

ÁLVAREZ BARRIENTOS, Joaquín (2010), «Martín Sarmiento (1695-1772) y Luis José Velázquez (1722-1772) en los orígenes de la historia literaria española», en Victoriano Gaviño Rodríguez y Fernando Durán López (eds.), *Gramática, canon e historia literaria (1750 y 1850),* Madrid, Visor, pp. 11-48.

ÁLVAREZ RUBIO, M.ª del Rosario (2007), *Las historias de la literatura española en la Francia del siglo XIX,* Zaragoza, PUZ.

AMADOR DE LOS RÍOS, José (1861-1865 [orig. ital. 1782-1799]), *Historia crítica de la literatura española,* Madrid, Imp. de José Rodríguez, José Fernández Cancela y Joaquín Muñoz (según tomos), 7 vols.

ANDRÉS Y MORELL, Juan (1784-1806), *Origen, progresos y estado actual de toda la literatura,* Madrid, Antonio Sancha, 10 vols.

ARADRA SÁNCHEZ, Rosa M.ª (1997), *De la retórica a la teoría de la literatura (siglos XVIII y XIX),* Murcia, Servicio de Publicaciones de la Universidad de Murcia.

ARADRA SÁNCHEZ, Rosa M.ª (2014), «Retórica y novela. Notas sobre una canonización genérica», en Domingo Sánchez-Mesa, José Manuel Ruiz Martínez y Azucena González Blanco (eds.), *Teoría y comparatismo: tradición y nuevos espacios,* Granada, Universidad de Granada, pp. 305-316.

ARADRA SÁNCHEZ, Rosa M.ª (2015), «Cervantes desde la retórica. Viaje al centro del canon», *Bulletin Hispanique,* 117, pp. 209-230.

ARADRA SÁNCHEZ, Rosa M.ª (2019), «Juan Andrés y la noción de progreso en los inicios de la historia literaria española», en María José Rodríguez Sánchez de León y Miguel Amores Fuster (dirs.), *La ciencia literaria en tiempos de Juan Andrés (1740-1817),* Madrid, Visor, pp. 269-294.

BARTHES, Roland (1992 [1963]), *Sobre Racine,* México, Siglo XXI.

BATTEUX, Charles (1797-1805), *Principios filosóficos de la literatura, o Curso razonado de bellas letras y de bellas artes. Traducida al castellano, e ilustrada con algunas notas críticas y varios apéndices sobre la literatura española por Agustín García de Arrieta,* Madrid, Antonio de Sancha, 9 vols.

BLAIR, Hugh (1798-1801), *Lecciones sobre la Retórica y las Bellas Letras, traducidas y adicionadas a partir del original inglés de Hugh Blair por José Luis Munárriz,* Madrid, Antonio Cruzado, 4 vols.

Bouterwek, Friedrich (1829), *Historia de la literatura española, escrita en alemán por F. Bouterwek; traducida al castellano y adicionada por D. José Gómez de la Cortina y D. Nicolás Hugalde y Mollinedo,* Madrid, Imp. de D. Eusebio Aguado.

Burriel, Antonio (1757), *Compendio del Arte Poética,* Madrid, s. i.

Cañas Murillo, Jesús, y José Roso Díaz (eds.) (2019), *En los inicios ilustrados de la historiografía literaria española: miradas sobre la Edad Media y el Siglo de Oro (1700-1833),* San Millán de la Cogolla, Cilengua.

Capmany, Antonio de (1812 [1777]), *Filosofía de la elocuencia,* Madrid, Antonio Sancha. 2.ª ed., Londres, Longman, Hurst, Rees, Orme y Brown.

Capmany, Antonio de (1786-1794), *Teatro histórico-crítico de la eloqüencia española,* Madrid, Antonio Sancha, 5 vols.

Cebrián García, José (1996), «Historia literaria», en Francisco Aguilar Piñal (ed.), *Historia literaria de España en el siglo* xviii, Madrid, Trotta / CSIC, pp. 513-592.

Chacón Delgado, Pedro José (2007), «El concepto de historia en España (1750-1850)», *Araucaria. Revista Iberoamericana de Filosofía, Política y Humanidades,* 17, pp. 187-211.

Checa Beltrán, José (2019), «Canon, política y redes en la historiografía literaria del siglo xviii», en Jesús Cañas Murillo y José Roso Díaz (eds.), *En los inicios ilustrados de la historiografía literaria española: miradas sobre la Edad Media y el Siglo de Oro (1700-1833),* San Millán de la Cogolla, Cilengua, pp. 67-87.

Díez González, Santos (1793), *Instituciones poéticas,* Madrid, Benito Cano.

Dilthey, Wilhelm (1986 [1883]), *Introducción a las ciencias del espíritu. Ensayo de una fundamentación del estudio de la sociedad y de la historia,* Madrid, Alianza Editorial.

Forner, Juan Pablo (1973), *La crisis universitaria. La historia de España (dos discursos),* François Lopez (ed.), Barcelona, Labor.

Garrido Palazón, Manuel (1988), «Función de la literatura e historia literaria: un planteamiento (de los "encyclopédistes" a Manuel Milà)», *1616. Anuario de la Sociedad Española de Literatura General y Comparada,* 6-7, pp. 115-124.

Garrido Palazón, Manuel (1992), *La filosofía de las bellas letras y la historia literaria en España (1777-1844),* Almería, Universidad de Almería.

Garrido Palazón, Manuel (1995), *Historia literaria, enciclopedia y ciencia en el literato jesuita Juan Andrés: en torno a «Del origen, progresos y estado actual de toda la literatura»,* Alicante, Diputación Provincial de Alicante / Instituto Alicantino de Cultura Juan Gil-Albert.

Gies, David T. (2004), «El reto imposible de la historia literaria. El caso Cambridge», en Leonardo Romero Tobar (ed.), *Historia literaria / Historia de la literatura,* Zaragoza, PUZ, pp. 273-283.

Gil de Zárate, Antonio (1842-1844), *Manual de Literatura o arte de hablar y escribir en prosa y verso. Primera parte: Principios de Retórica y Poética,* Madrid, Boix, 1842. *Segunda parte: Resumen histórico de la literatura española,* Madrid, Boix, 1844, 3 vols.

Gil de Zárate, Antonio (1851), *Resumen histórico de la literatura española.* Segunda parte del *Manual de Literatura,* Madrid, Gaspar y Roig, 4.ª ed. corr. y aum.

Gómez Hermosilla, José Mamerto (1826), *Arte de hablar en prosa y verso,* Madrid, Imp. Real, 2 vols.

Gunia, Inke (2008), *De la poesía a la literatura. El cambio de los conceptos en la transformación del campo literario español del siglo xviii y principios del xix,* Madrid / Fráncfort del Meno, Iberoamericana / Vervuert.

Lista y Aragón, Alberto (1951 [1828]), «Discurso sobre la importancia de nuestra historia literaria», leído en la Real Academia de la Historia, en Hans Juretschke, *Vida, obra y pensamiento de Alberto Lista,* Madrid, CSIC, pp. 466-478.

López, Rosa M.ª (1996), «Bibliografía sobre la historia de la literatura española en su contexto institucional. (Índice cronológico)», *El Gnomo,* 5, pp. 205-224.

Luzán, Ignacio de (2008 [1737 y 1789]), *La Poética, o Reglas de la Poesía en general, y de sus principales especies,* Zaragoza, Francisco Revilla, 2.ª ed. corregida y aumentada por su mismo autor, Madrid, Imp. de Antonio Sancha, 2 vols., Russell P. Sebold (ed.), Madrid, Cátedra.

Madramany y Calatayud, Mariano (1795), *Tratado de la Elocución,* Valencia, Hermanos Orga.

Mainer, José-Carlos (1981), «De historiografía literaria española, el fundamento liberal», en Santiago Castillo (coord.), *Estudios sobre Historia de España. Homenaje a Manuel Tuñón de Lara,* Madrid, Universidad Internacional Menéndez Pelayo, vol. ii, pp. 439-472.

Mainer, José-Carlos (1994), «La invención de la literatura española», en José-Carlos Mainer y José María Enguita Utrilla (coords.), *Literaturas regionales en España: historia y crítica,* Zaragoza, IFC, pp. 23-48.

Maravall, José Antonio (1991), «Mentalidad burguesa e idea de la Historia en el siglo xviii», en *Estudios de la historia del pensamiento (siglo xviii),* Madrid, Mondadori, pp. 113-138.

Mayans y Siscar, Gregorio (1725), *Oración en alabanza de las eloqüentísimas obras de don Diego Saavedra Fajardo,* Valencia, Antonio Bordázar.

Mayans y Siscar, Gregorio (1727), *Oración en que se exhorta a seguir la verdadera idea de la elocuencia española,* Valencia, Antonio Bordázar.

Mayans y Siscar, Gregorio (1737*a*), *Vida de Miguel de Cervantes Saavedra,* Londres, J. y R. Tonson.

MAYANS Y SISCAR, Gregorio (1737*b*), *Orígenes de la lengua española,* Madrid, Juan de Zúñiga.

MAYANS Y SISCAR, Gregorio (1984 [1757]), *Rhetórica,* Valencia, Herederos de Gerónimo Conejos, 2 vols., en Antonio Mestre Sanchis (ed.), *Obras completas, III, Retórica,* Valencia, Publicaciones del Ayuntamiento de Oliva.

MENÉNDEZ PELAYO, Marcelino (1994 [1883]), *Historia de las ideas estéticas en España,* Madrid, CSIC. Ed. facsímil, 2 vols.

MESEGUER, Francisco, y Miguel DE MANUEL (1947 [1785]), «Memoria para la enseñanza de la Historia Literaria», en José Simón Díaz, «La biblioteca, el Archivo y la Cátedra de Historia literaria de los estudios de San Isidro, de Madrid (1767-1820)», *Revista Bibliográfica y Documental,* tomo I, n.º 1.

MESTRE, Antonio (1996), «Historiografía», en Francisco Aguilar Piñal (ed.), *Historia literaria de España en el siglo XVIII,* Madrid, Trotta / CSIC, pp. 815-882.

MONTIANO Y LUYANDO, Agustín (1750), *Discurso sobre las tragedias españolas,* Madrid, Joseph de Orga.

MONTIANO Y LUYANDO, Agustín (1753), *Discurso II sobre las tragedias españolas,* Madrid, Joseph de Orga.

NASARRE, Blas Antonio (1749), *Comedias y Entremeses de Miguel de Cervantes Saavedra, el Autor de Don Quijote, divididas en dos tomos, con una disertación, o prólogo sobre las Comedias de España,* Madrid, Imp. de Antonio Marín, 2 vols.

PÉREZ MAGALLÓN, Jesús (1990), «Gregorio Mayans en la historiografía literaria española», *Nueva Revista de Filología Hispánica,* 38, 1, pp. 247-263.

PÉREZ MAGALLÓN, Jesús (1991), *En torno a las ideas literarias de Mayans,* Alicante, Instituto de Cultura Juan Gil-Albert.

POZUELO YVANCOS, José M.ª, y Rosa M.ª ARADRA SÁNCHEZ (2000), *Teoría del canon y literatura española,* Madrid, Cátedra.

RAMOS CORRADA, Miguel (2000), *La formación del concepto de historia de la literatura nacional española. Las aportaciones de Pedro J. Pidal y Antonio Gil de Zárate,* Oviedo, Publicaciones del Departamento de Filología Española.

REYES GÓMEZ, Fermín de los (2010), *Las historias literarias españolas: repertorio bibliográfico (1754-1936),* Zaragoza, PUZ.

RODRÍGUEZ MOHEDANO, Pedro y Rafael (1766-1791*), Historia literaria de España, desde su primera población hasta nuestros días…,* Madrid, Imp. Antonio Pérez de Soto, 10 tomos.

RODRÍGUEZ SÁNCHEZ DE LEÓN, M.ª José (1992), «Los *Principios de Retórica y Poética* de Francisco Sánchez Barbero (1764-1819) en el contexto de la preceptiva de su época», en Antonio Vilanova Andreu (coord.), *Actas del X Congreso de la Asociación Internacional de Hispanistas,* Barcelona, PPU, t. II, pp. 1439-1450.

Romero Tobar, Leonardo (1996), «La historia de la literatura española en el siglo xix. (Materiales para su estudio)», *El Gnomo,* 5, pp. 151-183.
Romero Tobar, Leonardo (2006), *La literatura en su historia,* Madrid, Arco/Libros.
Sánchez Barbero, Francisco (1805), *Principios de Retórica y Poética,* Madrid, Imp. de la Administración del Real Arbitrio de Beneficencia.
Sarmiento, Martín (1775), *Obras pósthumas. Tomo Primero. Memorias para la Historia de la Poesía y Poetas españoles,* Madrid, Joachin Ibarra.
Simón Díaz, José (1947), «La biblioteca, el archivo y la Cátedra de Historia literaria de los Estudios de San Isidro de Madrid (1767-1820)», *Revista Bibliográfica y Documental,* 1, 1-2, pp. 395-425.
Simón Díaz, José (1992 [1952-1959]), *Historia del Colegio Imperial de Madrid,* Madrid, CSIC / IEM, 2 vols., reed., Madrid, IEM.
Tacca, Óscar (1968), *La historia literaria,* Madrid, Gredos.
Todorov, Tzvetan (1975 [1968]), *Poética estructuralista,* Buenos Aires, Losada.
Trigueros, Cándido M.ª (1790), *Discurso sobre el estudio metódico de la Historia literaria,* Madrid, Oficina de Benito Cano.
Urzainqui, Inmaculada (1987), «El concepto de historia literaria en el siglo xviii», en *Homenaje a Álvaro Galmés de Fuentes,* Oviedo / Madrid, Universidad de Oviedo / Gredos, vol. 3, pp. 565-589.
Urzainqui, Inmaculada (1991), «Hacia una tipología de la traducción en el siglo xviii: los horizontes del traductor», en Francisco Lafarga y M.ª Luisa Donaire Fernández (coords.), *Traducción y adaptación cultural: España-Francia,* Oviedo, Servicio de Publicaciones de la Universidad de Oviedo, pp. 623-638.
Urzainqui, Inmaculada (2004), «Hacia una teoría de la historia literaria en el siglo xviii: competencias del historiador», en Leonardo Romero Tobar (ed.), *Historia literaria / Historia de la literatura,* Zaragoza, PUZ, pp. 209-236.
Valero, José Antonio (1996), «Una disciplina frustrada: la historia literaria dieciochesca», *Hispanic Review,* 64, t. 2, pp. 171-197.
Velázquez, Luis José (1754), *Orígenes de la poesía castellana,* Málaga, Herederos de Francisco Martínez Aguilar.
Wellek, René, y Austin Warren (1981 [1953]), *Teoría de la literatura,* Madrid, Gredos, 4.ª ed., 4.ª reimpr.

APUNTES PARA UNA HISTORIOGRAFÍA LITERARIA PENINSULAR: DE LA MATRIZ NACIONAL AL OVILLO IBÉRICO

Santiago Pérez Isasi
(Universidade de Lisboa)

Sobre lo nacional en la historia literaria

Es probablemente, a estas alturas, pretencioso querer decir algo original sobre la relación entre la historia literaria y la creación de una identidad nacional, después de trabajos como los de Romero Tobar (2006, 2008), Pozuelo Yvancos (2000, 2006), Mainer (2000, 2003) o, en el ámbito portugués, Cunha (2002), además de por supuesto los trabajos que vienen siendo desarrollados por los miembros del proyecto SILEM II de la Universidad de Sevilla, a quien se debe este volumen y el coloquio que le dio origen.[1]

Yo mismo dediqué algunos años de mi vida a escribir una tesis doctoral sobre el tema (Pérez Isasi, 2009), antes de que mis intereses de investigación se vinculasen con el campo de los estudios ibéricos, es decir, de las relaciones literarias y culturales intrapeninsulares que, históricamente y por definición, superan los límites de las fronteras lingüísticas o políticas. De hecho, este texto resultaría del entrecruzamiento de ambos intereses: la historia literaria (entendida como resultado y manifestación del

1 En un plano teórico, los trabajos sobre la configuración, desarrollo y limitaciones de la historia literaria son igualmente abundantes. Sin ningún afán de exhaustividad, podemos mencionar obras como las de Perkins (1991; 1993), Hutcheon y Valdés (2002) o London (2010).

nacionalismo decimonónico), y la aplicación de un marco geocultural y conceptual ibérico a los estudios literarios y culturales. La propuesta que pretendo brevemente defiende, en este sentido, la necesidad y productividad de ensayar una historia literaria de ámbito supranacional (ibérico en este caso), ya que las diversas tradiciones historiográficas ibéricas se complementan y entrelazan de forma evidente. Una historia literaria de ámbito ibérico como la que sugiero, naturalmente con sus propias limitaciones y condicionantes, permitiría percibir mejor, al menos, algunos de los problemas y conflictos provocados por la configuración nacional(ista) del género.

Pero antes de llegar a ello, y a pesar de, como mencionaba, el peligro de repetir lo obvio, o de insistir en aquello que otros colegas en este mismo volumen presentarán con más conocimiento y más claridad, será importante establecer la base teórica e histórica (e historiográfica) a partir de la cual se plantean las propuestas posteriores. En efecto, para comprender el origen de la historia literaria, esta debe situarse en el contexto del surgimiento de los nacionalismos europeos, con diversas temporalidades y variantes a lo largo del siglo XIX;[2] la historia literaria sería, por decirlo así, al mismo tiempo consecuencia y sustento de los movimientos nacionalistas, que la promueven y al mismo tiempo se apoyan en ella. No quiere esto decir, naturalmente, que no existieran otro tipo de identidades o lealtades colectivas anteriores al siglo XIX, sea de tipo local, regional, dinástico o étnico,[3] si bien sin algunos de los elementos constitutivos de la nación moderna, tales como

2 Sobre el (discutido) origen de las naciones, véase, entre otros, Gellner (1988) o Hobsbawm y Ranger (2002). A Gellner se debe, también, una propuesta de cronología en el desarrollo de los nacionalismos: «1. Etapa vienesa, nacimiento de los nacionalismos, no se considera la etnicidad como elemento fundamental; 2. Etapa del irredentismo, nacionalismo separatista con carácter étnico; 3. El Tratado de Versalles y Wilson, la consagración del «principio de nacionalidad»: todo pueblo es una nación y tiene derecho a un Estado; 4. Periodo de fascismos y limpieza étnica; 5. Mitigación del sentimiento nacionalista, internacionalismo» (Gellner, 1988: 73-94).

3 Anthony Smith (1993) de hecho denomina «etnias» a estas identidades pre- o protonacionales, y las define de la siguiente manera: «Se pueden encontrar seis elementos principales de la comunidad étnica: 1. Un gentilicio; 2. Un mito de origen común; 3. Recuerdos históricos compartidos; 4. Uno o varios elementos de cultura colectiva de carácter diferenciador; 5. Una asociación con una «patria» específica; 6. Un sentido de solidaridad hacia sectores significativos de la población» (Smith, 1997: 19).

la (al menos teórica) igualdad de derechos y deberes de sus miembros. Ni tampoco significa que los fundamentos filosóficos o ideológicos del nacionalismo no tuvieran precedentes en siglos anteriores, o que no se sustenten en ideas o ideales más antiguos. Así, en palabras de J. Leersen:

> [...] nationalism emerges in the nineteenth century from eighteenth-century roots: Herder's belief in the individuality of nations, Rousseau's belief in the sovereignty of the nation, a general discourse of national peculiarities and 'characters'. What changes from the eighteenth century to the nineteenth is this: 1.- an unprecedented imperial campaign mounted by Napoleon and fiercely resented outside France; this turns the eighteenth-century notions of tyranny and liberty from a power imbalance within the state (between rulers and governed) into one of power imbalance between states (between occupier and occupied); 2.- the rise of Romantic idealism which sees national character as a spiritual principle, a 'soul', rather than as a set of peculiarities; 3.- the Romantic belief that a nation's culture, and in particular its language, are the manifestation of its soul and essence; 4.- the historicist belief that all culture must be seen as an organic tradition linking generations across centuries. (Leersen, 2006: 125-126)

Más allá del elemento propiamente histórico o contextual (las guerras napoleónicas), los tres elementos restantes indicados por Leersen resultan esenciales para la comprensión del desarrollo y de la configuración de la historia literaria, basada, precisamente, en el principio de que la literatura es una de las manifestaciones más depuradas del «carácter nacional» o «espíritu del pueblo» (variantes equivalentes del alemán *Volksgeist*), y de que es posible rastrear este carácter nacional en el pasado literario de la nación, desde el momento mismo de su nacimiento.[4] Es habitual, de hecho, que las historias literarias comiencen con un capítulo o sección dedicada a la lengua, sus orígenes y sus características, antes de adentrarse en la historia propiamente literaria; así sucede, por ejemplo, en la *Historia de la literatura española* de Simonde de Sismondi, o en la de la literatura portuguesa escrita por Ferdinand Denis, por mencionar

4 Nuevamente Anthony Smith ofrece una visión de conjunto de los principios esenciales del nacionalismo, en los siguientes términos: «1. El mundo está dividido en naciones, cada una de las cuales tiene su propia individualidad, su propia historia y su propio destino; 2. La nación es la fuente de todo poder político y social, y la lealtad a la nación sobrepasa a las demás lealtades; 3. Los seres humanos han de identificarse con una nación si quieren ser libres y realizarse; 4. Las naciones han de ser libres y seguras para que la paz y la justicia prevalezcan en el mundo» (Smith, 1997: 67-68).

tan solo dos ejemplos tempranos.[5] La identificación entre lengua, literatura y nación está en la base, dominante durante dos siglos y aún hoy, de la división nacional de los estudios literarios, y muy en particular de la historia literaria.

Por otra parte, la relevancia de la literatura como uno de los elementos centrales en la construcción de una identidad nacional ha sido defendida por teóricos como Even-Zohar (1994), y demostrada por la propia práctica del *nation-building* contemporáneo: la recuperación, recolección o incluso invención de una tradición literaria más o menos arcaica ha estado siempre entre las prioridades de la *intelligentsia* nacionalista. El caso español no es por supuesto diferente; de hecho, a juzgar por las palabras de Itamar Even-Zohar, es paragidmático en su utilización de la lengua y la literatura para la construcción de una unidad cultural:

> Sin la lengua española, ni la cohesión socio-cultural transmitida mediante los textos sustentadores de creencias que todos debían compartir, no habría surgido una nación unificada. Por supuesto que este no es un caso de límites definidos, dado que los dirigentes de España, para acelerar el proceso de cohesión, expulsaron a todos aquellos segmentos de la población a los que no lograban incorporar por completo a la nueva identidad. (Even-Zohar, 1994: 367)

La recuperación de estos «textos sustentadores de creencias» es con todo tan solo un primer paso: el de la construcción del archivo o acervo común de la nación. Para el desarrollo de la historia literaria como tal faltaría aún la construcción de una narrativa, un *emplotment,* por usar el término de White (1975: 7), que dé sentido a lo que podría limitarse a ser una mera recopilación de datos bibliográficos, o una sucesión cronológica

---

5 Quizás este sea un buen momento para recordar el contexto europeo del nacimiento de las historias literarias ibéricas modernas, ya estudiado y analizado por Cabo Aseguinolaza (2010*a*), entre otros: su relación con los postulados románticos centroeuropeos, el origen extranjero de los primeros historiadores de las literaturas ibéricas (Bouterwek, Sismondi, Denis, Ticknor...) o la proyección de una determinada heteroimagen (orientalizante) de la península ibérica. Menos estudiado está, quizás, la relación del nacimiento de la historia de la literatura española con el exilio liberal, o con los viajeros británicos en la Península, aunque en ambos casos contamos ya con trabajos que ofrecen datos ricos y pistas para futuras investigaciones (Comellas, 2016, 2017, 2018; Contreras Jiménez, 2018).

de eventos literarios.[6] Esta narrativa contribuía, también, a la creación de «tradición orgánica» de la que hablaba Leersen, al vincular a través de los siglos las producciones de los primeros españoles (generalmente, a partir de la Edad Media, momento de nacimiento del idioma, como hemos visto) con las actuales, y rastrear en todas ellas un mismo espíritu nacional común, ahistórico y que se expresa a través de la lengua y la cultura. Romero Tobar lo expresa magistralmente en estas líneas:

> [en las historias nacionales] no debe faltar un principio originario y una conclusión satisfactoria, un héroe protagonista y una red de dificultades antagónicas, un progreso del héroe a través de los conflictos y una habilidosa forma de sortearlos —con caídas y recuperaciones— y unas formas de relación, en fin, con otras criaturas. Donde he dicho héroe léase literatura nacional y donde he hablado de otras criaturas entiéndase otras literaturas. [...] para apurar el marco de la descripción debería añadirse la vertebración ideológica que introduce el principio político de la nacionalidad con el sustento idiomático y su sustento ideológico... (Romero Tobar, 2006: 25)

Querría cerrar este apartado introductorio recordando, por otra parte, un último elemento esencial no solo en la configuración de la historia literaria, sino también en su divulgación y su utilización como herramienta nacionalizadora: su vinculación con el desarrollo del sistema educativo (por limitado y excluyente que fuera a lo largo del siglo XIX y hasta bien avanzado el siglo XX). El caso más evidente de esta imbricación y contaminación mutua sería el papel de Gil de Zárate como, por una parte, participante en la redacción del Plan General de Estudios (conocido como Plan Pidal) de 1845, y, por otra, como autor del primer *Manual de literatura* (1842-1844), que incluía un *Resumen histórico de la literatura española*, y que tuvo un gran éxito y un gran número de ediciones; o también el hecho de que José Amador de los Ríos, el autor de la primera historia de la literatura española moderna, fuese también catedrático de Literatura de la Facultad de Filosofía y Letras de la Universidad Central de Madrid. E incluso en aquellos casos en los que la relación es menos directa y evidente, las historias literarias presentan siempre un espíritu didáctico y transformador,

6 La temprana historiografía literaria portuguesa del siglo XIX es en ese sentido muy esclarecedora, ya que abundan en ella los catálogos biobibliográficos, bosquejos y (primeros) ensayos, primeras tentativas en varios casos fallidas de construir una historia literaria que vaya más allá de la mera recopilación erudita de información.

que hace que a su vertiente retrospectiva o de recuperación del pasado se sume una vertiente prospectiva o de modificación del presente o el futuro a través de modelos no solo de creación sino también de comportamiento (Pérez Isasi, 2010). Así, por ejemplo, en su traducción del primer volumen de la *Historia de la literatura española* de Simonde de Sismondi, José Lorenzo Figueroa afirma:

> El estudio de una literatura, especialmente si es la nacional, es muy útil y deleitable para todos los que desean tener una instrucción sólida de la historia, costumbres y carácter de su nación, y mucho más para la juventud estudiosa que anteponiendo la gloria al descanso y bienestar que proporcionan otras ocupaciones más productoras de ventajas materiales, sigue las huellas de los grandes escritores de los pasados tiempos. A nadie es este estudio más provechoso que a esa juventud en cuyos esfuerzos libra la literatura todas sus esperanzas del porvenir, porque ¿quién puede dudar que los modelos de nuestros antepasados y sus grandes inspiraciones conmueven el alma, arrebatan la fantasía, cultivan el entendimiento y levantan el ánimo a las ideas nobles y sublimes? (Simonde de Sismondi, 1841-1842: I, 7*)

Una vez establecida, brevemente, en las páginas anteriores, la vinculación entre la historia literaria y el desarrollo de un proyecto nacional(ista), en el próximo apartado mostraré algunos ejemplos, tomados de la tradición historiográfica española y portuguesa, que demuestran las limitaciones de este modelo, su incapacidad para representar la multiplicidad lingüística, literaria y cultural de la Península (y casi de cualquier espacio geocultural), para terminar sugiriendo la necesidad de (re)construir una historia literaria ibérica (si no de ámbito superior) que dé mejor cuenta de la realidad que pretende describir.

Limitaciones del modelo historiográfico nacional, en su aplicación a la historia de la literatura ibérica

Como se ha mostrado en la sección anterior, la historia surgida a inicios del siglo XIX, en toda Europa, y con aplicaciones obviamente a los espacios español y portugués, parte de una identificación radical entre lengua, literatura y nación. Esta identificación tiene consecuencias diversas; entre ellas la proyección de una (falsa) imagen de homogeneidad lingüística o cultural hacia el pasado, y la supresión de otras expresiones lingüísticas (y religiosas, históricas, culturales) que no encajan con ese modelo homogeneizante. Otra consecuencia quizás más indirecta es el hecho de que la gran mayoría de las historias literarias españolas y portuguesas inicien su relato en la Edad Media, momento en que se establecen las lenguas romances correspondientes:[7] «A língua e a poesia portuguesa (bem como todas as outras) nasceram gémeas e se criaram ao mesmo tempo», afirma Almeida Garrett (1826: VII) en una frase paradigmática en este sentido.

No por casualidad, la Edad Media es también, de forma particularmente clara en el caso español pero también en el portugués, el momento en el que, a juicio de los historiadores mencionados, se establece y toma forma el carácter nacional. Así, incluso un historiador como Amador de los Ríos, que incluye en su obra autores latinos, árabes o hebreos, procede posteriormente a realizar una reducción conceptual (y cronológica) que limita el ámbito de lo español identificándolo con lo castellano, y con el espíritu nacional forjado durante la «Reconquista»: «Fórmase en esta lucha el pueblo español propiamente dicho [...] ella es el campo siempre abierto, donde se fortalecen sus creencias, donde nace y florece su patriotismo, donde se crea, finalmente, su carácter» (Amador de los Ríos, 1861-1865: I, XCIX).

Con todo, y como es también obvio, la realidad lingüística y literaria peninsular no responde a esta visión tendencialmente monolingüe: a las producciones literarias en lengua latina, árabe o hebrea, ya mencionadas, habría que añadir también las escritas en gallego, catalán, euskera, asturiano o aragonés, algo que cuadra mal con una identificación de lo español con lo castellano como la que promueven la mayor parte de las historias literarias.[8] Esto crea, por decirlo así, una disonancia entre los principios

---

7 Hay naturalmente excepciones: como es bien sabido, la *Historia de la literatura española* de Amador de los Ríos comienza en la Antigüedad latina, e incluye también obras en árabe y hebreo, por ejemplo; en el ámbito portugués, también el *Primeiro ensaio sobre história literária de Portugal* de Francisco Freire de Carvalho (1845) comienza com «os primeiros vestígios de literatura na Lusitánia».

8 Recordemos, a modo de simple ejemplo, la frase de George Ticknor que afirma que «muy difícil es, por no decir imposible, designar com precisión la época en que nació la poesía española, o hablando com más propiedad, castellana» (Ticknor, 1851-1856: 1, 15); y también, como acabamos de ver, Amador de los Ríos, con una visión más amplia de los límites de la literatura española, definía a la literatura castellana como la prototípicamente española en estos términos: «Cabe a la España Central, que había adoptado por término de expresión la lengua castellana, la gloria de reflejar más poderosamente y con

teóricos que rigen la labor historiográfica, y la realidad de los fenómenos sobre los que trabaja. Son de hecho varios los autores que demuestran ser conscientes de esta contradicción, y recurren a diversas explicaciones para intentar justificarla. Así, por ejemplo, Bouterwek (en una nota originalmente no incluida en la traducción española, pero recuperada por los editores de la versión castellana más reciente) explica el motivo de esta preferencia por la lengua y la literatura castellana de la siguiente forma, en un proceso que podríamos calificar como de racionalización:

> Pero sin duda la grata lengua de los trovadores [catalán y valenciano] debió de carecer de perfección. De lo contrario, los poetas de Cataluña no se hubieran convertido tan rápidamente en prosélitos de la lengua castellana. [...] La falta de perfección de la lengua de los trovadores pudo deberse asimismo a las fluctuaciones entre sus distintos dialectos. (Bouterwek, 1829: 14, nota 3)

Más evidente aún es el conflicto entre los principios generales y los objetos concretos en el caso de Fitzmaurice-Kelly, quien, ante la necesidad de dar cuenta de la existencia y relevancia de las *Cantigas*, escritas en gallego, ofrece dos explicaciones complementarias: el hecho de que muchos escritores castellanos empleasen, también, esa lengua; y el valor estético (o, podríamos decir, el «capital simbólico») de esas obras, que justifica su inclusión en la historia a pesar de contrariar los límites lingüísticos:

> tales Cantigas, en número de cuatrocientas veinte, poco más o menos, no pertenecen a la literatura castellana, puesto que están escritas en gallego, lengua que han empleado bastantes autores castellanos; pero no podemos dejar enteramente a un lado un monumento de semejante importancia. (Fitzmaurice-Kelly, 1901: 40)

Estos breves ejemplos sirven apenas para demostrar algo evidente: la imposibilidad de aplicar un modelo de historia nacional (tendencialmente) homogeneizante y monolingüe, sobre espacios geográficos y culturales en los que histórica y contemporáneamente conviven varias lenguas y culturas (lo que sucede, de hecho, en prácticamente cualquier espacio geográ-

---

un fin más general aquella múltiple cultura» (1861-1865: IV, 151). En relación con el surgimiento del propio concepto de *lengua nacional,* y su implantación en España, véase Andreu Miralles (2018).

fico y cultural que se escoja). Pero no es este, naturalmente, el único aspecto en el que se manifiesta esta contradicción: la historia de las literaturas ibéricas está plagada de fenómenos que se resisten a su compartimentación nacional y a su división en tradiciones literarias estancas, como a continuación veremos: autores bilingües, autores que abandonan su lengua materna o su país de origen, obras o géneros que circulan más allá de los límites lingüísticos o nacionales…

En efecto, el bilingüismo literario no es algo novedoso ni excepcional. Es quizás cierto que son más numerosos los estudios sobre la situación de los escritores bilingües contemporáneos, en áreas geoculturales bilingües (o diglósicas) como Galicia, Cataluña y el País Vasco (véase, por ejemplo, Arnau, Joan y Tietz, 2002, o Poch Olivé y Juliá, 2020); con todo, es fácil encontrar también abundantes ejemplos de este fenómeno en otras épocas y en otros espacios del pasado. Es particularmente fructífero en autores bilingües el periodo vagamente denominado de Siglo de Oro (siglos XVI y XVII) en que los sistemas literarios español y portugués estuvieron particularmente próximos, y el español pasó a ser una segunda lengua literaria en el país vecino, lo que llevó a que un grupo numeroso de escritores lusos escribiese en ambas lenguas, incorporase el español en su producción en lengua portuguesa, o abandonase completamente el portugués como lengua de creación.

Quizás el caso paradigmático de esta realidad sea Gil Vicente, dramaturgo portugués autor de una obra repartida entre dos lenguas (o tres, si contásemos el «sayagués» utilizado en alguno de sus autos). Ante un autor como Gil Vicente, las tradiciones historiográficas española y portuguesa se encuentran nuevamente con un fenómeno que escapa a la identificación de una lengua, una literatura y una nación; en el caso español, más aún, por tratarse de un escritor nacido en otro país. Los historiadores de ambas literaturas deben optar, por lo tanto, por estrategias que les permitan minimizar o invisibilizar, dentro de lo posible, esta discrepancia. La primera y más frecuente de estas estrategias, cuando se trata de obras o autores bilingües, es su escisión en dos entidades cuasi independientes, pertenecientes a tradiciones literarias e historiográficas diversas, y con escasas o nulas menciones a su presencia en la otra tradición o al propio bilingüismo que los caracteriza. Así, por ejemplo, Ferdinand Denis en su *Résumé de l'histoire littéraire du Portugal* no menciona las obras españolas de Gil Vicente, ni el hecho de tratarse de un escritor bilingüe. Lo mismo ocurre en el *Bosquejo* de Borges de Figueiredo, o en el *Primeiro Ensaio* de Francisco Freire de Carvalho; a partir de sus textos cabría entender que Gil Vicente fue un autor monolingüe, el fundador del teatro portugués a partir de modelos clásicos, de una genialidad distintiva y del conocimiento del alma portuguesa (pero sin influencia alguna de los autores españoles anteriores o contemporáneos). En su *Ensaio biográfico-crítico,* José Maria da Costa e Silva afirma:

> Entre tantos homens, que com mais, ou menos talento trabalharam por nos crear uma Poesia, despindo a pouco, e pouco a lingua da sua rudeza primitiva, encontrámos um Poeta de verdadeiro genio; um homem que lançou os fundamentos ao nosso Theatro, e que serve como de transiçao da eschola dos Trovadores para a eschola Italiana. [...] Este homem foi Gil Vicente, que os seus contemporâneos denominaram o Pai da Graça, e o Plauto Português [...] (Silva, 1850-1855: I, 241)

Algo semejante sucede en el otro lado de la frontera, es decir, en la tradición historiográfica española, que ignora casi completamente la producción en portugués de Gil Vicente. Así, por ejemplo, lo presenta de forma sucinta Gil de Zárate: «Gil Vicente, poeta portugués, que escribió también en castellano, una comedia y varios diálogos» (1844: I, 265). Algo más explícito y detallado es Schack en su *Historia de la literatura y del arte dramático en España*, cuando declara ser «de nuestra propia y peculiar incumbencia» las obras de Gil Vicente escritas en castellano (y no, se sobrentiende, aquellas escritas en portugués). Y añade aún:

> Indudablemente sería Gil Vicente uno de los principales fundadores del drama español, dado el caso de que sus dramas se representaran en España. [...] No cabe la menor duda de que Gil Vicente escribió no escasa parte de sus obras en español, y aunque se propusiese principalmente con esto agradar á la princesa Beatriz, que era española, hay razones para sospechar que penetraron también en el país, en cuya lengua estaban escritas. (Schack, 1885-1887: I, 283)

Esta apropiación simbólica, que se combina con la escisión antes mencionada, sería una segunda estrategia para resolver las dificultades presentadas por los fenómenos transfronterizos para la historia literaria nacional. Así, la nacionalidad de Gil Vicente pasa a ser un mero accidente, en cuanto que la esencia sería española, justificando así su inclusión en el canon literario español. Quizás el ejemplo más acabado de esta estrategia se encuentre en la *Historia de la literatura española* de George Ticknor: «Lo primero que llama la atención en las composiciones de Gil Vicente, es su forma enteramente española, y el estar la mayor parte escritas en idioma castellano» (Ticknor, 1851-1856: I, 297-298).

De hecho, más allá del bilingüismo de determinados autores señeros, la interferencia entre los espacios teatrales portugués y español de la época se manifiesta de muy diferentes formas en el contenido de las propias obras: sea con la presencia de personajes portugueses en obras castellanas (Fernández, 1999; Rucquoi, 2003; Álvarez Sellers, 2015), o viceversa; sea con el tratamiento de una «materia portuguesa» en el teatro español del Siglo de Oro (Fernandes, 2013); o bien con un bilingüismo textual, esto es, con una alternancia de lenguas en la propia superficie del texto dramático, relacionada en muchas ocasiones con la ya mencionada presencia cruzada de personajes de otra nación ibérica en el escenario.[9]

Otro fenómeno problemático para la historia literaria nacional es, como antes mencionábamos, el de los escritores que abandonan su lengua materna o su patria (o ambas cosas) por una extranjera —fenómeno que puede, además, combinarse con un bilingüismo creativo—. Si bien estos casos son menos abundantes, sobre todo en la Edad Contemporánea, existen sobrados ejemplos, particularmente de autores de nacionalidad portuguesa que, a lo largo de los siglos XVI y XVII, adoptaron el español como lengua literaria, abandonando el portugués (y Portugal, en algunos casos). Wade ha estudiado de forma detallada, en *Being Portuguese in Spanish* (2020), la trayectoria y recepción de autores como Manuel de Faria e Sousa, Jacinto Cordeiro, Ângela de Azevedo, Sousa de Macedo, Violante do Céu o Manuel de Melo.[10]

---

9 Los estudios sobre el bilingüismo en el teatro ibérico de la época son también relativamente abundantes; véanse, sobre todo, los trabajos de Fernández García (2000 y 2004), o también Buescu (2000). Este bilingüismo textual o personal, con todo, no siempre es pacíficamente asumido o aceptado. Es el caso de Jorge Ferreira de Vasconcelos, autor que en sus obras realiza una apasionada defensa de la lengua portuguesa y de la autonomía literaria de Portugal con respeto a Castilla, pero que, al mismo tiempo, demuestra un amplio conocimiento de la tradición dramática castellana, que incorpora a su repertorio (véase Pérez Isasi, 2018).

10 Véase también el volumen *La littérature d'auteurs portugais en langue castilliane*, coordinado por Rodrigues Bethencourt y Martínez Torrejón (2002), así como el Portal

La posición de la historiografía literaria portuguesa ante estos autores suele ser, en este caso, unívoca: su exclusión del canon y de la historia literaria patria, ya que el criterio lingüístico se impone al de la nacionalidad. Esta es la decisión por ejemplo manifestada por José Maria de Costa e Silva en su *Ensaio:*

> prescindi neste Ensaio de mencionar os Poetas, que só escreveram em latim, e em espanhol, bem que entre estes haja muitos de grande merecimento, e cujas obras possuo, ou tenho visto: mas falando em rigor, esta falta não deve tornar-se mui sensível, porque Poetas que só escreveram em verso Latino, ou Castelhano, posto que nascessem em Portugal, não são Poetas Portugueses. (Silva, 1850-1855: I, 5-6)

Una opción idéntica, aunque expresada con una retórica aún más exaltada y patriótica, es la escogida por Almeida Garrett en su *Bosquejo,* en que no solo excluye a los escritores portugueses que optaron por el español como lengua literaria, sino que los rechaza como «portugueses degenerados» y «deshonrados»:

> a lisonja servil, a adulação infame levou nossos desonrados avós a desprezar seu próprio riquíssimo e tão suave idioma, para escrever no gutural Castelhano, preferindo os sonoros helenismos do Português às aspiradas *aravias* da língua dos tiranos. Vergonha que só tem par nas derradeiras vergonhas com que nos enxovalharam a língua e a fama os tarelos, francelhos, galici-parlas e toda a caterva dos galo-manos! Em Castelhano escreviam já esses degenerados portugueses; mas pouco importava que o fizessem, que nisso fraca perda tivemos nós: de toda essa safra de versos castelhano-portugueses pouco ou nada há que espremer. (Almeida Garrett, 1826: XXXI)

Aunque anteriormente mencionaba que este abandono de la lengua materna y del país de origen es más habitual en el periodo moderno temprano, eso no quiere decir que no existan, obviamente, ejemplos anteriores y posteriores. Un caso más reciente y que aún está pendiente de ser debidamente investigado y difundido es el de Alice Pestana, «Caïel», pedagoga, activista del primer feminismo portugués, escritora, periodista y traducto-

---

de *Literatura Hispano-Portuguesa,* coordinado por este segundo autor en la Biblioteca Virtual Miguel de Cervantes: <http://www.cervantesvirtual.com/portales/literatura_hispanoportuguesa/>. Una fuente clásica para este tema es por supuesto el *Catálogo razonado biográfico y bibliográfico de los autores portugueses que escribieron en castellano* de García Peres (1890).

ra[11] que en 1901 abandonó Portugal para instalarse en Madrid con su marido, Pedro Blanco Suárez, y que quizás precisamente por ese abandono de los círculos literarios y culturales lisboetas, en los que hasta ese momento figuraba con cierto reconocimiento, ha sido sistemáticamente excluida de la historia de la literatura portuguesa de la época, y también de la historia de las relaciones literarias intraibéricas.[12]

Por otra parte, y de acuerdo también con una larga tradición historiográfica que alcanza prácticamente hasta el siglo xx (si no hasta nuestros días), las historias de las literaturas española y portuguesa se centran, fundamentalmente, en dos elementos del sistema literario: el autor / productor (incluyendo, frecuentemente, capítulos biográficos sobre los principales escritores), y las obras o textos producidos (con citas, paráfrasis o comentarios de estas obras); esto es, se obvian o minusvaloran tanto la circulación y recepción de los textos, como aspectos relativos a los repertorios e instituciones literarias (entre los cuales estaría la propia historia literaria) que condicionan y explican el funcionamiento del sistema literario. Se trata, por otra parte, y quizás no casualmente, de aspectos que en muchos casos escapan a un análisis de ámbito nacional, puesto que la circulación y recepción de los textos (con o sin la intermediación de la traducción) es muy frecuentemente inter- o transnacional.

Así, por ejemplo, cabría afirmar que en el periodo anteriormente mencionado (siglos xvi y xvii) los teatros español y portugués, y quizás también otras áreas del sistema literario, comparten en gran parte un mismo repertorio, entendido en sentido puramente teatral, como un conjunto de obras representables por las compañías teatrales de ambos países (algo muy habitual particularmente en los llamados «Siglos de Oro»),[13] pero

---

11 Sobre las diversas facetas de la obra y el pensamiento de Alice Pestana, sobre todo en el ámbito pedagógico, véase Câmara (1996) o Hernández Díaz (2012). Una amplia semblanza biográfica de la escritora se encuentra en el volumen *In memoriam* publicado en el año posterior a su fallecimiento (VV. AA., 1930).

12 Esto a pesar de que, como recuerda Torres Feijó (2007), Alice Pestana fue la autora portuguesa más traducida al español en su época.

13 La presencia de actores, directores y compañías españolas en Portugal durante los siglos xvi y xvii está ya atestiguada y documentada; pueden consultarse entre los trabajos de Reyes Peña y Bolaños (1998) o Camões y Sousa (2019). Aunque el fenómeno sea menos habitual en otros momentos históricos, en el periodo contemporáneo Núñez Sabarís (2014) ha estudiado también la presencia de compañías gallegas en el norte de Portugal.

también en el sentido que Itamar Even-Zohar otorga al término en su «teoría de los polisistemas», esto es: el teatro español y portugués comparten una serie de códigos, un conjunto de «reglas y materiales que rigen tanto la confección como el uso de cualquier producto» (Even-Zohar, 2017: 14). El propio concepto de *comedia* o de *auto,* que atraviesa los teatros ibéricos, por ejemplo, formaría parte de ese repertorio compartido, así como la existencia y configuración de géneros de teatro breve, como el entremés (que está siendo objeto de un creciente interés académico, a ambos lados de la frontera ibérica; véanse, entre otros, Álvarez Sellers [2020] o Sousa y Marques [2021]). La historia literaria nacional, que segmenta estas tradiciones teatrales comunes (y que descuida, también, el teatro breve como género «menor»), resulta por ello mismo una herramienta insatisfactoria para describirlas y recuperarlas.

Con todo, el teatro no es en absoluto el único que circula, se consume o se reproduce más allá de los límites nacionales, y muy particularmente dentro de lo que podríamos denominar polisistema literario ibérico. El auge y éxito del género pastoril, con Jorge de Montemor / Montemayor como referente común; la poesía gongorina, con su (denostada) influencia en la evolución de la lírica portuguesa, o el género mucho menos estudiado de la poesía épica ibérica, al que Aude Plagnard ha dedicado un número ya amplio de páginas (2019, entre otros), serían tan solo algunos ejemplos de fenómenos literarios que difícilmente pueden ser asumidos, explicados e historizados si nos ceñimos a las fronteras político-lingüísticas, y también si excluimos los fenómenos de recepción e institucionalización de nuestro análisis. En palabras muy iluminadoras de Plagnard:

> Para desenhar os contornos do que pôde ser, nos séculos XVI e XVII, um campo poético à escala da península ibérica, temos de observar as provas da circulação dos livros e dos textos por meio do comércio, da constituição do património livreiro ou da intertextualidade literária. Também são imprescindíveis as evidências da consciência, por parte dos poetas, de pertencer a um espaço literário compartilhado entre várias fronteiras linguísticas. Os catálogos de poetas ou os relatos de amizades literárias interlinguísticas são alguns dos motivos textuais que demonstram esta consciência comum. Muitas vezes, interessam porque permitem ver as convergências que a crítica posterior, desde um ponto de vista nacionalista, deixou de reconhecer; outras vezes, ensinam relações mais problemáticas, onde as oposições e tensões são reveladoras também de contactos e interacções imprescindíveis para compreender este espaço literário. (2017)

Lo que esta cita apunta, acertadamente en mi opinión, es la necesidad de superar la consideración individual y puntual de estos fenómenos; rechazar la idea de su excepcionalidad en el contexto de la historia de las literaturas peninsulares, y trabajar partiendo del presupuesto, como yo mismo he defendido en otros momentos, de la existencia de un sistema literario compartido entre las diferentes literaturas ibéricas, llámese sistema interliterario (como propone Arturo Casas, 2000), polisistema o «campo literario peninsular», como prefieren denominarlo Plagnard y Galbarro García (2017), con niveles fluctuantes de proximidad y alejamiento, de afinidad, tensión y conflicto a lo largo de la historia. Solo una historia literaria que logre abarcar este espacio geocultural en toda su complejidad conseguirá dar respuesta a las preguntas que plantea su existencia.

Historiar un espacio cultural complejo

Los ejemplos y las referencias mencionados en el apartado anterior sirven, espero, para mostrar las limitaciones y contradicciones de la aplicación de un modelo nacional(ista) de historia literaria, como el desarrollado mayoritariamente a partir del siglo XIX y hasta prácticamente nuestros días, a un conjunto de fenómenos que, por su propia naturaleza, exceden y contradicen los límites lingüísticos, culturales y políticos establecidos. Se trata de limitaciones y contradicciones evidentes y en muchos casos insalvables, de las cuales, como también hemos visto, son conscientes en muchos casos los propios autores de las historias literarias analizadas. Y a pesar de ello, debido a inercias científicas, a la rigidez de las disciplinas académicas y sus concreciones institucionales, y también a la influencia todavía poderosa de los postulados del modelo historiográfico nacional, los esquemas tendencialmente monolingües y homogeneizadores continúan vigentes tanto en los sistemas educativos y académicos, como en la propia conceptualización o fundamentación epistemológica que los sustenta.[14]

---

14 La historia literaria de modelo nacional, tantas veces declarada muerta, sigue gozando, parece, de buena salud. Sin ir más lejos, tanto en España como en Portugal se han publicado, ya en el siglo XXI, ambiciosos proyectos de historiografía literaria española y portuguesa, tales como la *Historia de la literatura española* en nueve volúmenes, coordinada por José-Carlos Mainer para la editorial Crítica (2010-2015) (si bien el tomo coordinado por Fernando Cabo Aseguinolaza, sobre «el lugar de la literatura española»,

Frente a estos modelos historiográficos, y a través de sucesivas crisis o «muertes» de la historia literaria, han surgido al menos desde mediados del siglo XX, propuestas alternativas, que ponen en cuestión tanto los fundamentos teóricos como las prácticas de escritura de la historia literaria (tal como recoge Lourido en un amplio e interesante panorama crítico, 2015). Y de entre estas propuestas, la historia literaria transnacional o comparada (los términos no son equivalentes, por supuesto, aunque a veces se empleen como tales) ha entrado a formar parte, con relativa fuerza y con especial relevancia para nuestros propósitos, de la práctica académica de los estudios literarios.

En las últimas décadas, en paralelo (aunque no necesariamente como consecuencia) del surgimiento de los estudios ibéricos (Resina, 2009), el concepto de *historia literaria comparada* ha tenido también un cierto auge en el contexto ibérico, gracias a reflexiones teóricas como las desarrolladas, entre otros, por Casas (2000, 2004, 2021) o Cabo Aseguinolaza (2008, 2010*b*), o como las recogidas en las *Bases Metodolóxicas para unha historia comparada das literaturas na Península Ibérica* (Abuín y Tarrío Varela, 2004). La monumental *Comparative History of Literatures in the Iberian Peninsula* (Cabo Aseguinolaza, Abuín y Domínguez, 2010; Domínguez, Abuín y Sapega, 2016) llevó a la práctica estos principios teóricos en una iniciativa novedosa, ambiciosa y de incalculable valor. Más recientemente, Pozuelo Yvancos *et alii* (2022) han reunido en un volumen reflexiones y estudios de caso de historiografía literaria española, catalana, gallega y vasca, si bien a cada una de estas literaturas le corresponde un apartado diferente y las interacciones entre ellas siguen siendo, por ello, relativamente invisibles.

En el volumen *De espaldas abiertas. Relaciones literarias y culturales ibéricas (1870-1930)* (Sáez Delgado y Pérez Isasi, 2018), intentamos por ello ir más allá de la comparación entendida como alternancia o yuxtaposición de objetos, para intentar representar, tal como apuntaba al final del anterior apartado, la interferencia o interpenetración mutua de los sistemas literarios ibéricos a lo largo del tiempo (y con particular foco en

---

parece precisamente problematizar la propia configuración de esta historia literaria); o como la *História crítica da literatura portuguesa*, coordinada por Carlos Reis (1998-2015), también en nueve volúmenes.

determinados periodos de particular proximidad). Es lo que se ha venido denominando como «historia entrelazada» o *entangled history:* en palabras de Gould, «entangled histories are concerned with "mutual influencing", "reciprocal or asymmetric perceptions", and the intertwined "processes of constituting one another"» (Gould, 2007: *online*).

Cabría imaginar, aún, otro modo alternativo de intentar (re)construir una historia literaria ibérica: aun con sus limitaciones evidentes, sería de gran interés recuperar y colocar en diálogo el patrimonio historiográfico de las diversas literaturas peninsulares, muy rico ya de por sí, como hemos visto, en interferencias e interacciones. Para ello, podría hacerse uso de las posibilidades que ofrece el campo de la edición digital: si bien muchos de los textos que componen la tradición historiográfica ibérica (sobre todo en el caso de la castellana) están ya disponibles en versiones digitalizadas, estas son de calidad muy variable, y están dispersas en bibliotecas y repositorios diversos, a veces poco accesibles. Sería necesario, así, recopilar estos textos, (re)digitalizarlos cuando necesario, transformarlos en versiones de texto legibles y rigurosas, y enriquecerlos con anotaciones que permitan su aprovechamiento por distintos tipos de lectores. Este tratamiento de los textos, idealmente, permitiría, por ejemplo, búsquedas transversales por autor o por obra en toda la tradición historiográfica ibérica; acceder a una visión comparativa de diversas obras historiográficas; o, en extremo, la identificación (semi)automática de las interferencias o cruces entre ámbitos culturales diversos. En definitiva, se trataría de construir una metahistoria literaria digital, de ámbito ibérico, con potencialidades didácticas y de investigación evidentes.

Sea cual sea la estrategia empleada (historia comparada, entrelazada o metatextual, entre otras posibles), el objetivo es el mismo: ofrecer una historia literaria que supere los moldes y las inercias del modelo nacional, cuyas limitaciones son obvias a pesar de su pervivencia hasta nuestros días; y que entreteja las narrativas de las diversas literaturas ibéricas, tal como las propias literaturas ibéricas se entretejieron a lo largo de los siglos; que atienda no únicamente al momento de la producción o a los textos en sí, sino también a su circulación y consumo posterior a través de la traducción, la lectura o la reescritura; una historia que parta del abundante y valiosísimo caudal de estudios comparativos ya existente, y los integre en un marco teóricamente sólido, sistémico e historiográficamente novedoso.

Este capítulo debe por lo tanto acabar con una esperanza y un deseo: que en un futuro no demasiado lejano podamos contar con nuevos proyectos historiográficos de ámbito transnacional o transcultural que se sumen a los ya existentes o en desarrollo, y que permitan aproximarse de forma más rica a la tradición literaria ibérica, en toda su complejidad.

Bibliografía

Abuín González, Anxo, y Anxo Tarrío Varela (eds.) (2004), *Bases metodolóxicas para unha historia comparada das literaturas na península ibérica,* Santiago de Compostela, Universidade de Santiago de Compostela.

Almeida Garrett, João Baptista da Silva Leitão de (1826), «Bosquejo da história da poesia e língua portuguesa», en *Parnaso Lusitano,* París, J. P. Aillaud, vol. 1.

Álvarez Sellers, María Rosa (2015), «Reyes, santos y maridos: personajes portugueses en el teatro español del Siglo de Oro», *Hipogrifo. Revista de Literatura y Cultura del Siglo de Oro,* 3, 2, pp. 15-31.

Álvarez Sellers, María Rosa (2020), «El Entremés de *El día de compadres* y su versión portuguesa: *Novo Entremez de dia de compadres*», en Antonio Bernat Vistarini, Almudena del Olmo Iturriarte, Francisco Díaz Castro y María de Lourdes Pereira (eds.), *Como el camino empieza: palabra e imagen para Perfecto E. Cuadrado,* Palma de Mallorca, José J. de Olañeta, pp. 29-44.

Amador de los Ríos, José (1969 [1861-1865]), *Historia crítica de la literatura española,* Madrid, Gredos.

Andreu Miralles, Xavier (2018), «La lengua es la nación: situando a Billig en la España liberal (1800-1868)», en Alejandro Quiroga Fernández de Soto y Ferran Archilés (eds.), *Ondear la nación: nacionalismo banal en España,* Granada, Comares, pp. 19-41.

Arnau i Segarra, Pilar, Pere Joan i Tous y Mandred Tietz (eds.) (2002), *Escribir entre dos lenguas: escritores catalanes y la elección de la lengua literaria = Escriure entre dues llengües: escriptors catalans i l'elecció de la llengua literària,* Kassel, Reichenberger.

Bethencourt, Francisco Rodrigues, y José Miguel Martínez Torrejón (eds.) (2002), *La littérature d'auteurs portugais en langue castillane,* París, Centro Cultural Calouste Gulbenkian. <http://www.cervantesvirtual.com/obra/la-litterature-dauteurs-portugais-en-langue-castillane/> (consulta: 22/4/2022).

Bouterwek, Friedrich (2002 [1829]), *Historia de la literatura española,* Madrid, Verbum.

Buescu, Ana Isabel Carvalhão (2000), «"Y la Hespañola es fácil para todos". O bilinguismo, fenómeno estrutural (séculos xvi-xviii)», en *Memória e poder. Ensaios de história cultural (séculos xv-xviii),* Lisboa, Cosmos, pp. 49-66.

Cabo Aseguinolaza, Fernando (2008), «La historia literaria comparada, el espacio y la península ibérica», *Insula. Revista de Letras y Ciencias Humanas,* 733-734, pp. 22-24.

Cabo Aseguinolaza, Fernando (2010*a*). «The European Horizon of Peninsular Literary Historiographical Discourses», en Fernando Cabo Aseguinolaza, Anxo Abuín González y César Domínguez (eds.), *A Comparative History of Literatures in the Iberian Peninsula,* Ámsterdam / Filadelfia, John Benjamins, vol. 1, pp. 1-52.

Cabo Aseguinolaza, Fernando (2010*b*), «Historiografía literaria y literaturas ibéricas en el siglo xix: claves desde una perspectiva comparada», en Francisco Lafarga, Luis Pegenaute y Enric Gallén (eds.), *Interacciones entre las literaturas ibéricas,* Berna, Peter Lang, pp. 131-156.

Cabo Aseguinolaza, Fernando, Anxo Abuín González y César Domínguez (eds.) (2010), *A Comparative History of Literatures in the Iberian Peninsula,* Ámsterdam / Filadelfia, John Benjamins, vol. 1.

Câmara, lsabel Maria dos Santos Baptista da (1996), *Pensar o femenino: Alice Pestana e a educação,* tesis de máster, Lisboa, Universidade Nova de Lisboa.

Camões, José, y José Pedro Sousa (2019), «Nuevas fuentes para el estudio de la presencia de comediantes españoles en Portugal (ss. xvii y xviii)», *Atalanta,* 7, 2, pp. 14-88. <https://www.revistaatalanta.com/index.php/ARLB/article/view/187/146> (consulta: 22/4/2022).

Carvalho, Francisco Freire de (1845), *Primeiro Ensaio sobre Historia Litteraria de Portugal,* Lisboa, Typographia Rollandiana.

Casas, Arturo (2000), «Problemas de Historia Comparada: la comunidad interliteraria ibérica», *Interlitteraria,* 5, pp. 56-75.

Casas, Arturo (2004), «Catro modelos para a nova Historia literaria comparada. Unha aproximación epistemolóxica», en Anxo Tarrío Varela y Anxo Abuín González (eds.), *Bases metodolóxicas para unha historia comparada das literaturas na península ibérica,* Santiago de Compostela, Universidade de Santiago de Compostela, pp. 45-71.

Casas, Arturo (2021), *Procesos da historiografía literaria galega. Para un debate crítico,* Venecia, Ca' Foscari. <https://edizionicafoscari.unive.it/it/edizioni/libri/978-88-6969-531-5/> (consulta: 22/4/2022).

Comellas, Mercedes (2016), «La historia literaria española según John Bowring: "Observations on the state of religion and literature in Spain" (1819), "Poetical Literature of Spain" (1821-1822) y *Ancient Poetry and Romances of Spain* (1824)», en José Manuel González Herrán, Marisa Sotelo Vázquez, Marta Cristina Carbonell, Hazel Gold, Dolores Thion Soriano-Mollá, Blanca Ripoll Sintes y Jessica Cáliz Montes (eds.), *La historia en la literatura española del siglo XIX*, Barcelona, Universidad de Barcelona, pp. 411-432.

COMELLAS, Mercedes (2017), «Argumentos poéticos para un debate político: la poesía del Siglo de Oro en los años del exilio romántico», *e-Humanista*, 37, pp. 143-171.

COMELLAS, Mercedes (2018), «La construcción de la identidad literaria española en el exilio liberal: los artículos de José Joaquín de Mora en *The European Review* (1824-1826)», en Salvador García Castañeda y Alberto Romero Ferrer (eds.), *José Joaquín de Mora o la inconstancia: periodismo, política y literatura*, Madrid, Visor, pp. 255-272.

CONTRERAS JIMÉNEZ, Manuel (2018), «Las *Letters* de John Talbot Dillon (1781) y el *Essai sur la littérature espagnole* (1810), en los inicios de la historiografía literaria española», *Esferas Literarias*, 1, pp. 155-187.

CUNHA, Carlos (2002), *A construção do discurso da história literária na Literatura Portuguesa do século XIX*, Braga, Centro de Estudos Humanísticos.

DENIS, Ferdinand (1826), *Resumé de l'histoire litteraire de Portugal*, París, Leconte e Durey.

DOMÍNGUEZ, César, Anxo ABUÍN GONZÁLEZ y Ellen SAPEGA (eds.) (2016), *A Comparative History of Literatures in the Iberian Peninsula*, Ámsterdam / Filadelfia, John Benjamins, vol. 2.

EVEN-ZOHAR, Itamar (1994), «La función de la literatura en la creación de las naciones de Europa», en Darío Villanueva (ed.), *Avances en Teoría de la literatura: estética de la recepción, pragmática, teoría empírica y teoría de los polisistemas*, Santiago de Compostela, Universidade de Santiago de Compostela, pp. 357-377.

EVEN-ZOHAR, Itamar (2017), *Polisistemas de cultura*, Tel Aviv, Laboratorio de Investigación de la Cultura. <https://www.tau.ac.il/~itamarez/works/papers/trabajos/polisistemas_de_cultura2007.pdf> (consulta: 22/4/2022).

FERNANDES, Ângela (2013), «Imágenes de una identidad portuguesa y la recepción en Portugal del teatro de Lope de Vega», *Revista de Filología Románica*, 30, 1, pp. 125-135.

FERNÁNDEZ GARCÍA, María Jesús (1999), «Personajes castellanos en el teatro portugués del siglo XVI: I. El tipo del castellano fanfarrón y poeta», *Anuario de Estudios Filológicos*, 22, pp. 113-129.

FERNÁNDEZ GARCÍA, María Jesús (2000), «El bilingüismo en la Escuela Gilvicentina», en Juan María Carrasco González, Maria Luísa Leal y María Jesús Fernández García (eds.), *1.º Encuentro Internacional de Lusitanistas Españoles: Cáceres, 10, 11 y 12 de noviembre de 1999*, Cáceres, Universidad de Extremadura, vol. 1, pp. 165-192.

Fernández García, María Jesús (2004), «Comunicación y bilingüismo en el teatro portugués del siglo xvi», en María Jesús Fernández García y Andrés José Pociña López (eds.), *Gil Vicente, clásico luso-español,* Mérida, Junta de Extremadura, pp. 233-265.

Figueiredo, Antonio Cardoso Borges de (1844), *Bosquejo histórico da Litteratura Classica, Grega, Latina e Portugueza,* Coimbra, Imprensa da Universidade.

Fitzmaurice-Kelly, James (1901), *Historia de la literatura española, desde los orígenes hasta el año 1900,* Madrid, La España Moderna.

Garcia Peres, Domingos (1890), *Catálogo razonado biográfico y bibliográfico de los autores portugueses que escribieron en castellano,* Madrid, Imprenta del Colegio Nacional de Sordomudos y Ciegos.

Gellner, Ernst (1988), *Naciones y nacionalismo,* Madrid, Alianza.

Gil de Zárate, Antonio (1844), *Resumen histórico de la literatura española,* Madrid, Boix, 3 vols.

Gould, Eliga H. (2007), «Entangled Histories, Entangled Worlds: The English-Speaking Atlantic as a Spanish Periphery», *The American Historical Review,* 112, 3, pp. 764-786.

Hernández Díaz, José María (2012), «Alice Pestana, educadora portuguesa republicana en la Institución Libre de Enseñanza», *Historia de la Educación: Revista Interuniversitaria,* 31, pp. 257-273.

Hobsbawm, Eric, y Terence Ranger (2002), *La invención de la tradición,* Barcelona, Crítica.

Hutcheon, Linda, y Mario J. Valdés (eds.) (2002), *Rethinking Literary History: A Dialogue on Theory,* Oxford / Nueva York, Oxford University Press.

Leersen, Joep (2006), *National Thought in Europe. A Cultural History,* Ámsterdam, Amsterdam University Press.

London, April (2010), *Literary History Writing, 1770-1820,* Basingstoke, Palgrave MacMillan.

Lourido, Isaac (2015), *História literária e conflito cultural. Bases para umha história sistémica da literatura na Galiza,* Santiago de Compostela, Laiovento.

Mainer, José-Carlos (2000), *Historia, literatura, sociedad (y una coda española),* Madrid, Biblioteca Nueva.

Mainer, José-Carlos (2003), *La filología en el purgatorio. Los estudios literarios en torno a 1950,* Barcelona, Crítica.

Mainer, José-Carlos (coord.) (2010-2015), *Historia de la literatura española,* Barcelona, Crítica, 9 vols.

Núñez Sabarís, Xaquín (2014), «Converxencias actuais entre o teatro galego e o portugués: Construíndo un teatro do aquí», *1616. Anuario de Literatura Comparada,* 4, pp. 77-106.

Pérez Isasi, Santiago (2009), *Identidad nacional e historia de la literatura española,* tesis doctoral, Bilbao, Universidad de Deusto.

Pérez Isasi, Santiago (2010), «La historia literaria como herramienta de nacionalización en España», *Oihenart. Cuadernos de Lengua y Literatura,* 25, pp. 267-279.

Pérez Isasi, Santiago (2018), «Jorge Ferreira de Vasconcelos, ¿escritor ibérico?», *Limite. Revista de Estudios Portugueses y de la Lusofonía,* 12, 1, pp. 137-156.

Perkins, David (ed.) (1991), *Theoretical Issues in Literary History,* Cambridge / Londres, Harvard University Press.

Perkins, David (1993), *Is Literary History Possible?,* Baltimore / Londres, Johns Hopkins University Press.

Plagnard, Aude (2017), «A conversão de Manuel de Faria e Sousa ao antigongorismo na constituição de um campo literário lusocastelhano», *e-Spania. Revue interdisciplinaire d'études hispaniques médiévales et modernes,* 27. <https://doi.org/10.4000/e-spania.26742> (consulta: 22/4/2022).

Plagnard, Aude (2019), *Une épopée ibérique. Alonso de Ercilla et Jerónimo Corte-Real (1569-1589),* Madrid, Casa de Velázquez. <https://books.openedition.org/cvz/7407> (consulta: 22/4/2022).

Plagnard, Aude, y Jaime Galbarro García (2017), «Literatura áurea ibérica. La construcción de un campo literario peninsular en los siglos xvi y xvii», *e-Spania. Revue interdisciplinaire d'études hispaniques médiévales et modernes,* 27. <https://doi.org/10.4000/e-spania.26636> (consulta: 22/4/2022).

Poch Olivé, Dolors, y Jordi Julià (eds.) (2020), *Escribir con dos voces. Bilingüismo, contacto idiomático y autotraducción en literaturas ibéricas,* Valencia, Universitat de València.

Pozuelo Yvancos, José María (2000), «Popular / culto, genuino / foráneo. Canon teatral nacional español», en Jesús E. Maestro (ed.), *Tragedia, comedia y canon,* Vigo, Universidade de Vigo, pp. 235-260.

Pozuelo Yvancos, José María (2006), «Canon e historiografía literaria», *1616. Anuario de la Sociedad Española de Literatura General y Comparada,* XI, pp. 17-28.

Pozuelo Yvancos, José María, Pere Ballart, María Xesús Lama López y Lourdes Otaegi Imaz (eds.) (2022), *Ensayos de historiografía literaria (castellana, catalana, gallega y vasca),* Barcelona, Gredos.

Reis, Carlos (coord.) (1998-2015), *História crítica da Literatura Portuguesa,* Lisboa, Verbo.

Resina, Joan Ramon (2009), *Del hispanismo a los estudios ibéricos. Una propuesta federativa para el ámbito cultural,* Madrid, Biblioteca Nueva.

Reyes Peña, Mercedes, y Piedad Bolaños Donoso (1998), «La presencia del teatro barroco español en Lisboa a través del estudio del Patio de las Arcas», en M. G. A. Mateus Ventura (coord.), *O Barroco e o Mundo Ibero Atlántico,* Lisboa, Colibri, pp. 135-149.

Romero Tobar, Leonardo (2006), *La literatura en su historia,* Madrid, Arco / Libros.

Romero Tobar, Leonardo (2008), *Literatura y nación,* Zaragoza, PUZ.

Rucquoi, Adeline (2003), «Rois et princes portugais chez les auteurs castillans du xvème siècle», *Península. Revista de Estudos Ibéricos.* 0 / 1, pp. 39-51.

Sáez Delgado, Antonio, y Santiago Pérez Isasi (2018), *De espaldas abiertas. Relaciones literarias y culturales ibéricas (1870-1930),* Granada, Comares.

Schack, Adolf Friedrich von (1885-1887), *Historia de la literatura y del arte dramático en España,* Madrid, M. Hello.

Silva, José María da Costa e (1850-1855), *Ensaio biographico-critico sobre os melhores poetas portuguezes,* Lisboa, Imprensa Silviana (10 tomos, 5 vols.).

Sismondi, Jean Charles Leonard Simonde de (1841-1842), *Historia de la literatura española,* Sevilla, Imprenta de Álvarez y Compañía.

Smith, Anthony (1997), *La identidad nacional,* Madrid, Trama.

Sousa, José Pedro, y Andresa Fresta Marques (2021), «The Nutcrackers: Iberian Variations on a Short Farce», en Esther Gimeno Ugalde, Marta Pacheco Pinto y Ângela Fernandes (eds.), *Iberian and Translation Studies. Literary Contact Zones,* Liverpool, Liverpool University Press, pp. 289-308.

Ticknor, George (1851-1856), *Historia de la literatura española,* Madrid, Imprenta de la Publicidad, 4 vols.

Torres Feijó, Elias (2007), «Para umha cartografia da traduçom literária entre 1900 e 1930. Portugal e Espanha», en Ángel Marcos de Dios (ed.), *Aula ibérica: Actas de los congresos de Évora y Salamanca (2006-2007),* Salamanca, Universidad de Salamanca, pp. 347-372.

VV. AA. (1930), *Alice Pestana, In Memoriam 1860-1929,* Madrid, Julio Cosamo.

Wade, Jonathan (2020), *Being Portuguese in Spanish: Reimagining Early Modern Iberian Literature,* Purdue, Purdue University Press.

White, Hayden (1975), *Metahistory: The Historical Imagination in Nineteenth-century Europe,* Baltimore, Johns Hopkins University Press.

II.
CONTORNOS:
CARACTERIZACIONES, PERIODOS Y VOCES

LA LARGA MARCHA A LA EDAD MEDIA: POESÍA Y CULTURA NACIONAL EN EL SIGLO DE LAS LUCES[1]

Edward Baker
(Investigador independiente)

Para indagar en los orígenes de la historia de la literatura nacional española es preciso abordar cuatro temas fundamentales, a saber:

— la creación historiográfica de la Edad Media;

— el surgimiento de un nacionalismo temprano en el plano de la cultura;

— la configuración de la taxonomía discursiva que desde fines del siglo XVIII y comienzos del XIX se entiende por *la literatura;* y

— el momento de imbricación de los tres primeros temas, condición *sine qua non* para, a su vez, plantear el cuarto y último: la formación del canon literario nacional en el contexto de la crisis del Antiguo Régimen y la accidentada implantación del nuevo.

En el presente capítulo me ocuparé de los dos primeros: la Edad Media y los brotes iniciales del nacionalismo cultural en el marco de la poesía escrita en castellano antiguo y la historiografía literaria surgida en torno a la misma.

1 Agradezco sobremanera las lecturas y las sugerencias de Bridget Aldaraca, Anthony L. Geist y Antonio Ruiz Salvador.

Es de todos sabido que el *Poema del Cid,* las *Poesías* de Gonzalo de Berceo, el *Poema de Alexandro Magno* y las *Poesías* del arcipreste de Hita son obras maestras del canon poético medieval en lengua castellana y bajo tal concepto hacen acto de presencia en las historias de la literatura española. Y no es para nadie un secreto que acabo de aludir a los cuatro tomos de la *Colección de poesías castellanas anteriores al siglo xv,* obra del historiador, filólogo y lexicógrafo Tomás Antonio Sánchez (1725-1802), impresa en Madrid en casa de Antonio de Sancha entre 1779 y 1790. Pero en materia de cánones literarios nacionales y su historiografía debemos poner en cuestión lo sabido, siguiendo a rajatabla una observación de Peter Bürger:

> [A] critique of traditional literary history [...] should reveal the presumptions of this type of discourse. Limited to the canonized works, it presupposes a concept of literature and a system of aesthetic norms and these presumptions are taken for granted without discussion. Now, one cannot ignore that the concept of literature and the system of aesthetic norms have changed during the course of history. The occultation of these changes in traditional literary history is not a failure that could easily be corrected, it is its essence. Thus, the discourse of traditional literary history is defined by a lack of reflection on its historicity. (1985: 201)[2]

La idea del teórico alemán puede comprobarse perfectamente leyendo nuestras historias de la literatura, con su apariencia de naturalidad y su evolución imparable a lo largo de nada menos que un milenio. Esta cuestión, la de la naturalidad, la abordó José-Carlos Mainer en un ensayo, «La invención de la literatura española», de 1994: «Cuando decimos "literatura española" [...] no enunciamos un hecho natural, espontáneo e inmutable, sino un complejo hecho de cultura en el que cada uno de los dos elementos del sintagma [...] ha ido modificando y conformando su actual contenido» (2000: 153). Ahora, si fuéramos a poner a examen las condiciones de posibilidad históricas del sintagma cuya inmutabilidad cuestionó Mainer es posible que llegáramos a la hipótesis de que al comienzo, allá por el año mil, no existía formación social alguna que pudiera llamarse *España* y tampoco había una taxonomía discursiva que pudiera homologarse la *literatura española.*

2 En un trabajo pionero con fecha de 1994, *Qu'est-ce qu'une littérature nationale?,* Jacques Beyrie abundó en lo mismo.

A partir de ahí nos encontraríamos en un terreno notablemente resbaladizo y tendríamos que indagar en la historicidad de algunos de sus componentes —España, la literatura nacional y el punto de arranque, la Edad Media, por poner tres ejemplos de una cierta importancia—. Ahora, al abordar esa historia caemos a menudo en dos trampas, el presentismo y el transhistoricismo. Presentismo, porque los estudiosos de la literatura nacional partimos de una serie de categorías surgidas en la Edad Contemporánea y que retroyectamos a continuación a un pasado remoto donde por lo general encajan poco y mal. Transhistoricismo, porque a partir de un momento supuestamente originario, que con frecuencia ha sido el *Poema del Cid* y en general los cantares de gesta, las categorías que han sido llevadas a épocas lejanas inician una marcha por la historia hasta la llegada al *terminus ad quem,* o sea, la contemporaneidad que había sido su punto de partida (Baker, 2001: 816-818). A continuación, y dentro de aquel marco historizado de forma algún tanto peculiar, habría que analizar la confluencia de aquellos tres componentes en un conjunto de prácticas discursivas, un orden taxonómico que en las postrimerías del siglo XVIII formó el basamento de la confluencia de la literatura y la nacionalidad sin llegar plenamente a la transformación del sintagma en un objeto de conocimiento histórico plenamente narrable. Aquel objeto se dará por vez primera no en España sino en Alemania en 1804 con la *Geschichte der spanischen Poesie und Beredsamkeit* de Friedrich Bouterwek, filósofo y profesor de la Universidad de Göttingen. Esta obra, la primera historia narrativa de la literatura española y portuguesa, que ostentaba un título caracterizadamente dieciochesco y un contenido netamente decimonónico, forma parte a su vez de la *Geschichte der Poesie und Beredsamkeit,* obra que abarca las historias literarias nacionales de Alemania, Inglaterra, Francia e Italia, amén de España y Portugal.

En la España de las últimas décadas del Siglo de las Luces no se produjo la plena realización del famoso sintagma, pero sí se dieron las herramientas fundacionales de un cambio paradigmático en el terreno de las prácticas discursivas. Una puntualización: por cambio de paradigma, en lengua inglesa *paradigm shift,* debemos entender los conceptos que expuso Thomas Kuhn hace cosa de sesenta años en un libro que rompió esquemas, *The Structure of Scientific Revolutions,* a saber, un conjunto de disfunciones, frecuentemente de menor cuantía si se les mira por separado, entre lo sabido o lo supuestamente sabido y lo observado. Disfunciones tan cuantiosas que la cantidad se vuelve cualitativa y nos obliga a cuestionar los modelos epistemológicos existentes con el propósito de configurar los objetos de conocimiento desde una perspectiva distinta para que estén más en consonancia con lo observado. En el caso que nos ocupa y a diferencia de la revolución copernicana, no es la bóveda celestial sino un asunto más terrestre, a saber, un nuevo objeto de conocimiento que no era apenas visible en España hasta la segunda mitad del siglo XVIII y que por lo mismo no era plenamente historiable: la literatura nacional española. Vayamos a continuación por partes, atravesando ese terreno pedregoso y resbaladizo, centrándonos en el nacionalismo cultural y su relación con la creación historiográfica de un nuevo periodo, la Edad Media.

Considero que es recomendable empezar por el nacionalismo porque este conjunto de ideas y prácticas proporciona el marco en que se desenvuelven los temas restantes, y muy en especial la construcción historiográfica de la Edad Media. En el transcurso de las últimas décadas del siglo XX, sobre todo en los últimos años setenta y comienzos de los ochenta, se produjo un incremento considerable del interés por el estudio del nacionalismo y de los nacionalismos, acompañado de un giro completo en la forma de abordar su análisis. Los primeros pasos dados hacia este cambio de rumbo procedieron de trabajos tales como el de Renée Balibar y Dominique Laporte, *Le français national: politique et pratiques de la langue nationale sous la Révolution française* (1974), en el que se analizaba a partir del caso francés el valor político e instrumental de la lengua en los procesos de construcción nacional. Del año siguiente, 1975, es la obra de Michel de Certeau, Dominique Julia y Jacques Revel, *Une politique de la langue: la Révolution française et les patois: l'enquête de Grégoire,* en la que se estudió de forma pormenorizada la gran encuesta de aquel personaje fascinante que había sido el abate Grégoire sobre los usos lingüísticos de los franceses en el contexto de la Revolución. En las dos obras se destacó el hecho de que en 1789, en los albores del proceso revolucionario y en la construcción de un nuevo estado, los hablantes del francés, que había sido la lengua de la corte y de las élites políticas y culturales, a menudo diglósicas, constituían un porcentaje ínfimo de los habitantes de la Primera República.

El paso siguiente y decisivo se dio en 1983 en Gran Bretaña. En *Nations and Nationalism* el sociólogo Ernest Gellner dejaba ya explícitamente formulado el giro copernicano, todo un cambio paradigmático, al argumentar que no son las naciones las que han creado los nacionalismos sino que, por el contrario, fueron los nacionalismos los artífices de las naciones. En el mismo año se publicaron *Imagined Communities* de Benedict Anderson y la obra colectiva coordinada por Eric Hobsbawm y Terence Ranger, *The Invention of Tradition,* mientras que el libro del propio Hobsbawm, *Nations and Nationalism since 1780* era de 1990. Todos ellos ahondaban en el mismo planteamiento, recalcando la condición ni atemporal ni esencialista sino incontrastablemente histórica de las naciones y su carácter inequívoco de construcción social, política y cultural inseparable del surgimiento y la consolidación del mundo contemporáneo.[3] De modo que desde una variedad llamativa de propuestas metodológicas y especialidades, indicio clarísimo de la naturaleza polifacética del tema, todos ellos señalaron el mismo conjunto de problemas, a saber, que los nacionalismos no surgen ni en la eternidad ni en la proverbial noche de los tiempos, sino en las alargadas e intrincadas crisis del Antiguo Régimen y el surgimiento y la a menudo lenta y complicada implantación del nuevo.

Este viraje, más que dejar explicado y menos aún cerrado el tema de los nacionalismos, lo que produjo fue una serie de reubicaciones del mismo, así como la apertura de no pocas brechas y caminos por los que se han adentrado numerosas investigaciones posteriores. Tan numerosas que de unos veinte años a esta parte no ha habido apenas un solo tema que los contemporaneístas españoles hayan cultivado de forma tan asidua y casi se podría decir que obsesiva, porque en las últimas décadas se ha producido una cantidad ingente de trabajos que en no pocos casos son de una calidad excepcional. Cabe sospechar, por otra parte, que para muchos historiadores españoles, de forma consciente e intencionada o no, el planteamiento del nacionalismo desde las perspectivas abiertas en los años setenta y ochenta del siglo pasado ha servido para saldar cuentas con el nacionalismo españolista, que en una versión desembarazadamente homicida había cam-

---

3 Interesa hacer hincapié en el hecho de que los autores franceses e ingleses que acabo de mencionar procedían de campos científicos muy diversos. Balibar se dedicaba a la filología, Laporte era un escritor que se ocupaba del psicoanálisis, De Certeau era lo que en Francia se entiende por un *maître à penser,* Julia y Revel son historiadores, Gellner era sociólogo y Anderson era un antropólogo cuya especialidad era el sudeste de Asia, mientras que Hobsbawm ya se sabe que era historiador y Terence Ranger lo era también y africanista, por más señas.

pado por sus respetos a lo largo de las cuatro décadas de la tiranía franquista.[4] Ahora, la simple mención de Juan Sisinio Pérez Garzón, José Álvarez Junco, Josep María Fradera, Justo Beramendi, Javier Moreno Luzón, Xosé Manoel Núñez Seixas, Antonio Feros y el largo etcétera que me dejo en el tintero, nos da una somera idea de la calidad de la historiografía reciente sobre esta temática. Y si pasamos a la literatura y a los orígenes de la historiografía literaria, ahí están las obras, amén del ya citado trabajo de Mainer, de Inmaculada Urzainqui, Joaquín Álvarez Barrientos, Leonardo Romero y Dolores Romero López, por mencionar solamente a unos pocos de los que con gran tino han indagado en los múltiples puntos de encuentro entre la nacionalidad y las letras en el siglo XVIII y comienzos del XIX.

En los siglos modernos la voz *nación* se refería sobre todo al lugar de nacimiento, pero no remitía apenas a una formación social, un proyecto político socialmente envolvente o un conjunto de prácticas culturales. Como ha puntualizado Álvarez Junco en una serie de estudios, empezando por *Mater dolorosa,* ninguna idea de España se identificaba claramente con aquello que en la actualidad entendemos por la nación.[5] Hacia fines del siglo XVIII, como observa Xosé Manoel Núñez Seixas en *Suspiros de España,* «el basamento teórico de la idea de España como comunidad política seguía fundamentándose en la lealtad dinástica, la religión católica, la vecindad y la identificación con la institución monárquica» (2018: 25). Al mismo tiempo el autor introduce un matiz importante. No había un nacionalismo plenamente elaborado, pero sí había procesos conducentes a la nacionalización o los empezaba a haber, distingo que introduce Núñez Seixas: «En varios de los escritos de los intelectuales ilustrados, el concepto de *nación* como comunidad política que debía tener cierta uniformidad de lengua, legislación, costumbres, cultos y ritos comenzó a abrirse paso». Por otra parte, «las acepciones de los conceptos *nación* y *patria* comenzaron a separarse, reservándose el primer término para designar al cuerpo políticos de la Monarquía, y el segundo para el lugar de origen» (2018: 23). Dicho proceso surgió de forma más visible en el terreno de la cultura, con avances y

4 Para abordar la necropolítica franquista es imprescindible el trabajo de N. Santiáñez, «Necropolitics and Culture».

5 Hay un intento valioso de configurar un campo semántico de la voz *nación* en Álvarez Junco *et alii, El nombre de la cosa.*

retrocesos, ya que a diferencia de las ideas del primer liberalismo no planteaba de forma mínimamente explícita cuestiones de poder. Determinados aspectos de la obra de los historiadores jesuitas exiliados lo atestiguan. En su *Storia della letteratura italiana* el también jesuita Girolamo Tiraboschi había argumentado que los escritores españoles eran los responsables de la decadencia de las letras italianas, y el historiador italiano identifica además a los españoles que habían sido los causantes de tanta desgracia —Marcial, Séneca y Lucano—. Hubo respuestas inmediatas por parte de un grupo de jesuitas españoles exiliados, notablemente Juan Andrés, Tomás Serrano, Juan Francisco Masdeu y Francisco Javier Lampillas. El *Saggio storico-apologetico della letteratura spagnuola* de Lampillas, impreso en Génova en seis tomos entre 1778 y 1781 y traducido sin demora al castellano por un personaje enormemente interesante, Josefa Amar y Borbón,[6] era a la sazón la más destacable. Podemos sacar de la apología de Lampillas varias conclusiones:

1. Muy en primer término está la cuestión de la nación. Para todos ellos —empezando obviamente por el propio Tiraboschi—, Virgilio y Horacio, entre otros muchos y muy grandes autores de la Antigüedad, ostentaban la condición de italianos por el imperativo geográfico de haber nacido y vivido en la península itálica.

2. La cuestión de la lengua. En toda la polvareda creada por Tiraboschi, llama la atención el hecho de que la vernácula como indicio de nacional carece de primacía. El historiador checo Miroslav Hroch entendió que la lengua es de una importancia fundamental en el surgimiento de los nacionalismos (2015: 195-228). Sin embargo, en el contexto de las polémicas surgidas en torno a Tiraboschi y los jesuitas españoles, el estatuto de la vernácula no es una cuestión especialmente importante. A efectos de la nacionalidad, al identificarse a Virgilio y Horacio como italianos, y Lucano, Marcial y Séneca como españoles, no hay una línea divisoria entre el latín de la Antigüedad y las vernáculas modernas ni en Tiraboschi ni en las respuestas de los exiliados españoles.

---

6 Josefa Amar y Borbón, mujer ilustrada, fue autora de una obra de singular importancia, el *Discurso sobre la educación física y moral de las mujeres* (Madrid, Benito Cano, 1790).

3. Es clave la dialéctica histórica del *Siglo de Oro,* una dinámica de perfección y decadencia que se produjo en la Antigüedad y se volvió a dar entre los modernos con el clasicismo del siglo XVI. En aquel proceso histórico ya vimos que los fautores de la decadencia italiana eran en primer término los españoles Séneca, Lucano y Marcial, y en los siglos modernos los también españoles Góngora y sus secuaces.
4. Por último, está claro que Tiraboschi y los exiliados españoles compartían la idea de cómo se estructuraba la historia literaria, puesto que tenía por fundamento las *litterae humaniores,* el conjunto de los saberes humanísticos. Sin embargo, de los tomos V y VI del *Saggio* de Lampillas se podría extraer casi una historia de la literatura española con su antología poética correspondiente en el tomo V, y con esa historia posible, que comienza en el siglo XV, nos vamos acercando a un proceso de nacionalización cultural, pero no nos hemos adentrado todavía en él.

Para dar ese paso tenemos que someter a examen la construcción historiográfica de la Edad Media, empresa cuyo marco es el cambio profundo a lo largo del siglo XVIII de la idea del tiempo de la naturaleza y de la historia. Paolo Rossi estudió a fondo los dos temas en *I segni del tempo: Storia del terra e storia delle nazioni da Hooke a Vico* de 1979, y en un gran libro de divulgación sobre el surgimiento y la consolidación de la ciencia moderna *La nascita della scienza moderna in Europa*, donde llamó la atención al hecho de que en 1700 imperaba la cronología bíblica en que el mundo tendría un poco menos de seis mil años, mientras que al final del siglo, gracias sobre todo a los geólogos y a los cosmólogos tenía algo más de un millón. Si pasamos a la historiografía, la plena implantación en el terreno de la cultura de un periodo medio entre la Antigüedad y la modernidad se desenvolvió en dos momentos. En el primero se empezó a consolidar una periodización nueva basada sobre todo en las obras del historiador alemán de fines del siglo XVII y comienzos del XVIII, Christoph Keller, que, dado que escribía casi exclusivamente en la *lingua franca* de la República de las Letras, el latín, firmaba con la latinización de su apellido, o sea, *Cellarius.* Por lo que respecta a nuestro tema, sus obras más destacables son la *Historia medii aevi a temporibus Constantini Magni ad Constantinopolim a turcis captam* (1688), y especialmente la *Historia universalis breviter ac perspicue exposita in antiquam, et medii aevi ac novam divisa, cum notis perpetuis* (1708). El primer libro era en apariencia un simple manual, mientras que el segundo, más amplio y detallado, tenía el propósito de allanar un camino historiográfico abierto en Italia en los siglos XVI y XVII y lo realizó plenamente, alcanzando las dos obras una aceptación amplísima en toda Europa. Hicieron época porque, como ha observado Ludovico Gatto en su *Viaggio intorno al concetto di medioevo,* la idea que tenía Keller de la Edad Media no era ya una interrupción entre dos mundos históricos sino todo lo contrario, porque tenía sus propias características culturales, políticas y sociales y su íntima razón de ser. Argumenta Gatto que «[i]l Medioevo, inteso dal Keller, non più come una interruzione fra due mondi, presenta sue proprie caratteristiche culturali, politiche, sociali, insomma con una loro intima ragion d'essere. Possiamo dire, dunque, che con il Cellario e la su opera si inauguri senza incertezza anche la storia della medievistica» (1977: 74-75). De ahí que con anterioridad a la obra de Keller no se pudiera haber escrito una historia de la Edad Media porque, asevera Gatto, «non si ebbe la consapevolezza precisa e netta di appartenere ad una età distante e distinta dalla precedente» (1977: 75).

A continuación surgía con una potencia singular la obra de uno de los grandes historiadores de la primera mitad del siglo XVIII, Ludovico Antonio Muratori, cuya colección de documentos procedentes de los siglos medios, los veintiocho tomos de su *Rerum italicarum Scriptores* (1723-1738) y los estudios que engrosaron los seis tomos de las *Antiquitates italicae medii aevi* (1738-1742), hicieron época literalmente al poner al alcance de la República de las Letras un material oceánico que abarcaba la totalidad de los saberes humanísticos. Ahora, la presencia de Muratori en la cultura ilustrada de España es un tema relativamente poco conocido. Hay unos artículos puntuales de Antonio Mestre sobre la relación del historiador italiano con Mayans, que sostuvo con él una correspondencia a lo largo de dos décadas, y sobre la lectura de *Rerum* que hizo Capmany. En un trabajo sobre Muratori en España, Rinaldo Froldi ha llamado la atención sobre la importancia para Capmany del *Rerum italicarum Scriptores:*

> Di considerevole importanza è anche l'influsso che in Spagna ebbe l'opera storica del Muratori. Antonio Mestre ha giustamente posto in rilievo che Antonio Capmany nella sua grande opera, le *Memorias históricas sobre la marina, comercio y artes de la antigua ciudad de Barcelona,* che è del 1779, riuscí a tracciare un quadro preciso della straordinaria attività marinara catalana, sia commerciale che militare, studiando a fondo le fonti italiane raccolte del Muratori nel *Rerum italicarum Scriptores* che gli permisero di collegare la storia delle città di mare italiane con la Catalogna in una prospettiva mediterranea. (2003: 11)

Sin embargo, parece claro que los «siglos medios» de Muratori seguían siendo para Capmany los últimos de la Antigüedad. Por otra parte, hay atinados trabajos de Isabel Romá Ribes y Simonetta Scandellari, pero no tenemos aún una idea clara y detallada de la circulación en la España del Setecientos de las obras del historiador italiano sobre la naciente época medieval.

Tras el comienzo de la débil implantación historiográfica de la Edad Media en España había un segundo momento en que la nueva época —el nuevo *tiempo*— se transformó en un incipiente *espacio* de cultura en un proceso paulatino de nacionalización cuya infancia en España se desenvolvió a lo largo de la segunda mitad del Siglo de las Luces, mientras que la plena nacionalización de los siglos medios se realizó en la primera mitad del XIX a partir del Romanticismo. Ahora, para captar esta evolución histórica y cultural la cuestión de la lengua tiene una prioridad poco menos que absoluta. A lo largo del siglo XVIII lo que entendemos por la Edad Media seguía siendo para la mayor parte de los ilustrados el último y peor momento del mundo antiguo, los «siglos bajos» en palabras de Juan Andrés. La vernácula de esos siglos de incontrastable decadencia era por lo mismo rechazable.

En el marco de la querella de antiguos y modernos el estatuto de la vernácula se desenvolvió en dos tiempos. En primer término, se montó la defensa del castellano frente al latín en el siglo XVI, sobre todo, pero no exclusivamente ni mucho menos, en torno a la figura de Garcilaso. A continuación se reivindicó el castellano antiguo en el momento histórico del pleno triunfo del neoclasicismo dieciochesco. Es este el marco histórico en que surgió la obra lexicográfica de Tomás Antonio Sánchez, un intento temprano de elaborar un glosario del castellano de los siglos XII a XIV que se comentará más adelante. Veamos brevemente la cuestión de la lengua en el contexto de la querella de antiguos y modernos.

En el entorno europeo, en un plano estrictamente simbólico, el tiro de salida de la querella se produjo en 1687 y 1688 en el interior de la Académie Française, en el momento archiconocido en que Nicolas Boileau salió en defensa de la autoridad de los antiguos ante un Charles Perrault que había roto una lanza a favor de los modernos. Mas la realidad es mucho más amplia, porque el conflicto se desenvolvió a lo largo de los siglos modernos. La República de las Letras cultivó la temática de la querella y en todo el ámbito de las lenguas neolatinas surgían reivindicaciones de las vernáculas portadoras de las letras y los saberes. Hubo defensas del castellano de gran calado, pero la figura de Garcilaso debe ser destacada no solamente por la calidad incomparable de sus poesías, sino por el hecho de que en la segunda mitad del siglo XVI su obra fue objeto de dos ediciones, una del Brocense y otra de Herrera, magníficas las dos. Es decir, que la obra poética de Garcilaso merecía que la mejor filología de una época de muy destacados filólogos se ocupara de ella, equiparándola, por lo tanto, a la de los grandes poetas de la Antigüedad.

Por otra parte, la defensa del castellano frente al latín suponía una cierta secularización, aunque no de forma directa y explícita y por supuesto sin implicaciones de tipo político, débil pero secularización en todo caso, porque suponía un distanciamiento con respecto a una de las fuentes de la autoridad de lo antiguo, a saber, su cercanía al momento de la creación divina. Dotar al castellano del siglo XVI de un prestigio equiparable al de la lengua de Virgilio y Horacio suponía un cuestionamiento de esa idea. Mainer señala que en la querella de antiguos y modernos se produjo «la relativización de los méritos que imponía el paso de los tiempos (y, por ende, el desprestigio de lo clásico como referencia excluyente)» (2000: 154). Ahora, junto con el ensalzamiento de Garcilaso y la atribución al castellano de una autoridad cultural comparable con la del latín, hay una insistente comparación histórico-política de la España imperial con Roma, temática que de Nebrija a mediados del XVIII produjo un importante género historiográfico protagonizado por los humanistas: las antigüedades de España. La larga marcha a la Edad Media iba a suponer la superación de los temas que dieron vitalidad a la querella y en particular la cuestión del prestigio lingüístico. Por otra parte, empezando por las *Antigüedades de España* del benedictino Francisco de Berganza, la configuración de un tiempo medio tuvo por fundamento el replanteamiento del tema de las antigüedades y la lengua, tiro de salida de la reivindicación del castellano antiguo, pero con la limitación ideológica de que Berganza abrió un espacio histórico que se llenó de las excelencias no de la nación española, sino de la orden benedictina.

Vimos que de los tomos V y VI del *Ensayo histórico-apologético* de Lampillas se podía extraer algo así como una historia de la literatura española en que el punto de arranque sería inevitablemente el siglo XV. ¿En qué se basaba esa inevitabilidad? Encontramos la respuesta en unas palabras de Juan José López de Sedano, el antólogo del *Parnaso español.* La de Sedano fue en la segunda mitad del siglo XVIII y las dos primeras décadas del XIX la primera de una serie de antologías, lo mismo de prosa que de poesía, elaboradas por Capmany, Estala, Quintana, Mendíbil y Marchena, por limitarme a los más destacables. Pero las colecciones antológicas surgían a su vez en el marco mucho más amplio —y muy del Siglo de las Luces— de los grandes inventarios, señaladamente el *Viaje de España* de Antonio Ponz y muy en primer lugar la *España sagrada* del P. Antonio Flórez. El tema es de una importancia fundamental porque antologizar e inventariar fueron actividades clave del proceso multivalente que condujo en España a una temprana nacionalización en el terreno de la cultura.

Volvamos a Sedano. En el prólogo del primer tomo del *Parnaso,* año 1768, trazó unos límites e hizo una apreciación de la poesía castellana antigua desde la perspectiva del neoclasicismo:

> [L]a presente Colección no comprenderá desde el primer origen de la poesía castellana. Ancho campo nos presentaban cinco siglos y medio que cuenta de antigüedad justificada, y en ellos cerca de mil trescientos poetas castellanos desde Gonzalo de Berceo, monge del monasterio de San Millán, el poeta más antiguo de que tenemos noticia, que vivía por los años de 1211, y si creemos a Don Nicolás Antonio, cerca de los años 1080, en tiempos del rey don Alonso el VI. Este proyecto adoptaron algunas personas eruditas que empezaron a trabajar una colección semejante a la mitad del presente siglo, pero ahora ha parecido más conveniente tomar para la elección de los poetas la época del siglo de oro de nuestra poesía, esto es, desde los principios del XVI, en que Boscán y Garcilaso introdujeron en ella el buen gusto, sacándola de su antigua rudeza, hasta mediado el siglo XVII, sin que por esto se desechen algunas piezas excelentes de poetas anteriores a Garcilaso, como asimismo de alguno otro desde mediado el siglo pasado, época infeliz de la decadencia de nuestra poesía y nuestra literatura, hasta el presente, como principio del restablecimiento de una y otra. (1768: I, VI)

Había una edad áurea, el siglo XVI, que merced al buen gusto implantado por Boscán y Garcilaso dejó atrás la *antigua rudeza* de las poesías escritas en el castellano antiguo, pero el antólogo reconocía que había en el siglo XV *piezas excelentes,* que en su *Parnaso* apenas hacen acto de presencia. En esta visión histórica de la poesía española el Cuatrocientos sería una mezcla de rudeza y buen gusto, un periodo gozne entre los siglos bajos y la edad de oro. Ahora, si damos crédito a las palabras de Sedano sobre el proyecto nonato de «algunas personas eruditas» de ensamblar una colección de poesías compuestas en el castellano antiguo es posible y algo más que posible que una de ellas hubiera sido fray Martín Sarmiento, que en las *Memorias para la historia de la poesía y poetas españoles* escribió lo siguiente:

> ¡Ojalá hubiese algún mecenas que se determinase a costear la impresión de todas las poesías de Berceo! Con particular gusto me dedicaría yo a corregir los pliegos de la imprenta y sacaría a lo último un vocabulario de las voces más difíciles, de las frases y de las cosas más notables. Dije *mecenas,* no *librero,* pues los libreros no entran en imprimir libros de cuya pronta venta no estén muy esperanzados. Sé que estas poesías no tendrán pronto despacho, por no ser acomodadas al gusto y moda de estos tiempos. Pero estoy seguro que cuanta estimación no lograsen en el común, tanta mayor lograrían en el aprecio que de ellas harían los españoles y extranjeros aficionados a todo género de antigüedades. (1775: 266-267)

Hay de entrada una cuestión de fechas. Sarmiento murió en 1772 y tres años después Joaquín Ibarra imprimió los dos tomos de sus *Obras póstumas* donde figura la *Memoria* en que el eruditísimo benedictino dejó escrita su opinión acerca de los impresores y los libreros. Sin embargo, aquellos apuntes datan de los años 1741 a 1745 y en ellos está de forma programática la idea de la *Colección de poesías castellanas anteriores al siglo XV* de Tomás Antonio Sánchez, planteamiento que Frank Baasner, en su *Literaturgeschichtsschreibung,* caracterizó con razón de «unmittelbare Fortsetzung» (1995: 123), cosa que Sánchez no quiso reconocer sino todo lo contrario.[7] En todo caso aquel proyecto nonato sería también consecuencia de la obra rompedora del historiador y anticuario malagueño Luis José Velázquez, *Orígenes de la poesía castellana,* impresa en su ciudad natal en 1754 y vuelta a imprimir en 1797.

Un proyecto no realizado no se debe atribuir siempre y de forma inevitable a un fracaso. En este caso más que un paso en falso se trata de una ausencia determinada en un momento histórico determinadísimo en que empezaron a surgir las propuestas culturales de la nueva dinastía, un conjunto de ideas e instituciones —la Academia Española se fundó en 1713— surgidas en el interior de una cultura de procedencia francesa intensamente

---

7 En el seno de la Real Academia Sevillana de Buenas Letras, Cándido María Trigueros dio a la publicidad los primeros versos del *Poema del Cid,* acontecimiento al que Sánchez también hizo caso omiso, como señala Isabel Román Gutiérrez en su artículo sobre Trigueros (2017: 103).

clasicista.[8] En aquel marco, ¿cómo y en qué términos se planteó la reivindicación de una época, la Edad Media, que empezaba por no ser época porque pertenecía en principio a los últimos y peores momentos de la Antigüedad? Podemos empezar a esclarecer esta cuestión con una serie de preguntas planteadas hace noventa años por un filólogo e historiador italiano, Luigi Sorrento, en un trabajo titulado «Medio Evo: il termine e il concetto». En la ya lejana fecha de 1931, Sorrento llamó la atención a «l'idea de designare uno spazio intermedio nella storia», y preguntó: «Il termino di Medio Evo, quando, e dove, e come ebbe origine? Quali cagioni concorsero a formarne il *concetto*, quali a diffondere il *termine* da un capo all'altro del mondo della cultura?» (1943: 29). En fechas más recientes una serie de historiadores han dado respuestas razonablemente coherentes a las preguntas que había hecho Sorrento. Son en particular destacables la obra del ya mencionado Ludovico Gatto y el libro de Giuseppe Sergi, *L'idea di medioevo*.

Fijémonos con algo de detalle en la ausencia determinada de las letras castellanas anteriores al siglo XV en la primera mitad del siglo XVIII. Está claro que a comienzos del siglo los ciudadanos de la República literaria de la nueva dinastía no iban a arrojar mucha luz sobre el castellano antiguo si juzgamos por su presencia en una de las obras más destacables y duraderas de la época. En 1726 la Academia Española, fundada en 1713 a imitación de la Académie Française, dio a la publicidad el tomo primero del *Diccionario de la lengua castellana, en que se explica en verdadero sentido de las voces, su naturaleza y calidad, con las frases o modos de hablar, los proverbios o refranes, y otras cosas convenientes al uso de la lengua*. Huelga decir que se trata del *Diccionario de Autoridades*, así llamado porque con algunas pocas excepciones las voces van acompañadas de la cita de al menos un autor, una *autoridad*. En aquel primer tomo los académicos proporcionaron a los lectores una «Lista de autores elegidos por la Real Academia», que en realidad son dos, una en prosa y otra en verso. En el capítulo de la prosa las obras anteriores al siglo XV son poco numerosas y se limitan prácticamente a los textos jurídicos y las crónicas: el Fuero Juzgo, el Fuero Real, las Partidas, las Leyes de la Mesta, etc., y, por último, el *Libro de la montería* de Alfonso el

8 Para los académicos españoles de nuevo cuño, en cambio, un siglo XVII español poco o nada clasicista estaba aún cercano.

Sabio y *El conde Lucanor* de su sobrino don Juan Manuel. La segunda lista, la de los «Autores de verso», es de una parquedad poco menos que absoluta. Figuran en ella el *Poema de Alejandro* y los versos de Alfonso el Sabio, mientras que en el apartado del siglo XIV no hay ni una sola ficha, por lo que se salta al siglo XV, donde hacen acto de presencia Juan de Mena, Juan de la Encina, Jorge Manrique, Rodrigo Cota y Garcilaso de la Vega (sic). Se conoce que a diferencia de la importante labor lexicográfica que realizaron los académicos, las primeras listas de autoridades fueron confeccionadas de forma descuidada, aunque para completar habría que agregar las obras y los autores citados en la mucho más abultada lista de abreviaturas. Aun así, parece claro que en materia de poesía no hay apenas coincidencia en las listas entre el castellano antiguo y la idea de la *autoridad* que barajaba aquella primera hornada de académicos. Sin embargo, quienes han estudiado con más detalle este asunto, Margarita Freixas Alás y Guillermo Rojo, han demostrado que hay una presencia de textos castellanos antiguos sensiblemente más abundante en el diccionario que en las listas. En una tesis doctoral del año 2003 Margarita Freixas Alás rastreó un 16 % de autoridades medievales, pero con un claro predominio de autores procedentes del siglo XV, mientras que el estudio de Guillermo Rojo, «Sobre el uso de textos medievales en el *Diccionario de Autoridades*», arroja cifras muy parecidas, con la presencia por igual notable de obras y autores cuatrocentistas. Lo que en *Autoridades* brilla por su casi ausencia son obras, y muy en especial, poesías, anteriores al Cuatrocientos.

Al abordar a comienzos del siglo XXI la lectura de la obra filológica y sobre todo lexicográfica que encierra la *Colección de poesías castellanas anteriores al siglo XV* de Tomás Antonio Sánchez, debemos reconocer un hecho incontrovertible. Un español de fines del siglo XVIII dotado de una sólida formación humanística y en cuya biblioteca figuraban los diccionarios monolingües más importantes de la España moderna —el *Tesoro* de Covarrubias, el *Suplemento* del padre Noydens, el *Diccionario de Autoridades* de la Academia Española más el intento fallido de lanzar en 1770 una segunda edición que no pasó de las letras A-B, amén del *Diccionario castellano con las voces de ciencias y artes* de Terreros, impreso en cuatro tomos entre 1786 y 1793, y los primeros diccionarios en un solo tomo de la Academia, los *DRAE* de 1780, 1783 y 1790—, pertrechado de cuantos diccionarios monolingües había, aquel español ilustrado no estaría apenas en condiciones de leer los cuatro tomos de la *Colección*. El castellano del *Poema del Cid*, de

Berceo, del *Poema de Alexandro Magno,* y del Arcipreste, era una versión poco menos que incomprensible de su lengua materna, en que había miles de voces que aquel lector desconocería por completo o que, siendo familiares, tenían un significado completamente distinto en los siglos XII, XIII o XIV del que tenían en el XVIII. Había ciertamente unas personas que estaban en condiciones de leer aquellas obras, pero eran eso, unas pocas decenas de lectores posibles que poseían los conocimientos que les permitirían desentrañar aquellos textos poéticos. Es decir, que a comienzo del último cuarto del siglo el castellano antiguo no había dado apenas los primeros pasos hacia un proceso de nacionalización.

El planteamiento de Miroslav Hroch en *European Nations. Explaining Their Formation* (2015) sobre la identificación entre la universalidad del protagonismo, la nacionalización de las vernáculas y el nacionalismo, es aplicable a la lengua castellana en la época moderna tardía, salvedad hecha del énfasis que pone el historiador checo en la importancia de las etnias. La España de hoy es una sociedad plurilingüe y en los siglos medios había diversidad lingüística antes de que hubiera una formación social que se llamara «España». En esos siglos se cultivaba una poesía de gran calidad lo mismo en la lengua galaico-portuguesa que en el catalán y el valenciano, es decir, en los dialectos regionales del lemosí, la vernácula de la Francia occitanoparlante y del levante hispano. Como simple anécdota que ilustra lo que acabo de decir respecto al catalán y el valenciano, Mayans, que de estos asuntos sabía unas cuantas cosas, cuando se refería a su lengua materna, la que literalmente hablaba en casa con su madre, decía que era el lemosí. Ahora, la monarquía imperial de los siglos modernos persiguió una uniformización lingüística bajo cuyo peso desapareció prácticamente la utilización literaria de las vernáculas regionales al mismo tiempo que se imponían las diglosias en las vernáculas habladas mientras que en Aragón, a diferencia de Cataluña y Valencia, quedó prácticamente arrasada la lengua regional ante el dominio del castellano. Salvo la situación lingüística de Portugal, donde había y hay una plena coincidencia de territorio, estado y lengua, los países de habla neolatina eran plurilingües. España se distinguía por la extensión del castellano, mientras que durante el siglo XVIII el francés era la lengua de la corte, de las élites profesionales y culturales, y de la región de Orleans, lindante con la Île de France, o sea que sus hablantes estaban muy sensiblemente por debajo del 10 % de la población gobernada por la monarquía francesa en 1789. En una península itálica políticamente fraccionada a más no poder, los hablantes del toscano constituían un porcentaje ínfimo de los habitantes. Y la situación lingüística de ambos países tenía la persistencia histórica que con referencia sobre todo al centro de Europa estudió a fondo Arno Mayer en *The Persistence of the the Old Regime* (1981). En un libro esclarecedor sobre procesos de nacionalización en la Francia contemporánea, *Peasants into Frenchmen,* Eugen Weber observó que en el momento en que estalló la Gran Guerra, agosto de 1914, las unidades del ejército francés se organizaban en conformidad con las diferentes lenguas que hablaban los soldados en un país —no hay que olvidarlo— algo más plurilingüe que España donde la política educativa de la Tercera República había impuesto o tenía la intención de imponer una uniformización de lengua y cultura, objetivo que a la altura de 1914 estaba muy lejos de haber realizado. Por lo que respecta a Italia, uno de los argumentos más eficaces y más falaces que esgrimió la clase política a favor de la catastrófica entrada de su país en esa guerra era la nacionalización de unos soldados cuya perspectiva política y cultural era contundentemente local o regional, con su lengua o su dialecto correspondiente.

En este contexto, uno de los dirigentes del *Risorgimento,* Massimo D'Azeglio, había observado tras la unificación política de la península itálica en 1861 que Italia ya estaba hecha, pero había que hacer italianos. En el momento —año 1915— en que aquel país entró en la guerra civil europea que había estallado en agosto de 1914, desde la perspectiva de los usos lingüísticos había sensiblemente menos italianos que españoles o franceses y una de las coartadas que habían esgrimido las élites políticas italianas para ir a la guerra consistía en completar la tarea que había señalado D'Azeglio. Por otra parte, en materia de historia de las lenguas románicas, está claro que en comparación con el francés y el toscano, y salvedad hecha de la excepción portuguesa, el castellano era en el último cuarto del siglo XVIII la lengua neolatina más susceptible de entrar en un proceso de nacionalización cultural debido a la amplitud de su implantación y la ya vieja implicación del Estado en ella.

Ahora, para emprender esa tarea nacionalizadora, había que reconocer que el momento de arranque de la historia cultural de España no era el siglo XV y que el conocimiento detallado del castellano antiguo era una de las claves para hacer una historia propiamente nacional de las letras españolas. La labor lexicográfica de Tomás Antonio Sánchez constituye un paso decisivo hacia la plena nacionalización de la lengua castellana, lo que dio lugar a su vez a la posibilidad de avanzar hacia una transformación paradigmática en el terreno de la cultura: la historia de la literatura española. En el tomo I de la *Colección,* Sánchez había expresado con toda claridad sus objetivos en materia lexicográfica: «Cada tomo de los que se publiquen llevará al fin su índice alfabético de las voces que necesiten explicación, para que al tiempo de leer las poesías que contenga *no sea necesario acudir a otro tomo*» (1779: s. p.).[9] En principio, el *otro tomo* en 1779 pudo haber sido uno de los dos diccionarios monolingües más destacados, el *Tesoro de la lengua castellana o española* de Covarrubias, de 1611, o el *Diccionario de Autoridades,* primero de la Academia Española, impreso en seis tomos entre 1726 y 1739. Es muy escasa en Covarrubias la presencia de *autoridades* procedentes de la Edad Media, periodo que ciertamente no existía para el sabio lexicógrafo de comienzos del siglo XVII. Un estudioso reseñó la presencia en Covarrubias de Juan de Mena, las *Coplas de Mingo Revulgo,* la *Celestina,* Pero López de Ayala, y el *Cancionero* de Juan de la Encina, etc., y llegó a una conclusión contundente: «Podemos afirmar que, en síntesis, Covarrubias utiliza poco, en general, las obras de la literatura medieval. Las empleadas como *autoridades* fueron las que habían sido dadas a la estampa y que gozaron de mayor o menor popularidad en su época» (Romera Castillo, 1984: 260). Por lo demás, la casi totalidad de las autoridades a las que alude Romera Castillo procedían del siglo XV. Por otra parte, Margarita Freixas Alás ha demostrado primero en su enjundiosa tesis doctoral de 2003 sobre el *Diccionario de Autoridades* y, a continuación, en un libro basado en parte en ella, que eran más bien pocas las autoridades procedentes de un periodo que durante las primeras décadas del siglo XVIII seguía siendo la alargada decadencia de la Antigüedad. Precisamente en esta última obra, *Planta y método del Diccionario de Autoridades,* de 2010, Freixas Alás rastrea en el Apéndice I la totalidad de las *autoridades* de que se valieron los académicos para confeccionar el diccionario, y resulta ineludible la conclusión de que las poesías escritas en el castellano antiguo, señaladamente las anteriores al siglo XV, carecían casi totalmente de *autoridad,* y no únicamente por gozar de poco aprecio sino por el hecho de que no se conocían apenas (Freixas Alás, 2010: 409-447).

---

9 La cursiva es nuestra.

Ahora, puesto que de *autoridades* se trata, al abordar aquel primer diccionario de la Academia los estudiosos de la historia lexicográfica española se han centrado, como es lógico, en la presencia de autores y obras o, en el caso que nos ocupa, se diría que en la casi ausencia de los mismos. Pero los diccionarios se componen de voces y sus definiciones correspondientes, y resulta esclarecedor estudiar el glosario que confeccionó Tomás Antonio Sánchez para que aquellos primeros lectores del *Poema del Cid* no tuvieran que acudir a *otro tomo*. Para realizar ese objetivo habló Sánchez de su propósito de reconfigurar los glosarios: «Todas estas voces, asegura el autor, se juntarán después en un tomo aparte en forma de diccionario [...]» (1779: s. p.). La obra a la que aludió Sánchez ya se sabe que no se imprimió, si es que se hizo, pero en cada uno de los cuatro tomos de la *Colección de poesías castellanas anteriores al siglo* XV sí hay al final un «Índice alfabético de las voces anticuadas» que en conjunto suman 243 páginas y 4924 voces (incluido un corto número de voces repetidas). He aquí el recuento de cada uno de los cuatro glosarios:

— del *Poema del Cid,* 533 voces;
— de las *Poesías* de Berceo, 1451 voces;
— del *Poema de Alexandro Magno,* 2005 voces y, por último,
— de las *Poesías* del Arcipreste, 935 voces.

Manejando exclusivamente el *Tesoro* de Covarrubias y el *Diccionario de Autoridades,* aquel lector de 1779 encontraría en el *Tesoro* 80 voces de las 533 que componen el glosario del primer tomo, un 15 %. En *Autoridades,* en cambio, el porcentaje se eleva a un 24 %. Aun así, se puede afirmar que aquel español más que medianamente culto y deseoso de conocer una obra poética casi del todo desconocida, al tener que recurrir continua y no muy fructuosamente a esas obras, sería lector no de la epopeya cidiana sino de los dos diccionarios, lectura sin duda incitante pero muy alejada de la que se habría propuesto en 1779 esa persona.[10] Ahora, en los quince años siguientes el panorama iba a cambiar de forma radical, porque como cues-

---

10 Mi desconocimiento de la lexicografía es amplio y profundo, por lo que la pesquisa del glosario del *Poema del Cid* no tiene una finalidad estrictamente científica. El objetivo principal es estimular a los inteligentes en esa materia a estudiar detalladamente la labor lexicográfica de T. A. Sánchez.

ción práctica la Academia desechó la idea motriz del *Diccionario de Autoridades* y editó los primeros diccionarios en un solo tomo, los *DRAE* de 1780, 1783 y 1791, y además se imprimió póstumamente y en cuatro tomos la magna obra de Terreros, el *Diccionario castellano, con las voces de ciencias y artes y sus correspondientes en las tres lenguas francesa, latina e italiana.* En cuyo caso, el que en 1770 abordaba la lectura del *Poema del Cid* en la edición del padre Sánchez dispondría de siete tomos más y sería en consecuencia mucho más lector de diccionarios y mucho menos lector de poesías castellanas antiguas que antes.

Pero hay otra cuestión pendiente. ¿Cómo se explica que las 533 voces del primer glosario hubieran llegado casi a triplicarse en el tomo segundo y poco menos que se cuadruplicaran en el tercero? No se sabe ni se puede saber a ciencia cierta, pero hay una hipótesis fehaciente relacionada con la aceptación pública de aquel primer tomo. Actualmente, en el mercado del libro antiguo el precio de los cuatro tomos de la *Colección* de Sánchez en muy buen estado de conservación es relativamente módico debido al hecho de que en su momento tuvo poca aceptación, cosa que ya había comentado Sempere en el tomo v del *Ensayo de una biblioteca española de los mejores escritores del reinado de Carlos III* (1789: V, 97). El propio Sánchez había observado en el prólogo del primer tomo de la *Colección* que «[a] hora que ya poseo una mediana colección de poesías anteriores al siglo xv, he concebido esperanzas de darla a luz, mediante la generosa disposición con que se ofrece con su prensa y expensas Don Antonio de Sancha, que tiene acreditado más su celo que su interés en otras muchas obras que ha publicado» (1779: s. p.). Veamos al respecto las palabras del propio Sancha. En 1776 publicó el primer tomo de las *Obras sueltas* de Lope de Vega, colección que iba a sumar nada menos que veintiún tomos primorosamente impresos en folio. Ahora, en pleno ascendiente del neoclasicismo, había que justificar la existencia de una labor ambiciosa que no concordaba con la estética dominante, y Sancha lo hizo en el prólogo del primer tomo que lleva su firma. En esas breves páginas aludía a un proyecto, una suerte de Biblioteca de Autores Españoles *avant la lettre,* un hito importantísimo en el camino de la nacionalización cultural: «[A]lgunos tal vez extrañarán el que se haya preferido la publicación de las obras de Lope a la de otros escritores» pero además de justificar la elección de Lope argumenta que «el ánimo del impresor es formar una escogida serie de los mejores autores de nuestra nación...» (Rodríguez-Moñino, 1971: 117).[11] Sancha, en la imprenta / librería de la calle de la Aduana Vieja, tenía una tertulia que era en Madrid una viva representación de la República literaria. En su biografía del impresor, Cotarelo (1924: 5-6) proporcionó a los lectores un elenco parcial pero representativo de los contertulios: Cerdá, Vicente de los Ríos, el médico Bernades, Capmany, el paleógrafo Palomares, Juan Antonio Pellicer, Sedano, García de la Huerta y Llaguno, amén de algunas personas que, caso de Campomanes, abarcaban el mundo de las letras y el de la política. El proyecto de «formar una escogida serie de los mejores autores de nuestra nación» surgió en ese medio y tres años después de iniciado el proyecto lopesco se imprimió el primer tomo de la *Colección* de Tomás Antonio Sánchez, el poema cidiano, seguido de forma casi inmediata por el de las poesías de Berceo en 1780 y en 1782 el *Poema de Alexandro Magno*. Llegaron las poesías del Arcipreste en 1790, un *décalage* de ocho años. Aquel cuarto y último tomo de la *Colección* ostentaba unas breves páginas de Gaspar Melchor de Jovellanos en que el pensador asturiano, en representación de la Academia de la Historia, justificaba en una «Censura de la Real Academia de la Historia» la publicación de una obra cuyos verdores difícilmente casaban con la moral imperante.

La intervención de Jovellanos nos obliga a plantear un problema historiográfico, el de la periodización. En la «Censura» argumenta su autor que las poesías del Arcipreste pueden servir para conocer «los orígenes de nuestra lengua y poesía vulgar», y «pueden además ser muy provechosas para el de los usos y costumbres de la edad media». Resulta curiosa la frase porque es el único momento en que se emplea el término *edad media,* y no solamente en relación con la obra del Arcipreste sino en la *Colección* entera. ¿Significa esto que Sánchez dejaba de reconocer que al editar un conjunto de poesías compuestas en castellano antiguo se movía una materia y una época que no era ni la Antigüedad ni la modernidad? Por el contrario, se daba perfecta cuenta de ello, como ha señalado el medievalista británico Alan Deyermond en «Sánchez's *Colección* and Percy's *Reliques*» (1997). Y Sánchez no era el único estudioso español que abordara el nuevo periodo

11 Es fehaciente la observación de Rodríguez-Moñino de que el prólogo se debió a la pluma de Francisco Cerdá y Rico. En *Nicolás Antonio y la Ilustración española,* José Cebrián señaló el protagonismo de Cerdá en el proyecto de T. A. Sánchez (1997: 209n).

sin nombrarlo, ya que con ello se daba razón de un nuevo objeto de conocimiento que Sánchez denominó «nuestras antigüedades», o sea, las primeras poesías compuestas en lengua castellana (Baker, 2001). Y no era el único, porque el jesuita exiliado Juan Andrés había resuelto el mismo problema de forma algún tanto improvisada en *Dell'origine, progressi e stato attuale d'ogni letteratura* mediante la retroyección de la modernidad, operación historiográfica en que el castellano antiguo desempeñaba el papel determinante de la periodización: «Infatti, se noi vorremo cercare un'epoca determinata della volgare poesia e dal coltivamento delle lingue moderne, potremo assai fissarla nella conquista di Toledo, fatta da Alfonso VI nel 1085» (1782: I, 279-280).[12]

Por lo demás, obraba en poder de Tomás Antonio Sánchez una serie de manuscritos, a saber, el *Rimado de Palacio* de Pero López de Ayala, los *Proverbios morales* de Sem Tob, la *Vida de San Ildefonso,* el *Poema de Fernán González,* y posiblemente alguno más. Hay indicios de que tenía ya preparadas las ediciones de la obra del Canciller y del sabio judío de Carrión. Nada de esto se imprimió —se perdió todo— y no se sabe si el propio Sancha, su hijo Gabriel o su viuda tiró de la manta, pero al morir el impresor en 1790 se encargaron los dos de la empresa, que con la dirección de Gabriel siguió adelante hasta la muerte de este treinta años más adelante, en 1820. Lo que parece claro es que la *Colección* de poesías escritas en castellano antiguo era un negocio ruinoso y cabe sospechar que la triplicación y la cuadruplicación de las voces glosadas por el improvisado lexicógrafo, posiblemente a instancias del impresor o de algún contertulio, es un reflejo de ese hecho y un intento fracasado de allanar el camino de los posibles lectores. En el prólogo del cuarto tomo, el de las poesías del Arcipreste, Sánchez escribió en tono quejumbroso estas palabras:

> Los códices antiguos que tratan de nuestros mayores y de nuestras cosas son buscados con ansia, comprados a gran precio, poseídos con gozo y con vanidad, pero no leídos. Tal vez la letra entibia el deseo de leerlos: tal vez la

12 Un personaje harto curioso, Álvaro Agustín de Liaño, hizo lo propio años después en el *Repértoire portatif,* donde se refirió a «les poëtes provençaux, les pères de notre littérature moderne» (47-48), es decir, una literatura escrita en una vernácula neolatina. Liaño ciertamente reconocía la existencia de la Edad Media, que sin embargo despreciaba por completo.

> oscuridad y antigüedad del lenguaje ahuyenta á los lectores; pero quitados estos embarazos por medio de la imprenta y de la tal cual explicación que logra darse de las voces y locuciones anticuadas, hecha fácil y común la obra que antes era singular o rara, cuando parece debía ser más apreciada, entonces es cuando cae toda su estimación. (Prólogo: II)

En resumidas cuentas, no estaba el horno para bollos procedentes de un periodo histórico apenas reconocido, máxime si para los estamentos más cultos del país eran duros de mascar y por tanto indigestos. Las gesticulaciones injuriosas del gran polemista que era Juan Pablo Forner bien podrían haber sido superfluas, pero el rechazo de la *Colección* de Sánchez estaba generalizado y la larga marcha a la Edad Media en el plano de la cultura apenas había comenzado. Sin embargo, Bouterwek estaba atento y pudo hacer uso de los tres tomos primeros en su *Geschichte,* Martínez Marina y otros *gaditanos* llevaron el nuevo periodo al terreno de la política liberal y nacionalizadora, y a continuación los románticos reivindicaron ese tiempo medio que era para ellos el espacio privilegiado de la cultura nacional. Velázquez y Sarmiento habían dado los primeros pasos fundamentales a mediados del Siglo de las Luces, pero el de Tomás Antonio Sánchez —de gigante— fue verdaderamente paradigmático.

Bibliografía

Álvarez Barrientos, Joaquín (1995), «Orígenes de la historia de la literatura española», en Víctor García de la Concha (dir.), Guillermo Carnero (coord.), *Historia de la literatura española, t. 6, Siglo XVIII* (I), Madrid, Espasa-Calpe, pp. 108-123.

Álvarez Barrientos, Joaquín (2004), «Nación e historia literaria a mediados del siglo XVIII en España», en Leonardo Romero Tobar (ed.), *Historia literaria / Historia de la literatura,* Zaragoza, PUZ, pp. 101-114.

Álvarez de Miranda, Pedro (2011), *Los diccionarios del español moderno,* Gijón, Ediciones Trea.

Álvarez Junco, José (2001), *Mater dolorosa: la idea de España en el siglo XIX,* Madrid, Taurus.

Álvarez Junco, José, Justo Beramendi y Ferrán Requejo (2005), *El nombre de la cosa. Debate sobre el término* nación *y otros conceptos relacionados,* Madrid, Centro de Estudios Políticos y Constitucionales.

Álvarez Junco, José, y Gregorio de la Fuente Monge (2017), *El relato nacional. Historia de la historia de España,* Madrid, Taurus.

ANDERSON, Benedict (1983), *Imagined Communities. Reflections on the Origin and Spread of Nationalism,* Londres, Verso.

ANDRÉS, Juan (1782-1799), *Dell'origine, progressi e stato attuale d'ogni letteratura,* Parma, Stamperia Reale, 7 tomos.

BAASNER, Frank (1995), *Literaturgeschichtsschriebung in Spanien von den Anfängen bis 1868,* Fráncfort del Meno, Vittorio Klostermann (Analecta Romanica, Heft 55).

BAHNER, Werner (1966), *La lingüística española del Siglo de Oro. Aportaciones a la conciencia lingüística en la España de los siglos XVI y XVII (revisada y puesta al día por el autor),* Jesús Munárriz Peralta (trad.), Madrid, Ciencia Nueva.

BAKER, Edward (2001), «Nuestras antigüedades: la formación del canon poético medieval en el siglo XVIII», *Hispania,* LXI/3, 209, pp. 813-829.

BALIBAR, Renée, y Dominique LAPORTE (1974), *Le français national: politique et practiques de la langue nationale sous la Révolution française,* París, Hachette.

BERGANZA, Francisco de (1719-1721), *Antigüedades de España, propugnadas en las noticias de sus reyes y condes de Castilla la Vieja, en la historia apologética de Rodrigo Díaz de Bivar, dicho Cid Campeador, y en la coronica del Real Monasterio de San Pedro de Cardeña,* Madrid, Francisco del Hierro, 2 tomos.

BEYRIE, Jacques (1994), *Qu'est-ce qu'une littérature nationale? Écriture, indentité, pouvoir en Espagne,* Toulouse, Presses Universitaires du Mirail (Colección Hespérides).

BOUTERWEK, Friedrich (1804), *Geschichte der spanischen Poesie und Beredsamkeit,* Göttingen, Röwer.

BOUTERWEK, Friedrich (2002 [1829]), *Historia de la literatura española, desde el siglo XIII hasta principios del XVI,* José Gómez de la Cortina y Nicolás Hugalde Mollinedo (trads.), Carmen Valcárcel Rivera y Santiago Navarro Pastor (eds.), Madrid, Verbum Editorial.

BÜRGER, Peter (1985), «On Literary History», *Poetics,* n.os 3/4 August, pp. 199-207.

CEBRIÁN, José (1997), *Nicolás Antonio y la Ilustración española,* Kassel, Edition Reichenberger (Problemata Literaria, 34).

CELLARIUS, Christoph (1688), *Historia medii aevi a temporibus Constantini Magni ad Constantinopolim a turcis captam,* Jenae, Bielcki.

CELLARIUS, Christoph (1708), *Historia universalis breviter ac perspicue exposita in antiquam, et medii aevi ac novam divisa, cum notis perpetuis,* Jenae, Bielcki.

COTARELO Y MORI, Emilio (1924), *Biografía de D. Antonio de Sancha: un gran editor español del siglo XVIII,* Madrid, Cámaras Oficiales del Libro de Madrid y Barcelona.

COVARRUBIAS OROZCO, Sebastián de (1611), *Tesoro de la lengua castellana o española,* rae.ntlle.es.

Cuesta Serrano, Jaime (2013), *Tomás Antonio Sánchez. Estudio crítico,* Madrid, Fundación Ignacio Larramendi.

De Certeau, Michel, Dominique Julia y Jacques Revel (1975), *Une politique de la langue: la Révolution française et les patois: l'enquête de Grégoire,* París, Gallimard.

Deyermond, Alan (1997) «Sánchez's *Colección* and Percy's *Reliques:* The Editing of Medieval Poetry in the Dawn of Romanticism», en Ann L. Mackenzie (ed.), *Spain and its Literature: Essays in Memory of E. Allison Peers,* Liverpool, Liverpool University Press / Modern Humanities Research Association, pp. 171-209.

Espagne, Michel, y Michael Werner (eds.) (1994), *Qu'est-ce qu'une littérature nationale? Approches pour una théorie interculturelle du champ littéraire,* París, Éditions de la Maison des Sciences de l'Homme (Philologiques III).

Feros, Antonio (2017), *Speaking of Spain. The Evolution of Race and Nation in the Hispanic World,* Cambridge, Massachusetts, Harvard University Press.

Forner, Juan Pablo (1790), *Carta de Bartolo, el sobrino de don Fernando Pérez, tercianario de Paracuellos, al editor de la carta de su tío. Publícala el Lic. Paulo Ipnocausto,* Madrid, Imprenta Real.

Forner, Juan Pablo (1790), *Defensa de D. Fernando Pérez, autor de la carta de Paracuellos impugnado por el Lic. Paulo Ipnocausto. Escribíala un amigo de D. Fernando,* Madrid, Viuda de Ibarra.

Freixas Alás, Margarita (2003), *Las autoridades en el primer Diccionario de la Real Academia Española,* tesis doctoral dirigida por José Manuel Blecua Perdices, Bellaterra, Departamento de Filología Española, Universitat Autònoma de Barcelona.

Freixas Alás, Margarita (2010), *Planta y método del Diccionario de Autoridades. Orígenes de la técnica lexicográfica de la Real Academia Española (1713-1739),* La Coruña, Anexos de Revista de Lexicografía, 14.

Froldi, Rinaldo (2003), «Ludovico Antonio Muratori nella cultura spagnola», Biblioteca Virtual Universal.

Galván, Luis (2001), *El Poema del Cid en España, 1779-1936: recepción, mediación, historia de la filología,* Pamplona, Ediciones Universidad de Navarra.

García, Michel (1998-1999), «Le Livre de Bon amour avant Tomás Antonio Sánchez», *Cahiers de Linguistique Hispanique Médiévale,* 22, pp. 59-63.

García Ejarque, Luis (1997), *La Real Biblioteca de S. M. y su personal (1712-1836),* Madrid, Asociación de Amigos de la Biblioteca de Alejandría.

Gatto, Ludovico (1977), *Viaggio intorno al concetto di medioevo,* Roma, Bulzoni.

Gellner, Ernest (1983), *Nations and Nationalism,* Oxford, Blackwell.

Gómez Moreno, Ángel (2004), «Historia y canon de la literatura española medieval: 20 años de evolución y cambio», en Leonardo Romero Tobar (ed.), *Historia literaria / Historia de la literatura,* Zaragoza, PUZ, pp. 161-175.

Guillén, Claudio (1989), *Teorías de la historia literaria,* Madrid, Espasa Calpe (Colección Austral).

Hobsbawm, Eric (1990), *Nations and Nationalism since 1780: programme, myth, reality,* Cambridge, Cambridge University Press.

Hobsbawm, Eric, y Terence Ranger (eds.) (1983), *The Invention of Tradition,* Cambridge, Cambridge University Press.

Hroch, Miroslav (2015), *European Nations, Explaining Their Formation,* Londres, Verso.

Kasten, Lloyd A., y Florian J. Cody (2001), *Tentative Dictionary of Medieval Spanish,* Nueva York, Hispanic Society of America, 2nd edition.

Kuhn, Thomas S. (1970), *The Structure of Scientific Revolutions,* Chicago, The University of Chicago Press, 2nd ed. enlarged.

Lampillas, [Francisco] Xavier (1789), *Ensayo histórico-apologético de la literatura española,* traducción castellana de Josefa Amar y Borbón, Madrid, Pedro Marín, 7 tomos.

Lázaro Carreter, Fernando (1985), *Las ideas lingüísticas en España durante el siglo xviii,* Manuel Breva Claramonte (prólogo), Barcelona, Crítica, 2.ª ed.

Liaño, Álvaro Agustín (¿1819?), *Répertoire portatif de l'histoire et de la littérature des nations éspagnole et portugaise,* Berlín, Nauck, tomo i.

Lopez, François (2007), «La generación de 1780 y sus parnasos», *Bulletin Hispanique,* 109, 2, pp. 709-747.

López de Sedano, Juan José (1768), *Parnaso español. Colección de poesías escogidas de los más célebres poetas castellanos,* Madrid, Ibarra, 9 tomos.

Mainer, José-Carlos (2000 [1994]), «La invención de la literatura española», en José-Carlos Mainer, *Historia, literatura, sociedad, y una coda: literatura nacional española,* Madrid, Biblioteca Nueva, pp. 151-190.

Mayans y Siscar, Gregorio (2015), *Orígenes de la lengua española,* Fernando Corona (ed., trad. de pasajes latinos, prefacio y notas), México, D. F., Sociedad Cultural SyF (Colección Palaion).

Mayer, Arno J. (1981), *The Persistence of the Old Regime: Europe to the Great War,* Nueva York, Pantheon.

Menéndez y Pelayo, Marcelino (1908), *Dos opúsculos inéditos de D. Rafael Floranes y D. Tomás Antonio Sánchez sobre los orígenes de la poesía castellana,* Extrait de la Revue Hispanique, Nueva York, París, s. n.

Mestre, Antonio (1978), *El mundo intelectual de Mayans,* Valencia, Publicaciones del Ayuntamiento de Oliva.

Miller, Peter N. (2017), *History and Its Objects: Antiquarianism and Material Culture Since 1500,* Ithaca, Cornell University Press.

Núñez Seixas, Xosé Manoel (2018), *Suspiros de España. El nacionalismo español, 1808-2018,* Barcelona, Crítica.

Pastor, José Francisco (1929), *Las apologías de la lengua castellana en el Siglo de Oro,* Madrid, CIAP (Clásicos Olvidados, 8).

Pozuelo Yvancos, José María, y Rosa María Aradra Sánchez (2000), *Teoría del canon y literatura española,* Madrid, Cátedra.

Real Academia Española (1726-1739), *Diccionario de la lengua castellana,* <rae.ntlle.es>.

Rodríguez-Moñino, Antonio (1971), *La imprenta de don Antonio de Sancha (1771-1790), primer intento de una guía bibliográfica para uso de los coleccionistas y libreros,* Madrid, Castalia.

Rojo, Guillermo (2 16), «Sobre el uso de textos medievales en el *Diccionario de Autoridades*» en Esther Corral Díaz, Elvira Fidalgo Francisco y Pilar Lorenzo Gradín (ed.), *Cantares de amigos: estudos en homenaxe a Mercedes Brea,* San- ompostela, Universidade de Santiago de Compostela, Servicio de ións e Intercambio Científico, pp. 755-768.

s, Isabel (1983), «Influencia de L. A. Muratori en la metodología crí- e Antonio de Capmany», *Revista de Historia Moderna. Anales de la Uni- sidad de Alicante,* 3, pp. 383-408.

Ribes, Isabel (1984), «Libros de Muratori traducidos al castellano», *Revista de Historia Moderna. Anales de la Universidad de Alicante,* 4, pp. 113-147.

mán Gutiérrez, Isabel (2017), «Un episodio español de la "querella entre antiguos y modernos": Cándido María Trigueros y su teoría sobre la versificación», *eHumanista,* 37, pp. 103-119.

Romera Castillo, José (1984), «Autoridades medievales del *Tesoro* de Covarrubias», *Anuario de Letras,* XXII, pp. 251-260.

Romero Tobar, Leonardo (2006), *La literatura en su historia,* Madrid, Arco / Libros (Colección Instrumenta Bibliologica).

Romero Tobar, Leonardo (2008), «Usos de *Literatura Nacional Española* anteriores al romanticismo español», en Leonardo Romero Tobar (ed.), *Literatura y nación. La emergencia de las literaturas nacionales,* Zaragoza, PUZ (Colección Clío y Calíope), pp. 467-489.

Rossi, Paolo (1979), *I segni del tempo: Storia della terra e storia delle nazioni da Hooke a Vico,* Milán, Feltrinelli.

Rossi, Paolo (1997), *La nascita della scienza moderna in Europa,* Roma, Laterza.

Sánchez, Tomás Antonio (1779-1790), *Colección de poesías castellanas anteriores al siglo xv,* Madrid, Sancha, 4 tomos.

Sánchez, Tomás Antonio (1789), *Carta de Paracuellos, escrita por D. Fernando Pérez a un sobrino que se hallaba en peligro de ser autor de un libro. Se publica con notas un bachiller en artes,* Madrid, Viuda de Ibarra.

Santiáñez, Nil (2021), «Necropolitics and Culture; or the Embedding of Cultural Practices in Necropower», *University of Toronto Quarterly,* 90, 4, Fall 2021, pp. 691-712.

Sarmiento, Martín (1775), *Memorias para la historia de la poesía y poetas españoles. Obras póstumas,* Madrid, Ibarra, tomo i.

Scandellari, Simonetta (2004), «Las relaciones españolas de la obra de Ludovico Antonio Muratori», *Analecta Malacitana,* 27, 1, pp. 117-142.

Sempere y Guarinos, Juan (1789), *Ensayo de una biblioteca española de los mejores escritores del reinado de Carlos III,* Madrid, Imprenta Real, tomo v.

Sergi, Giuseppe (2000), *La idea de Edad Media,* Pascual Tamburri (trad. y nota preliminar), Barcelona, Crítica (Colección Libros con Historia).

Sorrento, Luigi (1943), «Medio Evo: il termine e il concetto», *Medievalia,* Brescia, Morcelliana, pp. 28-110.

Terreros y Pando, Esteban (1786-1793), *Diccionario castellano, con las voces de ciencias y artes y sus correspondientes en las tres lenguas francesa, latina e italiana,* Madrid, Viuda de Ibarra, 4 tomos.

VV. AA. (1926), *Homenaje a D. Tomás Antonio Sánchez en el* ii *centenario de su nacimiento,* Santander, Imprenta Provincial.

Valero, José Antonio (1993), *Modernización e historiografía literaria en España: estudio sobre los orígenes de una institución cultural,* tesis doctoral, University of Minnesota.

Velázquez, Luis José (1769), *Geschichte del spanischen Dichtkunst,* traducción y refundición de Johann Andreas Dieze, Gotinga, Victorinus Bossiegel.

Velázquez, Luis José (1794), *Orígenes de la poesía castellana,* Málaga, Francisco Martínez de Aguilar, 2.ª ed.

Velázquez, Luis José (2015), *Viaje de las antigüedades de España (1752-1765),* Jorge Maier Allende (ed. y estudio), Carmen Manso Porto (catálogo de dibujos y mapas), Madrid, Real Academia de la Historia, 2 tomos.

Weber, Eugen (1976), *Peasants into Frenchmen: The Modernization of Rural France, 1870-1914,* Stanford, Stanford University Press.

ESPAÑA Y LA HISTORIA DE LA LITERATURA SEGÚN EL PRIMER HISPANISMO ALEMÁN[1]

Carmen Calzada Borrallo
(Universidad de Sevilla)

Es un dato de sobra conocido que los inicios de la historiografía literaria española no fueron un esfuerzo exclusivamente nacional. Al contrario, algunas de las obras que tradicionalmente se han considerado fundacionales fueron firmadas por plumas alemanas, suizas o anglosajonas, pensadas siempre para un público europeo y decididamente no español. Estas aportaciones foráneas, sin embargo, surgieron a la zaga de numerosos estudios previos en los que los españoles ya habían estado discurriendo sobre la naturaleza, calidad y cronología de sus obras literarias. Más peliagudo es determinar si estos trabajos patrios se pueden considerar historias literarias en el sentido moderno que hoy empleamos. Al fin y al cabo, la reflexión sobre la dimensión histórica de la literatura siempre ha estado presente en mayor o menor medida en la cultura occidental, y podemos encontrarla articulada en retóricas, poéticas, textos críticos, prólogos, en las propias obras de ficción, y por supuesto en diversas polémicas literarias, entre las que se podría destacar la recurrente querella entre antiguos y modernos (Baasner, 1995: 35 y ss.; Calinescu, 1987: 27 y ss.; Aradra Sánchez, 2021: 38).

---

1 Este trabajo se inscribe en el proyecto *Hacia la institucionalización literaria: polémicas y debates historiográficos (1500-1844)* (SILEM II), del Plan Estatal de I+D+i, RTI2018-095664-B-C22; la investigación ha sido posible gracias a una ayuda para la Formación del Profesorado Universitario del Ministerio de Universidades.

No es hasta el siglo xviii, sin embargo, cuando surge una renovada preocupación por historiar, por ordenar críticamente las manifestaciones culturales de cada nación (Álvarez Barrientos, 2010: 13-15). Esta labor debe entenderse, por un lado, como parte del nuevo espíritu científico y académico de la Ilustración, que con nuevas energías persigue la sistematización de los saberes. Pero, por otro, también conecta con un importante reordenamiento del orden político y económico en Europa, donde comienza una incipiente reformulación de las ideas sobre el Estado y la nación (Cabo Aseguinolaza, 2010: 4). Esto explica que los estudiosos ilustrados apliquen la cronología y la delimitación geográfica como ejes privilegiados de clasificación en sus estudios, apoyados en la idea cada vez más asentada de que las esencias de los pueblos son inmanentes e identificables desde los orígenes en sus manifestaciones culturales. El prestigio y la antigüedad de estas redunda en un poderoso argumento de legitimación nacional y afloran, pues, las historias nacionales dedicadas a múltiples materias, entre las que destacan la lengua y la literatura, dos de los bienes culturales con mayor carga de capital simbólico y valor identitario (Even-Zohar, 2002: 78-79).

Para España este trabajo tuvo además un incentivo particular, que fue reivindicar y defender su particular aportación a la cultura europea en un siglo xviii en el que la península ibérica se estaba configurando como un espacio geográfico y cultural periférico en el continente. A un general desconocimiento y olvido de la literatura y la cultura hispánicas, se sumaba el hecho de que cuando sí se hacía referencia a España, era para otorgarle una nueva función: servir de contrapunto al nuevo modelo de hegemonía cultural y política en que se quería erigir Francia. Baste recordar los comentarios de Montesquieu respecto a la literatura española en sus *Lettres persanes* (1721), la propuesta de Tiraboschi y Bettinelli sobre el origen español de la corrupción literaria, o el famoso «mais que doit-on à l'Espagne?» de Masson de Morvilliers. Todos estos textos tuvieron sus réplicas directas, pero también alimentaron en otros escritos una actitud apologética y un interés de los españoles por patrocinar y defender sus hitos literarios e intelectuales dentro y fuera del país. Confluyendo con esta polémica cultural, se extendió además una visión idealizada y mitificada de la historia peninsular, particularmente la época medieval. Literatos y estudiosos quisieron encontrar desde la primera formación del pueblo español —esto es, para los ilustrados, desde los godos— precedentes del espíritu patriótico y de esta forma, según apunta Nieto Soria, legitimar el nacionalismo incipiente (2013: 24-25).

Es en este contexto en el que surgen los primeros textos que podemos considerar intentos de historiar la literatura española: las *Memorias para la historia de la poesía y poetas españoles* de Martín Sarmiento, redactadas entre 1741 y 1745 pero publicadas en 1775, y los *Orígenes de la poesía española* de Luis José Velázquez de Velasco, publicados en 1754 y reimpresos en 1797. En ambos casos la mirada está puesta en Europa. Sarmiento escribe las *Memorias* a petición del cardenal italiano Valenti Gonzaga y tiene conciencia de escribir para un limitado público extranjero, lo que le lleva a dar un desarrollo amplio y minucioso de cada paso que toma en su discurso. Velázquez en cambio concibe los *Orígenes* como parte de un programa más general, cuyo objetivo era elaborar un corpus de textos y estudios que sirvieran de base histórica, erudita y cultural en la que hundir las raíces de un nuevo patriotismo ligado a la monarquía borbónica (Campa Gutiérrez, 2019*b*: 87-88). Pese a este objetivo interno, se preocupó a su vez de dar difusión europea al texto. Mandó una recensión al *Journal Étranger*, que la publicó en francés en varias entregas entre enero y julio de 1755, e inmediatamente después el *Hamburgisches Magazin* publicaría una traducción alemana del texto del *Journal* entre 1755 y 1756.

Las propuestas de Sarmiento y Velázquez, desde sus diferencias notables, ponen las primeras piedras en la base de nuestra historiografía literaria. Con distintos grados de ambición y rigurosidad, ambos vuelven la vista hacia las fuentes primarias, rescatan documentos y noticias literarias desde los archivos e inspeccionan, ante todo, el origen y el devenir de las manifestaciones literarias en castellano (Álvarez Barrientos, 2010: 36-38). Otros intentos endógenos de historiar la literatura española vinieron de la mano de los hermanos Mohedano, cuya *Historia literaria de España* (1766-1791) quedó por desgracia truncada en los autores romanos pese a sus diez tomos, quedando como antecedentes a las historias actuales de la literatura española más en voluntad que en hecho; o de Juan Andrés, que sí fue capaz de llevar a buen puerto su *Dell'Origine, progressi e stato attuale d'ogni letteratura* (1782-1799), donde presenta la literatura española en el marco de la historia intelectual de Occidente. Como apuntó Checa Beltrán, no siempre se hace justicia a estos trabajos que ya ofrecen un tímido discurso historiográfico, engarzando la sucesión ordenada de los hechos literarios con su contexto histórico, social y político, y siempre incidiendo en la idea de la literatura como elemento de cohesión o reflejo de la identidad nacional (2019: 73).

Sin embargo, pese a todos estos primeros intentos de los ilustrados españoles por dilucidar su propia historia literaria, que cuanto menos ofrecieron un importante acopio y contraste de informaciones a partir del trabajo de archivo (Urzainqui, 2004: 217), lo cierto es que estas obras pronto quedaron a la sombra de libros extranjeros que fueron los que marcarían, tanto en Europa como en España misma, el camino de las historias literarias decimonónicas. Entre ellos tienen un papel preeminente los alemanes, quienes propondrían varias de las líneas maestras que sostuvieron la imagen literaria y política de España durante las décadas posteriores. Dentro del primer hispanismo alemán, hay tres figuras en particular que destacan y cuyos acercamientos a la literatura española son claves en esa nueva dirección que tomaría la historiografía de la literatura española. Nos referimos al traductor y bibliotecario Johann Andreas Dieze (1729-1785), al profesor de Gotinga Friedrich Bouterwek (1766-1828) y a uno de los mayores exponentes del romanticismo temprano, Friedrich Schlegel (1772-1829).

Antes de detener la mirada en estos tres autores individualmente, cabe preguntarse por el panorama general que favoreció en los países germanos una especial predisposición para la literatura española y hacia la construcción de un marco historiográfico novedoso e influyente. Los motivos son numerosos y complejos, ya que se ven atravesados por preocupaciones estéticas, epistemológicas y políticas, y además surgen en diálogo y en tensión con los discursos de otras naciones europeas. Quedaría fuera de los límites del presente capítulo realizar un repaso exhaustivo de este panorama transnacional —que por otro lado ya ha sido tratado con detenimiento y desde diversas perspectivas por otros autores—,[2] pero sí sería productivo, antes de hacer las respectivas calas en Dieze, Bouterwek y Schlegel, subrayar que una de las cuestiones que separa firmemente a los historiógrafos

---

2 Saglia (1997), Ríos-Font (2005), Cabo Aseguinolaza (2010) o Pérez Isasi (2013*a*) por nombrar solo a unos pocos, exponen detenidamente las aportaciones de los literatos alemanes y europeos a la historiografía literaria y a la construcción de una imagen política y estética de España y su literatura. Por otro lado, se ha prestado también atención a las importantes ansiedades que estas imágenes exógenas provocaron en España. Varios estudios se han detenido a examinar cómo fue la recepción compleja de estos textos por parte de los literatos españoles, quienes no vacilaron en desmentir, reapropiarse y negociar estos discursos foráneos según sus propios intereses e inquietudes identitarias; véanse Andreu Miralles (2016) y Comellas (2018; 2021), entre otros.

alemanes de los pioneros españoles radica en lo que Hayden White llamó imaginación histórica, es decir, la forma de concebir y representar el devenir histórico y la relación del pasado con el presente (1973: 2).

El cambio en la relación del hombre con la historia es particularmente interesante en las décadas que cierran el siglo XVIII y abren el XIX, una horquilla temporal que marca el paso de la Ilustración al Romanticismo y donde se pueden ubicar los difusos inicios de la modernidad, proceso para el que la nueva forma de acercarse al pasado tendrá un papel significativo, como apuntó Calinescu (1987: 13). El surgimiento y la primera evolución de la filosofía de la historia entre los pensadores alemanes servirá por tanto como andamiaje para el estudio que sigue. Además, es importante recordar que las historias de la literatura son una tipología discursiva particularmente sugerente para estudiar esta nueva concepción de lo histórico, ya que en ellas se reflejaron directamente unas preocupaciones historiográficas en convivencia con preocupaciones estéticas. Como se verá más adelante, la nueva forma de entender la historicidad será uno de los grandes detonantes del cambio estético que se producirá a finales del siglo XVIII.

Antes y durante buena parte del Setecientos, los hechos del pasado se juzgaban desde una serie de valores específicos considerados de validez universal y atemporal. En el caso de la literatura, estos valores inmutables coincidían con las reglas del arte clásico griego, aceptado como modelo de perfección estética. Era común presentar la información literaria en forma de enciclopedias o bibliotecas, en las que a cada autor le correspondía una entrada con datos biográficos, valoraciones de sus méritos o defectos literarios y un listado de sus obras; estas bibliotecas solían organizar sus entradas por orden alfabético. A este formato corresponden la *Bibliotheca hispana nova* (1672) y la *vetus* (1696) de Nicolás Antonio, *Jugemens des savans sur les principaux ouvrages des auteurs* (1685-1686) de Adrien Baillet o las *Mémoires pour servir à l'histoire des hommes illustres de la république des lettres* (1727) de Jean-Pierre Nicéron. Sin embargo, a lo largo del siglo XVIII los estudiosos comienzan a interesarse por el aspecto histórico: primero por la cronología y la periodización, siguiendo los trabajos de Scaligero y de Newton (Álvarez Barrientos, 2010: 17), y poco a poco se empezará a ponderar tímidamente cómo los condicionantes sociales, culturales y políticos de cada época se relacionan con su producción literaria (Checa Beltrán, 2019: 67). Sin embargo, estos autores aún analizaban esos condicionantes siguiendo la lógica del presente, y el sentido de progreso lo construían tomando lo contemporáneo como meta final. En lo referente a los juicios críticos de las obras, esta primera historiografía literaria estaría pues «impregnada de preceptivismo» (Urzainqui, 2004: 220). Sarmiento y, sobre todo, Velázquez, se adscribían decididamente a esta forma de darle sentido al pasado, en la que el cambio literario se produce con una definida línea de perfección poética en el horizonte.

Un punto de inflexión llega en 1755 desde Alemania con los *Gedanken über die Nachahmung der griechischen Werke in der Malerei und der Bildhauerkunst* de Winckelmann. Una de las grandes aportaciones de este autor, cuya influencia en el Clasicismo de Weimar puede rastrearse en el profundo helenismo de Goethe o Schiller, fue el tratamiento de lo bello. La apreciación del arte, para Winckelmann, debía apoyarse principalmente en la experiencia sensitiva inmediata y no tanto en la adecuación de unos preceptos consabidos por el espectador (Hatfield, 1964: 14). Pero esta obra incorporaba otra perspectiva igualmente novedosa y que sería desarrollada por pensadores posteriores: Winckelmann establecía una relación unívoca entre el arte helenístico y las características particulares del pueblo de la antigua Grecia. Desde el clima hasta la organización de la vida social, pasando por la juventud espiritual de su civilización,[3] para los griegos —según Winckelmann— el arte no es meramente resultado de la excelencia técnica, sino fruto y cifra de un momento histórico y una geografía concretas. Peter Szondi reconoció la importancia de este matiz interpretativo, que abría la puerta a entender el arte como manifestación histórica de un pueblo y no en relación con un concepto absoluto de lo bello (1992: 80). Por supuesto, Winckelmann proponía una imitación del arte griego para sus contemporáneos, pero al dar un nuevo aliento al estudio del arte que se consideraba clásico o modélico, dio entrada a la posibilidad de volver la mirada atrás y reevaluar las lecturas que hasta la fecha se habían hecho sobre el arte de otras épocas.

---

3 En el contexto de la extendida *querelle des anciens et des modernes,* los defensores de los modernos argumentarán una inversión de roles, de forma que los antiguos se correspondían con la energética juventud, y los modernos podían asumir el rol de la edad adulta, experimentada y sabia. Al considerar el recorrido de la humanidad paralelo a las edades del hombre, podía construirse un sentido de progreso que no estancara la capacidad de perfección en el pasado (Calinescu, 1987: 24). Desde entonces, la juventud de la antigua Grecia será un tópico que llegará al siglo XX.

Otra serie de factores coadyuvaron de forma decisiva al replanteamiento del pasado literario, entre los que destaca el redescubrimiento de materiales y documentos que habían quedado hasta entonces olvidados y enterrados en bibliotecas y archivos, pero que el deseo erudito de reexaminar los conocimientos heredados sacaría a la luz. Esto fue muy significativo en el caso de los testimonios medievales. A lo largo del siglo XVIII se fueron hallando las que más adelante se considerarían obras fundacionales de las literaturas vernáculas: *Beowulf*, la *Niebelungenlied* o *La Chanson de Roland*. En el caso hispánico, algunos hitos importantes fueron la Comisión de Archivos creada por la Corona a sugerencia de Mayans, que, liderada por Andrés Marcos Burriel, funcionó entre 1750 y 1756 y prestó especial atención a los asuntos jurídicos y eclesiásticos (Campa Gutiérrez, 2019*a*: 18-19), o el exhaustivo catálogo elaborado por el tripolitano Miguel Casiri, publicado como *Bibliotheca Arabico-Hispana Escurialensis* en dos tomos (1760 y 1770). Los grandes textos literarios tardarán algo más en ser recuperados; el *Poema de mio Cid* no se descubrió hasta 1775, y solo en 1779 se editaría en la *Colección de poesías castellanas anteriores al siglo XV* (1779-1790), preparada por Tomás Antonio Sánchez. El conocimiento de estos y otros documentos medievales supuso un radical cambio en la autoimagen que los distintos Estados europeos tenían de sí mismos hasta la fecha y abrió nuevos campos de investigación, como la historia de la lengua, las antigüedades y la arqueología jurídica, ámbitos que muchas veces presentaban límites difusos, como muestra el estudio del sánscrito por parte de William Jones, cuyo objetivo primero fue descifrar la antigua organización legal de la India para así optimizar el mando británico en la colonia (Leerssen, 2004: 230). Todos estos avances fueron en gran medida de naturaleza erudita, pero prepararon el camino a cambios más profundos en la conceptualización tanto de la historia como de lo bello.

Una de las primeras manifestaciones de cómo la relativización histórica va a transformar la noción de belleza artística aparece en la defensa que el obispo Richard Hurd hace de la *Faerie Queene* en sus *Letters on Chivalry and Romance:*

> I spoke «of criticizing Spenser's poem under the idea, not of classical but Gothic composition. [...]
>
> When an architect examines a Gothic structure by Grecian rules, he finds nothing but deformity. But the Gothic architecture has its own rules, by which when it comes to be examined, it is seen to have its merit, as well as the Grecian. (1762: 60-61)

Herder, que había leído a Hurd, expresa un sentimiento análogo en la *Auch eine Philosophie der Geschichte zur Bildung der Menschheit* (1774), donde hace apología de la estructura sociopolítica medieval, no sin buena carga de sarcasmo contra los filósofos franceses:

> Pues en esas instituciones y relaciones aparentemente violentas [de la Edad Media] muchas veces había algo sólido, aglutinante, noble, sublime, que nosotros en la actualidad evidentemente no podemos sentir ni llegaremos a sentir jamás con nuestras costumbres —afortunadamente— refinadas, con nuestros gremios disueltos y con nuestro intercambio entre países, nuestra sabiduría innata y nuestra filantropía llevada hasta el fin del mundo.[4] (2007: 76)

En esta obra de tono polémico, Herder esboza su teoría del devenir histórico, para la que será clave esta adecuación de las manifestaciones culturales a las circunstancias y necesidades de cada pueblo y época, ya apuntada por Hurd.[5] Una de las grandes novedades que introduce el alemán es la ruptura con la idea ilustrada de progreso histórico y la consecuente negación de la posibilidad de hegemonía o universalidad cultural. Por el contrario, establece la equivalencia entre épocas y pueblos, aunque considera que en cada época hay una cultura que destaca en sus logros, y vive un proceso de formación, auge y declive antes de pasar el relevo a la siguiente. Mediante esta sucesión de ciclos, todos de vital relevancia, Herder procura armonizar el relativismo histórico sobre el que construye su pensamiento con la noción de *Providencia,* cuyo plan guía certeramente la historia y prepara la humanidad para un estado de eventual perfección moral. Así

---

4 Nótese la cercanía de la reflexión de Tomás Antonio Sánchez sobre el lenguaje del *Libro de Alexandre:* «verdaderamente no debe llamarse bárbaro ni tosco el estilo de nuestros castellanos antiguos mientras no lo fuese comparado con el estilo y lenguaje que mejor se usaba en aquellos tiempos, aunque lo parezca ahora comparado con el que se usa en los nuestros. Si a don Gonzalo de Berceo le fuera dado volver al mundo con el mismo idioma que habló sobre la tierra, y leyera los libros mejores que ahora se escriben, juzgaría sin duda que nuestro estilo y lenguaje era tosco y bárbaro respecto al suyo, y acaso se lamentaría de que la lengua castellana se hubiese ido apartando tanto de su verdadero origen» (Sánchez, 1782: xxv-xxvi). Como advierte Grande Quejigo, Sánchez posee un «admirable criterio histórico» y demuestra una sensibilidad hacia el cambio estético y lingüístico que le distingue de sus contemporáneos españoles y le conecta con el relativismo que Herder o Hurd estaban proponiendo en esas mismas fechas (2019: 128).

5 «En cierto sentido toda perfección humana es nacional, secular y, estrictamente considerada, individual. Solo se perfecciona aquello para lo cual el tiempo, el clima, la necesidad, el mundo, el destino dan oportunidad» (Herder, 2007: 55).

pues, Herder no abandona completamente cierta perspectiva teleológica, pero separa firmemente este plan divino del progreso racionalista dieciochesco, y puede mantener la perfección y relevancia de cada época y cultura, pues cumplen de forma precisa el papel que les ha sido asignado por la Providencia:

> En general el filósofo es tanto más animal cuanto más confiadamente quiere ser Dios; incluso cuando hace el cálculo más confiado sobre el perfeccionamiento del mundo. Calcula que todo marchará bien y en línea recta y que los hombres del porvenir y todas las generaciones sucesivas se perfeccionarán según su ideal en bella progresión, para la cual él solo puede señalar el exponente de virtud y felicidad... No tuvo en cuenta que se comprobaría infinitamente más la Providencia del Todopoderoso si en la humanidad existiera un germen invisible de sensibilidad para la felicidad y de virtud desarrollado de diverso modo, en todo el mundo y en todos los tiempos, que apareciera bajo distintas formas, aunque interiormente no tuviera sino una medida y una composición de fuerzas. (2007: 113-114)

En este sentido, arremete contra los discursos históricos complacientes, en los que se pretende un progreso de la humanidad lineal y ordenado, sin computar la relevancia del azar. Por motivos religiosos, Herder dio mayor peso a este progreso providencial en obras posteriores, pero nunca renunció a la profunda simpatía que sentía hacia el pasado y en particular hacia la Edad Media, época que asocia al pueblo germánico y al cristianismo, dos fuerzas fundamentales para la configuración espiritual de Europa, renovando la vitalidad ya exhausta en los últimos momentos de la Antigüedad. En distintos trabajos ahondará en la importancia de este periodo, donde encuentra el germen de la esencia nacional de los pueblos europeos y prestará particular importancia a las producciones literarias medievales.

La obra de Herder fue profundamente influyente en toda Europa, particularmente el sentido nacionalista y esencialista que daba a la cultura, así como su relativización histórica. Sería fundamental, por ejemplo, en el enfoque comparatista de Madame de Staël en *De la littérature considérée dans sas rapports avec les institutions sociales* (1800) donde, al ligar la literatura con las estructuras sociales, podía constatar que a la evolución histórica de las últimas sigue necesariamente la evolución en la primera, y por ende concluir que la obra literaria debía siempre ser analizada desde el contexto que la dio a luz (Fanger, 1962: 155). Sin embargo, la historiografía no abandonó el sentido teleológico; por el contrario, cobrarán mayor importancia las historias narrativas, en la que se preferencia la selección, estructuración e interpretación de los datos a su simple exposición. Sí hay un cambio relevante de matiz: dichas interpretaciones se comenzaron a orientar hacia el futuro y se pasó de interpretar el pasado desde el prisma del presente a intentar comprender el presente a la luz del pasado (Dupré, 2013: 250-251). Este salto cognoscitivo del presentismo a la futuridad retiene la idea de progreso, pero la meta final se vuelve difusa, el avance indefinido.

Este cambio de perspectiva puede rastrearse en gran medida en la *Wissenschaftlehre* (1794-1795) de Fichte, autor muy influyente en el primer pensamiento romántico y particularmente en Friedrich Schlegel. Una de las grandes aportaciones del filósofo idealista al pensamiento moderno es el de la subjetividad autorreflexiva. Fichte propone la completa autonomía del yo y construye su epistemología sobre la capacidad de la consciencia de tener conciencia de sí misma, en un proceso recursivo que se puede llevar potencialmente *ad infinitum*. Esta reflexividad se traslada rápidamente al conocimiento histórico: «[l]a conciencia de sí implica la conciencia radical de la historicidad de toda obra humana. Para los románticos esto libera totalmente el sentido de la historia, y por lo tanto, la posibilidad de encontrar un sentido *primigenio* a los acontecimientos del pasado con la mirada puesta en el futuro» (Mendoza Solís, 2011: 39). En el plano de la poética, esta conciencia de la propia historicidad es la que marca distancias con iteraciones anteriores de la *querelle des anciens et des modernes*. En esta ocasión no es una lucha por determinar quién se acerca más a la verdad, sino que se reconoce la belleza como una esencia cambiante, siempre en construcción e inagotable. Esta nueva concepción histórica del pensamiento es la que alimenta la nueva tradición de la ruptura que ha definido la modernidad, esa relación polémica con el pasado inmediato (Mendoza Solís, 2011: 50). Como contraste, pueden verse las polémicas estéticas que tuvieron lugar en España a finales del XVIII, que algunos autores han apuntado como muestra de una incipiente sensibilidad romántica. El bando innovador justifica sus tendencias poéticas como una mejor comprensión de los preceptos neoclásicos, como un avance progresivo hacia un ideal fijo y reconocible y no como una ruptura con lo pasado o tentativa de lo futuro (Checa Beltrán, 1994: 413).

Friedrich Schlegel participa de esta autoconciencia histórica y, sobre todo, de la noción de *futuridad* aplicada al arte, por la que diverge abiertamente del relativismo histórico de Herder, en el que encuentra un tono nostálgico hacia el pasado que considera insostenible. Como apuntó Szondi, Schlegel es heredero, pero a la vez se separa del camino que habían iniciado Winckelmann y Herder, pues para Schlegel:

> la cima de la perfección estética no ha sido alcanzada todavía en la modernidad, y en la antigüedad clásica no de tal manera que la modernidad solo tuviera que procurar alcanzarla, sin poder sobrepasarla nunca. Schlegel puede oponerse a la tesis del clasicismo winckelmanniano y a la filosofía del origen de Herder porque rompió con la idea [...] de que las culturas se desarrollan igual que plantas, desde la semilla al decaimiento pasando por la flor; y porque, junto con ello, afirma que la formación moderna no es una continuación de la clásica, sino fundamentalmente diferente a ella. (Szondi, 1992: 66)

Schlegel tiene un profundo sentido teleológico de la historia, pero rompe firmemente con toda noción de *linealidad* o de mera continuidad con la época inmediatamente anterior, favoreciendo la idea de que el cambio se produce en saltos o revoluciones que reemplazan las sensibilidades previas cuando estas han llegado a una crisis (Chrostowska, 2021: 272-273). Tras esta conciencia de ruptura, así como de las limitaciones inherentes a la historicidad propia, surgirá una nueva forma de relacionarse con el pasado, actitud que naturalmente quedará reflejada en su lectura de los textos literarios. Schlegel propone que la tarea de la exégesis no acaba nunca, pues es imposible la completa y certera comprensión del texto, más bien es un proceso en constante desarrollo a lo largo del tiempo, en el que siempre hay nuevos hallazgos que sumar a los anteriores (Behler, 1993: 280-282).[6] Este razonamiento le lleva a tomar conciencia del carácter his-

---

6 «[Schlegel] did not conceive of interpretation as establishing a final meaning that would close the book and relegate it to the past, but as an involvement in the infinite task of deciphering that relates the text to the future of the world and keeps it alive» (Behler, 1993: 282). Esta forma de tratar el texto es integral a la poesía moderna, para la cual el papel activo y reflexivo del lector es esencial para dotar de organización y sentido la obra. Es la respuesta de Schlegel a la aparente falta de coherencia que la literatura europea presentaba frente a la clásica. Winckelmann había explicado que los griegos tenían un acceso directo al espíritu de su tiempo, un acceso que se había degradado y finalmente desaparecido en el mundo moderno. Para Schlegel, en cambio, la diferencia radica en que Antigüedad y modernidad observan modos completamente distintos de creación artística: la Antigüedad se basa en un orden previo e intrínseco, que podía derivarse fácilmente del conjunto; en la poesía moderna, sin embargo, cada obra gozaba de autonomía respecto al resto, al tiempo que la reflexión crítica se convertía en parte constitutiva del texto, generando el orden y la coherencia de este en lecturas sucesivas (Benne, 2019: 441 y ss.).

tórico no solo de las obras de arte en sí, sino también de sus lecturas, una historicidad que no se presenta de forma lineal, sino cumulativa.

Poco más tarde, autores como Ranke, Guizot o Savigny establecerán las bases metodológicas que harán de la historia una ciencia (Dupré, 2013: 256-257; Leerssen, 2004: 229). Pero eso será solo el punto culminante de un moroso proceso en el que la mirada hacia la historia se ha vuelto mucho más compleja, ya no es meramente un objeto que observa desde fuera, sino un medio en el que el propio sujeto se encuentra inmerso, hallazgo que le impele a levantar la vista del pasado y preguntarse por el futuro. Este recorrido es fácilmente reconocible en los textos sobre estética y literatura, donde la atemporalidad basada en criterios inmutables que caracterizaba a las grandes obras de arte se ha transmutado en un sentido de eternidad fundado en su infinito potencial, que cada época histórica renueva desde su circunstancia particular. Y en esta trayectoria podemos localizar a Dieze, Bouterwek y, naturalmente, Schlegel.

La cuestión de la historia literaria española entra en Alemania de la mano de Johann Andreas Dieze, cuyos trabajos por la cultura hispánica le merecen el título de pionero dentro del primer hispanismo alemán. Sus esfuerzos, en una época en la que España estaba *de facto* al margen de los circuitos culturales europeos, fueron fundamentales para hacer de la Universidad de Gotinga un centro neurálgico para los hispanistas europeos. Sin intención de hacer un repaso exhaustivo, cabe recordar en unas breves pinceladas el nivel de estancamiento en el que se encontraban las relaciones hispano-alemanas en el Setecientos para poner en valor la singular preferencia de Dieze por la cultura española. Si hasta el siglo XVI la literatura española había penetrado de forma significativa en los países de habla alemana (especialmente en la corte austríaca) a través de traducciones e impresiones europeas, con la Contrarreforma y las nuevas corrientes literarias, filosóficas y científicas que van surgiendo en Europa, la mirada de Alemania se desvía hacia Francia. Por todo ello, a principios del siglo XVIII, el conocimiento que en Alemania se disponía de España era difuso y estereotipado, filtrado en gran medida por los relatos de viaje y los ensayos de ingleses y franceses, que subrayaban el tipo fanfarrón y fanático religioso español y reforzaban la condición geográfica y culturalmente periférica de la península ibérica (Hoffmeister, 1980: 116).

Fue precisamente la falta de fuentes fiables la que motivó a un grupo de eruditos centroeuropeos a buscar activamente libros españoles. Especialmente para los seguidores de Leibniz, quien había fijado la necesidad de un conocimiento exhaustivo y pormenorizado de toda la cristiandad, el precario conocimiento que por entonces se tenía del país católico por antonomasia era insuficiente (Benavent Montoliu, 2001: 214-215). En esta coyuntura cobraría gran relevancia el erudito valenciano Gregorio Mayans y Siscar, cuya amistad con el barón de Schönberg y el erudito neerlandés Gerard Meerman le convirtieron pronto en un valiosísimo contacto para todo interesado en la literatura española. Sería Meerman a su vez quien introdujera a Mayans en el círculo de diversos profesores y antiguos alumnos de la Universidad de Gotinga, facilitando a la biblioteca la adquisición de sus primeros lotes de libros españoles en 1750 (Benavent Montoliu, 2001: 203-204).[7] Este inicio de la colección de textos hispánicos fue la primera semilla de interés que mostró la Universidad por la literatura y la producción libresca española, interés que Dieze, motivado por sus propios estudios sobre la cultura hispánica, se encargaría de cultivar a partir de su entrada como bibliotecario en 1765. Pese a la importancia material de Dieze en la configuración del primer hispanismo de Gotinga, pocos estudiosos han tratado su figura desde que el hispanista francés J. J. A. Bertrand señalase su papel precursor hace ya un siglo (1922). Meregalli presentó las aportaciones de Dieze al estudio del teatro áureo (1988), mientras que Berchem hizo un repaso panorámico por las variadas traducciones que realizó de libros sobre la cultura española y escritos por españoles (1997). Pero más allá de sus publicaciones, debe destacarse especialmente su implicación directa en la labor de selección y compra de libros hispánicos. La colección que Dieze ayudó a construir en Gotinga fue una de las más extensas y valiosas fuera de la Península, y fue un atractor de investigadores y curiosos de la literatura española durante décadas.[8]

Respecto a sus trabajos académicos, el más notable fue la *Geschichte der spanischen Dichtkunst* (1769), traducción de la ya citada obra de Veláz-

7 Mayans disfrutó de un amplio reconocimiento en Centroeuropa y sus relaciones epistolares fueron cultivadas y muy apreciadas por sus contactos alemanes. La Academia de Ciencias *(Königlichen Societät der Wissenschaften)* de la Universidad de Gotinga le concedió el título de miembro honorario. Para un estudio detallado de la importancia de Mayans en el contexto europeo, véanse Benavent Montoliu (1998, 2001) y Mestre (1983).

8 Para un estudio más detallado de los inicios de la colección de textos hispánicos en Gotinga y la participación de Dieze en su formación, véase Eck (1997).

quez, los *Orígenes de la poesía española,* un texto que pudo haber conocido a partir de alguna de las dos recensiones mencionadas. La singularidad de la traducción de Dieze radica en que las aportaciones del alemán rebasan con creces el texto de Velázquez, aprovechando las notas aclaratorias y los apéndices para ampliar, explicar e incluso matizar las ideas del autor original. Las adiciones de Dieze aumentan sustancialmente la extensión de la obra y el valor de sus aclaraciones fue tal, que autores posteriores concibieron la *Geschichte der spanischen Dichtkunst* no como una mera versión alemana de los *Orígenes,* sino como un nuevo texto escrito a cuatro manos. Menéndez Pelayo, al tratar la obra de Velázquez, llegó a afirmar que la reputación que tuvieron los *Orígenes* en el extranjero fue «no por méritos propios, sino por las copiosas adiciones con que le exornó, duplicando su volumen, Dieze, profesor de Goettinguen [sic]» (2008: 260).

Esta recepción se puede rastrear fácilmente en los trabajos de hispanistas posteriores, para quienes sería una fuente fundamental. Un ejemplo sería J. F. Butenschön, cuya traducción del *Persiles* (*Leiden zweyer edlen Liebenden,* 1789) estuvo precedida no solo de un prólogo dedicado a Cervantes, sino también de un breve repaso por los poetas españoles más señeros, para el que se basa principalmente en la «meisterhaften Diezischen Ausgabe der *Geschichte*»[9] (Butenschön, 1789: L). Le cita como fuente de los datos biográficos, pero también remite sistemáticamente a su juicio crítico sobre los autores, en alguna ocasión sin citarlo explícitamente. Más interesante fue la fuerte presencia de Dieze en posteriores historiadores de la literatura española. El caso más claro es la *Geschichte der spanischen Poesie und Beredsamkeit* (1804) de Bouterwek, también profesor de Gotinga y quien tuvo acceso tanto a la biblioteca de la Universidad como al trabajo de Dieze, uno de sus principales textos de consulta: «Bouterwek [...] le cite souvent, le pille beaucoup, non sans le critiquer vivement» (Bertrand, 1922: 347). Efectivamente, menciona a Dieze al menos en 43 ocasiones a lo largo de todo el volumen, puntualmente para corregirlo o criticarlo, pero principalmente (dos de cada tres veces) remite a sus notas para el

9 «La magistral edición de los *Orígenes* que hizo Dieze», traducción nuestra. Siempre que ha sido posible, se han privilegiado las traducciones al español de las obras alemanas, pero para textos como este o los del propio Dieze, donde solo existe versión alemana, hemos optado por citar el texto original y ofrecer a pie de página una traducción propia.

lector interesado en la información bibliográfica detallada. Cuando Bouterwek y posteriormente Sismondi con *De la littérature du Midi de l'Europe* (1813) sean las obras de referencia para el hispanismo europeo y estadounidense, Dieze seguirá siendo un nombre reconocido, si bien en menor grado. Tanto Henry Hallam (1839: 176) como George Ticknor (1849: 252), ambos autores de historias literarias, señalan el valor que añaden sus anotaciones al libro de Velázquez. Estos ejemplos apuntan a que el texto de Dieze permaneció vivo durante casi un siglo, cuando menos, como catálogo fiable en el que buscar los textos que interesasen al lector curioso o al investigador dedicado a la historia de la literatura española.

El prólogo con el que Dieze abre su edición es toda una declaración de principios, y nos permite conocer las motivaciones y los planes que le llevaron a acometer la traducción. Se dirige a los lectores y demuestra ser consciente del vacío del que partían sus compatriotas, a los que reprendía por censurar y despreciar la literatura española sin tomarse la molestia de conocer a sus poetas antes de juzgar, para después admitir las dificultades materiales de leer libros españoles:

> Die Schwürigkeiten, gelehrte Nachrichten von den Spaniern zu erhalten, die Seltenheit ihrer Schriften unter uns, die bey uns ganz verloschene Kenntniß ihrer Sprache, doch mehr als alle diese Umstände, unsere Vorurtheile haben vieles beygetragen, daß die spanische Literatur gänzlich vernachläßiget wird [...] Bey meinen Absichten, die Werke der spanischen Dichter bekannt zu machen, habe ich mit einer allgemeinen Geschichte der spanischen Dichtkunst, welche den Ursprung, Fortgang, und die Veränderungen derselben in einer unterbrochenen Folge, und in dem weitesten Umfange darstellte, anzufangen für dienlich gehalten. Da ich in dem Werke, das ich itzt vorlege, die Eigenschaften einer solchen Geschichte fand, habe ich mich entschlossen, es zu übersetzen, und weiter zu erläutern.[10] (Dieze, 1769: 2r.-3v.)

10 «La dificultad de conseguir noticias eruditas de españoles, la escasez de sus escritos entre nosotros, el haber desaparecido nuestro conocimiento de su idioma y, aun más que todas estas circunstancias, nuestros prejuicios han contribuido mucho a que la literatura española esté desatendida [...] Para mi propósito de hacer conocidas las obras de los poetas españoles, he considerado útil empezar con una historia general, que muestre el origen, el desarrollo y los cambios de la misma en una línea ininterrumpida y con la envergadura más amplia. Como encontré en la obra que ahora presento las características de una historia así, me decidí a traducirla y ampliarla con aclaraciones».

Para Dieze, el género historiográfico es por tanto el más adecuado para la presentación y defensa de la poesía española, ya que permite una visión panorámica de las distintas obras y sus autores y pone al descubierto su naturaleza dinámica, los cambios y las transformaciones por las que pasa la literatura. Para ello le sirve la obrita de Velázquez, aunque la sección dedicada a la historia de la poesía como tal sea solo una fracción del texto. En este sentido es significativo que Dieze traduzca los *Orígenes* por el término *Geschichte,* 'historia', apuntando a un desplazamiento del foco de atención, que pasa de una indagación general de la poesía española a un estudio sobre su devenir a lo largo de los siglos.[11] Otros dos aspectos influyeron en su decisión: por un lado, su tono didáctico y abarcador, que considera útil a modo de introducción a la poesía española, y por otro, cuestiones de accesibilidad: como indicará antes de proceder a las edades de la poesía castellana, la historia de la literatura española está desatendida a pesar de contar con una rica tradición lírica y el malagueño es, a su conocimiento, el primero en emprender semejante tarea. Cita como antecedentes honoríficos el *Discurso de la poesía castellana* con el que Gonzalo Argote de Molina introdujo su edición de *El conde Lucanor,* las bibliotecas biobiográficas de Schott, Antonio, Rodríguez o Ximeno y, lo que es más interesante, el *Viaje del Parnaso* de Cervantes y el *Laurel de Apolo* de Lope (1769: 127 y ss.).

En cualquier caso, los *Orígenes* presentaban una limitación fundamental para los propósitos de Dieze, al ofrecer la información de forma esquemática y poco desarrollada. Si para el público objetivo de Velázquez, los propios españoles, los poetas, obras y sucesos históricos mencionados no necesitaban presentación, no ocurre lo mismo con los lectores alemanes, muchos de los cuales no tendrían conocimiento previo de la literatura española. Es por esto por lo que el traductor se afana en preparar un cuerpo de notas muy extenso y detallado. Dieze incluye principalmente información sobre la biografía, sin escatimar tinta en lo que respecta a la parti-

11 Larson señaló también el cambio que hizo Dieze en el gentilicio: el alemán optó por verter el término *castellana* en el original a *spanischen*. Sin embargo, podría discutirse si, como propone el autor, esto implica necesariamente una limitación de la literatura nacional a la escrita en castellano y, por tanto, un centralismo cultural por parte del alemán (1997: 187), lo cual no se correspondería con la atención detenida que dedica a las literaturas escritas en árabe, gallego, catalán, vasco e incluso portugués.

cipación de los poetas en acontecimientos políticos y bélicos de la época y su conexión con personajes históricos, especialmente con los reyes y la corte, así como el catálogo de obras de los autores, apuntando en muchos casos las más recientes ediciones dieciochescas. También ofrece ocasionalmente valoraciones sobre los méritos estéticos de ciertos poetas u obras. A tenor del espíritu de reivindicación y apología que permea sus notas, estos comentarios suelen arrojar sistemáticamente una luz favorecedora, en muchos casos matizando los juicios negativos de Velázquez cuando el malagueño muestra un prurito de ortodoxia neoclasicista.

En sus notas, como ya apuntó Berchem, se puede apreciar la receptividad de Dieze a la renovación estética que está comenzando en esa época, desde la lenidad que muestra con respecto a la aplicación de la preceptiva a su fijación en la personalidad de los poetas, pasando por su defensa de la originalidad como principio creador (1997: 200). Este cambio en la sensibilidad estética está aparejado al cambio en la sensibilidad histórica. Velázquez planteó una firme ordenación de las épocas de la poesía paralelas a las edades del hombre, estableciendo una línea de progreso sostenido desde la Edad Media, correspondiente con la infancia y juventud, época de poetas toscos y vacilantes que están aprendiendo el manejo del lenguaje poético, hasta el Siglo de Oro, edad de la madurez o virilidad y de excelencia poética, a la que siguió el lapso senil del Barroco pero que los poetas neoclásicos, amparados por el nuevo gobierno de Fernando VI, restaurarían para continuar esa línea ascendente hacia la perfección inmutable de inspiración clásica (Álvarez Barrientos, 2010: 33). Dieze se rebela en sus comentarios ante esa jerarquización temporal y tanto para la Edad Media como para el siglo XVII o «cuarta edad» en la división de Velázquez, siglo de «sectas poéticas» y corrupción del lenguaje literario, encuentra el traductor poetas y composiciones dignas de admiración. En particular, siente una gran fascinación por las coplas medievales y los romances, de los que valora su antigüedad y su carácter español.

Dieze entiende los romances y la poesía de cancionero como auténticos tesoros que la poesía española ofrece al acervo cultural europeo, y concibe los romances además como forma poética española por antonomasia, que todos sus poetas han cultivado con ahínco. De esta forma reprocha a Velázquez que dedique un epígrafe a hablar de la oda, pero no a otros géneros más propios de su tierra, como las coplas, las redondillas o los romances: «Fast alle [spanischen] Dichter haben sich in diesen Gattungen, aber freylich mit sehr verschiedenem Genie und Talenten, gezeigt. Ins besondere haben sie sehr viele Romanzen geschrieben, welche Dichtungsart eine der ältesten bey ihnen ist»[12] (Dieze, 1769: 414). Al ligar la esencia nacional al pasado poético, Dieze muestra estar en sintonía con las tesis que poco después propagaría Herder sobre el *Volksgeist,* fundamentales en la renovación de la mirada histórica en el siglo xix y en la revalorización de la literatura medieval.[13] De esta manera, las anotaciones de Johann Andreas Dieze ya anunciaban el camino que recorrerían historiadores de la literatura española posteriores: el anhelo del pasado y la exaltación de lo nacional.

El siguiente hito en la historiografía literaria española desde tierras germanas volvería a tener lugar en Gotinga. Friedrich Bouterwek, profesor de Estética en dicha universidad, no compartía necesariamente la afición de Dieze a la cultura española, pero circunstancias profesionales le llevaron al estudio de su literatura. Bouterwek participó en el proyecto de Johann Gottfried Eichhorn para historiar todo el conocimiento en artes y ciencias de la humanidad (léase, de la Europa occidental). En concreto, se encargó de lo que hoy entendemos por literatura: la poesía y la elocuencia, en una *Geschichte der Poesie und Beredsamkeit seit der Ende des dreizehnten Jahrhunderts* que abarcaría doce tomos publicados entre 1801 y 1819 (Valcárcel Rivera y Navarro Pastor, 2002: XIX). El tercer tomo estaba dedicado a la literatura española y sería el que tendría mayor difusión, lo cual atestigua el interés que despertó la cultura hispánica durante las décadas circundantes a las guerras napoleónicas. Fue trasladado a diversos idiomas a lo largo del primer tercio del siglo xix, con versiones francesa e inglesa (para esta última, la traductora decidió editarlo en conjunto con el tomo dedicado a la literatura portuguesa).[14] Incluso conoció una traducción al español, a

---

12 «Casi todos los poetas [españoles] se han dedicado a estos géneros, si bien en muy distintos grados de genio y habilidad. En particular, han escrito infinidad de romances, una de las formas métricas más antiguas que poseen».

13 Por diversos motivos, el tratamiento que los historiadores de la literatura hacen de la Edad Media es de los más reveladores del cambio de sensibilidad histórica y estética que se operó en el paso del siglo xviii y xix. Recientemente propuse un estudio más extenso sobre el acercamiento a la Edad Media por parte de Dieze, Bouterwek y Schlegel en Calzada Borrallo (2022).

14 Véase en este mismo volumen el trabajo del prof. Pérez Isasi sobre la pertinencia de una historia entrelazada de las literaturas ibéricas.

cargo de José Gómez de la Cortina y Nicolás Hugalde y Mollinedo, que contaría con nutridas anotaciones por parte de los traductores pero que por desgracia quedó incompleta: solo salió a la luz la traducción del primer libro, dedicado a la poesía de los siglos XIII a XV.

El planteamiento de Bouterwek es a un mismo tiempo nacional y supranacional, lo cual se refleja en la propia organización: a cada país le reserva uno o más tomos propios en los que desarrollar su particular historia literaria, otorgándoles *de facto* autonomía, pero al mismo tiempo se presentan como paralelas unas a otras, y se secuencian los volúmenes siguiendo el orden supuesto según el cual cada nación habría alcanzado su punto álgido en la excelencia literaria, persiguiendo una suerte de *traslatio studii*.[15] Como ha señalado Cabo Aseguinolaza, esta perspectiva comparatista es fundamental para comprender cabalmente el análisis que hace de la literatura española, que se concibe dentro de un marco europeo (2004: 355). No es, desde luego, inocente que Bouterwek reserve los últimos dos tomos a la literatura alemana, a la que, como otros pensadores germanos de la época, auguraba un papel culminador de la literatura occidental en el futuro cercano: «Und wer kann die Geschichte des deutschen Geschmacks in irgend einer Kunst erzählen, wenn er nicht den Geschmack von halb Europa als bekannt voraussetzt?»[16] (1801: VII).

Por otro lado, Bouterwek procura seguir una perspectiva filosófico-crítica en oposición a filológico-bibliográfica, es decir, no solo señala y

---

15 Tal y como él mismo explica en el prólogo a la colección: «Verführerisch in der Fortsetzung dieser Geschichte wäre der Versuch einer synchronistischen Bearbeitung der Fortschritte des ästhetischen Geistes und Geschmacks in den verschiedenen Sprachen des neueren Europa. Aber natürlicher und nicht weniger lehrreich ist es doch wohl, die Geschichte der schönen Litteratur jeder Nation, die hier Betracht kommt, ununterbrochen bis zu Ende zu erzählen. Dahin und zum natürlichen Uebergang von einer Litteratur zur andern führt von selbst auch der Weg, den die ästhetische Cultur im neueren Europa nahm». (Hubiera sido tentador, a la hora de organizar esta historia, presentar en sincronía los progresos del espíritu y el gusto estéticos en las distintas lenguas de la Europa moderna. Pero es más natural, y no menos instructivo, contar de forma ininterrumpida y hasta el final la historia de las bellas letras en cada una de las naciones que aquí se trata. De esta forma, y siguiendo la natural transición de una literatura a otra, se recorre el camino que tomó la cultura estética en Europa) (1801: VI).

16 «¿Y quién podría explicar de forma alguna la historia del gusto alemán sin dar por consabido el gusto de media Europa?».

documenta el cambio literario, sino que intenta explicarlo desde un prisma historicista.[17] Este acercamiento metodológico, a partir del cual enlaza la historia, el carácter nacional y la exégesis literaria, fue una de las razones por las que la obra de Bouterwek destacó de sus predecesoras. Pero, además, su trabajo tiene el mérito notable de ser uno de los primeros en modular la historia de la literatura a través de un discurso plenamente narrativo, formato que se convertiría rápidamente en el predominante del género historiográfico.[18] La elección del género narrativo, como teorizó por extenso Hayden White, no es meramente una preferencia estética, sino que por sí misma es capaz de dar a los datos presentados en el texto una significación epistémica y moral implícita según las distintas estrategias por las que opta el historiador a la hora de construir el relato (White, 1973: IX-X).

En el caso de la historia literaria española podemos hablar no solo de un discurso narrativo, sino incluso de un tono profundamente novelesco que queda marcado desde las primeras páginas de la introducción, como ya advirtió Ríos-Font (2005: 132). En ellas Bouterwek se remonta a la época islámica de la península ibérica, y construye una atmósfera de romances y aventuras, trasvases culturales y choques bélicos. De esta forma, Bouterwek subraya una de las características principales del pueblo español: que él mismo es inherentemente poético y, colectivamente, creador de

---

17 Su traductora al inglés, Thomasina Ross, capta agudamente el mérito de la obra de Bouterwek: «He has not confined himself to a mere narrative of the progress and an exemplification of the beauties and deformities of the literature of which he is the historian. –The philosophic spirit which pervades his criticism was not to be circumscribed within such narrow bounds. He seeks in the structure of society, the habits of the people, and the influence of events, for the causes of the intellectual phenomena he has to describe; and he examines with great candour and impartiality the effects of mis-government and arbitrary institutions on poetic genius and literary taste» (1823: 8-9).

18 Esto implica, como indicó Romero Tobar, que el texto presenta «la estructura de un *relato* trenzado a partir de los componentes imprescindibles en toda secuencia de índole narrativa en la que no debe faltar un principio originario y una conclusión satisfactoria, un héroe protagonista y una red de dificultades antagonistas, un progreso del héroe a través de conflictos y una sinuosa forma de sortearlos con caídas y recuperaciones y unas formas de relación, en fin, con otros seres y otros personajes. Donde he dicho "héroe", léase "literatura nacional", y donde he hablado de "seres o personajes", entiéndase "otras literaturas"» (1999: 32). En el caso de Bouterwek, podríamos insistir que el héroe de su historia no es tanto la literatura española, sino el gusto *nacional,* en el sentido más estrictamente herderiano del término.

materia poética, incluso cuando el lenguaje y la elocuencia no están, a juicio del alemán, a la altura. Siguiendo las teorías herderianas, Bouterwek adelanta un segundo presupuesto a partir del cual leerá la tradición literaria española, a saber, que el carácter español (y aun portugués) cristaliza en esta época de tensiones y convivencia, y se define por su orientalismo y su capacidad sincrética, dos elementos sobre los que descansa la ambigua posición de España en el imaginario romántico europeo.[19] Por supuesto, si un elemento representativo del carácter español es la penetración por la otredad islámica, no lo será menos el catolicismo exacerbado. En la *Geschichte der spanischen Poesie und Beredsamkeit,* los inicios de la historia literaria española son la historia de la Reconquista y, paralelamente, de la expansión total del castellano. Al contrario que Dieze, quien se enorgullecía de las afanosas notas que adjuntó al resto de literaturas peninsulares, incluida la árabe, Bourterwek identifica unívocamente literatura en castellano con literatura española, de la misma forma que ya lo había hecho implícitamente Velázquez de Velasco. Como indicó Pérez Isasi, Bouterwek privilegia la lengua como parámetro para definir la literatura nacional, criterio que sería habitual a lo largo del siglo (2013*b*: 172).[20]

Por supuesto, esta conceptualización de la literatura española remite una vez más a Herder y su concepto del *Volksgeist,* que está íntimamente unido a la expresión lingüística. Pero Bouterwek distingue marcadamente entre la literatura española y la literatura propiamente nacional, y propone la segunda como la auténtica protagonista de su relato. Es por ello por lo que el libro que dedica a la Edad Media se estructura en torno a los romances. Frente a la literatura culta, que para el alemán no está a la par de los autores italianos, los romances se caracterizan por reflejar transparente-

---

19 Esto conecta directamente con la importancia que a partir de Herder se daría a las Cruzadas en el origen de las literaturas europeas y la conformación del espíritu cristiano o romántico en oposición al espíritu clásico grecolatino. España, con su particular «cruzada» interna se convierte en un ejemplo singular y paradigmático del orden nacional-romántico (Domínguez, 2001: 274-276).

20 Marcar los límites de lo «nacional» es una pregunta de orden metodológico ineludible en la elaboración de una historia literaria nacional. Hay varios criterios que pueden adoptarse en conjunto o solitario: cronológico, territorial, lingüístico… y que nos llevarán a corpus y sentidos de nación muy diversos. En el siglo XIX, centuria en la que se institucionaliza la idea de literatura nacional, podemos observar una gran inestabilidad en lo que se consideró «literatura española». Véase Pérez Isasi (2013*b*).

mente el carácter caballeresco y el gusto poético de los españoles, y tenían una dimensión comunal y cohesiva. Bouterwek pone sistemáticamente el foco de atención en los espectadores y receptores de las composiciones, porque serían ellos la auténtica fuerza motriz de la literatura en España. De la misma manera que el pueblo da materia y mantiene vivos los romances, es quien con su aplauso o su desprecio dirige el drama en España:

> Dem Nationalgeiste allein verdankt die spanische Poesie ihren höchsten Flor. Darum blieb, auch nachdem in der lyrischen und epischen Poesie der Spanier längst die italienischen Formen herrschend geworden waren, das spanische Schauspiel durchaus national [...] Die ganze Geschichte des spanischen Theater beweist diese herrschaft des Publicums über die dramatischen Dichter in Spanien; und der eigne Geschmack dieser Dichter war durch den poetischen Gemeingeist der Nation so präformirt, daß sie gern, wie Lope de Vega, dem Strome folgten, auch wenn sie, wie dieser recht gut wußten, was die reine Theorie verlangte.[21] (Bouterwek, 1804: 155-156)

Si los romances y las comedias son los pilares del gusto nacional, la *Geschichte der spanischen Poesie und Beredsamkeit* narra los envites que sufrieron por parte de las influencias extranjeras, ya fuera con la apertura a Italia en el siglo XVI o el afrancesamiento del XVIII.[22] En este último caso, Bouterwek aprovecha para mostrar su oposición frontal al neoclasicismo francés, o al menos a su vertiente crítica (Hart, 1953: 355). Por ejemplo, desprecia las valoraciones negativas que se hicieron en el Setecientos a Calderón —a quien, siguiendo el gusto alemán, consideraba el punto álgido del teatro nacional— aduciendo que semejante consideración solo se les podría haber ocurrido a los hombres del siglo XVIII, enajenados de su propia poesía por la vara de medir del clasicismo francés (1804: 159). Y aunque

---

21 «Solo al espíritu nacional debe la poesía española sus más bellas flores. Gracias a él permaneció la comedia española enteramente nacional cuando las formas italianas habían triunfado en la lírica y la épica española largo ha [...] Toda la historia del teatro español muestra este dominio del público sobre sus dramaturgos; y estaba de tal forma conformado el propio gusto de estos poetas al espíritu poético popular de la nación que, como Lope de Vega, gustosamente seguían la corriente aun cuando conocían bien lo que exigía la teoría».

22 Aunque Bouterwek señala como causas principales de los defectos en la literatura hispánica las influencias extranjerizantes, el culteranismo se presenta como la excepción notable, pues, aunque pueda rastrearse hasta Marino, siendo este napolitano, es decir, súbdito de la monarquía hispánica y educado entre españoles, su estilo debía considerarse en última instancia español (Bouterwek, 1804: 429).

reconoce que la moda francesa no fue la culpable de la decadencia en otras producciones intelectuales, sí fue una influencia fatal en la literatura: «Vom Nationalbeifall gestützt, hatte die spanische Poesie glorreich geblüht. Sie war verschwunden, als die neuen Geschmacksrichter, die nach fremden Grundsätzen vornehm thathen, ungestraft das Publicums als einen unwissenden Haufen zurecht weisen durften»[23] (1804: 582).

Tras un brevísimo recorrido por las vicisitudes de la poesía española dieciochesca, Bouterwek cierra su historia con una tibia esperanza de que España pueda recuperar su vitalidad poética en el futuro. Varios autores han señalado que este final de tono trágico y futuro incierto, junto con la exaltación de la singularidad literaria española sirven, en última instancia, para reforzar la posición de marginalidad que España ocuparía en el campo literario de la Europa moderna (Cabo Aseguinolaza, 2004: 362-363; Ríos-Font, 2005: 134). Sin embargo, esto no reduce la importancia estratégica que tenía la revalorización de España desde una posición de miseria literaria hacia el estatus de literatura nacional paradigmática. El enajenamiento de España del resto de Europa, como defiende Comellas, se cargó de connotaciones positivas, por un lado, porque, desde una periferia compartida entre germanos y españoles, se buscó una fraternidad que se postulase contra el monopolio que durante el siglo XVIII había ejercido Francia sobre la cultura.[24] Por otro lado, cada vez se insistiría más desde Alemania en el potencial creativo del pasado medieval español que, lejos de quedar reducido a un episodio fósil aunque pintoresco, se consideraría un instrumento fundamental para renovar y animar la poesía moderna tras el estancamiento dieciochesco (Comellas, 2022: 20).

Pese a sus desavenencias personales, los escritos de Bouterwek muestran una gran afinidad con las ideas de los hermanos Schlegel, actores fundamentales en la definitiva romantización de España (Hart, 1953: 354).

---

23 «La poesía española floreció cuajada de glorias mientras estuvo sustentada por la admiración nacional. Se desvaneció en el momento en el que los nuevos árbitros del gusto, que actuaron altivamente según principios foráneos, se permitieron tratar al público de "ignorante vulgo"».

24 Los vínculos espirituales, históricos y afectivos entre España y Alemania que Bouterwek, Schlegel y Wolf entre otros establecieron en sus escritos constituían una estrategia de *self-othering* o 'devenir otro del yo' dentro de la creación de la identidad nacional, no disimilar a la que el mismo Schlegel promovería entre Alemania y la India (véase Germana, 2010).

Solo un año antes de que Bouterwek publicara su volumen sobre la historia de España, August Wilhelm Schlegel sacó a luz en Berlín un libro titulado *Spanisches Theater* en el que traducía cuatro obras de Calderón y que acompañó de un artículo, «Über das spanische Theater», que adelantaba varias ideas de sus *Vorlesungen über dramatische Kunst und Literatur* (1809-1811)[25] (Hoffmeister, 1980: 178-179). Se puede considerar que este y otros trabajos de Schlegel serían los que tuvieron mayor importancia y difusión en lo que respecta a la relectura romántica de la literatura hispánica y particularmente en el redescubrimiento de Calderón. Sin embargo, aquí interesa particularmente la contribución del hermano menor, que incluso si tendía a deferir al criterio estético de August Wilhelm, fue quien se preocupó en construir un sistema para la historia de la literatura europea, concediendo a España lo que podría considerarse un lugar destacado.

El *Gespräch über die Poesie* (1800), donde ya ensaya una breve historia de la literatura occidental («Épocas cumbres de la literatura»), permite ver su interés por el *Quijote,* la primera lectura española que dejaría su impronta en el joven Schlegel. A lo largo de los años iría ampliando sus lecturas hispánicas y, siguiendo frecuentemente la estela de su hermano, aprendería el idioma y comenzaría a estudiar el teatro y romancero. En los escritos fragmentarios de su juventud aparecen diversas reflexiones dedicadas a la literatura y el carácter español,[26] y ya se apuntan sus ideas cardinales: el espíritu católico, el sincretismo, una poesía de naturaleza romántica y muy cercana al pueblo, la musicalidad de su expresión... Pero es en las *Vorlesungen über Universalgeschichte* que impartió entre 1805 y 1806 en Colonia donde por primera vez Schlegel, como Bouterwek, recrea y se recrea en la imagen de una España que surge y queda fijada en el Medioevo.[27] Si en

25 Este texto, basado en las conferencias que dio en Viena en 1808, tuvo una amplia y complicada recepción en España a partir de la particular traducción que ofreció Böhl de Faber en el *Mercurio gaditano* en 1814, desatando la célebre «querella calderoniana» con José Joaquín de Mora. Véase Tully (2010) y Pérez Magallón (2010). A. W. Schlegel tuvo además una significativa influencia indirecta vía el círculo de Coppet en torno a Mme. de Staël, en el cual participaría Sismondi.

26 La preocupación por España estuvo especialmente presente en sus *Literary Notebooks,* apuntes que redactó entre 1797 y 1801 y que permanecieron inéditos hasta la edición de Hans Eichner en 1954 (Juretschke, 1983: 124).

27 Sería una imagen que permanecería en Schlegel a lo largo de las décadas. En 1827, en la *Philosophie der Geschichte* (en la que subraya, entre otras cosas, la intolerancia

Europa las Cruzadas fueron ocasión de contacto y osmosis entre la cultura germánica y la oriental, la historia de la Península ofrecía un caso particular con casi siete siglos de convivencia y conflicto que permitieron, a ojos de los románticos, una intensa asimilación de la fantasía y el colorido árabe, al tiempo que exacerban el sentimiento católico. En definitiva, las características fundamentales de la literatura española serían por un lado la síntesis, es decir, la capacidad de integrar o componer opuestos en una unidad, y por otro, la perfecta correlación entre la poesía y la vida material de los españoles. Esta caracterización de la literatura hispánica sin duda quedaba muy cerca del proyecto romántico que defendía Schlegel en el *Gespräch über die Poesie:*

> La poesía romántica es una poesía universal progresiva. Su naturaleza no consiste sólo en unificar todos los géneros separados de la poesía y poner en contacto la poesía con la filosofía y la retórica. Pretende y debe mezclar y fundir poesía y prosa, genialidad y crítica, poesía artística y poesía natural; por una parte, debe hacer más viva y social la poesía, y por otra la vida y sociedad más poéticas; debe hacer poético el ingenio, llenar y saturar las formas artísticas de genuinos motivos cultos de la más diversa especie, animándolo con las oscilaciones del humor. (1983: 130)

Más interesante, en relación con el estudio de la historiografía literaria, es la presencia de la literatura española dentro de la *Geschichte der alten und neuen Literatur,* texto basado en unas lecciones pronunciadas en Viena en 1812.[28] En este ambicioso ensayo, Friedrich Schlegel presenta la historia

---

religiosa española), insiste: «En ninguna otra nación se ha mantenido y perpetuado el espíritu y carácter de la Edad Media en sus más nobles y bellas cualidades por más largo tiempo que en la cultura espiritual e incluso en las obras de fantasía y de la poesía de los españoles. No es casual sino característica e históricamente digno de notar que la poesía peculiar de la Edad Media haya alcanzado aquí su último y más florido desarrollo y su más alta perfección» (Schlegel, 1983: 936). La esencia medieval de España, lugar común muy extendido en la época e indisociable del filtro pintoresco y romántico a través del que se veía la península ibérica en la Europa decimonónica, de nuevo viene a mostrar la ambivalencia de la fascinación europea por España, a la que se celebra por las mismas razones que motivan su expulsión simbólica hacia los márgenes de la modernidad (Andreu Miralles, 2016: 88).

28 Estas lecciones conocieron una traducción al español preparada por José Petit de Córdova a partir de una traducción francesa y publicada entre 1843 y 1844. La versión en español tendría un impacto notable en intelectuales de la talla de Manuel Milá y Fontanals (Juretschke, 1973: 28).

de la literatura occidental, en la que analiza e integra en un único recorrido los grandes momentos de distintas literaturas antiguas y modernas. Caracteriza así el sustrato en el que debe echar raíces una nueva época poética. Esto explica que descarte el uso de una cronología enteramente rigurosa, pues en su empeño de desentrañar la evolución orgánica del espíritu romántico, da más valor a desvelar las afinidades entre literaturas y resaltar los momentos en que se vuelven relevantes para el desarrollo del conjunto. Así, por ejemplo, no trata la cultura antigua oriental, en la que incluye la literatura de la India, hasta el momento en que debe dar cuenta de la entrada del cristianismo y sus orígenes semíticos en el continente europeo.

Una de las grandes protagonistas de este texto fue, naturalmente, la Edad Media, época de plenitud de fantasía creadora para los pueblos de Europa. Schlegel argumenta, siguiendo a Herder, que en estos siglos se forma el carácter y la imaginación de las naciones europeas modernas, y se crea un acervo cultural que sirve de material sobre el que modelar posteriormente una literatura nacional más refinada. Sin él, la literatura de una nación «no alcanzará jamás un contenido y un carácter nacionales, ni llegará a respirar un hálito vital propio» (1983: 654). En este sentido, es ejemplar el *Poema de mio Cid,* que el alemán describió como el «poema heroico-histórico [...] más valioso para una nación que bibliotecas enteras llenas de obras espirituales producto del mero ingenio y carentes de contenido nacional» (1983: 688). Afirma, además, que el *Cid*, así como los romances, apelaban al gusto tanto del pueblo como de los eruditos, y si bien la supuesta afición de los eruditos a los romances es cuestionable (Comellas, 2021: 262), aquí se percibe el interés del alemán ante la posibilidad de una literatura que funcione como instrumento de cohesión social y nacional. Un interés que cobra significancia en el contexto de la oleada de patriotismo que inspiraron las guerras napoleónicas en el resto de naciones europeas, y que favorecieron las simpatías hacia la península ibérica. Así, Schlegel coloca a España a la cabeza de las literaturas europeas consideradas según el «carácter nacional de la misma y su adecuación al bienestar y espíritu nacionales» (1983: 742). Se volverá una observación recurrente cada vez que trate de la literatura española señalar esta conexión directa entre su poesía y su historia política y social.

Por ello, como ya hizo en textos previos, recuerda el crisol de culturas que fue España en el Medievo y cómo esto posibilitó que su poesía asimilara orgánicamente las distintas influencias que tuvo a su disposición.[29] Cuando presenta a Cervantes, indica que uno de los aspectos más geniales del *Quijote* es «ser un cuadro vivo y épico de la vida y del carácter peculiares españoles» (1983: 750), lo cual solo fue posible porque «[l]a vida real en España era entonces más caballeresca y romántica que en cualquier otro país de Europa. Incluso la falta de un orden político más perfecto y la vida más libre y rústica de las provincias pudieron ser más favorables para la poesía» (1983: 753). La poesía dramática es otro de los ejemplos principales que ofrece Schlegel: «la escena en Madrid [era] espejo viviente de la vida nacional» (1983: 757). Y para el alemán es Calderón, hijo de la España tridentina, el dramaturgo por excelencia, último gran poeta de la nación española. Calderón se distingue de otros autores porque es quien mejor cristaliza el acendrado sentir católico que se encuentra en el núcleo de la identidad española. Es Calderón, con su dominio de la alegoría y su espiritualidad cristiana, quien, para Schlegel, mejor supo explotar el potencial del cristianismo como base de la nueva mitología que debía sustituir una mitología grecolatina que se había vuelto retórica estéril para la Europa moderna. La obra de Calderón pertenece a «una consciente y sapiente poesía de lo invisible, vislumbradora de sentidos ocultos», integrando «la austera simbología de los misterios y la mitología propiamente tal o la nueva y sensible poesía heroica» (1983: 764-765). Esta capacidad de agregación, así como su facilidad para convertir cada elemento en símbolo, convierten al dramaturgo en máximo exponente de la poesía romántica.

Pese a la valoración en principio positiva que Schlegel hace de la literatura española, insiste en que no sería posible trasplantar las formas españolas a otras tradiciones europeas. No es posible imitar a Cervantes o Calderón fuera de su espacio y de su tiempo. Sin embargo, esto no significa que la literatura de España quede completamente aislada de Europa. En las últimas lecciones de su historia, Schlegel se preocupa de la evolución de la literatura germana en la última centuria y propone como misión para Alemania reunificar los grandes logros espirituales de las literaturas modernas

29 Por ejemplo, al cerrar el capítulo de la Edad Media concluye: «Así el jardín de la poesía española, sobre suelo castellano, gracias a la inventiva portuguesa y adornado con flores provenzales y la viveza cromática árabe, floreció cada vez más rico y magnífico» (Schlegel, 1983: 741).

y así ofrecer un nuevo máximo relativo en la historia de la literatura occidental:

> el portador común de la cultura intelectual de estas cuatro naciones de origen románico [Italia, Francia, España, Inglaterra] lo constituye el espíritu alemán, al cual, lo mismo que un día aportó la raíz germánica a todo el desarrollo de la nueva vida cristiana y lo mismo que fue él quien originó la ruptura intelectual de Europa, queda reservado el colocar la última piedra del conjunto; y así como un día se originó en él la división, también ahora se extenderá desde él la luz a todas las naciones. (1983: 888-889)

No solo debe Alemania adoptar «el poderoso sentimiento nacional y la poesía viva de los españoles» (1983: 889), sino que la historia de España ofrece un importante precedente de sincretismo y asimilación para el proyecto que Schlegel reserva a su literatura. En ese contradictorio pulso entre admiración y extrañamiento desde el que observa la literatura española, no cabe duda de que su lectura de España se hacía a través las inquietudes que Schlegel tenía sobre la cultura de su propia nación.

Vistos estos tres autores en conjunto, se puede observar que desde los mismos inicios del hispanismo alemán, la literatura española ha estado estrechamente ligada a su configuración histórica. En Gotinga, centro señero para los primeros estudiosos de nuestra literatura, surgieron dos textos seminales que adoptarían el formato historiográfico. El trabajo biobibliográfico de Dieze, guía certera para los hispanistas de la segunda mitad del XVIII y aun comienzos del XIX, se inserta en un texto del que se destaca su estudio de la historia literaria. Y aunque los esfuerzos de Velázquez de Velasco acusaban una concepción preceptista de la evolución literaria que pronto quedaría caduca, los comentarios de Dieze ya incluyen una tímida muestra del relativismo cultural e histórico que poco después postularía Herder. Dieze no solo defiende el relativismo lingüístico, sino que desdice la jerarquía temporal que Velázquez se había afanado por construir en su texto. Frente a la narración de una evolución progresiva, el traductor alemán resalta la continuidad en la naturaleza y el carácter de la poesía hispánica, celebrando la presencia de sus formas y estilos más identitarios en los poemas más antiguos.

La segunda obra historiográfica gestada en Gotinga, y que ya abraza por completo las tesis herderianas, es la historia de Bouterwek. Al plantear un enfoque nacional y un marco plenamente narrativo, avanzó cualitativamente la historiografía literaria española y condicionaría muchas de las historias de la literatura española posteriores, ya fuera como influencia, ya como reactivo. Bouterwek aplica sistemáticamente un nuevo criterio para analizar las manifestaciones artísticas del pasado, cuyo valor se pondera según su adecuación a su tiempo y a su público. Como se puede apreciar en su trabajo, los resultados fueron particularmente favorecedores para la literatura española. Su mirada crítica, que no deja de ser idealizante y teñida de las expectativas propias de su época, recrea una imagen mucho más viva y rica del pasado español, y en su relato el sentido de cambio y progreso desaparece para dar paso a la aventura del devenir de una misma identidad reconocible a través de los siglos, convirtiéndose en un caso paradigmático de literatura nacional.

Si en Dieze se aprecia, por contraste con Velázquez, un tímido inicio de la renovación en la mirada histórica, y en Bouterwek aparece declaradamente en su estructura narrativa, en las tesis de Schlegel se percibe una intensificación de esta nueva mirada. Como en Bouterwek, en los textos de Schlegel queda patente el profundo impacto que tuvo el cambio en la imaginación histórica en la sensibilidad estética. La disolución de los criterios neoclásicos de belleza, basados en un ideal atemporal y universal según el modelo griego, permitió la radical revalorización de literaturas que habían quedado tradicionalmente fuera de los cánones. Pero Schlegel va un paso más allá y analiza el pasado literario español desde una perspectiva proyectiva, con la futura revolución poética en el horizonte. Se sirve del ejemplo de la literatura española, para teorizar sobre la poesía trascendental romántica, lo cual es posible precisamente porque se ha anulado la distancia temporal entre presente y pasado.

En definitiva, estas calas nos permiten observar que entre los hispanistas alemanes se produjo un sostenido desarrollo de la visión historiográfica, y cómo esas nuevas formas de acercarse, interpretar y construir el pasado literario y nacional están estrechamente vinculadas al nacimiento de una nueva estética y a la reivindicación de la literatura española dentro del sistema europeo. Al enfatizar hasta el extremo la relación de la poesía con la vida espiritual y material de los españoles, en última instancia consiguieron hacer a la literatura española plenamente dependiente de la historia política, social y religiosa de su nación, en un grado mayor que ninguna otra literatura europea. O, equivalentemente, convirtieron las historias literarias en el espacio natural en el que pensar la literatura española.

Bibliografía

Álvarez Barrientos, Joaquín (2010), «Martín Sarmiento (1695-1772) y Luis José Velázquez (1722-1772) en los orígenes de la historia literaria española», en Victoriano Gaviño Rodríguez y Fernando Durán López (eds.), *Gramática, canon e historia literaria (1750 y 1850),* Madrid, Visor Libros, pp. 11-48.

Andreu Miralles, Xavier (2016), *El descubrimiento de España. Mito romántico e identidad cultural,* Barcelona, Taurus.

Aradra Sánchez, Rosa María (2021), «Las polémicas literarias en el siglo xviii: ¿un género historiográfico?», *Dieciocho,* Anejo 8, pp. 27-60.

Baasner, Frank (1995), *Literaturgeschichtsschreibung in Spain von den Anfängen bis 1868,* Fráncfort del Meno, Vittorio Klostermann (Analecta Romanica, 55).

Behler, Ernst (1993), *German Romantic Literary Theory,* Cambridge, Cambridge University Press.

Benavent Montoliu, Jorge Fernando (1998), «Gregorio Mayans y el hispanismo alemán en el siglo xviii», *Saitabi,* 48, pp. 27-50.

Benavent Montoliu, Jorge Fernando (2001), «Gregorio Mayans y la universidad de Göttingen: la compleja historia de una curiosa relación», *Estudio,* 27, pp. 199-228.

Benne, Christian (2019), «Arte de la organización. Acerca de la filología de la "masa" en *Sobre el Meister de Goethe* de Friedrich Schlegel», Maximiliano Gonnet (trad.), en Naím Garnica (comp.), *La actualidad del primer romanticismo alemán,* Catamarca, Editorial Científica Universitaria de la Universidad Nacional de Catamarca, pp. 409-449.

Berchem, Theo (1997), «Diezes Versuch einer Gesamtschau der spanischen Geschichte und Kultur», en Hans Juretschke (ed.), *Zum Spanienbild der Deutschen in der Zeit der Aufklärung,* Münster, Aschendorff, pp. 187-206.

Bertrand, Jean Jacques Achille (1922), «Figures d'hispanologues», *Bulletin Hispanique,* 24, 4, pp. 343-360.

Bouterwek, Friedrich (1801), *Geschichte der Poesie spanischen und Beredsamkeit seit dem Ende des dreizehnten Jahrhunderts. Erster Band,* Gotinga, Johann Friedrich Röwer.

Bouterwek, Friedrich (1804), *Geschichte der Poesie spanischen und Beredsamkeit seit dem Ende des dreizehnten Jahrhunderts. Dritter Band,* Gotinga, Johann Friedrich Röwer.

Bouterwek, Friedrich (2002), *Historia de la Literatura,* José Gómez de la Cortina y Nicolás Hugalde Mollinero (trads.), Carmen Valcárcel Rivera y Santiago Navarro Pastor (eds.), Madrid, Verbum.

Butenschön, Johann Friedrich (1789), «Versuch über die spanische schöne Literatur», en Miguel de Cervantes Saavedra, *Leiden zweyer edlen,* Heidelberg, bei Friedrich Ludwig Pfähler.

Cabo Aseguinolaza, Fernando (2004), «Cosmopolitismo e idiosincrasia: la historia de la literatura española en el contexto del comparatismo decimonónico», *Bulletin Hispanique,* 106, 1, pp. 351-373.

Cabo Aseguinolaza, Fernando (2010), «The European horizon of Peninsular literary historiographical discourses», en Fernando Cabo Aseguinolaza, Anxo Abuín González y César Domínguez (eds.), *A comparative History of Literatures in the Iberian Peninsula,* Ámsterdam / Filadelfia, John Benjamins Publishing Company, pp. 1-52.

Calinescu, Matei (1987), *Five Faces of Modernity: Modernism, Avant-Garde, Decadence, Kitsch, Postmodernism,* Durham, Duke University Press.

Calzada Borrallo, Carmen (2022), «La recuperación de la literatura medieval española desde Alemania: Dieze, Bouterwek y Friedrich Schlegel», en Mercedes Comellas (coord.), *La invención romántica de la Edad Media. Representaciones del Medievo en el siglo xix,* Sevilla, Editorial Universidad de Sevilla, pp. 47- 84.

Campa Gutiérrez, Mariano de la (2019*a*), «La Edad Media desde la primera mitad del siglo xviii. Los orígenes de la erudición moderna», en Jesús Cañas Murillo y José Roso Díaz (eds.), *En los inicios ilustrados de la historiografía literaria española: miradas sobre la Edad Media y el Siglo de Oro (1700-1833),* San Millán de la Cogolla, Cilengua, pp. 3-25.

Campa Gutiérrez, Mariano de la (2019*b*), «Luis José Velázquez (1722-1772), un ilustrado en la república de las letras», *Dieciocho,* Anejo 5, pp. 81-103.

Checa Beltrán, José (1994), «El debate literario español en el prólogo del Romanticismo (1782-1807)», *Revista de Literatura,* LVI, 112, pp. 391-416.

Checa Beltrán, José (2019), «Canon, política y redes en la historiografía literaria del siglo xviii español», en Jesús Cañas Murillo y José Roso Díaz (eds.), *En los inicios ilustrados de la historiografía literaria española: miradas sobre la Edad Media y el Siglo de Oro (1700-1833),* San Millán de la Cogolla, Cilengua, pp. 67-87.

Chrostowska, S. D. (2021), «Progress: From Literature to History», *Common Knowledge,* 27, 2, pp. 262-279.

Comellas, Mercedes (2018), «El *Cancionero de Baena,* perdido y hallado: breve noticia sobre el paradero del códice entre 1820 y 1824», en Antonio Chas Aguión (ed.), *Escrituras y reescrituras en el entorno literario del «Cancionero de Baena»,* Berlín, Peter Lang, pp. 183-214.

Comellas, Mercedes (2021), «La "escuela propiamente española": la polémica sobre el lenguaje poético y la idea de nación», *Dieciocho,* Anejo 8, pp. 247-280.

Comellas, Mercedes (2022), «La invención romántica de la Edad Media, o los orígenes medievales del Romanticismo», en Mercedes Comellas (coord.), *La invención romántica de la Edad Media. Representaciones del Medievo en el siglo* xix, Sevilla, Editorial Universidad de Sevilla, pp. 11-46.

Dieze, Johann Andreas (trad.), Velázquez de Velasco, Luis José, (1769), *Geschichte der spanischen Dichtkunst; aus dem spanischen übersetzt und mit Anmerkungen erläutert,* Gotinga, Victoriuus Bossiegel.

Domínguez, César (2001), «Las cruzadas en la fundación del Comparatismo. Algunas nociones de geografía literaria y periodología comparadas», *Boletín de la Sociedad Castellonense de Cultura,* LXXVII, pp. 253-314.

Dupré, Louis (2013), *The Quest of the Absolute: Birth and Decline of European Romanticism,* Notre Dame, Indiana, University of Notre Dame Press.

Eck, Reimer (1997), «Entstehung und Umfang der spanischen Büchersammlung der Universitätsbibliothek Göttingen in 18. Jahrhundert», en Hans Juretschke (ed.), *Zum Spanienbild der Deutschen in der Zeit der Aufklärung,* Münster, Aschendorff, pp. 87-132.

Even-Zohar, Itamar (2002), «Literature as goods, literature as tools», *Neohelicon,* XXIX, 1, pp. 75-83.

Fanger, D. L (1962), «Romanticism and Comparative Literature», *Comparative Literature,* 14, 2, pp. 153-166.

Germana, Nicholas (2010), «Self-Othering in German Orientalism: The Case of Friedrich Schlegel», *The Comparatist,* 34, pp. 80-94.

Grande Quejigo, Francisco Javier (2019), «Cuatro miradas dieciochescas a la poesía medieval castellana», en Jesús Cañas Murillo y José Roso Díaz (eds.), *En los inicios ilustrados de la historiografía literaria española: miradas sobre la Edad Media y el Siglo de Oro (1700-1833),* San Millán de la Cogolla, Cilengua, pp. 111-134.

Hallam, Henry (1839), *Introduction to the Literature of Europe in the Fifteenth, Sixteenth and Seventeenth Centuries,* París, Baudry's European Library.

Hart, Thomas R (1953), «Friedrich Bouterwek, a Pioneer Historian of Spanish Literature», *Comparative Literature,* 5, 4, pp. 351-361.

Hatfield, Henry (1964), *Aesthetic Paganism in German Literature. From Winckelmann to the Death of Goethe,* Cambridge, Harvard University Press.

Herder, Johann Gottfried (2007), *Filosofía de la historia para la educación de la humanidad,* Elsa Tabernig (trad.), Sevilla, Espuela de plata.

Hoffmeister, Gerhart (1980), *España y Alemania. Historia y documentación de sus relaciones literarias,* Madrid, Gredos (Biblioteca Románica Hispánica, 302).

Hurd, Richard (1762), *Letters on Chivalry and Romance,* Londres, A. Millar, W. Thurlbourn, and J. Woodyer.

JURETSCHKE, Hans (1973), «Alemania en la obra de Milá y Fontanals», *Boletín de la Real Academia de Buenas Letras de Barcelona,* XXXV, 4, pp. 5-67.

JURETSCHKE, Hans (1983), «Comentario a los Fragmentos. Primera parte, 1797-1801», en Friedrich Schlegel, *Obras Selectas, I,* Hans Juretschke (ed.), Miguel Ángel Vega Cernuda (trad.), Alcalá, Fundación Universitaria Española, pp. 123-125.

LARSON, Paul (1997), «The eighteenth-century origins of Spanish Literary History in Velázquez's *Orígenes de la poesía castellana* and Dieze's *Geschichte der spanischen Dichtkunst*», *Dieciocho,* 20, 2, pp. 183-191.

LEERSSEN, Joep (2004), «Literary historicism: romanticism, philologists, and the presence of the past», *Modern Language Quarterly,* 65, 2, pp. 221-243.

MENDOZA SOLÍS, Emiliano (2011), «La poética de la historia del primer romanticismo alemán», *Devenires,* XII, 23, pp. 35-59.

MENÉNDEZ PELAYO, Marcelino, (2008), *Historia de las ideas estéticas en España. Siglo XVIII.* Enrique Sánchez Reyes (ed.), Alicante, Biblioteca Virtual Miguel de Cervantes. Recuperado de <http://www.cervantesvirtual.com/obra/historia-de-las-ideas-esteticas-en-espana-siglo-xviii--0/> [Última consulta: 15/3/2022].

MEREGALLI, Franco (1988), «De Luis J. Velázquez a Johann A. Dieze», en *Coloquio internacional sobre el teatro español del siglo XVIII,* Abano Terme, Piovan Editore, pp. 303-313.

MESTRE, Antonio (1983), «Difusión de la cultura española en los países germánicos. Mayans y el círculo de Gerardo Meerman», *Revista de Historia Moderna,* 3, pp. 225-260.

NIETO SORIA, José Manuel (2013), «Dos medievos para dos Españas: Gestación y claves interpretativas», en Julián M. Ortega Ortega y Rebeca Sanmartín Bastida (eds.), *Pasados apropiados. El medievalismo español del siglo XIX,* Barcelona, Nausícaä, pp. 15-40.

PÉREZ ISASI, Santiago (2013*a*), «Imágenes de la península ibérica en la historiografía literaria romántica europea», en María Jesús Fernández García y María Luisa Leal (eds.), *Imagologías ibéricas: construyendo la imagen del otro peninsular,* Mérida, Gabinete de Iniciativas Transfronterizas / Gobierno de Extremadura, pp. 181-197.

PÉREZ ISASI, Santiago (2013*b*), «The Limits of "Spanishness" in the Nineteenth-century Spanish Literary History», *Bulletin of Hispanic Studies,* 90, 2, pp. 167-189.

PÉREZ-MAGALLÓN, Jesús (2010), *Calderón: icono cultural e identitario del conservadurismo político,* Madrid, Cátedra.

RÍOS-FONT, Wadda C. (2005), «National Literature in the Protean Nation: The Question of Nineteenth-Century Spanish Literary History», en Brad Epps y Luis Fernández Cifuentes (eds.), *Spain Beyond Spain. Modernity, Literary History, and National Identity,* Lewisburg, Bucknell University Press, pp. 127-147.
ROMERO TOBAR, Leonardo (1999), «Entre 1898 y 1998: la historiografía de la literatura española», *Rilce,* 15, 1, pp. 27-49.
ROSS, Thomasina (1823), «Preface», en Friedrich Bouterwek, *History of Spanish and Portuguese Literature. Translated from the Original German by Thomasina Ross,* Londres, Boosey and Sons.
SAGLIA, Diego (1997), «"The true essence of romanticism": Romantic theories of Spain and the question of Spanish romanticism», *Journal of Iberian and Latin American Studies,* 3, 2, pp. 127-146.
SÁNCHEZ, Tomás Antonio (1782), «Prólogo», en Tomás Antonio Sánchez (ed.), *Colección de poesías castellanas anteriores al siglo XV, III,* Madrid, Antonio de Sancha, pp. I-LVI.
SCHLEGEL, Friedrich (1983), *Obras selectas, I y II,* Hans Juretschke (ed.), Miguel Ángel Vega Cernuda (trad.), Alcalá, Fundación Universitaria Española.
SZONDI, Peter (1992), *Poética y filosofía de la historia I,* Senta Metz y Hans-Hagen Hildebrandt (eds.), Madrid, Visor.
TICKNOR, George (1849), *History of Spanish Literature, III,* Nueva York, Harper and Brothers.
TULLY, Carol T. (2010), «El prodigio de Alemania: Böhl de Faber, Schlegel y España», en Victoriano Gaviño Rodríguez y Fernando Durán López (eds.), *Gramática, canon e historia literaria (1750 y 1850),* Madrid, Visor Libros, pp. 397-419.
URZAINQUI, Inmaculada (2004), «Hacia una teoría de la historia literaria en el siglo XVIII: competencias del historiador», en Leonardo Romero Tobar (ed.), *Historia literaria / Historia de la literatura,* Zaragoza, PUZ, pp. 209-236.
VALCÁRCEL RIVERA, Carmen, y Santiago NAVARRO PASTOR (2002), «Estudio preliminar», en Friedrich Bouterwek, *Historia de la Literatura,* Madrid, Verbum, pp. IX-LIV.
WHITE, Hayden (1973), *Metahistory. The Historical Imagination in Nineteenth-Century Europe,* Baltimore, The Johns Hopkins University Press.

HISTORIA LITERARIA Y RELATOS DE VIAJE A ESPAÑA: NOTAS PARA SU CONSIDERACIÓN COMO GÉNERO HISTORIOGRÁFICO ENTRE LA ILUSTRACIÓN Y EL ROMANTICISMO[1]

Manuel Contreras Jiménez
(Universidad de Sevilla)

Obstáculos y desarrollos de la historia literaria: hacia la revisión de la historiografía literaria

Es nuestro objetivo en estas páginas presentar los relatos de viaje a España como un género en la construcción historiográfica de la literatura española entre la Ilustración y el Romanticismo. Sin embargo, para ello primero es necesario situar nuestro punto de partida en las coordenadas teóricas sobrevenidas tras los múltiples obstáculos que el siglo pasado interpuso a la historia literaria como disciplina, y que permitieron, entre otros desarrollos, el estudio atento de «los procesos de formación del canon» (Aradra Sánchez, 2009).

Después de su eclosión en el siglo XIX hasta convertirse en el método de enseñanza literaria indiscutiblemente hegemónico en Europa (Núñez, 2004), como herramienta fundamental del nacionalismo romántico, imprescindible en la consolidación del Estado-nación burgués y reforzada metodológicamente por un organicismo biologicista,[2] la historia literaria

1 Este capítulo se inscribe en el proyecto *Hacia la institucionalización literaria: polémicas y debates historiográficos (1500-1844)* (SILEM II), del Plan Estatal de I+D+i, RTI2018-095664-B-C22.

2 Para los vínculos entre historia literaria, educación, ideología y política en España, véanse Mainer (1981), Romero Tobar (1998) y Pérez Isasi (2010). Sobre el biologicismo

sufrió en el siglo XX una inquisitiva problematización de su naturaleza epistemológica.[3] De sobra conocidos son los intentos de René Wellek desde los años treinta de orientar la disciplina hacia una perspectiva autónoma del hecho literario, sin negar las evidentes conexiones de este con el conjunto de la cultura y la vida social en que se produce. En sus propias palabras, y utilizando un iluminador binomio historiológico, se trataba de concebir los textos literarios no como *documentos* de una historia política y social, sino como *monumentos,* esto es, como fenómenos que por sí mismos exigen una explicación a propósito de su propia historicidad, no con relación a hechos externos (Wellek, 1983: 17). El propio Wellek ponía fin a esta empresa con un trabajo de 1973 titulado «The Fall of Literary History», en el que reconocía, al menos en el horizonte próximo, el fracaso de su propuesta para una historia literaria —que algunos han denominado «internalista» (Neubauer, 2001: 38)— que fuera capaz de describir, con la imprescindible ayuda del impulso de la crítica, las vetas del cambio literario, la evolución de los paradigmas estéticos que ascienden, decaen, vuelven, se separan o se funden, y expresan una continuidad histórica de valores literarios disociable de la realidad política o social.

Paralelamente a la trayectoria trazada por Wellek desde los presupuestos de la *New Criticism,* al descrédito epistemológico de la historia literaria venían alimentándolo las nuevas corrientes posestructuralistas —a las que el propio Wellek se enfrentó en ocasiones—. La crisis de la historia literaria se ha puesto a veces en relación con el mismo formalismo del que también partían los nuevos críticos. Frank Lentricchia, en *After the New Criticism*

---

aplicado a la disciplina y sus vínculos con el Romanticismo, John Neubauer lo remonta, primero, a la concepción general de la historia de Herder influida por el epigenetismo dieciochesco, y luego apunta al organicismo con que se plasmaba el desarrollo histórico del «alma nacional» ya en los trabajos de los hermanos Schlegel (2007: 346-347). En cualquier caso, los mismos *Orígenes de la poesía castellana* de Luis José de Velázquez (1754) despliegan ya un organicismo de raíz aristotélica en su historización de la poesía castellana, como había hecho Vasari igualmente para la evolución histórica de las artes (Urzainqui, 2007: 654).

3 Es justo reconocer en Benedetto Croce una de las primeras prefiguraciones del escepticismo hacia la forma decimonónica de la historia literaria: «La riforma della storia artistica e letteraria» (en Croce, 1920). Véase Guillén (1989: 211). Aun así, la crítica al modelo de la historia literaria podría hundir sus raíces en el siglo XIX, en autores como Matthew Arnold, Edmond Scherer o Émile Faguet (Perkins, 1991: 2).

(1980: 112-124), relacionaba el descentramiento de la perspectiva histórica en la teoría moderna con la distinción saussureana entre *sincronía* y *diacronía,* y con ello la preferencia de los estructuralistas por los conceptos de *estructura* y *sistema,* en detrimento de los enfoques históricos.[4] Lentricchia (1980: 129-145) entronca lo anterior con los problemas que enfrenta la historia literaria en el siglo XX expuestos por Roland Barthes —en cierta medida discípulo, aunque ecléctico, de Saussure— en un epílogo a *Sur Racine,* «Histoire ou littérature?» (1963), donde el teórico francés formula una de las objeciones más citadas a la posibilidad de concebir historias literarias que estén a la altura de las expectativas epistemológicas generadas por el propio sintagma: «l'œuvre [littéraire] est essentiellement paradoxale, qu'elle est à fois signe d'une histoire, et résistance à cette histoire», puesto que es también «un noyau dur, irréductible, dans la masse indécise des événements, des conditions, des mentalités collectives; voilà pourquoi nous ne disposons jamais d'une histoire de la littérature, mais seulement d'une histoire des littérateurs» (Barthes, 1963: 149).

Michel Foucault contribuyó con sus escritos (como la *Historia de la locura en la época clásica,* 1961, o la *Historia de la sexualidad,* 1976-1984) a la inversión de la preocupación por la «historicidad de los textos» hacia la preocupación por la «textualidad de la historia» en los estudios literarios, como resume el célebre aforismo del neohistoricista Louis Montrose (1989: 20).[5] Es este mismo asunto el que Hayden White había colocado en el centro de su reflexión historiológica (*Metahistoria. La imaginación histórica en el siglo XIX,* 1973), destacando las analogías entre las metodologías narrativas de los historiadores decimonónicos y el discurso literario. Así, se entendió que entre los múltiples efectos del pensamiento posmoderno —desde Barthes a White, pasando por Paul de Man o Derrida—, uno era que la historia literaria se volvía imposible, como sugiere el título de David Perkins, *Is Literary History Posible?* (1992). Un año antes, en un volumen editado por el propio Perkins, John Frow, a la vez que cerraba la

4 Este punto fue cuestionado por Derek Attridge (1989), que proponía una lectura diferente del *Curso de lingüística general* donde el enfoque histórico adquiere importancia a través del interés saussureano en la etimología.

5 Tanto Montrose (1989: 33) como otro neohistoricista, Stephen Greenblatt (1989: 1), son explícitos al reconocer la influencia de los trabajos de Foucault.

puerta a la historia literaria, abría la ventana de las «multiple histories of textuality»:

> It is no longer possible to think in terms of a pregiven field of the literary which would form its proper and unproblematically constituted object; and there is no consensual structure of value which would provide the ground for an assured practice of interpretation. At the same time, however, other possibilities become available: for an opening of the practice of *textual* history to new configurations drawn from the whole domain of writing [...] If the demand for a new literary history is the wrong one, there is still the chance to begin again with the writing of the multiple histories of textuality. (1991: 142)

El nuevo historicismo, a pesar de una deliberada dispersión metodológica, adquiere su unidad precisamente en la interpretación general del hecho literario dentro de una textualidad histórica. Para Stephen Greenblatt (1998), los textos literarios se vuelven cauces por los que transcurre la más amplia «energía social», lo que equivale a estudiarlos como huellas de dinámicas culturales y políticas de mayor calado. Como indica Montrose, dichas huellas constituyen los «"documents" upon which historians ground their own texts, called "histories"» (1989: 20), contraviniendo la conocida postura de Wellek. La historicidad del texto literario no es concebida en términos «internalistas» o inmanentes —no se contempla una historicidad estética propia, surgida de la evolución de los paradigmas y técnicas literarias—, sino que surge del roce con otros eventos y estructuras con los que se establecen continuidades externas, nacientes en los márgenes del texto literario. De esta forma, Greenblatt propone «orientar la mirada no tanto al supuesto centro del dominio literario como a sus bordes, para seguir el rastro de lo que solo puede percibirse en los márgenes del texto» (1998: 36). La literatura explica la historia.

Como se puede deducir del auge de los estudios culturales y otras disciplinas colindantes, esta perspectiva parece dominar una buena parte de los actuales estudios literarios, pero eso no quiere decir que la reflexión teórica sobre la historia literaria haya quedado definitivamente clausurada, ni que no haya producido interesantes líneas de investigación al margen de lo que acabamos de ver. Claudio Guillén ya desbrozó el camino con sus trabajos sobre historia literaria —muchos de ellos recogidos en *Entre lo uno y lo diverso* (1985) y *Teorías de la historia literaria* (1989)— para una sosegada actualización de la reflexión historiológica-literaria, combinando el inevitable escepticismo hacia las configuraciones tradicionales del objeto de estudio —fronteras nacionales, esencialismo, analogías biologicistas, esquemas teleológicos...— con la obstinada voluntad de no abandonar la posibilidad teórica de encontrar definiciones lo suficientemente estables de las principales categorías historiográficas —periodo, corriente, sistema— que permitan, al menos, hacer «inteligible» el cambio literario (1985: 362). Y, efectivamente, tras todas estas idas y venidas,[6] algunas relativas certezas parecen reordenar la disciplina y enmendar los visibles defectos de la metodología tradicional histórico-literaria, abriendo el camino a nuevas construcciones. De las que pueda haber, nos limitaremos aquí a mencionar dos bastante conocidas: 1) que las fronteras nacionales, al menos las preestablecidas con criterios exclusivamente político-convencionales, a menudo resultan insuficientes para delimitar el objeto de estudio en su dimensión *espacial*;[7] 2) que la historia literaria se concibe como una *construcción* discursiva desde el presente, inevitablemente enmarcada en unas coordenadas históricas e ideológicas más o menos distinguibles, y, siendo consciente de ello, el historiador ha de volverse «autorreflexivo» (Frow, 1991: 132).

De esta forma, la primera característica queda reflejada en las historias de la literatura que en las últimas décadas se vienen escribiendo. Estas se caracterizan por la problematización, no tanto de las posibilidades epistemológicas de la disciplina histórico-literaria en sí misma —las cuales se afirman implícitamente con la mera existencia de tales obras—, cuanto del sujeto de esa historia literaria. El tradicional sujeto nacional y/o lingüístico que fundamentaba las historias decimonónicas presentaba una identidad tan homogénea, al menos, como para que se le dotaran de los atributos unitarios de un organismo que nace y se desarrolla, e incluso, de «un héroe protagonista» que se enfrenta a «una red de dificultades antagonistas», confundiéndose el relato histórico con la narratividad literaria de «un progreso del héroe a través de los conflictos y una sinuosa forma de sortearlos con caídas o con recuperaciones y unas formas de relación, en fin, con otros seres y otros personajes», es decir, con otras literaturas, como escribía

---

6 Idas y venidas mucho mejor descritas en otros trabajos: especialmente Romero Tobar (2004). También Luis Beltrán Almería (2003, 2004, 2007) ha desarrollado sus propuestas desde un análisis certero.

7 Dimensión ampliamente estudiada por Fernando Cabo para el caso ibérico (2004; 2020).

Leonardo Romero Tobar (1999: 32). El monolitismo de este sujeto contrasta con el sujeto heteróclito con que se construyen algunas de las nuevas historias de la literatura, herederas del fuerte impulso comparatista del siglo anterior y que optan, en lo referente al espacio, por aplicar el foco a regiones de intercambio cultural y literario pocas veces coincidentes con las fronteras de los Estados.[8] Esta búsqueda de áreas «geoliterarias», que den cuenta de procesos no detectados cuando se restringe la mirada a la nación,[9] se pone de manifiesto, por ejemplo, con la serie *Comparative History of Literatures in European Languages* de la editorial John Benjamins, que evita dividir sus contribuciones con las fronteras nacionales o lingüísticas y lo hace, en cambio, identificando regiones interlingüísticas y transnacionales según criterios de dinámicas culturales, como puede ser el Caribe (Arnold *et alii,* 1994-2001), la Europa centro oriental (Cornis-Pope y Neubauer, 2004-2010) o la península ibérica (Domínguez Prieto *et alii,* 2010-2016).[10] Al margen de la delimitación espacial de los fenómenos histórico-literarios, otras historias de la literatura que sí emplean límites más o menos identificados con el Estado político, inciden en la fragmentación interna del sujeto histórico; es lo que ocurre, por ejemplo, con territorios con un pasado colonial como vemos en la *Historia de las literaturas en el Perú* dirigida por Raquel Chang-Rodríguez y Marcel Velázquez Castro (2017-2018), donde el sujeto de la historia literaria es múltiple: a la vez oral y escrito y se expresa en español o quechua. Por último, también ha de destacarse la influencia que han tenido teorías como la de los polisistemas, de Itamar Even-Zohar (1990), que, aplicada a la literatura española, ha propiciado enfoques igualmente heteróclitos, en este caso, mediante la identificación de varios

8 También durante el siglo XIX se escribieron historias comparadas de la literatura, como *De la littérature du midi de l'Europe* (1813), de Simonde de Sismondi o el *Cours de littérature française* (1852) de Villemain, donde se comparaba la literatura francesa con la italiana, española o inglesa. No obstante, estas obras se diferencian de los textos mencionados a continuación en que aquellas no cuestionaban las unidades discretas que manejan —las respectivas tradiciones «nacionales», luego comparadas entre sí—, consideradas igualmente homogéneas y unitarias. Como recuerda Claudio Guillén (1989: 213-214), Croce (1920) ya ponía en cuestión la validez del concepto de *literatura nacional.*

9 Categoría, la de nación, que ya de por sí enfrenta resistencias no solo historiológicas, sino más ampliamente teóricas o filosóficas en la actualidad (Bhabha, 2002).

10 El marco ibérico viene mostrándose especialmente fértil para los estudios de historiografía literaria, ejemplo de ello, además del grupo compostelano, son los trabajos de Santiago Pérez Isasi, como el que contiene este volumen u otros (2014).

sistemas literarios interrelacionados correspondientes a las distintas lenguas habladas en territorio español; también en esto se adelantó Claudio Guillén (1989: 238). Ejemplo de ello es el reciente volumen *Ensayos de historiografía literaria (castellana, catalana, gallega y vasca)* (Pozuelo Yvancos *et alii,* 2022).

El segundo punto puede parecer evidente y en cierto modo innecesario de destacar, pero resulta especialmente pertinente para nuestro propósito. Nos encontramos con que los relatos historiográficos no son realidades ya existentes que esperan ser descubiertas, sino, más bien, realidades «inventadas» (Mainer, 1994). El relato historiográfico, por lo tanto, se revela como una construcción a partir de unos materiales y no otros, empezando inevitablemente por la conversión de unos hechos en «sucesos» (Guillén, 1985: 401), y continuando por la interpretación de esos sucesos, a su vez condicionada por los esquemas filosóficos e ideológicos manejados y no pocas veces coadyuvada por intereses directamente políticos. Dadas estas premisas, se vuelve especialmente interesante el estudio de las motivaciones y métodos implicados en estas construcciones historiográficas: se trata de ver, por un lado, cuáles puedan ser las relaciones entre historiografía literaria y nacionalismo —estudiadas, entre otros, por Mainer (1981), Romero Tobar (1998) y Pérez Isasi (2010)—; y, por otro, qué géneros textuales, qué presupuestos críticos, sistemas estéticos, polémicas o dinámicas de valoración, trenzados históricamente, se distinguen en la construcción del canon y la historia literaria, y cómo estos se relacionan entre sí. Como ya mostró José María Pozuelo Yvancos (2000) desde concepciones «sistémicas» del canon literario —fundamentalmente las de Itamar Even-Zohar, Pierre Bourdieu y, especialmente, Iuri Lotman—, «precisamente la cuestión no es el objeto [el canon, diríamos, ya construido], sino por qué el objeto ha resultado ese y no otro, el mecanismo para su configuración» (2000: 86). En el mismo volumen, Rosa María Aradra Sánchez aplicaba estas ideas a un caso concreto: la construcción de un canon nacional en la España de los siglos XVIII y XIX, entendida como un proceso en el que concurrían diversos géneros: poéticas, retóricas, historias de la literatura o antologías. Más tarde, Aradra Sánchez también añadió el análisis de «crítica y prensa periódica, traducción, ediciones y planes de estudio» (2009: 22), habiéndose aproximado recientemente a las polémicas dieciochescas como «género historiográfico» (2021). Es precisamente en este punto donde queremos situar nuestra contribución: si en la construcción del canon y la historia literaria se entreveran diversas tipologías textuales —«metatextos», para Lotman (1996)— que encauzan la metabolización de los fenómenos literarios —su «transducción», en términos de Doležel (1998)—, trataremos de apuntar el papel de los libros de viaje en dicha construcción, también para la literatura española y también entre los siglos XVIII y XIX. Como veremos, su consideración en este panorama cuenta con una ventaja aparente: su carácter extranjero, *xenográfico,* dibuja la tradición literaria española desde fuera, desde el reconocimiento de una otredad, de forma que sus construcciones historiográficas, la mayoría en fechas más tempranas que las conocidas historias de la literatura española escritas por extranjeros (Bouterwek, 1804; Sismondi, 1813; Ticknor, 1849), ponen de manifiesto: 1) la dimensión translingüística y transnacional de la construcción de la historia literaria española, en un diálogo entre autores españoles y extranjeros del que se observan apropiaciones y rechazos, convergencias y divergencias; y 2) el carácter científico-enciclopédico de estos textos en el siglo XVIII y comienzos del XIX, de donde se deriva una función historiográfica.

El relato de viaje en la Ilustración

No es raro hablar del problema de la unidad interna cuando uno se aproxima al género de viajes (Regales Serna, 1983; Carrizo Rueda, 1997; Alburquerque, 2011). Si aparentemente esta deriva del propio viaje, como tema o estructura, la abundancia y heterogeneidad de textos que se organizan en torno a él puede resultar tan amplia que decir «género de viajes» no signifique nada. Michel de Certeau, en una afirmación que, sacada de su contexto, puede resultar aún más arriesgada, sostenía que «todo relato es un relato de viaje, una práctica del espacio» (2000: 128). Sin llegar a plantear una definición tan abierta, sigue siendo cierto que demasiados relatos se organizan desde la estructura del viaje: por un lado, una tradición literaria que va desde el poema de Gilgamesh al *Quijote,* pasando por la *Odisea* y la *Eneida,* por no hablar de las muchas novelas de formación y de aventuras; por otro, los innumerables relatos y diarios de viaje que han dejado soldados, comerciantes, conquistadores, diplomáticos, naturalistas, antropólogos o los muchos jóvenes que hicieron el *Grand Tour* en los siglos XVII y XVIII. Es la enorme heterogeneidad de estos textos el problema que amenaza en principio una mínima unidad que estructure el género. Como ya señalaba Sofía Carrizo Rueda (1996: 119-120), este problema cuenta con dos posibles soluciones: o aceptar el tema del viaje como vaga y única cualidad, lo cual supone abrir en exceso la categoría; o apuntar a rasgos formales que permitan delimitarla más sustancialmente, aunque ello conlleve considerar múltiples géneros. Carrizo Rueda optaba por la segunda opción, proponiendo como rasgo distintivo fundamental del «relato de viaje» una gravitación mayor hacia la descripción, en detrimento de una tensión narrativa que es lo dominante en las ficciones de viajes —epopeyas, novelas de aventuras, etc.—, y que aquí solo conserva un carácter adjetivo. En palabras de Luis Alburquerque, el «discurso se represa en la travesía, en los lugares, y en todo lo circundante (personas, situaciones, costumbres, leyendas, mitos, etc.), que se convierten en el nervio mismo del relato» (2011: 17). Este rasgo formal vendría acompañado de una naturaleza «bifronte» (Carrizo Rueda, 1996) entre lo documental y lo literario, también entendida como «fronteriza» o «híbrida», que incluso problematiza la idea de literatura (Regales Serna, 1983). En la reciente tradición teórica española parece haberse asentado relativamente la distinción entre un «relato de viaje» caracterizado por el predominio de la descripción, en ocasiones subrayándose con mayor énfasis su carácter «factual» y no «ficcional», según la distinción de Genette (Alburquerque, 2011), frente a los múltiples géneros indudablemente literarios tematizados por el viaje.[11]

Desde la rica tradición viajera anglosajona, de la que provienen la mayoría de nuestros textos, proviene también una rica cantidad de marbetes —*travel books, travel accounts, travel writing, travel narrative, travel literature,* etc.— que en ocasiones se ha tratado de sistematizar. El más neutral término *travel account* o, en la definición de David Chirico (2008), *travel narrative,*[12] más cercano a las escrituras del yo, ofrecen igualmente catego-

---

11 Luis Alburquerque (2014) separa los «relatos de viaje» de los «viajes de ficción», para el caso de la literatura española del XVIII, y emplea «literatura de viaje» en un sentido abierto, como el conjunto de los dos anteriores junto con las guías y preceptivas de viajes, usos que generalmente compartimos aquí.

12 Para Chirico, *travel narrative* sería «A non-fictional first-person prose narrative describing a person's travel(s) and the spaces passed through or visited, which is ordered in accordance with, and whose plot is determined by, the order of the narrator's act of travelling» (2008: 39). En cambio, *travel writing* puede designar «any writing with a travel theme, whether it be a guidebook, a novel, and so on» (Chirico, 2008: 41).

rías útiles para entender nuestros textos. Desde la tradición francesa, que en las últimas décadas ha experimentado un auge de los estudios dedicados a la literatura de viajes, destacan los rótulos a veces intercambiables de *littérature de voyage* o *récit de voyages,* de los cuales el último cuenta con definiciones no muy diferentes del «relato de viaje», tal y como lo hemos descrito (Magri-Mourgues, 2009; Holz y Masse, 2012).[13]

Los textos cuyo estudio para la historiografía literaria española proponemos bien podrían adscribirse a toda esta nomenclatura —relato de viaje, *travel account, travel narrative* o *récit de voyage*—, aunque parecen oportunas algunas precisiones sobre las particularidades del género en el siglo XVIII. Es sabido cómo la literatura de viajes experimentó entonces un auge sin precedentes, tanto en producción y difusión como en importancia. Sobre la proliferación de estos escritos, algunos estudios afirman que durante el siglo XVIII las prensas europeas doblaron la producción del siglo anterior (Bourguet, 1997: 299); Charles L. Batten calcula que en Reino Unido, entre 1773 y 1784, «books dealing with subjects other than travel circulated on an average of slightly less than fourteen times [...] while travel books circulated on an average of slightly more than thirty-two times» (1978: 121). Igualmente, sobre la importancia de los relatos de viaje en la Ilustración, se han llevado a cabo estudios de las bibliotecas personales de diversos autores —como Johnson, Hume o Jovellanos—, que revelan una muy considerable presencia de este tipo de textos (Guerrero, 1990: 24-25).

Tal aumento, que conllevó asimismo la diversificación interna de las tipologías viajísticas (Fernández Cifuentes, 2010: 187), se debió al desarrollo de técnicas de transporte, pero, sobre todo, a una conciencia global adquirida durante el Renacimiento y el descubrimiento de otros mundos por parte de los europeos (Todorov, 2010: 29; Pratt, 2008), al asentamiento de unos marcos conceptuales que privilegiaban la experiencia como fuente de conocimiento (Thompson, 2011: 45-46) y al desarrollo de hábitos sociales como el *Grand Tour,* que concebían el viaje como una práctica

13 Insistiendo de nuevo en el carácter fronterizo del género, para Holz y Masse, el «récit de voyage se situerait au carrefour de ces trois invariants discursifs (narration, description, commentaire) dont il emprunterait alternativement la forme et le fonctionnement rhétorique» (2012).

formativa y educativa para las clases altas, todo ello favorecido por la publicación de textos como «Of Travel», de Francis Bacon (1625), o el capítulo «Des voyages» que Rousseau incluyó en el *Emilio* (1762), que animaban a dejar constancia de la travesía y las cosas vistas durante aquella en forma de cartas o diarios.

Todo lo anterior facilitó una consideración heurística del viaje y asentó los relatos de este como un cauce de conocimientos muy diversos. Como indica Luis Alburquerque,

> el «relato de viajes» ilustrado se halla inmerso dentro del contexto de formación e instrucción que apunta al *docere* como su objetivo principal. Se trata de conocer otras culturas, otras gentes, otros pueblos, otras naturalezas —aconsejará Rousseau en el *Emilio*—. El viaje se hace necesario dentro de la cultura ilustrada como medio de educación indispensable y su relato será el precipitado de los conocimientos acumulados a través de la experiencia viajera. (Alburquerque, 2011: 28)

Aquel *docere* se aplicaba a diversas disciplinas, especialmente a las ciencias naturales. Nicolas Lenglet du Fresnoy, en su *Méthode pour étudier la géographie* (1716), distinguía tres materiales de los que se podía servir el geógrafo: los mapas, los diccionarios geográficos y los libros de viaje, de los que, no obstante «Il en faut faire un grand choix, parce que tous les Voyageurs n'ont pas été également éclairés» (Lenglet du Fresnoy, 1716: CXIII-CXIV). Lo cierto es que, como señala Luis Fernández, «The Enlightenment favored above all *voyageurs scientifiques:* physicists, pharmacists, botanists, chemists, geologists, and engineers who traveled the world over in search of new scientific information and rare specimens in missions organized by the crown, by learned societies, or by corporations of merchants» (2010: 187). Una de estas famosas expediciones fue la realizada por La Condamine y los españoles Jorge Juan y Antonio de Ulloa en 1737 a América del Sur, que luego se llevó a las prensas en la *Relación histórica del viaje a la América Meridional hecho de orden de S. Mag.* (Juan y Ulloa, 1748), poco después traducida al francés (1752) e inglés (1758). De este modo, como estudió Juan Pimentel, los libros de viaje adquirieron en el siglo XVIII un importante valor «epistemológico», pues los viajeros fueron los encargados de registrar «todos los hechos del mundo, los pacientes recolectores de datos con que formar nuevas historias naturales de todos los fenómenos» (2003: 51). En este sentido, Martin Wahlberg (2010) ha estudiado cómo el capítulo «Variétés dans l'espèce humaine» de la *Historia natural* (1749) de Buffon, obra fundamental en el desarrollo de la biología, está construido enteramente con informaciones procedentes de libros de viaje, que se habían convertido para entonces en *relations savants* (Linon Chipon y Vaj, 2006).

Por otra parte, además de aquel valor científico, una de las características fundamentales del viaje ilustrado reside en un método comparatista que persigue evidenciar las diferencias entre los países europeos, de forma que «[l]e moi se réduit à la fonction de porte-parole d'une perspective éclairée, et l'expérience sert à légitimer et authentifier l'état présent de tel ou tel pays» (Wolfzettel, 1996: 267). Y, como indica el mismo Wolfzettel, tal método comparatista aparece fuertemente vinculado a coordenadas epistémicas típicamente ilustradas:

> A vrai dire, le jugement est le résultat de la combinaison de deux paradigmes fondamentaux de la pensée des Lumières: la critique historique, qui, à la manière de Voltaire, s'intéresse au degré relatif du «progrès» et dont le critère d'émancipation par rapport aux «superstitions», et la recherche sociologique, qui, à la manière de Montesquieu, s'interroge sur les facteurs et le conditionnement d'un progrès dont les aspects varient par conséquent d'un pays à l'autre (1996: 267).

En tanto que permitía comparar modelos políticos y económicos, instituciones y costumbres sociales en diferentes territorios, el viaje también cobró una utilidad práctica para los ilustrados que buscaban reformar sus respectivos países. Para Leopold Berchtold, en su *Essay to direct and extend the inquiries of the patriotic travellers* (1789), el objetivo del viajero debe ser «to render the most essential services to humanity in general, and to his native land in particular» (1789: V), de forma que «a philosophic traveller looks upon his country as a sick friend, for whose relief he asks advice of all the world» (1789: 85). Además, al margen de aquella utilidad práctica, los libros de viajeros a otros países llegaron a ser potentes artefactos de creación y circulación de imágenes nacionales, que a menudo obedecían a intereses políticos vinculados a una ideología y retórica nacionalistas y a una espiral dialéctica en busca del prestigio nacional. Si, como es sabido, el descarnado artículo «Espagne» de Masson de Morvilliers en la *Encyclopédie méthodique* (1782) generó una intensa polémica sobre el papel de España en la cultura europea (Román Gutiérrez, 2021), libros de viaje como las *Lettere d'un vago italiano ad un suo amico* (1759-1767) del italiano Norberto Caimo encontraron su réplica en autores españoles como Antonio Ponz, cuyo *Viaje de España* comienza con una alusión directa a las *Lettere*, consideradas una «cruel sátira contra la nación» española (Ponz, 1772: 2).[14]

La literatura española en los relatos de viaje a España (1770-1822): hacia un corpus

En el contexto que acabamos de dibujar, la España peninsular no fue escenario de demasiados relatos de viaje durante buena parte del siglo XVIII. No ofrecía especial interés para viajeros científicos ni tampoco se encontraba entre los destinos habituales del *Grand Tour*, formado principalmente por Francia, Italia y Suiza. Sí tuvieron difusión la *Relation du voyage d'Espagne* de Madame d'Aulnoy (1691) o los *Voyages en Espagne et en Italie* de Jean Baptiste Labat (1731), entre otros, que reflejaban una imagen profundamente negativa. Con alguna excepción —las mencionadas *Lettere* de Caimo, por ejemplo—, fueron los viajeros ingleses los que comenzaron a interesarse cada vez más por la Península a partir de los años sesenta, con libros como las *Letters concerning the Spanish nation: written at Madrid during the years 1760 and 1761* (1763), de Edward Clarke. Como es sabido, durante las décadas siguientes proliferaron notablemente los relatos de viajeros británicos a España (Bacigalupo, 1978; Guerrero, 1990),[15] algunos de los cuales fueron traducidos al alemán o al francés,[16] y también se

14 Sin embargo, a pesar de la recepción que obtuvieron las *Lettere* por parte de autores españoles como Ponz o Javier Lampillas, prolongada a lo largo del siglo XX, una revisión actualizada muestra cómo el texto de Caimo no puede considerarse especialmente difamatorio, sino que, al contrario, «será uno de los primeros viajeros que enjuicie los tópicos y falsedades sobre España [...] para desmentirlos» (García Díaz, 2009: 145).

15 Además de los relatos que mencionaremos con motivo de su recepción de la historia literaria española, podemos recordar algunos más: los de Joseph Marshall (*Travels through France and Spain, in the years 1770 and 1771*, 1776), William Dalrymple (*Travels through Spain and Portugal in 1774*, 1777), Henry Swinburne (*Travels through Spain in the Years 1775 and 1776*, 1779) o Alexander Jardine (*Letters from Barbary, France, Spain, Portugal*, 1788). Véanse también los de Dillon y Townsend en la nota siguiente.

16 Tras solo un año de publicarse los *Travels through Portugal and Spain* (1775) de Richard Twiss, pudo verse la traducción francesa, *Voyage en Portugal et en Espagne* (1776) y la alemana, *Reisen durch Portugal und Spanien* (1776). El viaje de Giuseppe Baretti (*A journey from London to Genoa through England, Portugal, Spain and France*, 1770) fue traducido al alemán: *Reisen von London nach Genua durch England, Portugal, Spanien und Frankreich* (1772). Lo mismo ocurrió con los *Travels through Spain* (1780) de John Talbot

publicaron viajes franceses originales como los *Essais sur l'Espagne* (1780) de Jean François Peyron o el muy difundido *Nouveau voyage en Espagne* (1789) del diplomático Jean François de Bourgoing, sin olvidar el italiano Antonio Conca y su *Descrizione odeporica della Spagna* (1793). Como ha estudiado Hiltrud Friederich-Stegmann (2014), tras el temprano *Reise von Amsterdam über Madrid und Cadiz nach Genua* (1799) de Christian August Fischer, los relatos de viajeros alemanes a España originales comenzaron a ser frecuentes ya en el siglo XIX.

Son numerosos los trabajos que se han ocupado de los relatos de viajeros extranjeros en España durante estas fechas: desde los repertorios bibliográficos de Foulché-Delbosc (1896) y Farinelli (1920), que abarcaban intervalos cronológicos mucho mayores, hasta los trabajos de Bacigalupo (1978), Robertson (1988) y Guerrero (1990), para los británicos, el de Fernández-Herr (1974) para los franceses, el de Marotta Peramos (1991) para los italianos, el de Friederich-Stegmann (2014) para los alemanes, y otros sobre viajeros extranjeros a España en general (Ortas Durand, 2005), algunos sobre aspectos concretos de su imagen de España (Bolufer Peruga, 2003) o sobre su papel de «mediadores culturales» (Bolufer Peruga, 2009) —por mencionar solo algunos—.

No obstante, apenas existen estudios particulares sobre la visión de la literatura española que muestran estos viajeros. Un caso que merece una mención especial es el libro de Esther Ortas, *Leer el camino. Cervantes y el «Quijote» en los viajeros extranjeros por España (1701-1846)* (2006), que se detiene a analizar las muchas referencias al *Quijote* que hicieron los viajeros; también Mercedes Comellas ha ido subrayando a lo largo de varios trabajos el valor historiográfico de estos textos (Comellas, 2016 y 2017); otros trabajos han estudiado recepciones concretas de autores españoles: sobre todo, la de Lope de Vega en John Talbot Dillon (1781) (Comellas y Sánchez Jiménez, 2018) y en Robert Southey (1797) (Flores y González, 2019), destacando en ambos casos el perfil hispanista de estos viajeros. En las líneas que siguen, presentaremos un breve recorrido por los relatos de

---

Dillon y el *Journey through Spain in the Years 1786 and 1787* (1791) de Joseph Townsend, ambos titulados *Reise durch Spanien* y publicados respectivamente en 1782 y 1792. También las *Lettere* de Caimo fueron traducidas al francés (*Voyage d'Espagne,* 1772).

viaje que, dentro del retrato general que hicieron de España, se detuvieron a dedicar un espacio significativo a la historia literaria.

Para el viajero ilustrado, describir una nación significaba verter en su relato toda la información posible que permitiera al lector conocer un país prácticamente sin necesidad de visitarlo, y ello se llevaba a cabo a menudo con una metodología enciclopedista que implicaba atender a una gran cantidad de planos: geográfico, arquitectónico, político, económico, industrial, demográfico, religioso, usos y costumbres... También se buscaba comprobar el *estado* de las ciencias y las artes en el país, mientras se repasaban las contribuciones que aquel hubiera legado a la historia universal en diversas materias: cuadros y esculturas, monumentos, escritos científicos, filosóficos, religiosos, historiográficos y, por supuesto, también poéticos. Por eso no es de extrañar que autores ya mencionados como Norberto Caimo (1759-1767) o Edward Clarke (1763) también se pronunciaran sobre materia literaria. Sin duda el teatro fue uno de los géneros más atendidos, pues entraba dentro tanto de las observaciones literarias como de los usos y de las costumbres de los habitantes de la Península. Así, Caimo enjuiciaba el teatro español desde su perspectiva neoclásica, describiendo un auto sacramental al que asistió como «un mescolamento bizzarro di sacro e profano» y «un intrigato viluppo di accidenti maravigliosi, e sproporzionati, senza ragionevol grandezza, e senza unità di azione, e di luogo, fatto a dar piacere agli ascoltatori, e non ad altro» (1761: 170-171). También Edward Clarke (1763: 102-106) se detiene a observar la actitud del público, las prendas usadas por los actores —«richer clothes than those in England» (1763: 103)—, la morfología de las piezas, los argumentos, e incluso menciona a los autores más representados: «Calderoni [sic] is at present and has been the favourite author upon their stage for some years» (1763: 106). Algunas páginas antes, en un capítulo titulado «State of Literature, Letters, and Men of Learning in Spain», junto con variadas informaciones sobre ediciones y autores de otro tipo de escritos, también Clarke emite alguna opinión sobre la literatura española en general: para el inglés, que confiesa no entender español, las canciones populares destilan «a wonderful air of simplicity», mientras reconoce en las diferentes combinaciones métricas la herencia de la prosodia latina (1763: 65). Más tarde ofrece un extraño «Catalogue of Spanish Authors» de los que los más conocidos resultan ser Ercilla y Lope de Vega, como ya notaron Comellas y Sánchez Jiménez (2018: 249-250).

Sin embargo, los relatos de Caimo y Clarke solo se ocupan de la literatura española de una manera muy superficial. En el caso de Caimo ocurre lo mismo que con el *Nouveau voyage en Espagne* (1789) de Jean François de Bourgoing: sus opiniones sobre poetas y dramaturgos españoles, aunque valiosas y emitidas desde un cierto bagaje crítico y una cierta conciencia historiográfica, son circunstanciales y se entreveran con otro tipo de asuntos, comprometiendo en exceso su consideración como «textos historiográficos». En cambio, existen otros relatos que reservan un espacio propio a la historia literaria, llegando a profundizar sobre determinadas cuestiones relativas al canon y el «carácter nacional» de la poesía española.

Así, el primero de los textos que consideraremos para nuestro corpus será *A journey from London to Genoa through England, Portugal, Spain and France*, de Giuseppe Baretti (1770). Baretti, turinés que se labró una reputación de hombre de letras en Londres a lo largo de dos estancias —de 1751 a 1760 y de 1766 hasta su muerte en 1789—, realizó en 1760 un viaje a Génova desde Londres como acompañante de un joven aristócrata inglés, Edward Southwell, pasando a través de Portugal, España y Francia para realizar el habitual *tour* continental. Tomó el consejo de Samuel Johnson, quien le había recomendado tomar notas del viaje, y trató de imprimir sus cartas primero en italiano, con el título de *Letteri familiar ai suoi tre fratelli*. Aun con problemas, aparentemente debidos a algunas malas opiniones sobre el carácter de los portugueses, logró publicar los dos primeros volúmenes en Milán (1762) y Venecia (1763). En parte debido a la imposibilidad de completar la publicación y a la decepción de no verse como un escritor reconocido en Italia, volvió a Inglaterra y publicó la edición definitiva en 1770.

De los cuatro volúmenes que componen el *Journey*, el segundo, tercero y cuarto contienen su paso por España, dedicando la carta LVII a la lengua española y los principales poetas y escritores, con cerca de noventa páginas. Sus lecturas conforman un canon, desde luego, más razonable de aquel de Clarke: «*Don Quixote,* some lyric poetry by Boscan and Garcilasso, some plays of Calderon and De Vega, the histories of De Solis, Sandoval, and Herrera, half a dozen Books of chivalry, with *Lazarillo de Tormes,* the poem of the *Araucana* and the *Translation of Orlando Furioso,* make near the whole of my Spanish reading» (1770, t. III: 18). Tras algunas consideraciones generales sobre la literatura española, dedica la mayor parte de la carta al teatro: es de su interés el auto sacramental, un género cuya «association of sacred and prophane made in this sort of compositions, is not calculated for any people, but the Portuguese and the Spanish» (1770, t. III: 21); así como las figuras mayores, Lope y Calderón, aquí ponderados por su genio y originalidad, a pesar de las licencias tomadas respecto a las consabidas reglas dramáticas (1770, t. III: 26 y 27); dedica algunas páginas al comentario de *El diablo predicador* de Luis de Belmonte Bermúdez (1770, t. III: 28-33), que tendrá una especial presencia en libros de viaje posteriores; y analiza diferentes subgéneros dramáticos asociados a los españoles incluyendo fragmentos de algunas obras (1770, t. III: 35 y ss.). También Baretti dedica espacio a destacar figuras que considera sobresalientes, como Quevedo, ya muy conocido en Inglaterra por sus *Sueños*, Feijoo y José Francisco de Isla, a cuyo *Fray Gerundio* dedica varias y elogiosas páginas (1770, t. III: 47-58). Además, es interesante notar cómo a lo largo del último tercio de la carta Baretti comenta sucesivos hallazgos de la *Bibliotheca arabico-hispana escurialensis* (1760-1770) de Miguel Casiri, de forma que una buena parte de su recorrido por la historia literaria española acaba estando copada por autores árabes.

Según anota Baretti, John Bowle, cuya edición del *Quijote* se había publicado en 1781, había descrito su carta como «a defective and erroneous account of the Spanish literature» (Baretti, 1786: 175), lo que motivó una viva polémica a la que el italiano respondió en su *Tolondron. Speeches to John Bowle about his edition of Don Quijote; Together with some account of Spanish literature* (1786), donde, primero, evitaba considerar la carta un «account of Spanish literature», presentada solo como «a little chit-chat about Spanish literature; an effort, made *en passant,* to induce people to suspect, that the Spaniards have in their language something else, besides Don Quixote» (Baretti, 1786: 175); si bien más tarde negaba a Bowle la capacidad de distinguir qué cosa pudiera ser un «account» de tales características y defendía su «sketch» frente a los trabajos publicados anteriormente sobre literatura española, sin olvidarse de mencionar sus encuentros con el padre Sarmiento durante el viaje —¿con qué autoridad en la materia habría podido conversar Bowle?, parece querer decir (1786: 175-181)—. Lo interesante es destacar aquí cómo la carta LVII, al margen de la modestia de Baretti, fue recibida en su época como un «account of Spanish literature», es decir, como un texto de carácter descriptivo e informativo incluido en su relato de viaje.

En segundo lugar, hemos de mencionar los *Travels through Portugal and Spain* de Richard Twiss (1775). Los *Travels* fueron el primer relato de viaje de Twiss, que más tarde publicaría un *Tour in Ireland in 1775* (1776) y *A Trip to Paris in July and August 1792* (1793), donde describió con pericia los sucesos posrevolucionarios. Twiss ofrece una imagen más bien favorable de España, salvo en materia religiosa, como solía ser habitual entre los viajeros ingleses, e inserta al final del libro un apéndice titulado «Some account of the Spanish and Portuguese Literature» (1775: 375-465). Allí dedica una primera parte al comentario de algunos fragmentos de la *Araucana* de Alonso de Ercilla y *Os Lusiadas* de Luis de Camões, siguiendo —y en ocasiones traduciendo— el famoso *Essai sur la poésie épique* de Voltaire. A continuación inserta veintinueve poemas o fragmentos de poemas de hasta diecinueve autores españoles —la gran mayoría— y portugueses, muchos de ellos tomados del *Parnaso español* de López de Sedano (1768 y 1778).[17] Otro de los aspectos que han de destacarse de estos textos es su recepción de la literatura española contemporánea; Twiss se hace eco de algunas obras publicadas a lo largo de los años de su visita, de entre las que cabe destacar *Los eruditos a la violeta* (1772) y *Ocios de mi juventud* (1773) de José Cadalso y *Los literatos en Quaresma* (1773) de Tomás de Iriarte, de las cuales selecciona y traduce algunos pasajes (Twiss, 1775: 422-433). El texto de Twiss, criticado en el *Monthly Review* (septiembre, 1775) por un exceso de referencias (Turner, 2004), no se atreve a emitir demasiados juicios sobre la literatura española y su «carácter», y cuando estos aparecen suelen provenir de otras fuentes. Aun así, su «account» ofrece una significativa lista de poemas, la mayoría traducidos al inglés, y de autores que puede contemplarse como un canon básico de referencia para el público general inglés no especialista.

Poco después, en 1780, publicó Jean-François Peyron sus *Essais sur l'Espagne: Voyage fait en 1777 et 1778*. Ya en el prólogo a la obra, Peyron trata de distanciarse de otros relatos de viajeros franceses que habrían creado una imagen falsa de España, como los ya mencionados *Voyages* de Jean-

17 La lista ofrecida revela un canon en consonancia con el elaborado por historiadores españoles del XVIII (Urzainqui, 2007): Baltasar de Alcázar, Lupercio Leonardo de Argensola, Diego Hurtado de Mendoza, Juan de Jáuregui, Quevedo, Cristóbal Suárez de Figueroa y Lope de Vega, entre otros.

Baptiste Labat (1731). Entre otras cosas, su viaje destaca por algunas apreciaciones sobre el carácter nacional español que prefiguran los esquemas románticos, especialmente en cuanto a su orientalización:

> Ce goût dominant qu'elle a pour certains spectacles, comme les Tournois nommés *las parejas*, les joutes de la *maestranza*, dont j'ai déjà parlé ; l'amour des titres fastueux ; cette liste de noms qui ne finit point, la galanterie, un grand respect pour les femmes, le langage de la métaphore et de l'hyperbole, lui viennent des Maures. La gravité dans le maintien et dans le discours ; cette jalousie qui les rend méfiants, soupçonneux et vindicatifs, les Espagnols en ont hérité des Africains Berbères. (1780, t. II: 140)

En el tomo segundo, dedica sendos capítulos a la literatura (1780, t. II: 220-226) y el teatro español (1780, t. II: 227-285). En el primero, muy breve, concede mayor atención a la historiografía y crónicas de Indias, si bien juzga el carácter literario de los españoles conforme a su visión orientalista y opina que «ont sur-tout réussi dans les nouvelles galantes, dans les fables & les fictions ingénieuses. Les Arabes leur apprirent l'art de conter, leur imagination fit le reste : ils nous ont sans doute devancés dans ce genre, que nous avons depuis bien perfectionné» (Peyron, 1780, t. II: 224). A continuación cita una lista de los poetas que considera más valiosos —«Ercilla, Garcilasso de la Vega, Fray Luis de Leon, Quevedo, Lopes de Vega et Villegas» (Peyron, 1780, t. II: 224)—, si bien dice que apenas son conocidos porque no imprimieron sus obras.[18] También menciona al poeta más antiguo conocido, Gonzalo de Berceo, citando dos estrofas de los *Milagros de Nuestra Señora,* y remite a los *Orígenes de la poesía castellana* de Luis José de Velázquez (1754) y las *Memorias para la historia de la poesía y poetas españoles* de Sarmiento (1775) para mayor conocimiento de la historia literaria española.

No obstante, ofrece más interés el capítulo dedicado al teatro. Peyron esboza el desarrollo del teatro español desde Lope de Rueda a Agustín Moreto, tomando como fuente principal la *Disertación o Prólogo sobre las comedias de España* (1749) de Blas Nasarre, a quien cita solo como «l'auteur

---

18 Twiss, al contrario, sí dio noticias de ediciones impresas de estos poetas, como las *Obras de Garcilaso de la Vega* publicadas en Madrid por la Imprenta Real de la Gaceta (Twiss, 1775: 434).

d'une dissertation espagnole sur la comédie» (Peyron, 1780, t. II: 237).[19] Es interesante notar cómo, teniendo en cuenta el contexto en que se produjo la *Disertación,* como respuesta a los *Extraits de plusieurs piéces du théatre espagnol* de Du Perron (1738),[20] Peyron sale en defensa de Lope y Calderón contra las opiniones de Nasarre, y lo hace precisamente citando la autoridad de Baretti, cuyo relato de viaje había sido traducido al francés (Baretti, 1777), demostrando cómo en este tipo de textos se da una rica intertextualidad de la que participan tanto textos críticos e historiográficos, nacionales y extranjeros, como relatos de viaje anteriores (Peyron, 1780, t. II: 239). Por último, quizá debido a la atención también prestada por Baretti, Peyron incluye sorprendentemente una traducción francesa completa de *El diablo predicador* de Luis de Belmonte Bermúdez (Peyron, 1780, t. II: 242-284).

En cuarto lugar, debemos mencionar a John Talbot Dillon y sus *Letters from an English traveller in Spain, in 1778, on the origin and progress of poetry in that kingdom* (1781). Dillon ya había publicado el año anterior unos *Travels through Spain with a view to illustrate the natural history and physical geography of that kingdom* (Dillon, 1780) que tuvieron mayor éxito y se reimprimieron en Dublín en 1781, y en Londres y Birmingham en 1782. Estos *Travels* fueron concebidos, como indica el título, para informar sobre la «historia natural» y la «geografía física» de España, para lo cual recurrió al trabajo de William Bowles (1775). Es interesante comprobar cómo las *Letters* y los *Travels,* a pesar de provenir supuestamente de un mismo viaje realizado a España desde Italia en 1778, reflejan itinerarios dispares, diluyendo, para cualquier lector que conociera las dos obras, muy próximas en el tiempo, toda relación empírica entre el viaje realizado y el relato de viaje. Lo cierto es que los relatos de Dillon son un ejemplo elocuente del valor científico de este tipo de textos, pues, si su objetivo era abordar en sendas obras la geografía y la poesía españolas, a pesar de que en ambos casos recurre a fuentes especializadas, presenta aquellas no bajo la forma de un «essay» o «account», sino de un relato de viaje. Y ello aun cuando en ambos casos las referencias al viaje son absolutamente circunstanciales; se trata en realidad de dos textos científicos disfrazados de libros de viaje.

---

19 Nasarre, en Cañas Murillo (1992: 89-90); Peyron (1780, t. II: 237-239).

20 Véase Cañas Murillo (1992: 17-22).

Las *Letters,* como decimos, y a diferencia del resto de ejemplos que hemos ido viendo, es un texto dedicado enteramente a contar la historia literaria española a un supuesto amigo que recibe las cartas de Dillon escritas desde la Península. De esta forma, parece normal que hayan tenido una mayor atención como texto historiográfico. Para Nancy Marino, «[w]hat Dillon produced in the Letters is evidently the first history of Spanish poetry (or any form of Spanish literature) in English» (2014: 194). Contrae una notable deuda con los *Orígenes* de Velázquez (1754), dividiendo la historia de la poesía española en idénticas cuatro edades, si bien difiere de su fuente principal en algunos puntos relevantes: si Velázquez presenta el siglo XVIII como un renacer del buen gusto en España (1754: 73 y ss.), para Dillon la decadencia barroca de la cuarta edad se extiende ahora bajo la influencia de los «effeminate modes of Versailles» (1781: 206); también Dillon reelabora el capítulo dedicado a la «Poesía arábiga» ensalzando la influencia de los poetas árabes en la conformación del carácter literario español, pues la invasión del siglo octavo conllevó que «with the arts and sciences, the Arabs introduced a new strain of imagery to enliven the fancy of the poet; the muse partook of its bold metaphor and lofty slight, robed in the splendid garb of fiction, decked with oriental pearl, and heightened with all the powers of imagination» (Dillon, 1781: 30-31). Además de Velázquez, Dillon se sirvió de otros textos: ya admite en el prefacio la lectura del *Parnaso español* de López de Sedano (1768 y 1778) y las *Memorias* de Sarmiento (1775), pero también llegó a consultar otras muchas fuentes,[21] de entre las que cabe destacar como historiográficas el «Prólogo» a las *Ocho comedias y ocho entremeses nuevos, nunca representados* (1615) de Cervantes, el «Discurso sobre la poesía castellana» (1642) de Argote de Molina, la *Bibliotheca hispana vetus* (1672) de Nicolás Antonio o la *Biblioteca Arabico-Hispana Escurialensis* (1760-1770) de Casiri. Por último, solo añadiremos que la recepción de las *Letters* se vio notablemente favorecida por la versión que de ellas hizo un autor anónimo en el *Essai sur la littérature espagnol* (1810), una de las primeras historias de la literatura española en francés (Álvarez Rubio, 2007: 99-121), como hemos podido estudiar en otra ocasión (Contreras Jiménez, 2018).

---

21 Véase el «Appendix» ofrecido por Marino (2014: 206-209).

El siguiente viajero que tratemos será Robert Southey, quien visitó la Península de 1795 a 1796 y publicó un año más tarde sus *Letters written during a short residence in Spain and Portugal* (1797). Southey, conocido hispanista por, entre otras publicaciones, su *Chronicle of the Cid* (1808),[22] redactó entre 1796 y 1798 varios artículos dedicados a las literaturas española y portuguesa para el *Monthly Magazine,* y en el primero de ellos, donde presentaba ya el asunto que trataría en los números siguientes, reconocía únicamente una fuente que le había acompañado en su estudio, las *Letters* de Dillon:

> Mr. Dillon's Letters on the Origin and Progress of Poetry in Spain will give the reader a good general view of the subject. [...] His work has been the companion of my Spanish studies. I have derived pleasure and instruction from it, and have only to regret, that by not extending his work, he has left a less able pen to attempt the supplement. (Southey, 1796: 452)

De nuevo, tenemos un libro de viaje como fuente para la historia literaria española, en este caso para la prensa, otro de los cauces fundamentales en los que aquella circulaba entre los extranjeros. Sin embargo, Southey también abordó el asunto en su propio relato de viaje, insertando un breve «Essay on the Poetry of Spain and Portugal» (1797: 121-130), seguido de un «Analysis of *La Hermosura de Angélica*» (1797: 131-166) que, como decíamos, ya ha sido estudiado (Flores y González, 2019). Su «Essay» resulta interesante en cuanto trata de dar una explicación histórica a la supuesta decadencia de la poesía española y portuguesa, elaborando una suerte de dialéctica histórica entre «eras del genio» y «eras del gusto» que en el caso de los dos países peninsulares se habría visto interrumpida por el constreñimiento intelectual y artístico de la Inquisición. Esta será, en términos generales, la tesis que luego desarrolle a lo largo de toda su obra hispanista, caracterizada por su anticatolicismo. Es interesante notar cómo en las ediciones posteriores de las *Letters* (1799 y 1808) Southey eliminó tanto el «Essay» como el «Analysis», seguramente porque era «consciente de que sus juicios iniciales sobre Lope y las letras españolas habían sido demasiado impulsivos» (Flores y González, 2019: 1245). Para acabar, a

22 Ya Ludwig Pfandl (1913) estudió la influencia de la literatura española en su obra poética. Uno de los poetas que más le interesó fue Lope de Vega (Flores y González, 2019; González, 2017).

todo lo anterior hay que añadir el valor antológico de las *Letters,* que están salpicadas de poemas españoles y portugueses que, como en el caso de Twiss, articulan un canon lírico ibérico, en este caso desde la mirada más subjetiva del viajero-poeta Southey.

En sexto lugar, podemos citar uno de los casos más interesantes junto con Dillon: el *Itinéraire descriptif de l'Espagne* de Alexandre de Laborde (1808). Laborde acudió junto con Lucien Bonaparte a la embajada de Madrid que mandó Napoleón en 1800. Esta experiencia le sirvió para elaborar su *Voyage pittoresque et historique de l'Espagne* (1806-1820), una edición muy cuidada que incluía numerosos grabados de gran calidad, y el mencionado *Itinéraire* (1808), una obra en cinco volúmenes que pasa por ser uno de los viajes a España más extensos publicado. En la introducción al primer tomo, Laborde presenta España como un país aún por conocer, puesto que las opiniones desde Francia a menudo «sont contraires aux faits véritables et aux documents authentiques» (1808, t. I: IV). Llama la atención cómo para él España pasa al inicio del siglo XIX por el mejor momento de su historia, cuando sus habitantes se muestran abiertos a Europa y la Inquisición ha perdido su poder —en este punto su visión difiere radicalmente de los ingleses como Southey o Bowring—, y sugiere que si fuera gobernada por un «prince éclairé, seroit susceptible, par son état actuel dans les deux mondes, de parvenir avant très peu de temps au plus haut point de richesse et de splendeur, et de rivaliser avec les grandes puissances de l'Europe» (1808, t. I: VI).[23] Otro de los puntos fundamentales de su visión de España es una constante orientalización de todos los atributos del carácter nacional, que, como es sabido, constituyó uno de los elementos fundamentales en la construcción de la imagen romántica de la Península (Andreu Miralles, 2016). Laborde, íntimo amigo de Chateaubriand en su juventud, influyó a su vez en la visión de España de otros románticos como Wordsworth (Coe, 1949) o el Marqués de Custine, citado varias veces en

23 Como ocurrirá en el citado *Essai sur la littérature espagnole* (2010), el nuevo contexto de relaciones entre Francia y España iniciado con el gobierno de José Bonaparte motivó un mayor optimismo e interés por la historia y cultura españolas por parte de Francia. Se trata de algo en absoluto inocente, la percepción de una proximidad cultural y política con Francia conllevará valoraciones dispares sobre el «progreso» de la literatura española por parte de franceses e ingleses, evidenciando el fondo político que anima muchas veces la interpretación de la historia literaria.

su libro de viaje (1838),[24] que anticipa ya la orientalización de España de viajeros posteriores como Gautier o Mérimée.

De los cinco volúmenes, los tres primeros están dedicados al «itinéraire» en sí, mientras que los volúmenes cuarto y quinto se ofrecen como un suplemento dedicado a la «tableau général du pays dans tout ce qui concerne les différentes branches de l'administration et de l'économie politique» (Laborde, 1808, t. I: III), si bien incluye muchos otros asuntos, como el arte, las danzas[25] o también la literatura. Así, en el volumen quinto dedica un capítulo a la «Littérature espagnole» (Laborde, 1808, t. V: 212-254) y otro al «Théatre espagnol» (Laborde, 1808, t. V: 255-287), donde interpreta el carácter poético nacional también desde su visión orientalista de lo español. En su capítulo sobre la literatura se acusa la lectura de los *Orígenes* de Velázquez o alguna de sus versiones,[26] en tanto que se dan las mismas explicaciones sobre la decadencia de la poesía española en el siglo XVII: la influencia de los *concetti* italianos, esta vez sin mencionar a Marino. De esta forma, como ya habían señalado Velázquez y Dillon, «Louis de Gongora, de Cordoue, fut le créateur, ou mieux, l'imitateur et le propagateur d'une espèce de secte poétique, d'une secte de mauvais goût», pero esta degeneración barroca, dice Laborde, no fue extraña al gusto de los españoles, que ya estaban naturalmente predispuestos a ello, es decir, «naturellement portés au grand, au merveilleux, au romanesque, adoptèrent avec empressement une innovation qui flattoit leur goût, qui entroit dans leurs vues, mais qui amena tout-à-coup, dans le dix-septième siècle, la décadence de la poésie espagnole» (Laborde, 1808, t. V: 237). Es muy interesante comprobar cómo, para Laborde, este gusto de los españoles por lo *excesivo* en términos retóricos y poéticos se relaciona, de nuevo, con el sustrato oriental de la Península, encontrando una explicación histórica a la particularidad barroca que ya autores italianos como Caimo, Bettinelli o Napoli Signorelli (Mombelli, 2021) habían asociado en el siglo XVIII al carácter poético de los españoles: para Laborde,

---

24 Custine (1838, t. III: 320; t. IV: 80, 81, 130).

25 Apartado para el que cita el viaje de Baretti, que, como hemos señalado, fue traducido al francés (Laborde, 1808, t. V: 340).

26 Ya sea la versión alemana de Dieze, *Geschichte der Spanischen Dichtkunst* (1769) (véase el trabajo de Carmen Calzada en este volumen) o las *Letters* de Dillon (1781). En cualquier caso, no cita ninguna.

aunque la literatura española se ha venido perfeccionando en el último siglo, todavía «conserve ses phrases, souvent trop cadencées, un emploi, quelquefois trop répété, de mots sonores et pompeux, un goût qui s'éteindra difficilement, pour le merveilleux, pour la métaphore, pour l'hyperbole, un vrai goût oriental» (Laborde, 1808, t. v: 254). Como también hemos indicado en otra ocasión (Contreras Jiménez, 2018: 179-180), este repaso por la historia de la literatura española, concretamente la reciente literatura del XVIII, fue probablemente una de las fuentes del autor anónimo del *Essai sur la littérature espagnole* (1810) con las que completó su texto a partir de las *Letters* de Dillon.

Respecto a su tratamiento del teatro, que merecería mayor atención, solo señalaremos un asunto: para Laborde, no es Lope —como sucede en viajeros anteriores, que recalcan junto a su genio su prolificidad— quien destaca por encima del resto de dramaturgos, sino Calderón, quien es «leur auteur dramatique le plus célèbre, celui dont les ouvres méritent le plus de passer à la postérité» (Laborde, 1808, t. v: 282). Como señalaba Rosa María Aradra, en las primeras décadas del siglo XIX, mientras la estética neoclásica aún dominaba en el panorama crítico español, será Lope de Vega el dramaturgo más citado y valorado. Sin embargo, «a raíz de textos foráneos» que divulgaban una nueva estética romántica —principalmente las ideas de August Wilhelm Schlegel sobre el drama español—, «[e]l centro del canon dramático pasa a ser Calderón» (Pozuelo Yvancos y Aradra Sánchez, 2000: 275). También en este punto puede considerarse el texto de Laborde como precursor de la visión romántica de la historia literaria española.

Por último, nos queda tan solo hablar de dos autores que repasaremos muy brevemente: John Bowring y Edward Blaquière. El primero, reconocido hispanista, publicó en 1819 unas *Observations on the State of Religion and Literature in Spain, made during a Journey through the Peninsula in 1819*, un opúsculo centrado, sobre todo, en describir las relaciones de autores e instituciones literarias del presente con el poder censor de la Iglesia. Aun así, se pueden observar también algunas apreciaciones histórico-literarias, por ejemplo respecto al drama español: tras constatar su larga decadencia, Bowring lamenta los intentos recientes de imitar el teatro francés, cuando harían mejor los dramaturgos nacionales en cultivar el «native genius» (Bowring, 1819: 15). Como ha estudiado Mercedes Comellas (2016), en este trabajo de juventud aún no demuestra Bowring los amplios conocimientos sobre poesía española que le llevarán a publicar en los años siguientes otros textos de mayor mérito.

Por su parte, Edward Blaquière publicó en 1822 *An historical review of the Spanish Revolution, including some account of religion, manners, and literature in Spain*. A pesar de la ausencia de cualquier indicación en el título, el volumen está organizado con la forma de un relato de viaje epistolar, dedicando la carta XV a «Literature and learned men» (Blaquière, 1822: 487-544). Más incluso que en el texto de Bowring, los intereses de Blaquière por la literatura española pasan exclusivamente por sus relaciones con el poder, especialmente de la Iglesia, y presenta una tradición marcada por la censura a la que en aquellos años comenzaban a enfrentarse los liberales. De nuevo, su enfoque es escasamente histórico y le interesa describir el *estado* actual de las letras en España: sus principales poetas, dramaturgos, academias, periódicos, así como la recepción de autores extranjeros por parte de los españoles. Para Blaquière, aquellos años del Trienio Liberal ofrecían una esperanza no solo política, sino también literaria:

> As the most glorious epoch of Spanish literature is, unquestionably, that in which her writers have been called upon to celebrate the restoration of liberty, it is to be hoped that those blossoms of bright promise, elicited by the new order of things, will, ere long, ripen into maturity, and that science, literature and the arts will keep pace with those institutions which are so indispensable to their successful cultivation. (Blaquière, 1822: 523-524)

Si bien no ahondan en la historia literaria, el interés de estos dos últimos textos se mantiene intacto en cuanto su mirada externa dibuja igualmente los contornos del objeto «literatura española». Sus figuraciones de este objeto, desde marcos políticos suficientemente claros, resultan igualmente interesantes para el contexto del debate europeo sobre las identidades literarias en el siglo XIX.

Algunas conclusiones: canon y «carácter nacional» entre la crítica neoclásica y el Romanticismo

Creemos que el repaso hecho hasta aquí permite constatar una dimensión historiográfica de los relatos de viaje a España entre la Ilustración y el Romanticismo. Estos textos, que fueron depositarios de variados saberes durante el siglo XVIII, abordaron en grados diversos la literatura española dentro del amplio conjunto de informaciones que suponía contar la Península a sus compatriotas. Es especialmente relevante observar cómo en sus repasos muchos de ellos emplearon fuentes historiográficas como la *Disertación* de Nasarre (1749), los *Orígenes* de Velázquez (1754) o las *Memorias* de Sarmiento (1775); conocieron y reflejaron los ejes fundamentales de la crítica neoclásica sobre el teatro o la épica españoles; e insertaron fragmentos poéticos que mayormente provenían de antologías como el *Parnaso español* de López de Sedano (1768-1778). Este trasvase de opiniones e informaciones, de esquemas valorativos y juicios estéticos, patentiza la inserción de los relatos de viaje a España dentro de un debate poético e historiográfico cuyo contexto es fundamentalmente europeo (Comellas, 2017). La historia y la identidad literarias nacionales son objeto de una «negociación» (Greenblatt, 1998) que escapa de las fronteras de la nación, cuyos actores se mueven por intereses diversos y parten a veces también de concepciones diversas del hecho poético, la historia o la cultura de un país.

No en vano, la primera historiografía literaria fue escrita por autores extranjeros que, como Simonde de Sismondi, caracterizaron la literatura española desde unas coordenadas románticas que situaban a la Península «en el espacio liminar en el que se cruzaban axialmente Norte y Sur, Oriente y Occidente» (Andreu Miralles, 2016: 40). Para Sismondi, la literatura española se diferenciaba de otras literaturas del sur de Europa precisamente por aquel sustrato árabe (Álvarez Rubio, 2007: 185-186) y, como señala Fernando Cabo, en «esa construcción de lo peculiar [de la identidad literaria española] la marca de lo oriental ha sido, con notable diferencia sobre cualquier otra, la que ha tenido mayor peso» a lo largo del siglo XIX (Cabo Aseguinolaza, 2012: 6). Aunque el asunto requiere un tratamiento más minucioso que reservamos para otro trabajo, ya en las páginas anteriores se observa el asentamiento progresivo de una concepción *oriental* de la literatura española en los relatos de viaje mencionados. E, incluso en el caso de Laborde, se observa cómo esta caracterización de la literatura española se funde con una caracterización previa que, desde presupuestos neoclásicos, la asociaba con el periodo barroco.

Además, se ha podido ver cómo los relatos de viajeros no solo reflejan una idea de la historia literaria que asumen de sus fuentes, sino que también dejan su huella en el entramado de negociaciones que sigue desarrollando la construcción historiográfica: el *Journey* de Baretti es fuente para

Peyron, las *Letters* de Dillon son fuente para los artículos historiográficos que Southey publicó en el *Monthly Magazine,* como también lo fueron para el anónimo *Essai sur la littérature espagnole* (1810), mientras que este, a su vez, se nutrió del *Itinéraire* de Laborde. Pero, además, como ha señalado Mercedes Comellas (2021: 268), la visión orientalista del autor del *Essai* —subrayamos: proveniente de sus fuentes viajeras— provocó el rechazo de Alberto Lista en unas notas a una traducción de la reseña francesa de Tourlet, publicada en la *Gazeta de Sevilla* en 1811: para Lista, contrario a las opiniones del *Essai,* la «literatura española se enriqueció muy poco con la oriental. Los árabes no sabían nada en la época de la invasión. [...] no conservamos ningún monumento literario que pruebe la influencia del gusto árabe en nuestra literatura» (Lista, en Comellas, 2021: 268). Alberto Lista estaba entrando de lleno en uno de los aspectos cruciales de la negociación historiográfica decimonónica, la relación de España con su pasado árabe, y respondiendo al autor del *Essai* estaba respondiendo a los viajeros que cristalizaron antes aquella caracterización oriental.

También el repaso ha permitido ver cómo los viajeros reflejaron un canon poético español, a veces con mayor o menor fundamento crítico. Este canon descansa tanto en las menciones y valoraciones que se van hilando en el discurso histórico como en los «catálogos» de autores más sobresalientes o en el valor antológico de estos relatos, que también merece un análisis más detenido. Respecto al drama, autores como Lope o Calderón oscilan entre una visión neoclásica que incide en lo desproporcionado de sus composiciones al margen de la preceptiva y otra visión que valora su genio o su fortaleza imaginativa. Sobre la lírica, se reconoce, por lo general, a los poetas áureos que desde los géneros historiográficos nacionales habían sido previamente elevados al parnaso nacional: Garcilaso, Boscán, Hurtado de Mendoza, los Argensola, fray Luis, Villegas, etc. Sobre la épica, se acusa la influencia de las ideas de Voltaire y domina la idea de que no es un género en el que hayan sobresalido los poetas hispánicos, cuyos intentos son constantemente comparados, para su desgracia, con la tradición italiana. En los libros de viaje ingleses, además, se observa una especial atención a Quevedo, y en todos, sin importar la procedencia, casi siempre se levanta al fondo, fuera de los géneros poéticos clásicos, la no cuestionada envergadura del *Quijote.*

El análisis en conjunto de todos estos textos, como un género historiográfico que se comunica con otros, permite conocer relaciones internas y externas de intertextualidad que contextualizan un periodo fundamental para la historia del canon y la historiografía literaria española: aquel que se extiende desde la Ilustración hasta el Romanticismo. A lo largo de las décadas que se suceden en este periodo, el relato de viaje ilustrado, y su método enciclopédico para la totalización del país extranjero, sirvió como soporte para la historia literaria española hasta, aproximadamente, la segunda o tercera década del siglo XIX. Entonces suceden dos cosas. En primer lugar, el histórico comienza a consolidarse como enfoque unitario para los fenómenos literarios, lo que supone la aparición de la historia literaria como género propio e independiente para el tratamiento de estos asuntos; para el caso español, el tomo tercero de la *Geschichte der spanischen Poesie und Beredsamkeit* (1804) de Bouterwek, dedicado a las literaturas española y portuguesa se traduce al francés en 1812 *(Histoire de la littérature espagnole)* y al inglés en 1823 *(History of Spanish and Portuguese literature),* mientras aparece *De la littérature du midi de l'Europe,* de Simonde de Sismondi, en 1813. En segundo lugar, el relato de viaje adquiere durante el Romanticismo una forma diferente de aproximarse al otro: cuando el viajero romántico quiere dar a conocer un país no recurre, como el viajero ilustrado, a la acumulación de datos e informaciones —a veces incluyendo mapas, tablas de importaciones o exportaciones comerciales, tablas demográficas, grabados de la flora o la fauna, la arquitectura, etc.—, sino que trata de totalizar la experiencia viajera atendiendo a la relación entre el Yo y la realidad externa: interesa el roce que provocan en la subjetividad del escritor las continuas experiencias del viaje, que ahora adquieren unidad no a través del prisma nacional-enciclopédico, sino del propio viajero como sujeto viviente de todas esas experiencias. Para entonces, el relato de viaje avanza hacia una forma más literaria —o bien más documental—, mientras se diluye el valor enciclopédico que había adquirido durante el siglo anterior, cuyos contenidos irán a parar ahora a nuevos géneros científicos e historiográficos.

Bibliografía

ALBURQUERQUE, Luis (2011), «El "relato de viajes": hitos y formas de la evolución del género», *Revista de Literatura,* 73, 145, pp. 15-34.

ALBURQUERQUE, Luis (2014), «Literatura de viajes y siglo XVIII español: repaso y sistematización», *Miríada Hispánica,* 9, pp. 37-68.

Álvarez Rubio, María del Rosario (2007), *Las historias de la literatura española en la Francia del siglo xix,* Zaragoza, PUZ.

Andreu Miralles, Xavier (2016), *El descubrimiento de España: mito romántico e identidad nacional,* Madrid, Taurus.

Aradra Sánchez, Rosa María (2009), «Los procesos de formación del canon. (Reflexiones metodológicas sobre el canon literario español de los siglos xviii y xix)», *Signa,* 18, pp. 21-44.

Aradra Sánchez, Rosa María (2021), «Las polémicas literarias en el siglo xviii. ¿Un género historiográfico?», *Dieciocho,* Anejo 8, pp. 27-60.

Arnold, A. James, Julio Rodríguez-Luis y J. Michael Dash (eds.) (1994-2001), *A History of Literature in the Caribbean,* Ámsterdam / Filadelfia, John Benjamins, 3 vols.

Attridge, Derek (1989), «Language as history / history as language: Saussure and the romance of etymology», en Derek Attridge, Geoff Bennington y Robert Young (eds.), *Post-structuralism and the question of history,* Cambridge, Cambridge University Press, pp. 183-211.

Bacigalupo, Mario Ford (1978), «An Ambiguous Image: English Travel Accounts of Spain (1750-1787)», *Dieciocho,* 1, pp. 116-118.

Bacon, Francis (1625), *Essayes or Counsels, Civill and Morall,* Londres, Printed by Iohn Haviland for Hanna Barret.

Baretti, Giuseppe (1770), *A journey from London to Genoa through England, Portugal, Spain and France,* Londres, T. Davis, 4 vols.

Baretti, Giuseppe (1777), *Voyage de Londres à Gênes : passant par l'Angleterre, le Portugal, l'Espagne et la France,* Ámsterdam, Rey, 4 vols.

Baretti, Giuseppe (1786), *Tolondron. Speeches to John Bowle about his edition of Don Quijote; Together with some account of Spanish literature,* Londres, R. Faulder.

Barthes, Roland (1963), «Histoire ou littérature?», en *Sur Racine,* París, Éditions du Seuil, pp. 145-167.

Batten, Charles L. (1978), *Pleasurable Instruction: Form and Convention in Eighteenth Century Travel Literature,* Berkeley, University of California Press.

Beltrán Almería, Luis (2003), «Hacia una filosofía de la historia literaria», *Rilce,* 19, 1, pp. 51-59.

Beltrán Almería, Luis (2004), «Horizontalidad y verticalidad en la historia literaria», en Leonardo Romero Tobar (ed.), *Historia literaria / Historia de la literatura,* Zaragoza, PUZ, pp. 13-30.

Beltrán Almería, Luis (2007), *¿Qué es la historia literaria?,* Madrid, Marenostrum.

Berchtold, Leopold (1789), *Essay to direct and extend the inquiries of patriotic travellers,* Londres, The author.

Bhabha, Homi K. (2002), «DisemiNación. El tiempo, el relato y los márgenes de la nación moderna», en *El lugar de la cultura,* Buenos Aires, Manantial, pp. 175-210.

Blaquière, Edward (1822), *An historical review of the Spanish Revolution, including some account of religion, manners and literature in Spain,* Londres, G. y W. B. Whittaker.

Bolufer Peruga, Mónica (2003), «Civilización, costumbres y política en la literatura de viajes a España en el siglo xviii», *Estudis,* 29, pp. 255-300.

Bolufer Peruga, Mónica (2009), «Between two shores: Travellers as cultural mediators. The journey to Spain in the eighteenth century», *Acta Histriae,* 17, pp. 83-102.

Bourguet, Marie-Noëlle (1997), «The explorer», en Michel Vovelle (ed.), *Enlightment portraits,* Chicago, Chicago University Press, pp. 257-315.

Bouterwek, Friedrich (1804), *Geschichte der Spanischen Poesie und Beredsamkeit,* Gotinga, Rower.

Bowles, William (1775), *Introducción a la historia natural y a la geografía física de España,* Madrid, Manuel de Mena.

Bowring, John (1819), *Observations on the State of Religion and Literature in Spain, made during a Journey through the Peninsula in 1819,* Londres, George Smallfield.

Cabo Aseguinolaza, Fernando (2004), «El giro espacial de la historiografía literaria», en Anxo Abuín y Anxo Tarrío (eds.), *Bases metodolóxicas para unha historia comparada das literaturas da península ibérica,* Santiago de Compostela, Universidade de Santiago de Compostela, pp. 21-43.

Cabo Aseguinolaza, Fernando (2012), *Historia de la literatura española 9. El lugar de la literatura española,* Barcelona, Crítica.

Cabo Aseguinolaza, Fernando (2020), «Perdidos en el espacio: los estudios literarios más allá del giro espacial. Textos, lugares, ficción y mundo», en Anxo Abuín, Fernando Cabo y Arturo Casas (eds.), *Textualidades (inter)literarias. Lugares de lectura y nuevas perspectivas teórico-críticas,* Madrid, Iberoamericana Vervuert, pp. 55-89.

Caimo, Norberto (1761), *Lettere d'un vago italiano ad un suo amico,* Pittburgo [¿Milán?], [Agnelli], vol. 1.

Cañas Murillo, Jesús (ed.) (1992), Blas Nasarre, *Disertación o Prólogo sobre las comedias de España,* Cáceres, Universidad de Extremadura.

Carrizo Rueda, Sofía (1996), «Morfología y variantes del relato de viajes», en Fernando Carmona y Antonia Martínez (coords.), *Libros de viaje,* Murcia, Universidad de Murcia, pp. 119-126.

Carrizo Rueda, Sofía (1997), *Poética del relato de viajes,* Kassel, Reichenberger.

Certeau, Michel de (2000), *La invención de lo cotidiano. 1: Artes de hacer,* México, UIA-ITESO.

Chang-Rodríguez, Raquel, y Marcel Velázquez Castro (dirs.) (2017-2018), *Historia de las literaturas en el Perú,* Lima, Fondo Editorial PUCP / Casa de la Literatura / Ministerio de Educación del Perú, 6 vols.

Chirico, David (2008), «The travel narrative as a (literary) genre», en Wendy Bracewell y Alex Drace-Francis, *Under Eastern eyes. A comparative introduction to East European travel writing on Europe,* Budapest / Nueva York, Central European University Press, pp. 27-60.

Clarke, Edward (1763), *Letters concerning the Spanish nation: written at Madrid during the years 1760 and 1761,* Londres, T. Becket.

Coe, Charles Norton (1949), «Wordsworth's Debt to Laborde's View of Spain», *Modern Language Notes,* 64, 1, pp. 29-31.

Comellas, Mercedes (2016), «La historia literaria española según John Bowring: "Observations on the state of religion and literature in Spain" (1819), "Poetical Literature of Spain" (1821-1822) y *Ancient Poetry and Romances of Spain* (1824)», en José Manuel González Herrán, Marisa Sotelo Vázquez, Marta Cristina Carbonell, Hazel Gold y Dolores Thion Soriano-Mollá (eds.), *La Historia en la Literatura española del siglo xix,* Barcelona, Universitat de Barcelona, pp. 411-432.

Comellas, Mercedes (2017), «Argumentos poéticos para un debate político: la poesía del Siglo de Oro en los años del exilio romántico», *e-Humanista. Journal of Iberian Studies,* 37, pp. 143-171.

Comellas, Mercedes (2021), «La "Escuela propiamente española": la polémica sobre el lenguaje poético y la idea de nación», *Dieciocho,* Anejo 8, pp. 247-280.

Comellas, Mercedes, y Antonio Sánchez Jiménez (2018), «El lopismo inglés del siglo xviii: *sir* John Talbot Dillon (1739-1805) y William Hayley (1745-1820)», *Edad de Oro,* 37, pp. 247-285.

Contreras Jiménez, Manuel (2018), «Las *Letters* de John Talbot Dillon (1781) y el *Essai sur la littérature espagnole* (1810) en los inicios de la historiografía literaria española», *Esferas Literarias,* 1, pp. 155-187.

Cornis-Pope, Marcel, y John Neubauer (eds.) (2004-2010), *Literary Cultures of East-Central Europe: Junctures and Disjunctures in the 19th and 20th Century,* Ámsterdam / Filadelfia, John Benjamins, 4 vols.

Croce, Benedetto (1920), *Nuovi saggi di estética,* Bari, G. Laterza & figli.

Custine, Astolphe, Marqués de (1838), *L'Espagne sous Ferdinand VII,* París, Ladvocat, 4 vols.

Dillon, John Talbot (1780), *Travels through Spain, with a view to illustrate the natural history and physical geography of that kingdom, in a series of letters,* Londres, G. Robinson.

Dillon, John Talbot (1781), *Letters from an English traveller in Spain, in 1778, on the origin and progress of poetry in that kingdom,* Londres, Baldwin.

Doležel, Lubomír (1998), *Breve historia de la poética,* Madrid, Síntesis.

Domínguez Prieto, César, Ángel Abuín González, Ellen W. Sapega y Fernando Cabo Aseguinolaza (eds.) (2010-2016), *A Comparative History of Literatures in the Iberian Peninsula,* Ámsterdam / Filadelfia, John Benjamins, 2 vols.

Even-Zohar, Itamar (1990), *Polysystem Studies,* monográfico en *Poetics Today,* 11, 1.

Farinelli, Arturo (1920), *Viajes por España y Portugal desde la Edad Media hasta el siglo xx,* Madrid, Centro de Estudios Históricos.

Fernández Cifuentes, Luis (2010), «Travel writing», en Fernando Cabo Aseguinolaza, Anxo Abuín González y César Domínguez Prieto (eds.), *A Comparative History of Literatures in the Iberian Peninsula,* Ámsterdam / Filadelfia, John Benjamins, vol. i, pp. 183-210.

Fernández-Herr, Elena (1974), *Les Origines de l'Espagne romantique : les récits de voyage, 1755-1823,* París, Didier.

Flores, Cristina, y Jonathan González (2019), «Los clásicos españoles en el Romanticismo inglés: el caso de Lope de Vega y *La hermosura de Angélica* en *Letters Written During a Short Residence in Spain and Portugal* de Robert Southey», *Bulletin of Spanish Studies,* 96, 8, pp. 1221-1249.

Foulché-Delbosc, Raymond (1896), «Bibliographie des voyages en Espagne et en Portugal», *Boletín de la Real Academia de la Historia,* 29, pp. 451-455.

Friederich-Stegmann, Hiltrud (2014), *La imagen de España en los libros de los viajeros alemanes del siglo xviii,* Alicante, Universidad de Alicante.

Frow, John (1991), «Postmodernism and Literary History», en David Perkins (ed.), *Theoretical Issues in Literary History,* Cambridge, Cambridge University Press, pp. 131-142.

García Díaz, Noelia (2009), «La recepción de las *Lettere d'un vago italiano ad un suo amico* de Norberto Caimo. Revisiones necesarias», *CES. XVIII,* 19, pp. 143-182.

González, Jonathan (2017), «Poetic Industry and Abominable Superstition: Southey on Lope de Vega», *Romanticism on the Net,* 68-69, <https://doi.org/10.7202/1070620ar> (consulta: 17/6/2022).

Greenblatt, Stephen (1989), «Towards a Poetics of Culture», en H. Aram Veeser (ed.), *The New Historicism,* Nueva York, Routledge, pp. 1-14.

Greenblatt, Stephen (1998 [1988]), «La circulación de la energía social», en Antonio Penedo y Gonzalo Pontón (eds.), *Nuevo historicismo,* Madrid, Arco / Libros, pp. 33-58.

Guerrero, Ana Clara (1990), *Viajeros británicos en la España del siglo xviii,* Madrid, Aguilar.

Guillén, Claudio (1985), *Entre lo uno y lo diverso. Introducción a la literatura comparada (ayer y hoy),* Barcelona, Crítica.

Guillén, Claudio (1989), *Teorías de la historia literaria,* Madrid, Espasa-Calpe (Colección Austral).

Holtz, Grégoire, y Vincent Masse (2012), «Étudier les récits de voyage: bilan, questionnements, enjeux», *Arborescences,* 2, <https://doi.org/10.7202/1009267ar> (consulta: 13/6/2022).

Juan, Jorge, y Antonio de Ulloa (1748), *Relacion historica del viage a la America Meridional hecho de orden de S. Mag. para medir algunos grados de meridiano terrestre y venir por ellos en conocimiento de la verdadera figura y magnitud de la tierra, con otras observaciones astronomicas y phisicas,* Madrid, Antonio Marín.

Laborde, Alexandre de (1808), *Itinéraire descriptif de l'Espagne,* París, H. Nicolle et Lenormant, 5 vols.

Lenglet du Fresnoy, Nicolas (1716), *Méthode pour étudier la géographie,* París, Charles Estienne Hochereau, vol. i.

Lentricchia, Frank (1980), *After the New Criticism,* Chicago, The University of Chicago Press.

Linon Chipon, Sophie, y Daniela Vaj (dirs.) (2006), *Relations savants. Voyages et discours scientifiques,* París, PUPS.

Lotman, Iuri (1996), «Sobre el contenido y la estructura del concepto de literatura artística», en *La semiosfera,* Madrid, Cátedra, vol. 1, pp. 162-181.

Magri-Mourgues, Véronique, (2009), *Le Voyage à pas comptés: Pour une poétique du récit de voyage au xix*e *siècle,* París, Champion.

Mainer, José-Carlos (1981), «De historiografía literaria española: el fundamento liberal», en Santiago Castillo (coord.), *Estudios de Historia de España: homenaje a Manuel Tuñón de Lara,* Madrid, Universidad Internacional Menéndez Pelayo, vol. 2, pp. 439-472.

Mainer, José-Carlos (1994), «La invención de la literatura española», en José-Carlos Mainer y José María Enguita Utrilla (coords.), *Literaturas regionales en España: historia y crítica,* Zaragoza, IFC, pp. 23-48.

Marino, Nancy (2014), «John Talbot Dillon and His Letters on the Origin of Spanish Poetry: a Reconsideration», *Dieciocho,* 37, 2, pp. 187-210.

Marotta Peramos, Mirella (1991), *Viajeros italianos del «settecento» y su visión de Madrid* (tesis), Manuel Gil Esteve (dir.), Universidad Complutense de Madrid.

Mombelli, Davide (2021), *La polémica hispano-italiana,* Madrid, Editorial Verbum.

MONTROSE, Louis A. (1989), «Professing the Renaissance: The Poetics and Politics of Culture», en H. Aram Veeser (ed.), *The New Historicism,* Nueva York, Routledge, pp. 15-36.

NEUBAUER, John (2001), «Literary History / Cultural History», *KulturPoetik,* 1, 1, pp. 37-55.

NEUBAUER, John (2007), «Introduction», en Marcel Cornis-Pope y John Neubauer (eds.), *Literary Cultures of East-Central Europe: Junctures and Disjunctures in the 19th and 20th Century. Volume III: The making and remaking of literary institutions,* Ámsterdam / Filadelfia, John Benjamins, pp. 345-355.

NÚÑEZ, Gabriel (2004), «Las historias de la literatura y la enseñanza pública», *Revista de Literatura,* LXVI, 131, pp. 77-85.

ORTAS DURAND, Esther (2005), «La España de los viajeros (1755-1846): imágenes reales, literaturizadas, soñadas...», en Leonardo Romero Tobar y Patricia Almárcegui (coords.), *Los libros de viaje. Realidad vivida y género literario,* Madrid, Akal, pp. 48-91.

ORTAS DURAND, Esther (2006), *Leer el camino. Cervantes y el «Quijote» en los viajeros extranjeros por España (1701-1846),* Alcalá de Henares, Centro de Estudios Cervantinos.

PÉREZ ISASI, Santiago (2010), «La historiografía literaria como herramienta de nacionalización en España (1833-1939)», *Oihenart,* 25, pp. 267-279.

PÉREZ ISASI, Santiago (2014), «Literaturas nacionales, literaturas supranacionales: el lugar de los estudios ibéricos», *Interlitteraria,* 19, 1, pp. 22-32.

PERKINS, David (1991), «Introduction», en David Perkins (ed.), *Theoretical Issues in Literary History,* Cambridge, Cambridge University Press, pp. 1-8.

PERKINS, David (1992; 1993), *Is Literary History Possible?,* Baltimore / Londres, The Johns Hopkins University Press.

PEYRON, Jean François (1780), *Essais sur l'Espagne: Voyage fait en 1777 et 1778,* Ginebra, s. n., 2 vols.

PFANDL, Ludwig (1913), *Robert Southey und Spanien: Leben und Dichtung eines englischen Romantikers unter dem Einflüsse seiner Beziehungen zur pyrenäischen Halbinsel,* Nueva York, Hispanic Society of America.

PIMENTEL, Juan (2003), *Testigos del mundo. Ciencia, literatura y viajes en la Ilustración,* Madrid, Marcial Pons.

PONZ, Antonio (1772), *Viage de España,* Madrid, Joachin Ibarra.

POZUELO YVANCOS, José María, y Rosa María ARADRA SÁNCHEZ (2000), *Teoría del canon y literatura española,* Madrid, Cátedra.

POZUELO YVANCOS, José María, Pere BALLART, María Xesús LAMA y Lourdes OTAEGI (eds.) (2022), *Ensayos de historiografía literaria (castellana, catalana, gallega y vasca),* Madrid, Gredos.

Pratt, Mary Louise (2008), *Imperial eyes. Travel writing and transculturation,* Londres / Nueva York, Routledge.

Regales Serna, Antonio (1983), «Para una crítica de la categoría "literatura de viajes"», *Castilla,* 5, pp. 63-85.

Robertson, Ian (1988), *Los curiosos impertinentes: viajeros ingleses por España desde la ascensión de Carlos III hasta 1855,* Barcelona, Serbal.

Román Gutiérrez, Isabel (2021), «De polémicas y apologías: el debate sobre el progreso de la España en las respuestas a Masson de Morvilliers y la historiografía ilustrada», *Dieciocho,* Anejo 8, pp. 125-162.

Romero Tobar, Leonardo (1998), «Introducción a la segunda mitad del siglo xix en España», en Víctor García de la Concha (dir.), *Historia de la literatura española,* Madrid, Espasa-Calpe, vol. 6, pp. xxi-lvi.

Romero Tobar, Leonardo (1999), «Entre 1898 y 1998: la historiografía de la literatura española», *Rilce,* 15, 1, pp. 27-49.

Romero Tobar, Leonardo (2004), «La historia literaria, toda problemas», en Leonardo Romero Tobar (ed.), *Historia literaria / Historia de la literatura,* Zaragoza, PUZ, pp. 67-86.

Rousseau, Jean-Jacques (1762), *Émile, ou De l'éducation,* Ámsterdam, Jean Néaulme.

Sismondi, J. C. L. Simonde de (1813), *De la littérature du midi de l'Europe,* París, Treutel et Würtz, 4 vols.

Southey, Robert (1796), «On the Poetry of Spain and Portugal», *Monthly Review,* II, pp. 451-453.

Southey, Robert (1797), *Letters written during a short residence in Spain and Portugal,* Bristol, Bulgin and Rosser.

Thompson, Carl (2011), *Travel writing,* Londres / Nueva York, Routledge.

Ticknor, George (1849), *History of Spanish literature,* Londres, John Murray.

Todorov, Tzvetan (2010), *The fear of barbarians. Beyond the clash of civilizations,* Chicago, Chicago University Press.

Turner, Katherine (2004), «Twiss, Richard (1747–1821), travel writer», *Oxford Dictionary of National Biography,* <https://www.oxforddnb.com/view/10.1093/ref:odnb/9780198614128.001.0001/odnb-9780198614128-e-27918> (consulta: 16/6/2022).

Twiss, Richard (1775), *Travels through Portugal and Spain in 1772 and 1773,* Londres, Robinson.

Urzainqui, Inmaculada (2007), «El Parnaso español en la historia literaria del siglo xviii», *Bullentin Hispanique,* 109, 2, pp. 643-684.

Velázquez de Velasco, Luis José (1754), *Orígenes de la poesía castellana,* Málaga, Francisco Martínez Aguilar.

VILLEMAIN, Abel-François (1852), *Cours de littérature française. Tableau de la littérature du Moyen Âge en France, en Italie, en Espagne et en Angleterre,* París, Didier.

WAHLBERG, Martin, (2010), «Littérature de voyage et savoir: la méthode de lecture de Buffon», *Dix-huitième siècle,* 42, pp. 599-616.

WELLEK, René (1983), *Historia literaria. Problemas y conceptos,* Barcelona, Laia.

WOLFZETTEL, Friedrich (1996), *Le discours du voyageur,* París, PUF.

III.
LAS PLUMAS:
HISTORIADORES Y AUTORES LITERATOS

LA CONSTRUCCIÓN DEL CANON POÉTICO EN LOS ENSAYOS DE MANUEL JOSÉ QUINTANA[1]

Rodrigo Olay Valdés
(Universidad de Oviedo)

Planteamiento

En este capítulo proponemos una breve aproximación a los trabajos histórico-literarios de Manuel José Quintana (1795, 1796, 1797, 1807, 1817*a*, 1817*b*, 1830, 1833, 1852) con objeto de analizar cómo su reconstrucción del transcurso de la poesía española, realizada en un momento en que diferentes eruditos están trazando sus propios cánones (Capmany, Conti, Estala, Sedano…), supone en realidad una lectura interesada de la tradición en la que busca aquellos elementos que le son más afectos, presentándose implícitamente como heredero último de un perfeccionamiento paulatino de la poesía hispánica. Así, rechazará los textos medievales, de valor principalmente histórico, pero átonos desde los presupuestos estéticos dieciochescos; despreciará tanto el petrarquismo como el abuso de la imitación de los clásicos orientándose en realidad hacia una búsqueda de nuevos temas para la poesía en consonancia con la renovación que la corriente filosófica introdujo a finales del Setecientos; y defenderá aproximaciones formales abiertas tales como el endecasílabo (frente al octosílabo) o la asonancia (frente a la consonancia) entendiendo que propiciaban una

1 Este capítulo se enmarca en el proyecto de investigación *SILEM II: Biografías y polémicas: hacia la institucionalización de la literatura y el autor* (RTI2018-095664-B-C21) del Ministerio de Ciencia, Innovación y Universidades.

mayor complejidad semántica. Veremos cómo Quintana vuelve una y otra vez sobre los mismos textos al tiempo que amplía y acendra su interpretación de los mismos, que en realidad modifica poco; y veremos también que no privilegiará ningún material literario por entenderlo específicamente español; antes al contrario, su lectura será presentista, independientemente del origen geográfico de los ingredientes literarios que considera vigentes en el momento de escritura de sus ensayos.

Ediciones y antologías: itinerario editorial

Nos disponemos a abordar, dicho quede, un campo de estudio bien roturado por la crítica, a saber, el de la labor histórico-literaria desarrollada por Manuel José Quintana (1772-1857), que abarca desde 1795, a sus veinte años mal cumplidos, hasta 1833, momento en que está a punto de ser nombrado prócer del reino y su institucionalización es ya casi completa, después de los vaivenes revolucionarios de los años veinte (Dérozier, 1978: 758-760). Basta de hecho fijarse en los títulos extremos de esas dos obras de 1795 y 1833 para advertir una de las características principales del ensayismo literario —si la etiqueta no es excesiva— de Quintana: en aquella, da a conocer su displicente edición por encargo de la *Bética,* de Juan de la Cueva (Quintana, 1795); en esta, los dos tomos de la segunda parte de sus *Poesías selectas castellanas,* a saber, la *Musa épica,* incluye de nuevo un extenso fragmento del mismo poema (Quintana, 1833, I: 163-221) que merece un comentario no menos acerbo que el de treinta y ocho años antes (1833, I: 35-43), y con el que por cierto aparecen bien perceptibles concomitancias literales (1795: 8, 10-11; 1833, I: 38, 40):

Su héroe, frío, sin actividad y sin energía, jamás obra, jamás se anima; y es de las primeras figuras la que está dibujada con menos fuerza, siendo así que todas ellas son bien débiles. Dirase acaso que Cueva, a manera del Taso, quiso darle majestad y decoro sacrificando la vivacidad y la acción. Pero, prescindiendo de que hay mucha distancia de Fernando a Gofredo, el poeta italiano ha sabido compensar la falta de fuego de su héroe con el que derramó en los bellísimos personajes de Rinaldo y Tancredo. ¿Y dónde encon-	Su héroe, frío, sin actividad y sin energía, jamás obra *por sí mismo,* jamás se anima; y es de las primeras figuras *del cuadro* la que está dibujada con menos fuerza, siendo así que todas *las demás* son bien débiles. Dirase acaso que Cueva, a manera del Taso, quiso darle majestad y decoro *a costa de* la vivacidad y de la acción. Pero, prescindiendo de que hay mucha distancia *del Fernando de la «Bética» al Gofredo de la «Jerusalén»,* el épico italiano ha sabido compensar la falta de *movimiento* en su héroe con *el fuego que anima en su fábula*

traremos en la *Bética* un Tancredo y un Rinaldo?

(Quintana, 1795: 8).

los bellos personajes de *Reinaldo* y *de* Tancredo. ¿Dónde *encontrar* en la *Bética* un Tancredo y un *Reinaldo*?

(Quintana, 1833, I: 38; escribimos en cursiva las modificaciones).

Si nos hemos apresurado a reproducir este primer ejemplo a puerta fría es porque resume y concentra varias de las tesis que vamos a defender de aquí en adelante; principalmente, i) que Quintana construyó un pensamiento histórico-literario tremendamente orgánico y consecuente a lo largo de su trayectoria, con muy pocos cambios de opinión; y ii) que se sirvió constantemente de unos mismos materiales en los que fue introduciendo pequeñas modificaciones, de forma que sus obras de madurez se construyen sobre los cimientos de las de juventud.

Ahora bien, hemos empezado afirmando que no puede decirse, desde luego, que la abundante labor ensayística de Quintana haya pasado desapercibida, como lo prueban antes que nada los numerosos estudios del profesor Lara Garrido (2008*a*, 2008*b*, 2009, 2010, 2013), que, al tiempo que desentraña los mecanismos ideológicos que subyacen a estas obras, ha insistido repetidamente en las ricas diferencias que en efecto se advierten entre los diversos trabajos de Quintana, que la crítica más apresurada ha visto como meras reimpresiones. Al mismo tiempo, también hemos de atender a la monografía clásica de Dérozier (1978: 271-281), a la síntesis de Cebrián (1996: 579-583) y a los artículos de Checa Beltrán (2002), Arenas Cruz (2009) o Cañas Murillo (2009), entre otras prospecciones de detalle que pueden seguirse en las apabullantes bibliografías de los ya citados estudios del profesor Lara Garrido, que es sin duda quien con mejor plectro ha cantado el asunto que nos concierne.

Para clarificar mínimamente el terreno, partamos de una pequeña serie de datos. El joven Quintana, por influencia y protección de Estala (Arenas Cruz, 2009), se encarga de editar tres obras, una en la Imprenta Real y dos en la fundamental colección de Ramón Fernández (Checa Beltrán, 2002), a quien hoy sabemos comitente, esto es, responsable financiero de la serie, y en modo alguno pseudónimo de Estala, como ya demostrara Andioc en un trabajo tan significativo como breve (1994). Y bien, las tres obras que Quintana prepara, en 1795, 1796 y 1797, son respectivamente su edición de la *Bética* de Juan de la Cueva (1603) y sus antologías de *Poesías escogidas de nuestros cancioneros y romanceros antiguos* —que da cuenta sobremanera de la poesía del siglo xv, de Mena, Manrique, etcétera, al Romancero viejo— y de las *Poesías inéditas de Francisco de Rioja y otros poetas andaluces* —que incluye a Rioja, Herrera, Arguijo, Céspedes, Alcázar, bien entendido que se atribuyen al primero la *Canción a las ruinas de Itálica,* de Rodrigo Caro, y la *Epístola moral,* de Andrés Fernández de Andrada—. En los tres tomos, Quintana incluye breves y contundentes prólogos, pero ni inserta notas biobibliográficas antes de las páginas dedicadas a cada autor, ni tampoco ofrece notas y comentarios finales.

Esta primera serie de trabajos fructificaría diez años más tarde, cuando Quintana publique, en tres volúmenes, las *Poesías selectas castellanas desde el tiempo de Juan de Mena hasta nuestros días* (1807), precedidas por una extensa «Introducción» (1807, I: xi-lxxxv), y en cuyo curso a los poetas más destacados les corresponderá una breve nota o noticia preliminar —así, en el tomo primero, se incluyen reseñas de Garcilaso (I: 61-62); fray Luis (I: 77-78), Herrera (I: 162), los Argensola (I: 346-347) y Villegas (I: 377-378), pero no de otros antologados como Francisco de la Torre, Rioja, Balbuena, Céspedes… La correspondencia entre estos tres nuevos tomos y los preparados por Quintana en la década anterior está clara: el tomo i de 1807 —del siglo xv a los Argensola— recupera una pequeña parte de las primeras páginas de las *Poesías escogidas de nuestros cancioneros y romanceros antiguos* (1796) y vacía sustancialmente las *Poesías inéditas de Francisco de Rioja y otros poetas andaluces* (1797); el tomo ii de 1807 —Romancero y poesía de Lope— vuelca el resto de las *Poesías escogidas de nuestros cancioneros y romanceros antiguos* (1796); finalmente, el tomo iii de 1807 —de Jáuregui a Cadalso— es fundamentalmente nuevo.

El mapa se complica porque Quintana publicó más libros de los que escribió: esta antología de 1807 fue reimpresa sin cambios otros diez años más tarde simultáneamente en Perpiñán (1817*a*, bajo el título *Tesoro del Parnaso español o poesías selectas castellanas desde el tiempo de Juan de Mena hasta nuestros días,* y en cuatro en vez de tres tomos) y Madrid (1817*b*, con el título de 1807 y de nuevo en tres tomos).

Finalmente, Quintana culminó la publicación de su antología definitivamente en 1830, ahora sí en cuatro tomos, añadiendo una «Dedicatoria» a Juan Meléndez Valdés (1830, I: viii-xvi), acreciendo la «Introducción» (1830, I: i-lxvii), incorporando nuevas noticias acerca de diversos poetas, cerrando cada tomo con una suerte de comentarios entre lo filológico, lo crítico, lo erudito y lo estilístico (1830, I: 327-372; II: 539-565; III: 401-431; IV: 617-620) y renovando profundamente lo que ahora pasa a ser el tomo cuarto, dedicado a los poetas contemporáneos, que merecen su propia «Introducción a la poesía castellana del siglo xviii» (1830, IV: vii-lii).

Más en detalle, hemos de decir que la selección de autores, excluido el siglo xviii, no cambia en absoluto, con tres excepciones: la antología de 1807 no incorporaba a san Juan de la Cruz, lo que se subsana ahora (1830, I: 265-273), ni tampoco a los oscuros Licenciado Dueñas (1830, III: 369-371) y Agustín de Tejada Páez (1830, III: 390-395); en lo que a la nómina de textos se refiere, la antología de 1830 injiere en su lugar apropiado una serie de textos que en 1807 eran ofrecidos solo en apéndice —así, la *Canción* «Alivia sus fatigas» y la *Sátira contra la Marquesilla* de Lupercio de Argensola (1807, II: 541-543; 1830, II: 4-11) y las sátiras *Diálogo entre el poeta y su musa* y *Los vicios de la Corte,* de Bartolomé (1807, II: 545-549; 1830, II: 34-69).

Los cambios más significativos, como venimos de comentar, se producen entre los poetas contemporáneos —la tinta de la historia reciente es siempre tinta fresca y corrediza—; en estos casos, no es sencillamente que el canon se amplíe, que también, sino que ciertos autores desaparecen, esto es, Jorge Pitillas (pseudónimo de José Gerardo de Hervás) y Alonso Verdugo, III conde de Torrepalma, muy superados e incluso retardatarios para 1830:

	Poetas del siglo xviii en 1807		Poetas del siglo xviii en 1830
t. iii	Jorge Pitillas, Conde Torrepalma, Luzán, Moratín padre, Cadalso	t. iv	Luzán, Moratín padre, Cadalso, Iriarte, Samaniego, Meléndez Valdés, Jovellanos, Forner, Cienfuegos, Moratín hijo, Arjona, Francisco de Paula López de Castro, el Conde de Noroña, Sánchez Barbero

De tal forma, la lista de poetas más representados en 1807 y 1830 no se ve alterada, y queda como sigue: Lope de Vega (46 poemas), Góngora (41), Quevedo (33), Villegas (25), Francisco de la Torre (18), Herrera (14) y Rioja (11). El canon responde perfectamente al *statu quo* del Setecientos, y convierte según su cosmovisión a Quevedo en el poeta presuntamente más representado, pues, como explicaremos más adelante, Quintana suma a sus 33 composiciones las 18 del bachiller Francisco de la Torre, que se considera su heterónimo o, más precisamente, pseudónimo (Palacios Fernández, 1983: 540-541).

También se modifica grandemente en 1830 la lista de poetas biografiados, pues pasamos de 9 a 23; esto es, sencillamente se añaden los perfiles de los poetas del Setecientos al tiempo que se mantienen y reaprovechan los ya trazados para los poetas de los Siglos de Oro:

	Biografías en 1807	Biografías en 1830
t. I	Garcilaso, fray Luis, Herrera, los Argensola, Villegas	Garcilaso, fray Luis, Herrera
t. II	Lope de Vega	Los Argensola, Villegas, Lope de Vega
t. III	Jáuregui, Góngora, Quevedo	Jáuregui, Góngora, Quevedo
t. IV	-	Luzán, Moratín padre, Cadalso, Iriarte, Samaniego, Meléndez Valdés, Jovellanos, Forner, Cienfuegos, Moratín hijo, Arjona, Francisco de Paula López de Castro, el Conde de Noroña, Sánchez Barbero

En relación con esto, desaparece un apartado final del prólogo de 1807 (Quintana, 1807, I: LXXVII), dedicado a la poesía del XVIII («restablecimiento del buen gusto»), transubstanciado y acrecido en forma de prólogo del tomo IV de 1830, casi enteramente novedoso (Quintana, 1830, IV: LXX). Esta versión ya desdoblada de los prólogos de 1830, a la que se ha de añadir el que en 1833 antepone al primer tomo de su *Musa épica,* es la que se antologa en 1852 en el tomo de Quintana de la BAE (1852: 125-173), colección en la que, ya en pleno proceso de coronación como poeta, el madrileño es el único autor en entrar con vida.

En fin, ya hemos dicho que en 1830 se incorporarán definitivamente las «Observaciones» finales en cada tomo, que Quintana había proyectado en 1807 (I: IX), sin suerte por carecer «del tiempo y la atención [...] que me permitían las circunstancias actuales». Es esto muy significativo y dice mucho de las operaciones realizadas por el antólogo sobre los textos; en realidad, las «Observaciones» se insertan sobremanera para dar razón de aquellos poemas en los que se han suprimido fragmentos, de acuerdo con las preferencias estéticas de Quintana:

> De estas supresiones hubiera dado razón en las observaciones críticas que pensaba poner al final de cada tomo, donde los lectores hubieran hallado las noticias particulares a cada composición y mi juicio sobre sus bellezas y defectos. Pero esto pedía por su delicadeza más tiempo y atención que la que me permitían las circunstancias actuales; y de todas las ilustraciones que me propuse al principio, solo he podido bosquejar en la Introducción la historia de la poesía castellana, limitándola a los géneros y autores comprendidos en la obra. (Quintana, 1807, I: IX)

Por último, dejando al margen estos cambios, ya anunciamos que en 1833 Quintana habría de culminar su labor histórico-crítica con los dos tomos de su *Musa épica,* cerrando impecablemente el círculo abierto en 1795 con su edición de la *Bética.* A esta labor, en fin, seguirían nuevas reediciones sin variación alguna en 1838 y 1840 en que ya no hemos de demorarnos (Lara Garrido, 2009: 134).

El telar de *Quintano*

Vista la construcción estratificada de la producción ensayística de Quintana, Quintano en el Parnaso salmantino, propondremos una serie de calas con objeto de demostrar cómo fue avanzando la elaboración de estas obras partiendo de las dos tesis enunciadas, a saber, que procedió por acumulación, superponiendo versiones, y que modificó poco sus ideas.

En este primer ejemplo, uno entre muchos que podríamos elegir, se advierte cómo, pese a haber más de diez años de diferencia, un fragmento del breve prólogo de 1796 se asume completa y literalmente en el ensayo orgánico que abre el primero de los tomos de la antología de 1807. En concreto, se trata de un pasaje en que Quintana encarece la fuerza y frescura líricas del Romancero, en la que siempre creyó y que a él mismo llevó a ejercitar esta forma poética:

[...] las odas de León, Herrera y Rioja. Pero ellos fueron propiamente nuestra poesía lírica: en ellos empleaba la música sus acentos; ellos eran los que se oían en los estrados y por las calles en el silencio de la noche, al son del arpa o la vihuela; ellos servían de	[...] las odas de León, Herrera y Rioja. Pero ellos *eran* propiamente nuestra poesía lírica: en ellos empleaba la música sus acentos; ellos eran los que se oían en los estrados y *en* las calles al son del arpa o la vihuela; ellos servían de *vehículo y de* incentivo a los amores,

incentivo a los amores y tal vez de flechas a la sátira y la venganza; pintaban felizmente las costumbres moriscas o las pastoriles; y conservaban también la memoria del Cid y otros héroes señalados. En fin, más flexibles que los otros géneros se plegaban a toda clase de asuntos, se ataviaban con un lenguaje rico y natural, se pintaban de una media tinta amable y suave, y presentaban por todas partes aquella facilidad, aquella frescura, propias solamente de un carácter original, sin violencia y sin estudio.

(Quintana, 1796: XV).

de flechas a la sátira y la venganza; pintaban felizmente las costumbres moriscas *y las* pastoriles; y conservaban *en* la memoria *del vulgo las proezas* del Cid y otros *campeones*. En fin, más flexibles que los otros géneros se plegaban a toda clase de asuntos, se *valían de* un lenguaje rico y natural, se *vestían* de una media tinta amable y suave, y presentaban por todas partes aquella facilidad, aquella frescura, propias solamente de un carácter original, sin violencia y sin estudio.

(Quintana, 1807, I: LVIII; escribimos en cursiva las modificaciones).

Lo mismo sucederá en el encadenamiento posterior y trasvase de 1807 a 1830, como se puede comprobar, por citar un solo ejemplo, en la nota biobibliográfica de Góngora, sobre la que no se opera ningún cambio (Quintana, 1807, II: 208; Quintana, 1830, II: XXIX).

A continuación podemos ver, sin embargo, cómo lo normal es que Quintana someta sus materiales preexistentes a una labor de *amplificatio*. En este caso se advierte cómo una misma serie de autores (Santillana, Manrique, Garci Sánchez de Badajoz, Macías) y temas (sus respectivas obras poéticas y las desdichas sentimentales de este último) se encadenan siguiendo una misma *dispositio*, pero sin coincidencias literales y con un desarrollo mayor en la versión de 1807; en fin, se trata claramente ahora de un ejemplo de reescritura.

Esto bastaba para que los cortesanos se dedicasen al cultivo de la poesía, y entre ellos don Jorge Manrique y el Marqués de Santillana hacen honor a su siglo. La fermentación general que de aquí se originaba, fue ayudada en gran manera por la galantería, que entonces más apasionada que ahora, produjo sucesos capaces de agitar por sí solos la imaginación exaltada de aquellos poetas. El desdichado Macías, llamado por excelencia el enamorado, después de haber perdido por sus amores la libertad, pereció en prisión a manos del marido de la dama a quien amaba. Garcisánchez, poeta de más opinión y crédito que Macías, se volvió loco [...].

(Quintana, 1796: IV).

Los otros poetas más distinguidos de este siglo fueron el Marqués de Santillana, uno de los caballeros más generosos y valientes que hubo en él, hombre docto, y poeta fácil y dulce en los amores, cuerdo y grave en las sentencias; Jorque Manrique, que floreció después, y que en sus coplas a la muerte de su padre dejó el trozo de poesía más regular y puramente escrito de aquel tiempo; Garci Sánchez de Badajoz, que escribió coplas con mucho calor y agudeza; en fin, Macías, anterior a todos autor de solas cuatro canciones, pero que no será olvidado jamás por sus amores y muerte deplorable.

(Quintana, 1807, I: XXIX).

La *amplificatio* se advierte igualmente en el siguiente ejemplo, en que Quintana se refiere a Herrera, un autor por el que siempre manifiesta un muy especial aprecio, pero al que a menudo reprocha su limitación temática y su insistencia en los tópicos amorosos petrarquistas (Comellas, 2021*a*: 339), de un modo no muy distinto del que llevó a Jovellanos a sugerir a sus compañeros salmantinos la apertura temática hacia otros horizontes en su conocida *Epístola I* (1984: 85-93). Más tarde veremos que una de las características de la labor histórico-literaria de Quintana es su presentismo, que lo lleva a juzgar las obras del pasado como si fueran sus contemporáneas y analizarlas de acuerdo con las claves vigentes en el momento de escritura, sea este 1795, 1807 o 1830. Y bien, más allá de ello, lo que nos interesa de estos dos textos es advertir cómo Quintana en 1797 hace dos afirmaciones, en realidad a zaga de Estala (Ruiz Pérez, 2002; Comellas, 2021*b*: 297-298): primero, que Herrera creó un lenguaje poético nuevo; y segundo, que descubrió lo que llama «armonía imitativa», sin llegar a desarrollar ninguna. Sin embargo, diez años después, al alcanzar el mismo punto, Quintana explica con detalle, primero, en qué consiste esa novedosa lengua poética (usó palabras compuestas y nuevas voces, restableció adjetivos olvidados, alejó la dicción poética de la oralidad), y, segundo, qué entiende por «armonía imitativa» y cómo la ejecutó Herrera, tratando de acercar las imágenes poéticas al modo en que estas se representan lingüísticamente —por ejemplo, sirviéndose de voces ásperas para retratar momentos de zozobra, etc.—.

Herrera, anterior a Rioja y tal vez su maestro, es superior a todos nuestros poetas en el cuidado y aliño de la elocución. Él se creó un lenguaje poético desconocido hasta entonces; y él fue quien empezó a descubrir algunas centellas de la armonía imitativa, que todos los demás descuidaron en mengua eterna de nuestra hermosa lengua.

(Quintana, 1797: [6]).

[...] Fernando de Herrera, hombre a quien la elocución poética debe más que a ninguno. Su talento era igual a su estudio; y, familiarizado con las lenguas latina, griega y hebrea, se dedicó a imitación de los grandes escritores antiguos a formar un lenguaje poético que compitiese en pompa y riqueza con el que ellos usaron en sus versos. Es verdad que ya no estaba él en la situación de Juan de Mena, y que no tenía facultades para suprimir sílabas, sincopar frases, mudar terminaciones. Esta parte física de la lengua estaba ya fijada por Garcilaso y sus imitadores, y no podría sufrir alteración. Pero la parte pintoresca podía recibir y de hecho recibió de él grandes mejoras:

> valiose mucho de las palabras compuestas que ya había, introdujo otras nuevas, restableció muchos adjetivos olvidados a que dio nuevo vigor y frescura por la oportunidad con que los aplicó, y usó en fin de más frases y modos de decir separados de la lengua usual y común que ningún otro poeta. A este esmero añadió otro no menos esencial, que fue el cuidado de pintar al oído por medio de la armonía imitativa, haciendo que los sonidos tuviesen analogía con la imagen. Él los rompe o los suspende, los arrastra penosamente o los precipita de golpe, ya los hace rozarse con aspereza, ya tocarse con blandura; en fin, unas veces corren fluidos y fáciles, otras penetran el oído con sosegada y apacible melodía.
>
> (Quintana, 1807, I: XLIII).

Hecha la principal labor de desarrollo y corrección de los textos de los años noventa, de los que surge el prólogo de 1807, es menos habitual advertir modificaciones de calado en el de 1830 respecto de este último, más allá del ya comentado y poderoso desarrollo del último epígrafe del estudio introductorio de 1807, que cuaja nada menos que en un nuevo prólogo para el tomo IV de 1830 acerca de la poesía del siglo XVIII. En muy pocas ocasiones nos cabe advertir algo semejante al cotejar los prólogos de 1807 y 1830, lo que no quiere decir que no haya correcciones de detalle, como en el caso siguiente, en que se percibe cómo determinadas descalificaciones dirigidas hacia los poemas en arte mayor de Villegas, uno de los grandes modelos de los poetas del Setecientos (Lama, 2017: 77-92), se atemperan algo para hacer disminuir su temperatura verbal.

Discípulo del menor Argensola fue Villegas, que si al talento natural hubiera hermanado alguna parte del juicio y sensatez de su maestro, nada dejara que desear en los géneros que cultivó. Él fue el primero que hizo conocer la anacreóntica entre nosotros; y a pesar de sus defectos sus cantinelas y monóstrofes se leen todavía con agrado y quedan grabados en la memoria	Discípulo del menor Argensola fue Villegas, que si al talento natural hubiera hermanado alguna parte del juicio y sensatez de su maestro, nada dejara que desear en los géneros que cultivó. Él fue el primero que nos dio a conocer la anacreóntica; y si en sus cantinelas y monóstrofes se ofende a veces el gusto con falsos conceptos, los equívocos y retruécanos que encuentra,

de la juventud. La causa de esto es que en ellas hay vivacidad, ligereza, gracia, cadencia, que son las prendas características del género a que pertenecen, y halagan a un tiempo la imaginación y el oído. Sus versos grandes no han tenido la misma aceptación; y es que la facilidad, el número y la erudición no compensan en ellos el desagrado que causan la afectación, la pedantería, la falta de calor y de entusiasmo, las transposiciones violentas, las locuciones viciosas, en fin, los retruécanos y antítesis pueriles de que abundan.

(Quintana, 1807, I: LIII).

más frecuentemente se agrada con la vivacidad, la ligereza y la gracia que la anima, con aquella libertad y travesura tan propias de un muchacho, con aquella cadencia en fin y aquel acento que halagan y cautivan el oído, y hacen perdonarlo todo. No sucede lo mismo con sus versos mayores: fácil generalmente y numeroso en ellos, rima con desahogo y maestría y descubre de cuando en cuando un seso y una doctrina muy superiores a sus pocos años. ¿Pero qué son idilios sin sencillez y sin afectos, elegías sin melancolía ni ternura, odas sin elevación ni entusiasmo? Aun cuando estuviesen libres de estos defectos capitales, siempre perderían mucho de su valor por la continua afectación y pedantería, por las locuciones viciosas, antítesis y falsas flores de que abundan.

(Quintana, 1830, I: XLIV-XLV).

En conclusión, como hemos dicho, resulta bastante claro advertir cómo ha procedido Quintana en la organización y composición de sus textos, una vez desvanecido el espejismo, producido por el apresuramiento, de que todos son uno y el mismo, como repetidamente ha desmentido Lara Garrido (2009: 77-79).

Construcción y reconstrucción del canon: bases estéticas e ideológicas

Como acabamos de ver, la labor histórico-literaria de Quintana destaca por su complejidad textual y su profusión. A la luz de sus propios estudios sobre la tradición literaria española, cabe consignar que es la suya una visión patriótica del pasado —lo cual queda a las claras no solo en su labor ensayística, sino en poemas como *A Guzmán el Bueno* o *Canción en alabanza de Guzmán el Bueno* (Quintana, 1969: 243-252), personaje a quien también dedicó una de sus famosas semblanzas (1852: 211-218)—. En esencia, Quintana busca, como en estas dos composiciones poéticas, modelos de antigüedad y casticismo que se revisten de valores ilustrados (buen y justo gobernante, defensa del pueblo, ideal de progreso…). Precisamente por eso, la suya es una labor presentista, dado que no juzga con sentido histórico las piezas literarias del pasado, como haría un Sarmiento (1775) o un Tomás Antonio Sánchez (1779-1790), sino que las observa de acuerdo con los valores literarios que más interesan a Quintana y a su tiempo (lo cual puede advertirse en su valoración de poemas como el *Cantar de mio Cid,* formas estróficas como los romances o el soneto y aun versos como el endecasílabo, tal como iremos recorriendo). En esta línea, podemos afirmar que para él el pasado se *clasiquiza* e incluso *filosofiza,* si valen los términos, porque, a sus ojos, toda literatura es contemporánea, como se advierte cuando subraya que Rioja —como bien pudiera alguno de los compañeros de generación del propio Quintana— destaca por la

> vehemencia, en fin, de imaginación y la fuerza y severidad de pensamiento que en casi todas ellas [sus poesías] centellean. Ninguno ha manifestado un carácter tan respetable y filosófico, ninguno una sensibilidad tan interesante; ninguno el acierto de variar el tono tan a propósito, según los diferentes objetos que se le presentaran a la vista. (Quintana, 1797: [4])

No perdamos de vista que Quintana atribuye a Rioja no solo la *Cancón de las ruinas de Itálica,* lo que ya hacía Sedano en 1774 en el octavo tomo de su *Parnaso,* sino también la *Epístola moral a Fabio,* que Sedano, sin embargo, ahijó a Bartolomé de Argensola; esta segunda atribución de Quintana, a zaga de la de Estala —quien también hacía a Rioja responsable de la *Epístola* (1786: 185)—, resultó muy influyente y a todas luces agigantó su talla, hasta el punto de hacer de Rioja, siempre según Quintana, el maestro de Herrera y de la Escuela Sevillana (Rioja, 1984: 88-89). Si este segundo texto no se lo despojaría la filología a Rioja al menos hasta finales del XIX, cuando Adolfo de Castro publicara *La «Epístola moral a Fabio» no es de Rioja. Descubrimiento de su verdadero autor* (1875), la efectiva desposesión del primero se produciría solo un poco antes, en un conocido trabajo de Aureliano Fernández Guerra (1870: 175-200).

Quintana obedece inevitablemente a los tópicos del momento (Palacios Fernández, 1983); y del mismo modo que exagera el mérito de Rioja por ahijarle composiciones de Rodrigo Caro y Andrés Fernández de Andrada, considera que las poesías de Francisco de la Torre son en realidad obra de Francisco de Quevedo (Torre, 1984: 11-13):

> A este mismo tiempo pertenecen en mi opinión las poesías de Francisco de la Torre, publicadas por Quevedo en 1631. Nadie dudó entonces que estas

> obras fuesen de un poeta anterior al editor, pero casi en nuestros días [1753] un hombre de mucho mérito (D. Luis Velázquez) las reimprimió con un discurso al frente en que aseguró eran una producción de Quevedo; el cual había querido publicar con nombre ajeno sus versos amatorios. La absoluta ignorancia en que se está de la calidad y circunstancias del tal Francisco de la Torre; el ejemplar de Lope de Vega que había publicado con el nombre de Burguillos poesías conocidamente suyas; la semejanza de estilo que creía ver Velázquez entre estos versos y los de Quevedo, con otras razones menos importantes fueron los fundamentos de esta opinión, que por entonces se siguió sin contradicción alguna. (1807, I: xxxix)

Pero, dejando al margen estos pormenores eruditos, lo que nos interesa examinar es cómo Quintana proyecta sobre la historia literaria española aquellos aspectos que más le interesan a él como poeta, de modo que lee el decurso literario hispánico como una sucesión lógica de valores que vienen a desembocar en su producción y la de sus contemporáneos.

Así sucede ya desde la primera de sus publicaciones, pues en 1795 Quintana ensaya en su pequeño prólogo a la *Bética* una reivindicación de la épica como *summa artis* de la literatura solidaria de las ideas que en el momento está circulando un Jovellanos, sin ir más lejos (Olay Valdés, 2021: 225), y que llevarán a Quintana a componer y estrenar su *Pelayo* unos años más tarde.

> A la verdad que formar un cuadro donde se represente noblemente o la caída o la fundación de un Imperio producida por la superioridad de un hombre extraordinario, donde se vean grandes caracteres, grandes pasiones y grandes obstáculos; donde se consignen a la posteridad los ritos, leyes y costumbres de las naciones; hacer que en este cuadro todo sea grande y noble sin ser hinchado ni gigantesco, que reinen en todas sus partes la variedad y la armonía, que todo sea nuevo o presentado con novedad, y que sin valerse de delirios todo produzca la admiración en el alma de quien lo contempla; finalmente ejecútalo con una dicción pura y noblemente sostenida, una versificación bella y armoniosa, y un estilo animado y vivo que haga ver todos los objetos con los colores que les pertenecen; esta obra, digo, es acaso la más difícil que puede emprender el entendimiento humano y no debe sorprehender [sic] que desde el nacimiento de las Artes hayan sido tan pocos los que han acertado a ejecutarla. (Quintana, 1795: 4-5)

Esta lectura *pro domo sua* de Quintana, de acuerdo con su poética y con las ideas vigentes en el momento, se advierte por doquiera en sus ensayos. Así, trazando un movimiento paralelo al de Meléndez en su *Discurso sobre la necesidad de prohibir la impresión y venta de jácaras y romances vulgares por dañosos a las costumbres públicas, y de sostituirles otras canciones verdadera-*

mente nacionales que unan la enseñanza y el recreo (1821), también reivindica el madrileño la fuerza y la pureza del viejo romancero en detrimento de las perversiones bajobarrocas de la forma: «Ya se los mire por la parte del lenguaje, ya por la poesía, los romanceros encierran una muchedumbre de preciosidades que no debían quedar olvidadas en las rarísimas colecciones que casi nadie leía ya» (Quintana, 1796: I). No en vano, ya se refería Jovellanos a «la prodigiosa variedad de romances, ya heroicos, ya amorosos, ya jocosos, ya burlescos» (1858: 140) que presenta la tradición española y que muchos poetas cultivaron en el momento, dando razón de lo que Clarke llamó «the wide variety» con que la estrofa se utilizó en el Setecientos (1952: 237), pues fue empleada abundantemente por Cadalso (2013: 209 211), Moratín el joven (1995: 308-315, 333-342, 532-571, 588-594, 612-619), Iriarte (1976: 10-12, 32-33, 56-58, 60-61) o el propio Quintana (1969: 81-87, 123-125, 239-242, 339-341, 347-354, 370-371, 373-374, 376-377, 380); mención aparte merece Meléndez Valdés, en cuyas poesías completas se incluyen hasta 67 romances (1981: 311-448).

Si el romance interesa a Quintana, otro tanto sucede con el endecasílabo, que considera otra de las grandes aportaciones que han venido a enriquecer la literatura española. Se ve por tanto que nada hay de fácilmente nacionalista o *nacionista* en su postura, pues en nada abaja las virtualidades y ductilidades del endecasílabo el hecho de ser un metro italiano ni tampoco nada disculpa para Quintana, como luego veremos, las torpezas expresivas de *Cantar de mio Cid* o *Libro del Buen Amor* por hispanísimos que sean ambos textos. El prisma lo imponen, pues, su presente, sus objetivos y sus gustos literarios: «La versificación italiana [...], suelta y libre, sujeta a mil combinaciones en la disposición de sus versos largos y cortos, más armoniosa y más varia [que la castellana] en la colocación de sus pies, ofrecía un campo más rico para los colores de la imaginación» (Quintana, 1796: VIII).

No hace falta abundar en la importancia del endecasílabo durante el siglo XVIII, tema al que hemos dedicado un libro (2020), pero sí nos cabe afirmar que la declaración de Quintana es una vez más solidaria con su propia producción literaria, pues fue precisamente él uno de los principales cultivadores del endecasílabo blanco en la poesía de entresiglos (1969: 55-56, 57-64, 91-98, 155-164, 187-194, 203-209, 214-220, 221-227, 361-362...).

Del mismo modo, forma sistema con esta reivindicación de las posibilidades expresivas del endecasílabo la preferencia por la media rima o rima asonante, que Quintana nuevamente busca en la tradición y valora con arreglo a su praxis. Así, frente al abuso consonántico de la poesía cancioneril, en el que «la dificultad que ofrecía el amontonar tantas rimas sin ofender ni a la razón ni al buen gusto era insuperable para los autores, que se veían precisados a valerse mil veces de ripios y de miserias» (Quintana, 1796: XIII), por su parte, «con mejor acuerdo inventaron después el uso de los asonantes, que más fáciles, más abundantes y menos fastidiosos eran de consiguiente más a propósito» (Quintana, 1796: XIII). Según Quintana, la asonancia no se generalizaría hasta finales del XVI entre los poetas cultos, y subraya su origen popular (Quintana, 1796: XIV). No escasea en el pensamiento de Quintana la valoración de estas formas populares, lo que no puede extrañarnos, pues a él debemos un pastiche del romancero morisco, *La fuente de la mora encantada* (Quintana, 1969: 351-354), escrito hacia 1826 según Dérozier:

> Hay en los romanceros más expresiones bellas y enérgicas, más rasgos delicados e ingeniosos, que en todo lo demás de nuestra poesía. Los romances moriscos principalmente están escritos con un vigor y una lozanía de estilo que encanta. Aquellas costumbres en que se unían tan bellamente la valentía y el amor, aquellos moros tan bizarros y tan tiernos, aquel país tan bello y delicioso, aquellos nombres tan sonoros y tan dulces, todo contribuye a que parezcan infinitamente nuevas y poéticas las composiciones en que se pintan. (Quintana, 1796: XVIII)

Desde luego, no solo el Romancero Viejo interesa a Quintana, sino también el Nuevo, en cuya cabeza ubica a Góngora, respondiendo con ello una vez más al gusto vigente en el momento (Palacios Fernández, 1983: 539-540; Lara Garrido, 2010), tal como se ve, por citar un ejemplo, en la antología que Góngora mereció en el tomo nono de la serie de Ramón Fernández (1789), que hace del cordobés un autor magistral en el arte menor y reprobable o desviado en el mayor, como asimismo enuncia el propio Meléndez en carta a 6 de octubre de 1777 a Jovellanos, al confesarle que no puede dejar de leer los romances gongorinos (Jovellanos, 1985: 85):

> ROMANCES — Ninguno de nuestros poetas antiguos puede disputar a Góngora la palma de este género nacional, enriquecido por él con todas las galas del ingenio y de la fantasía. Para los demás escritores estas composiciones eran unos juguetes en que se ejercitaban como por condescender con el gusto del pueblo, y no empleaban en ellas más que la mínima parte de su fuerza. Góngora, que conocía tal vez mejor que otro alguno el partido que podía sacarse de esta poesía vulgar, y que por instinto era llevado a ella, empleaba en los romances todas las fuerzas que tenía, y estas fuerzas eran

> grandes. Así es que no hay belleza poética, no hay gracia, no hay elevación que no haya prodigado en los suyos según la variedad de tono y estilo que sus diferentes estilos requerían, con una profusión y una felicidad que asombran y encantan a un tiempo. (Quintana, 1830, III: 411)

En suma, como vemos, Quintana ha buscado y encarecido en la tradición poética española el uso del endecasílabo, la libertad de la asonancia, la potencia lingüística del romancero, la complejidad de la épica como suma de géneros y la profundidad intelectual y filosófica de los poemas mayores erróneamente atribuidos a Rioja hasta trazar con ello el perfil de su propio rostro, manifestando una vez más el presentismo que tratamos de demostrar en su lectura.

Otro tanto cabe decir de aquellos aspectos que Quintana rechaza en la historia literaria española y que igualmente dan razón de su poética personal: si del siglo xv, apenas salvará en sus sucesivas antologías dos fragmentos breves del *Laberinto de Fortuna,* gran parte —pero ni siquiera todas— de las *Coplas a la muerte de su padre* y un soneto, una canción y una serranilla de Santillana, será abiertamente displicente con los poemas anteriores:

> [Los poetas que cantaron] las hazañas del Cid y Alejandro no hicieron otra cosa que manifestar la desigualdad de sus fuerzas para unos objetos tan grandes. En la colección que Don Tomás Sánchez hizo de las poesías anteriores al siglo xv [1774-1779] solo las obras del Arcipreste de Hita merecen alguna atención por su invención festiva e ingeniosa, ¿pero quién puede leerlas? Su lenguaje rudo y escabroso, su estilo informe y pesado, su versificación indecisa y dura y últimamente la monotonía bárbara de sus rimas atormentan el gusto menos delicado. (Quintana, 1796: III)

Esta llamada indelicadeza estilística se advierte por doquiera cuando Quintana juzga las obras del pasado, pues lo mismo dirá de su asaeteada *Bética:*

> Este poeta que había querido dictar las reglas de su arte, ¿ignoraba que es preciso embellecer las cosas con las palabras? ¿Cómo disimular la falta de elegancia, el poco nervio, y la continua sequedad y dureza a un escritor que maneja la lengua castellana? Otra cosa que contribuye a hacer mala la dicción de la *Bética* es la elección de los nombres propios: jamás poeta alguno fue más infeliz en esta parte; y *Ajartaf, Abenjafón, Abdalac, Lope Díaz de Alfaro, D. Lorenzo Suárez, Garcipérez, Gil Manrique, Arias Quijada* endurecen los versos con su escabroso sonido o los envilecen con su bajeza. (Quintana, 1795: 12)

Análogamente, tampoco puede extrañar su rechazo del soneto como forma habiendo reivindicado la libertad de la asonancia, la respiración ancha del romance y la profundidad temática de la épica. En sus palabras,

> ¿Cuándo se acabará de desterrar este género de poesía artificioso y pueril, donde la imaginación encadenada ni puede volar ni extenderse, y donde apenas hay otro mérito que el de la dificultad vencida? Jamás un soneto ha podido compensar con sus bellezas el tiempo y el trabajo que se malgasta en componerle. (Quintana, 1797: [5])

Quintana levanta acta con sus gustos históricos del momento que vive, en que el soneto se bate en retirada. Meléndez incluye solo 20 entre las 300 composiciones de la edición definitiva de sus versos (1820); Cadalso insertó apenas 5 en sus *Ocios* (2013: 163-165, 286-287, 293); 2 incluye Fernández de Rojas en la edición de las *Poesías* de Diego González (Sánchez Pérez, 2006: 326, 338); por fin, Cienfuegos ya no introduce ningún soneto en sus obras en verso, y solo se le ha exhumado uno de juventud, que él dejó en manuscrito (1969: 196); y, por su parte, también solo uno reproducen las poesías completas de Quintana (1969: 345-346), nunca incluido por él en sus obras en verso (Lama, 2009).

El rechazo del soneto obedece no solo a su rigidez formal, sino a su herencia conceptista y su inclinación temática. En cuanto a lo primero, no hemos de olvidar que la poesía del Setecientos se encargó de disolver toda posible herencia conceptista, que además Quintana criticó desde muy joven, como al referirse a los siguientes versos de la *Bética:*

> Lo que se piensa mal se ejecuta regularmente peor: en el citado pasaje es donde se encuentra a propósito del honrar aquella octava que avergonzaría el [sic] más miserable versificador:
>
> Honrar es gran virtud, y es tener honra;
> dejar de honrar es bárbara torpeza;
> aquel es más honrado que más honra
> y de honrar se denota la nobleza;
> y aquel que de dar honra se deshonra
> da claro indicio de servil bajeza;
> bajo es aquel que por honrarse huye
> de honrar, y baja condición arguye.
> (Quintana, 1795: 10-11)

Oportuno es insistir en que esta parodia del conceptismo se reitera literalmente en 1833, cuando en su *Musa épica* la misma estrofa vuelve a merecer encendida reprobación (Quintana, 1833, I: 40).

En cuanto a lo segundo, los poetas del XVIII abogaron por una profunda renovación temática y manifestaron insistentemente su hartazgo de la reiteración amorosa infortunada como motivo fundamental de la poesía; de ahí, en fin, una de las principales aportaciones de la poesía filosófica (Lorenzo Álvarez, 2002), que se deja oír en fragmentos de Quintana como el siguiente:

> Es preciso repetir todavía lo que tantas veces se ha dicho: para escribir bien es preciso saber, porque la sabiduría es la que engrandece la imaginación, purifica el gusto, concibe los grandes planes y los dirige a grandes miras. Entonces no se sabía, o por lo menos no eran nuestros poetas los que más se distinguían en esta parte. ¿Qué pensar de Garcilaso, que para quejarse de los males ideales que sufre dice que quiere morir confesado? ¿Qué pensar de Herrera, que empleaba en quejas, suspiros y lamentos un espíritu tan elevado y una dicción tan severa? ¿Qué en fin decir de todos ellos, envueltos casi siempre en asuntos frívolos o extravagantes, sin hacer jamás servir a la poesía o no acertarla a aplicar a los grandes objetos a que debe destinarse? (Quintana, 1797: [9])

Interesa ver cómo Quintana considera que Herrera ha abusado de la escritura de sonetos y elegías amorosas (1797: [6-7]), al paso que aprovecha para reivindicar su propia labor como antólogo al rescatar la herreriana *Égloga venatoria* (1797: 81-87; Herrera, 1985: 444-449) —género que cree sin duda más apto— omitida por Estala en los tomos inmediatos de la serie de Ramón Fernández (1797: [7]). Con todo, ya ha quedada clara su admiración por el sevillano, cuyo juicio llega a incorporar incluso en detrimento de otros de sus referentes, como Garcilaso de la Vega. La siguiente cita ejemplifica además, como después veremos, el modo en que Quintana intervino en los textos que antologó, a menudo eliminando pasajes que consideraba superfluos:

> FRAGMENTO DE LA ÉGLOGA SEGUNDA — Los defectos de composición, de versificación y de estilo que tiene esta segunda composición de Garcilaso son tantos y tan visibles, que atropellando por los respetos de comentador ya Herrera se atrevió a manifestarlos, aplicándole los versos latinos de Catulo sobre Quincia. (Quintana, 1830, I: 331; la referencia de Herrera, en 2001: 800)

Si los aspectos estéticos que merecen su favor y su disfavor revelan a las claras las bases ideológicas de su proyecto antológico, las declaraciones programáticas de Quintana serán no menos elocuentes. De hecho, no oculta sus reservas para con el encargo que él mismo ha asumido de editar la *Bética,* que da en aceptar diciendo abiertamente que, con no ser buena, hay cosas peores (Calderón, Gracián...):

> Pero se preguntará y con razón que si es así, ¿por qué se le imprime ahora? A lo cual solo puede responderse que, siendo estimada esta obra por su rareza, como sucede a otras muchas, se creyó al principio que se hacía un servicio al público en volver a darla a luz, y que después ya era tarde para suspenderlo. Quizá también a muchos les agradará tal como es, y aprobarán su publicación, porque en el mundo hay variedad infinita de paladares. Aun hay quien gusta de los autos de Calderón y de la prosa de Gracián, y la *Bética* vale más que ellos. Finalmente, estando ya en prensa un Cancionero y un Romancero sacados de los antiguos, ofrecemos no omitir esmero alguno para que esta colección se haga cada día más digna del público, en cuya utilidad se publica. (Quintana, 1795: 16-17)

Con todo, si en este primer caso busca disculpar su labor, en otros momentos procurará encarecerla incluso exagerándola, como cuando, al proponer su antología de Cancionero y Romancero, en realidad trabajó solo a la vista, tal como ya demostró Bartolomé José Gallardo, del *Cancionero general* y *Romancero general,* sin acudir a más fuentes (Cebrián, 1996: 580). Al margen de eso, su afirmación sobre la literaturidad de las obras del pasado forma sistema, una vez más, con el paradigma que venimos describiendo: «Cuando nos pusimos a reconocer los cancioneros antiguos, con el fin de escoger composiciones para esta colección, nos admiramos de ver cuán pocas podían llamarse verdaderamente poéticas» (Quintana, 1796: VII). Ahora bien, es en 1807 cuando con más detalle explica su labor antológica, sin ocultar las operaciones realizadas sobre los textos para acercarlas a sus preferencias estéticas e incluso morales:

> Después de una corta muestra de la poesía castellana en el siglo quince, se empieza por Garcilaso y se sigue por los demás poetas hasta Cadalso, dándose las composiciones cortas más generalmente estimadas de cada uno. Van enteras las muy conocidas, pero en las que no lo son tanto se ha suprimido tal cual pasaje, bien que con la mayor circunspección y solo cuando la decencia lo prescribía o lo aconsejaba la necesidad de conservar el efecto de la obra, destruido a las veces por alguna extravagancia. (Quintana, 1807, I: VIII-IX)

Al explicar qué lo ha llevado a urdir esta serie de antologías, él mismo confiesa que ha seleccionado lo que más pueda interesar a un lector contemporáneo, tal como hemos venido observando, lo que no es exactamente igual que decir que son los valores contemporáneos los que se utilizaran para construir un relato sobre el pasado literario, que es lo que sin embargo hace:

> Moviome a entrar en ella la utilidad de los que no quieren o no pueden dar a nuestros poetas la atención prolija que se necesita para buscar y disfrutar lo bueno que contienen. El extranjero que desea enterarse del gusto y carácter de la poesía castellana, el joven que empieza a dedicarse a ella, el aficionado que lee versos por distracción... (Quintana, 1807, I: vi)

Ahora bien, resulta muy interesante tener presente qué es lo que dice Quintana de las otras antologías del pasado literario español que por el momento se han venido publicando —la suya es, de hecho, la última—, tales como las sucesivas ediciones de clásicos de Cerdá y Rico (por caso, los veintiún tomos de Lope de Vega, 1776-1779), el ineludible *Parnaso* de Sedano (1768-1778), la *Colección de poesías castellanas anteriores al siglo* XV, de Sánchez (1779-1790), la bilingüe *Colección de poesías castellanas traducidas en verso toscano* (1782-1790), de Conti, o la *Colección de poetas castellanos* (1786-1798) iniciada por Estala y sufragada por Ramón Fernández, por obviar aquí las colectáneas de Masdeu, García de la Huerta o Capmany, menos cercanas a los propósitos quintanistas.

> Debemos al *Parnaso Español* el conocimiento de muchas composiciones inéditas u olvidadas, pero esta compilación, además de ser demasiado voluminosa, tiene el inconveniente de estar hecha sin orden ni discernimiento alguno. La que después hizo y no acabó don Juan Bautista Conti, ejecutada a la verdad con gusto exquisito y buena disposición, se destinó principalmente en dar a conocer a los italianos el mérito de nuestra poesía. Contentose, pues, su autor con publicar y traducir en toscano las composiciones líricas y bucólicas más señaladas del siglo xvi y algunas de los Argensolas, pero nada incluyó de Balbuena, de Jáuregui, de Lope, de Góngora ni de otros igualmente célebres en nuestro Parnaso, quedando por consiguiente la colección en extremo insuficiente y diminuta. Por último, la que lleva el nombre de don Ramón Fernández, aunque se resiente de haber sido abandonada muy desde el principio de las manos hábiles que la empezaron, es útil, o más bien necesaria, a los que se dedican a cultivar este ramo de nuestra literatura. (Quintana, 1807, I: vi-vii)

Llama la atención que Quintana sea cicatero con el *Parnaso* de Sedano, tratándose como se trata de su modelo más próximo, no solo por los planteamientos reconocibles en las pequeñas semblanzas que ofrece a partir de 1807, sino porque de él calca parte de la selección; sin ir más lejos, es en ambos visible una misma reserva hacia la poesía medieval y llama la atención la semejanza de textos seleccionados para representar al siglo xviii, pues de Sedano toma Quintana las composiciones dieciochescas que ofrece en su tomo iii de 1807 (la *Sátira contra los malos escritores* de Pitillas, el

Deucalión de Torrepalma o dos textos de Luzán). Con todo, hay cierto desorden muy frecuentemente afeado a Sedano que Quintana subsana, al tiempo que, si aquel orilló en su *Parnaso* la poesía popular, este tuvo bien presente cancioneros y, sobremanera, romanceros. Por su parte, Conti fue, en efecto, parco en la selección, y se limitó casi en exclusiva al Quinientos español (Cebrián, 1996: 571), de modo que su propuesta pierde la profundidad histórica que Quintana quiere para la suya. Finalmente, Estala solo se ocupó de los seis primeros tomos de la colección de Fernández (Argensolas en los tres primeros, Herrera en los dos siguientes y Jáuregui en el sexto), pues desde 1787 entró en pleito con este último y abandonó la serie. De ahí en adelante, la calidad de los prólogos y las selecciones, preparados a lo que parece por el propio Fernández, se resintió gravemente en extensión, novedad y oportunidad, y conocidos son los casos de los tomos décimo (1790), dedicado a fray Luis con «nulo aderezo crítico», o undécimo (1790), el *Burguillos,* en que «el prologuista se limita a apuntar que Burguillos no era pseudónimo de Lope de Vega, sino personaje de carne y hueso» (Cebrián, 1996: 579), lo que ya nadie creía por entonces (desde luego, tampoco Quintana, por no irnos más lejos: 1807, I: XXXIX).

En fin, la operación estética e historiográfica de Quintana al proponer su historia de la poesía española se deja resumir en su dedicatoria, pues parece considerar que todos los méritos de la tradición tal como él la entiende concurren en la figura de Juan Meléndez Valdés, lo que explica el sesgo aplicado en la selección y en su interpretación de los materiales canónicos. Quintana ya opinaba así en su prólogo de 1797 a la poesía de Rioja:

> Se puede componer infinitamente mejor que nuestros antiguos, se puede dar más imaginación al estilo, más armonía a la versificación, más vivacidad a los afectos y a la invención más regularidad y grandeza: se puede estudiar la naturaleza con ojos más penetrantes, tomar de ella misma el colorido, variar más los tonos y retratarla en formas más grandiosas. Meléndez es un ejemplo de la perfección a que pueden alcanzar los talentos unidos al buen gusto y al estudio. (1797: [10])

Pero más claro lo dejará cuando, diez años después, Quintana brinda a Meléndez sus *Poesías selectas castellanas desde el tiempo de Juan de Mena hasta nuestros días*, respondiendo tácitamente a una declaración del extremeño en el prólogo a sus poesías de 1797, cuando afirmaba que con su obra «señalo de lejos la senda que deben seguir [...] Manuel Quintana y otros jóvenes que serán la gloria de nuestro Parnaso» (Meléndez Valdés,

1981: 67). Así pues, reclamando el padrinazgo de Meléndez como este buscó el de Jovellanos, declara el humilde *Quintano* que:

> no dudo, amigo mío, que muchos, viéndome poner al frente de una colección de obras ajenas el nombre de Meléndez, condenen este obsequio como poco correspondiente a los estrechos y antiguos vínculos que nos unen. V. me empezó a amar desde mi infancia, tuvo de mi educación un cuidado casi paternal, me dio las primeras lecciones de buen gusto y me inspiró hacia la poesía esa afición tan viva y sostenida que he conservado hasta ahora. Muy ajeno de aquella odiosa superioridad, que los que vienen antes suelen comúnmente afectar con los que llegan después, V. ha sido siempre el primero en hacerse favorable ilusión sobre mis progresos y a aplaudir con bondadosa indulgencia cualquiera paso que he dado en la carrera. (Quintana, 1807, I: III)

Ahora bien, lo que interesa realmente es reparar en el modo en que el presentismo de Quintana le hace preguntarse, en suma:

> ¿A quién dedicarse mejor las obras de nuestros líricos antiguos que al primero de los líricos modernos, al que ha dejado tantos modelos de perfección y al que tiene viviendo la satisfacción de ser citado y reputado como un clásico dentro y fuera de su país? Estos motivos ya no son particulares a mí solo; son comunes a cuantos aman y honran las musas españolas; y todos aprobarán, creo yo, el homenaje que hago aquí, no solo al eminente poeta, sino al hombre amable y bueno que ha sido amigo, hermano, elogiador de todos sus compañeros en el arte y jamás se ha mostrado detractor o envidioso de ninguno. (Quintana, 1807, I: IV-V)

De hecho, Meléndez viene a ser, según su análisis, algo así como el heredero perfecto de los distintos reclamos que ha ido trazando históricamente en su estudio y que ya hemos repasado: así, el uso del verso asonantado, de raíz tradicional, dicción elegante y amplitud temática más allá de lo amoroso:

> Veíase sin duda en aquellas poesías un estilo y entonación semejantes a los que en los versos cortos habían puesto Góngora y Villegas, y a la que en los mayores usaron Garcilaso, Luis de León, Herrera y Francisco de la Torre, pero con infinito más gusto, con una elegancia más continua y más esmerada, con una poesía de estilo más vigorosa y pintoresca, con una elección de asuntos y pensamientos harto más interesante, efecto necesario y natural de una instrucción bebida en libros y en autores que habían venido después. No era posible a Villegas hacer una anacreóntica como la de *El viento,* ni a Góngora un romance tan ideal y melancólico como el de *La tarde,* ni a ninguno de los otros escritores tomar un vuelo tan alto y tan sostenido como el que se admira en las dos odas *A las Artes,* en la fúnebre *A Cadalso* y en la de *Las Estrellas*. (Quintana, 1830, IV: XXXVIII)

No obstante, aunque estos elogios pueden leerse en 1830, desaparece en esa edición definitiva la dedicatoria a Meléndez de 1807. Las razones, aunque crudas, están claras: en 1807 el extremeño es uno de los hegemones, en lo político y en lo literario, de la República de las Letras y Quintana no pierde oportunidad de homenajearlo en verso y prosa —recordemos su *Oda a Meléndez* (1969: 183-186)—; en 1830 Meléndez lleva trece años muerto, su posición política ha pasado por horas bajas —falleció en el destierro— y Quintana no necesita cobijarse bajo ninguna sombra, porque nadie proyecta a la sazón otra como la suya. De hecho, en 1830, Quintana llega a criticar la poesía de arte mayor de Meléndez con cierta dureza (Quintana, 1830, IV: XXXIX) y a justificar y comentar entre sus notas finales un hecho que no por cierto resulta menos significativo salido de su pluma; a saber, la idea de que Meléndez, que revisó una y otra vez sus poemas en 1785, 1797 y 1820, tendió desafortunadamente a ir estropeando gradualmente la espontaneidad de sus viejos textos:

> Pero cuando después de publicados y pasado tiempo sobre ellos trataba de enmendarlos y de añadirlos, casi siempre los echaba a perder; según puede verse cotejando las anacreónticas y romances de la edición primera con los mismos de las otras dos, especialmente la última. Era difícil, por no decir imposible, que a los sesenta años se pusiese en aquella situación de ánimo precisa para corregir y aumentar con acierto aquellos poemitas que había hecho como jugando cuando tenía veinte años. Así es que las ideas, el tono, la dicción y hasta la cadencia se resienten de su edad en estos pasajes corregidos y añadidos, que tienen todo el aire de sobrepuestos y disminuyen la ligereza y la gracia nativa de aquellas amables composiciones. A veces por quitar descuidos leves que apenas se percibían, incurría en defectos menos disimulables, como cuando en este pasaje del Batilo: «Oh las ondas sin cuento / que hace en la hierba el viento / y los hilos de luz que el aire hace» quiso quitar la repetición de la palabra «hace» y puso: «Las nieblas recogerse, / en ondas mil la hierba estremecerse / y los hilos de luz que el aire hace», donde cayó en el descuido de poner un verso largo cuando el metro le pedía corto, lo cual le perdonarán menos los rigoristas.
>
> [...] *Edición primera:* «Sus ojos luceros, / su boca un clavel, / las mejillas rosas, / sus trenzas la red / do diestro amor sabe / mil armas prender, / si al viento las tiende / la flor de Zurguén». *Edición segunda:* «Sus ojos luceros, / su boca un clavel, / rosa las mejillas / y atónitos ved / do artero amor sabe / mil armas prender, / si al viento las tiende / la flor de Zurguén». No se sabe a qué se refiere aquí el sentido de los tres últimos versos. Aplicado como estaba antes a las *trenzas,* era propio y natural, mas en la alteración última tiene que referirse a las mejillas, que como no *prenden* ni *se tienden* dan lugar a un contrasentido tanto más reparable cuanto menos necesidad había de variar unos versos que estaban muy bien como se escribieron primero. (Quintana, 1830, IV: 618-619; se refiere al poema de Meléndez Valdés, 1981: 223-224)

Otros estudiosos después de Quintana han pensado lo mismo; quedémonos con que lo propio afirma un poeta de la talla de Pedro Salinas (1925: XXV) o un gran experto en Meléndez como William Colford (1942: 290-291). Ahora bien, no es tanto que el aserto sea o no cierto, cuanto que es Quintana quien lo deja negro sobre blanco en un momento en que su maestro ya ha muerto. El corolario que cabría desprender de ello podría ser que, si en 1807 es Meléndez el heredero natural de los valores literarios defendidos en los ensayos de Quintana, en 1830 y 1833 él se erige implícitamente en depositario último de esos valores.

Su invisible protagonismo en esta edición definitiva de 1830 lo hace también servirse de información biográfica que conoce de primera mano para alimentar su historia de la poesía española del Setecientos en el célebre prólogo del tomo IV. Así, comentando ciertos versos cacofónicos de Iriarte, no teme descender al anecdotario y referir lo siguiente:

> Causa ciertamente maravilla que un hombre que por su afición y práctica en la música debía tener un oído tan delicado diese principio a su poema [*La música*] con un verso a quien falta la cadencia y acentuación de tal, y que jamás quisiese corregirle sin embargo de ser tan fácil. De cualquiera modo que se coloquen haciendo sentido las palabras que le componen resulta siempre un verso bien construido, menos en la combinación en que él las puso. Él escribió: «Las maravillas de aquel arte canto», lo que no es propiamente verso, pudiendo serlo de estos otros tres modos: «Canto las maravillas de aquel arte», «Canto del arte aquel las maravillas», «De aquel arte las maravillas canto». Contábase entonces que Huerta, recientemente reconciliado con Iriarte, y convidado a una lectura del poema, al oír el primer verso, y extrañado de su disonancia, se le [sic] hizo repetir dos veces, pregunto si había allí alguna errata y, viendo que el autor no convenía en la necesidad de reformarle, se levantó de su asiento y dejó la concurrencia sin que ni el ruego ni el respeto ni consideración alguna le pudiesen reducir a que continuase escuchando. (Quintana, 1830, IV: XXIX)

Por último, el presentismo de Quintana lo lleva en 1830 directamente a pronunciarse acerca del debate sobre la polémica entre los llamados *moratinistas* y *quintanistas* (Pérez-Magallón, 2021). Así, dice Quintana sobre Cienfuegos:

> Esta aura de favor [de Meléndez hacia Cienfuegos] se ha convertido después en una severidad, en mi opinión, injusta, y sin duda alguna excesiva, dándose como dificultosamente el título de poeta a quien por ventura el defecto real que manifiesta es el de serlo en demasía. Por unas pocas locuciones, viciosas si se quiere y desdeñadas del gusto y uso común, se le tacha de

> escritor extravagante y contagioso, de quien la juventud debe huir si no quiere corromperse. Yo no trataré aquí ni de acusar ni de defender estas innovaciones de lenguaje, porque su examen no es de este lugar; pero sí diré que ellas solas no constituyen la poesía de Cienfuegos. Todo poeta tiene que formarse una dicción porque la que encuentra hecha no le basta para la expresión de lo que siente o de lo que pita, por más esmero que ponga, se resiente siempre de la predilección que da a ciertas expresiones o palabras que, por repetidas, o por poco conformes al estilo y gusto común, constituyen lo que se llama afectación o manera. Herrera tiene la suya; Meléndez la tiene también y a Cienfuegos ha sucedido respectivamente lo mismo. (Quintana, 1807, IV: XLVII)

Sin embargo, más allá de esta tibia defensa de Cienfuegos, que contrasta con su vieja y encendida *Oda* al poeta *convidándole a gozar del campo,* de 1797 (1969: 187-194), es interesante ver cómo aprovecha Quintana para desligarse en cierto modo del bando de los *quintanistas* —esto es, el de los discípulos de Meléndez— en un momento ya *de senectute* en que su poesía se halla alejada de los experimentos verbales de la poesía filosófica y parece encontrarse mucho más cerca del casticismo expresivo de los *moratinistas,* por mucho que siga defendiendo la riqueza temática y la profundidad intelectual desprovista de los automatismos de la tradición del bando al que perteneció en su juventud:

> Meléndez, Jovellanos, Cienfuegos y sus imitadores habían introducido en la poesía española un gusto extraño, que parece tomado del francés, del alemán y del inglés. Otros han seguido diverso camino y han preferido la imitación italiana, cuyas formas tienen más analogía con las nuestras y por lo mismo su carácter ha podido parecer más puro y natural. La índole propia de esta escuela es poner todo su esmero en la puntual simetría de los metros, en el halago de los números, en la elegancia y pureza del estilo, en la facilidad y limpieza de la ejecución. Las dotes exteriores son su principal cuidado; los asuntos y los pensamientos, no tanto. (Quintana, 1830, IV: XLVIII-XLIX)

Puede sorprender esta final equidistancia, porque si hubo una composición de Moratín contraria a la poesía filosófica de la «secta» quintanista, esa es sin duda su *Epístola a Andrés,* de 1802, compuesta en forma de centón mediante el encadenamiento de los versos en su opinión más redichos, antinaturales o incluso, según su definición, gongorinos, de los cultores de la poesía filosófica, principalmente Quintana, Cienfuegos y Mor de Fuentes. En concreto, de Quintana, tal como ha documentado con encarnizada precisión Pérez-Magallón, parodia fórmulas como «entre dentro de ti», «hondamente exclamante», «el triste freno / de la prudencia y su compás helado», «este hervir vividor», «todo al cetro sucumbe», «el cedro añoso», «mientras en dulce gratitud riendo / la dulce caña», «sabed que nunca de la niebla umbría / el insensato orgullo», etc. (Fernández de Moratín, 1995: 376-378).

En suma, al margen de este movimiento estratégico respecto de Meléndez en los compases finales de su propia trayectoria, Quintana busca en todo caso enfatizar cómo los autores del Setecientos, dando cauce a los valores que ha ido destacando de la historia de la poesía española han desencadenado su restauración, pues

> Ellos las restituyeron [a las musas] haciéndolas cantar con un tono más grave y sostenido, en composiciones más esmeradas y regulares, y con formas, en fin, más elegantes y decorosas [...]. Hay asimismo en los poetas modernos un caudal de ideas, de documentos, de filosofía, y de instrucción que no se encuentra, generalmente hablando, en los de siglos anteriores. (Quintana, 1830, IV: XLIX-L)

Conclusiones

Como se ha podido ir viendo y ya hemos enunciado repetidamente a lo largo de estas páginas, Quintana se mantuvo extraordinariamente fiel a un conjunto de ideas y de textos que fue tejiendo y retejiendo entre 1795 y 1833, esto es, entre sus 23 y sus 61 años, sin que falten llamativas concomitancias literales que aparecen y reaparecen a través del tiempo. Su lectura nos parece la típica de un creador que busca entre el depósito de materiales literarios del pasado aquellos que considera vigentes para su propia labor, orillando en cierto grado su significación histórica. Así las cosas, desde la perspectiva contemporánea vigente en su momento de escritura y también desde su propia poética, Quintana privilegia históricamente aquellos aspectos que le son afines y traza una visión teleológica de las transformaciones poéticas hasta desembocar en su tiempo. Así las cosas, destaca y da relieve cuanto va en consonancia con sus ideas estéticas, de modo que, en esencia, defiende el clasicismo en la lengua, las estructuras abiertas en la forma y la riqueza temática en el fondo, al tiempo que rechaza el conceptismo de cualquier orden, los alardes formales o la imitación petrarquista. Es la poesía del Setecientos la que experimenta una mayor variación en su punto de vista, lo que de hecho lo lleva a rehacer completamente su estudio de la centuria, dado que en 1797 y 1807 el modelo implícito de su canon es, abiertamente, Meléndez Valdés, con quien sin embargo manifiesta ciertas reservas en 1830.

Bibliografía

Álvarez de Cienfuegos, Nicasio (1969), *Poesías,* José Luis Cano (ed.), Madrid, Castalia.

Andioc, René (1994), «Ramón Fernández siempre será Ramón Fernández», *Ínsula,* 505, pp. 18-19.

Arenas Cruz, María Elena (2009), «Quintana versus Estala: ¿una historia de pasiones enfrentadas?», en Fernando Durán López, Alberto Romero Ferrer y Marieta Cantos Casenave (eds.), *La patria poética. Estudios sobre literatura y política en la obra de Manuel José Quintana,* Madrid / Fráncfort del Meno, Iberoamericana / Vervuert, pp. 51-64.

Cadalso, José de (2013), *Ocios de mi juventud,* Miguel Ángel Lama (ed.), Madrid, Cátedra.

Cañas Murillo, Jesús (2009), «Manuel José Quintana y el neoclasicismo poético», en Fernando Durán López, Alberto Romero Ferrer y Marieta Cantos Casenave (eds.), *La patria poética. Estudios sobre literatura y política en la obra de Manuel José Quintana,* Madrid / Fráncfort del Meno, Iberoamericana / Vervuert, pp. 135-160.

Capmany, Antonio de (1786-1794), *Teatro histórico crítico de la elocuencia española,* Madrid, Antonio de Sancha, 5 vols.

Castro, Adolfo de (1875), *La «Epístola moral a Fabio» no es de Rioja. Descubrimiento de su verdadero autor,* Cádiz, Imprenta de D. José Rodríguez.

Cebrián, José (1996), «Historia literaria», en Francisco Aguilar Piñal (ed.), *Historia literaria de España en el siglo xviii,* Madrid, Trotta / CSIC, pp. 513-592.

Cerdá y Rico, Francisco (1776-1779), *Colección de las obras sueltas, así en prosa como en verso, de Frey Lope Félix de Vega Carpio,* Madrid, Antonio de Sancha, 21 vols.

Checa Beltrán, José (2002), «La *Colección de poetas castellanos* (1786-1798)», en Joaquín Álvarez Barrientos (ed.), *Espacios de la comunicación literaria,* Madrid, CSIC, pp. 107-128.

Clarke, Dorothy Clotelle (1952), «Some observations on castillian versification of the Neoclassic period», *Hispanic Review,* 20, 3, pp. 223-239.

Colford, William E. (1942), *Juan Meléndez Valdés. A study in the transition from Neo-Classicism to Romanticism in Spanish Poetry,* Nueva York, Hispanic Institute.

Conti, Giambattista (1782-1790), *Colección de poesías castellanas traducidas en verso toscano,* Madrid, Imprenta Real.

Comellas, Mercedes (2021*a*), «Vida, verdad y poesía: la sinceridad de Herrera y la revisión romántica de su biografía», *Studi Ispanici,* 46, pp. 319-354.

Comellas, Mercedes (2021*b*), «Fernando de Herrera, un modelo clásico para tiempos románticos», en Juan Montero Delgado y Pedro Ruiz Pérez (coords.), *De Herrera: estudios reunidos en el centenario de versos (1619),* Sevilla, Universidad de Sevilla, pp. 287-363.

Dérozier, Albert (1978), *Manuel José Quintana y el nacimiento del liberalismo en España,* Madrid, Turner.

[Estala, Pedro] (1786-1798), *Colección de poetas castellanos, publicada por don Ramón Fernández,* Madrid, Imprenta Real, 20 vols.

Fernández de Moratín, Leandro (1995), *Poesías completas,* Jesús Pérez Magallón (ed.), Barcelona, Sirmio.

Fernández Guerra, Aureliano (1870), «La *Canción a las ruinas de Itálica,* ya original, ya refundida, no es de Francisco de Rioja», *Memorias de la Academia Española,* I, I, pp. 175-200.

García de la Huerta, Vicente (1785), *Theatro español,* Madrid, Imprenta Real, 15 vols.

Herrera, Fernando de (1985), *Poesía castellana original completa,* Cristóbal Cuevas (ed.), Madrid, Cátedra.

Herrera, Fernando de (2001), *Anotaciones a la poesía de Garcilaso,* Inoria Pepe y José María Reyes (ed.), Madrid, Cátedra.

Iriarte, Tomás de (1976), *Poesías,* Alberto Navarro González (ed.), Madrid, Espasa-Calpe.

Jovellanos, Gaspar Melchor de (1858), «Lecciones de retórica y poética», en *Obras,* Cándido Nocedal (ed.), Madrid, Rivadeneyra, t. i, pp. 114-146.

Jovellanos, Gaspar Melchor de (1984), *Obras completas, t. i, Obras literarias,* José Miguel Caso González (ed.), Oviedo, Centro de Estudios del Siglo XVIII / Ayuntamiento de Gijón.

Jovellanos, Gaspar Melchor de (1985), *Obras completas, t. ii, Correspondencia 1.º,* José Miguel Caso González (ed.), Oviedo, Centro de Estudios del Siglo XVIII / Ayuntamiento de Gijón.

Lama, Miguel Ángel (2009), «La poesía selecta de Manuel José Quintana», en Fernando Durán López, Alberto Romero Ferrer y Marieta Cantos Casenave (eds.), *La patria poética. Estudios sobre literatura y política en la obra de Manuel José Quintana,* Madrid / Fráncfort del Meno, Iberoamericana / Vervuert, pp. 19-34.

Lama, Miguel Ángel (2017), *Su clara luz recibe. Estudios sobre Juan Meléndez Valdés,* Mérida, Editora Regional de Extremadura.

Lara Garrido, José (2008*a*), «Nación poética y nación política: la construcción cambiante de un paradigma en la historiografía literaria de Quintana (1795-1833)», en Leonardo Romero Tobar (coord.), *Literatura y nación: la emergencia de las literaturas nacionales,* Zaragoza, PUZ, pp. 373-432.

Lara Garrido, José (2008*b*), «Materiales para una arqueología de la literatura española del Siglo de Oro: II. Las observaciones a las *Poesías castellanas,* Madrid 1830», *Analecta Malacitana,* 31, 1, pp. 157-274.

Lara Garrido, José (2009), «Prolegómenos para una relección de las *Poesías selectas castellanas* (1807-1833) de Quintana», en Fernando Durán López, Alberto Romero Ferrer y Marieta Cantos Casenave (eds.), *La patria poética. Estudios sobre literatura y política en la obra de Manuel José Quintana,* Madrid / Fráncfort del Meno, Iberoamericana / Vervuert, pp. 65-134.

Lara Garrido, José (2010), «Quintana y la revaloración del romancero: arqueología de un paradigma equívoco, con Góngora al fondo», *Rilce,* 26, 1, pp. 97-117.

Lara Garrido, José (2013), «El primer Quintana y la poesía del Siglo de Oro: arqueología crítica de los prólogos a la Colección Fernández (1795-1797)», en José Lara Garrido y Belén Molina Huete (eds.), *Estudios sobre la recepción y el canon de la literatura española,* Madrid, Visor, vol. 2, pp. 267-346.

López de Sedano, Juan José (1768-1778), *Parnaso español. Colección de poesías escogidas de los más célebres poetas castellanos,* Madrid, Ibarra, vols. 1-9; Madrid, Antonio de Sancha, vols. 10-13.

Lorenzo Álvarez, Elena de (2002), *Nuevos mundos poéticos. La poesía filosófica de la Ilustración,* Oviedo, Instituto Feijoo de Estudios del Siglo XVIII.

Masdeu, Juan Francisco (1782), *Poesie di veintidue autore spagnole del Cincuecento,* Vaticano, Luigi Perego Salvion.

Meléndez Valdés, Juan (1821), *Discursos forenses,* Madrid, Imprenta Real.

Meléndez Valdés, Juan (1981-1983), *Obras en verso,* Juan H. R. Polt y Jorge Demerson (ed.), Oviedo, Centro de Estudios del Siglo XVIII, 2 vols.

Olay Valdés, Rodrigo (2020), *El endecasílabo blanco: la apuesta por la renovación poética de G. M. de Jovellanos,* Oviedo, Instituto Feijoo de Estudios del Siglo XVIII / Ediciones Trea.

Olay Valdés, Rodrigo (2021), «Una polémica soterrada. El paso de la poesía anacreóntica a la filosófica», *Dieciocho. Hispanic Enlightenment,* Anejo 8, pp. 212-246.

Palacios Fernández, Emilio (1983), «Los poetas de nuestro Siglo de Oro vistos desde el xviii», en VV. AA., *II Simposio sobre el padre Feijoo y su siglo,* Oviedo, Centro de Estudios del Siglo XVIII, vol. 2, pp. 517-544.

Pérez-Magallón, Jesús (2021), «Clasicismo contra nuevo culteranismo: acalófilos y galo-salmantinos», *Dieciocho. Hispanic Enlightenment,* Anejo 8, pp. 191-211.

Quintana, Manuel José (ed.) (1795), *Conquista de la Bética. Poema heroico de Juan de la Cueva,* Madrid, Imprenta Real.

Quintana, Manuel José (ed.) (1796), *Poesías escogidas de nuestros cancioneros y romanceros antiguos,* Madrid, Imprenta Real.

Quintana, Manuel José (ed.) (1797), *Poesías inéditas de Francisco de Rioja y otros poetas andaluces,* Madrid, Imprenta Real.

Quintana, Manuel José (ed.) (1807), *Poesías selectas castellanas desde el tiempo de Juan de Mena hasta nuestros días,* Madrid, Gómez Fuentenebro y Compañía, 3 vols.

Quintana, Manuel José (ed.) (1817*a*), *Tesoro del Parnaso español o poesías selectas desde el tiempo de Juan de Mena hasta el fin del siglo* xviii*, recogidas y ordenadas por D. Manuel José Quintana,* Perpiñán, J. Alzine, 4 vols.

Quintana, Manuel José (ed.) (1817*b*), *Poesías selectas castellanas desde el tiempo de Juan de Mena hasta nuestros días, recogidas y ordenadas por D. Manuel José Quintana. Nueva edición,* Madrid, Gómez Fuentenebro y Compañía, 3 vols.

Quintana, Manuel José (ed.) (1830), *Poesías selectas castellanas desde el tiempo de Juan de Mena hasta nuestros días,* Madrid, Imprenta de D. M. de Burgos, 4 vols.

Quintana, Manuel José (ed.) (1833), *Poesías selectas castellanas. Segunda parte. Musa épica o colección de los trozos mejores de nuestros poemas heroicos,* Madrid, Imprenta de D. M. de Burgos, 2 vols.

Quintana, Manuel José (1852), *Obras completas del Excmo. Sr. D. Manuel José Quintana,* Madrid, Rivadeneyra.

Quintana, Manuel José (1969), *Poesías completas,* Albert Dérozier (ed.), Madrid, Castalia.

Rioja, Francisco de (1984), *Poesía,* Begoña López Bueno (ed.), Madrid, Cátedra.

Ruiz Pérez, Pedro (2002), «"Vuelos y raptos poéticos": Estala, Herrera y lo sublime», *Bulletin Hispanique,* 104, 1, pp. 391-424.

Salinas, Pedro (ed.) (1925), Juan Meléndez Valdés, *Poesías,* Madrid, Espasa-Calpe.

Sánchez, Tomás Antonio (1779-1790), *Colección de poesías castellanas anteriores al siglo* xv*,* Madrid, Antonio de Sancha, 4 vols.

Sánchez Pérez, Juan José (2006), *Vida y obra de fray Diego Tadeo González,* Salamanca, Diputación de Salamanca.

Sarmiento, Martín (1775), *Memorias para la historia de la poesía y poetas españoles,* Madrid, Ibarra.

Torre, Francisco de la (1984), *Poesía completa,* M.ª Luisa Cerrón Puga (ed.), Madrid, Cátedra.

BELLEZAS Y DESACIERTOS: GIL Y ZÁRATE Y EL SUSTRATO ÁRABE DE LA LITERATURA NACIONAL EN LA ESPAÑA LIBERAL

Xavier Andreu-Miralles*
(Universidad de Valencia)

> Sea defecto, sea belleza, estos poetas han procurado siempre dar más a la fantasía que a la razón y al juicio; han querido alucinar primero que convencer; han preferido cuadros brillantes y sorprendentes a las pinturas exactas de la naturaleza; y en vez de conmover los corazones haciendo derramar lágrimas, tienen por objeto recrear imaginaciones vivas y ardientes. Si es este un defecto, es el de todo nuestro teatro [...]. (Gil y Zárate, 1844*b*, II: 407)
>
> Por más que se hable contra la literatura clásica, el efecto de ella en la nuestra ha sido real, permanente, ha contribuido a enmendar muchos de nuestros desaciertos [...]. (Gil y Zárate, 1841*a*: 119)

En 1844, cuando Antonio Gil y Zárate publicó su *Resumen histórico de la literatura española,* la segunda parte de su *Manual de literatura,* la existencia de un sustrato oriental en la lengua y en la literatura españolas era ya un lugar común en España y en toda Europa. Esos rasgos orientales habían sido subrayados como particularmente relevantes por las primeras historias modernas de la literatura española, como las de Friedrich Bouterwek o Simonde de Sismondi, así como en las reflexiones sobre la literatura antigua y moderna de Friedrich Schlegel o en los trabajos que publicó desde Inglaterra John Bowring (Domínguez, 2002; Comellas, 2016).[1] En las décadas de 1830 y 1840, la orientalización de la literatura española se

* El autor participa en los proyectos PID2021-128388NA-I00 financiado por el MICINN, y CIACO/2021/234, financiado por la Generalitat Valenciana.

1 Esa influencia oriental en la literatura española era ya reconocida en el siglo XVIII tanto por autores peninsulares (Sarmiento, Velázquez) como por muchos de los viajeros extranjeros que la visitaron (Baretti, Peyron, Dillon, Laborde). Véase Contreras Jiménez (2022).

daba por descontada en obras de difusión como las de Abel-François Villemain o Adolphe Puibusque (Cabo Aseguinolaza, 2003). Asimismo, se era ya muy consciente de lo que implicaban estas afirmaciones. En aquellos momentos se aceptaba ya generalmente la idea romántica de que la lengua y la literatura expresaban el «espíritu nacional» de cada pueblo (Thiesse, 2010).[2] Por todo ello, el peso o el significado del sustrato andalusí, o el del pasado oriental de la Península en su conjunto, no era solo un motivo de disquisición erudita, sino un tema central a la hora de reflexionar sobre los rasgos fundamentales, con sus vicios y sus virtudes, del moderno «carácter nacional» de los españoles (Rivière, 2000; Andreu-Miralles, 2016).

A esta cuestión hizo frente, también, el *Resumen histórico* de Gil y Zárate. La importancia de esta obra no necesita ser subrayada. Tampoco sus vínculos con la construcción del nuevo Estado liberal. Gil y Zárate colaboró estrechamente con Pedro José Pidal en la reforma liberal de un sistema educativo en el que la literatura española se convirtió en materia obligatoria de la enseñanza secundaria y en el que pasó a ser entendida como la expresión de un espíritu nacional-popular que se remontaba a los orígenes medievales de la lengua (Ramos Corrada, 2000).[3] Los éxitos y los fracasos de ese pasado se concibieron ahora en función de cómo se habían acercado o alejado los escritores a ese espíritu, denunciando todo elitismo o influencia extranjera como amenazantes.[4]

No obstante, no eran estos los únicos peligros que acechaban a la literatura española. Otros procedían de su mismo seno. Como argumento en las páginas siguientes, en un nuevo contexto marcado por el historicismo y el organicismo románticos, así como por los planteamientos orientalistas

---

2 Para el caso español, Mar-Molinero (1996), Del Valle y Gabriel-Stheeman (2004), Andreu-Miralles (2018).

3 El Medievo, cuna de ese espíritu nacional, pasaba a ser por ello clave en la redefinición del canon literario, a diferencia de lo ocurrido en siglos anteriores. El caso de Gil y Zárate resulta emblemático en este sentido (Pozuelo y Aradra, 2000: 132-133, 204-206). Sobre las innovaciones que introdujeron el *Manual* y el *Resumen histórico* desde un punto de vista educativo, Núñez Ruiz y Campos (2005: 58-65).

4 Y consagrando también un modelo castellanista que acabaría marginando al resto de lenguas peninsulares en la construcción de esa historia de la literatura nacional. Los planteamientos de Gil y Zárate, en este sentido, son coincidentes con los de su «maestro» Pedro José Pidal y anuncian los que consolida unos años después José Amador de los Ríos. Sobre este último, Pérez Isasi (2013).

de principios del siglo XIX, el liberalismo español celebró y al mismo tiempo se distanció de un sustrato oriental de la lengua y la literatura españolas cuya movilización para reivindicar su originalidad y su esencia romántica no estaba exenta de peligros. Esta ambivalencia hacia la dimensión oriental de la lengua y la literatura españolas ayuda a esclarecer la paradoja de que una historia literaria elaborada desde planteamientos claramente románticos fuera publicada para acompañar una preceptiva eminentemente clasicista.[5] Como argumento en el texto, y como señalan las palabras de Gil y Zárate que encabezan este capítulo, la preceptiva clasicista se convierte para este autor en un correctivo indispensable a los excesos de una literatura esencialmente romántica, por meridional y oriental, como la española. Es desde estas coordenadas desde las que puede entenderse un «eclecticismo» que debe ser interpretado, más que como un déficit de romanticismo, como una apuesta por un «romanticismo clásico», enraizado en los planteamientos teóricos del *foyer* staëliano de principios del siglo XIX, similar al que defendía en aquellos mismos años Antonio Alcalá Galiano en sus lecciones de literatura del Ateneo de Madrid (Busquets, 2002 y 2020). Un planteamiento acorde, además, con un moderantismo liberal posrevolucionario deseoso de contener los excesos políticos (y literarios) de la anterior década revolucionaria.

Al-Ándalus y la nación de los españoles, ¿un mito del liberalismo progresista?

El debate sobre el pasado oriental de la península ibérica fue fundamental en las primeras décadas del siglo XIX. Jesús Torrecilla ha planteado que fue clave, de hecho, en la articulación de una idea de nación española alternativa a la «tradicional». Frente a una nación definida por su catolicidad intransigente e intolerante y por su homogeneidad religiosa y cultural, los progresistas españoles habrían imaginado otra tolerante y multicultural mediante la

5 José Checa Beltrán (2001) ha explorado ampliamente estas contradicciones. Felipe González Alcázar (2005: 66-67) las considera, no obstante, comunes a quienes intentaron como Gil y Zárate, siguiendo el espiritualismo ecléctico de autores como Victor Cousin, muy influyente entonces en la Península, mezclar las corrientes filosóficas sensualistas con el nuevo idealismo romántico.

recreación, entre otros, del «mito de al-Ándalus» (Torrecilla, 2016: 155-206).[6] La obra clave en esta reinterpretación del pasado musulmán de la Península habría sido la *Historia de la dominación de los árabes españoles*, del exiliado José Antonio Conde, publicada en 1820 y 1821, en pleno Trienio Liberal. Una obra novedosa en tanto que rompía con el relato cristiano de la Reconquista, para el que los «moros» eran el enemigo por antonomasia de la nación española. Su *Historia* daba voz a los vencidos, reconociéndoles como auténticos españoles, celebraba sus grandes logros y les vindicaba como una parte gloriosa de la historia de España. Asimismo, en el proceso, reconocía y justipreciaba la dimensión oriental de la literatura española.[7]

La revalorización del pasado andalusí realizada por Conde fue bien recibida por un exilio liberal al que le resultaba fácil identificarse con otras víctimas, como ellos, del fanatismo y de la intolerancia. Según Torrecilla, exiliados como José María Blanco White, Pablo Mendíbil, José Joaquín de Mora, Francisco Martínez de la Rosa, Estanislao de Kostka Vayo o Ángel Saavedra, futuro duque de Rivas, hicieron suyas las ideas de Conde y las transformaron en un proyecto nacional alternativo que elogió la gran civilización alcanzada por una al-Ándalus que «pasó a simbolizar un espacio ideal de convivencia negociada, un modelo de sociedad culta y tolerante que implicaba una imagen invertida del país fanático y excluyente que había existido hasta esos momentos» (Torrecilla, 2016: 10-11). Joaquín Lorenzo Villanueva, por ejemplo, reconoció la españolidad de los autores árabes en algunos de sus artículos publicados en *Ocios de españoles emigrados* (1824-1827). Además, incluyó obras escritas en árabe y en hebreo en sus «Apuntes para la bibliografía antigua de España». Desde esta interpretación progresista alternativa, lejos de ser una etapa gloriosa, la Reconquista habría sido vista por los liberales como un enfrentamiento trágico y fratricida, y como la causa de todos los males que iban a aquejar al país en el futuro: «La España tolerante y sofisticada de los musulmanes fue sustituida por una sociedad ignorante e inquisitorial, basada en el miedo, el

6 En buena medida, el trabajo de Torrecilla desarrolla algunas ideas apuntadas ya por José Álvarez Junco (2001: 392-405).

7 Conde llega incluso a afirmar que la influencia del árabe sobre el castellano es tan profunda que puede considerarse a este último como «un dialecto arábigo aljamiado» (Conde, 1820, I: xx).

fanatismo y la represión» (Torrecilla, 2016: 52). Desde entonces, el mito de al-Ándalus sería uno de los pivotes sobre los que giraría una concepción progresista de la nación española que no pudo, no obstante, imponerse a la España católica y tradicional dominante.[8]

La tesis de Jesús Torrecilla subraya la centralidad que tuvo en las primeras décadas del siglo XIX la revalorización del pasado oriental de la península ibérica en la discusión sobre su carácter nacional y, por tanto, en su proceso de construcción nacional —si bien se echa en falta una mayor inserción de estos debates en su contexto transnacional (Andreu-Miralles, 2016). Asimismo, señala la relevancia que tuvo la propia experiencia política y personal de estos exiliados liberales para entender su identificación con otros derrotados y perseguidos de la historia de España como los judíos y los moriscos.[9] Esta identificación llevó a los liberales a incluir a estos pueblos oprimidos en una narrativa histórica liberal de la nación española que se construyó fundamentalmente a través del mito del pueblo español en lucha contra el despotismo, el fanatismo y la intolerancia (Álvarez Junco, 2013). Por otro lado, el trabajo de Torrecilla apunta a la importancia que pudo tener España para imaginar modelos políticos, nacionales o sociales alternativos a los hegemónicos. El territorio peninsular fue imaginado como un espacio fronterizo con lo no-europeo, como un *in-between,* situado simbólicamente a un mismo tiempo dentro y fuera de Europa (Andreu-Miralles, 2005). Fue esa condición liminar la que fascinó al romanticismo europeo y la que le llevó a convertir a la Península en escenario de propuestas a menudo transgresoras (Saglia y Haywood, 2018). A su vez,

---

8 En este sentido, Jesús Torrecilla es deudor de una metanarrativa del fracaso de la revolución liberal española (y de la modernidad española en su conjunto) que ha sido ampliamente discutida por la historiografía. Sobre esta metanarrativa y su discusión véase Millán (2015). Esta metanarrativa del fracaso ha influido también poderosamente en el estudio del proceso de construcción de la nación española hasta épocas recientes (Archilés, 2011; Molina y Cabo, 2012). Asimismo, descansa en una lógica interpretativa basada en la existencia de «dos Españas» que recorren la historia de la Península de forma trágica y cuasi esencialista que tiende a simplificar enormemente la gran pluralidad de proyectos nacionales que han caracterizado a la España contemporánea y a cualquier otra nación del globo (Andreu-Miralles, 2015).

9 Ha desarrollado extensamente los motivos no solo políticos, sino también personales, que llevan a esa identificación en el caso de *El moro expósito* (1834) de Ángel Saavedra en Torrecilla (2019).

tal posición permitió imaginar formas alternativas de entender la nación desde la propia Península —y singularmente desde un exilio liberal influido por el orientalismo británico del periodo— que podían, por ejemplo, cuestionar narrativas hegemónicas culturalmente homogeneizadoras.[10] Frente a quienes trataban de sacar lustre a su pureza católica, se habrían alzado voces que subrayaban los orígenes híbridos y heterogéneos de la nación española.

Ahora bien, el planteamiento de Torrecilla presenta algunos problemas. En primer lugar, en cuanto a la representatividad de la mitificación de al-Ándalus y de la impugnación de la Reconquista que este autor considera propia del liberalismo progresista de las primeras décadas del siglo XIX en su conjunto —y, de hecho, de toda la tradición progresista de la España contemporánea—. Para los historiadores de la política del siglo XIX, el progresismo tiene un significado muy concreto. Remite a la cultura política progresista, una de las dos grandes familias (junto con los moderados) del liberalismo español de la era isabelina que se fue conformando durante la última fase de la revolución liberal, en la segunda mitad de la década de 1830 y, sobre todo, en relación con el debate y la aprobación de la Constitución de 1837 (Romeo, 2000). En el exilio londinense de la década de 1820, por tanto, no había aún «progresistas». Lo más cercano a esta cultura política que podríamos encontrar entonces serían los sectores liberales más avanzados del Trienio Liberal, los «exaltados», aunque no puede establecerse tampoco una relación directa y lineal entre ambos. No obstante, aun con todo, los liberales exiliados que analiza Torrecilla no pertenecen tampoco a estos sectores más radicales dentro del liberalismo —exceptuando quizás, para este periodo, no para después, al duque de Rivas—.[11] Algunos

10 Lo planteó Jo Labanyi (2004) a propósito del *Abén Humeya o la rebelión de los moriscos* (1830) de Martínez de la Rosa, de *El moro expósito* del duque de Rivas y de *Los amantes de Teruel* (1837) de Juan Eugenio Hartzenbusch. Considero, no obstante, que debe matizarse dicha afirmación, al menos, para los dos primeros casos (Andreu-Miralles, 2016: 149-169). Respecto al exilio liberal en Londres, Saglia (2014). Sobre el caso particular de Mora, véase García Castañeda y Romero Ferrer (2018). Esa posibilidad no se clausuró con el romanticismo, sino que siguió presente a lo largo de toda la historia contemporánea española, en la que ha persistido la interrogación sobre dónde situar ese pasado árabe de la Península y sobre el modo en el que habría influido en su carácter nacional (Martín-Márquez, 2008; Hertel, 2015).

11 En algunos casos, incluso resulta dudoso su compromiso «liberal» durante todo este periodo, como en el de un Pablo Mendíbil que sabemos por los trabajos de Joaquín

de ellos, como es el caso de Martínez de la Rosa, eran ya, de hecho, figuras destacadas del moderantismo español, mientras que Blanco White hacía ya tiempo que había abandonado sus veleidades revolucionarias de 1808 y militaba en las filas de un conservadurismo liberal muy influido por la obra de Edmund Burke (Pérez de la Blanca, 2005; Pons, 2002; Durán, 2005). Contrariamente, en sus abundantes trabajos sobre el pasado medieval de la península ibérica, los grandes autores liberales que sí se identificaron claramente con el progresismo, como Manuel José Quintana, Antonio García Gutiérrez, Juan Eugenio Hartzenbusch, José de Espronceda, Miguel Agustín Príncipe, Gregorio Romero Larrañaga o los hermanos Asquerino, no reivindican el pasado andalusí en el sentido apuntado por Torrecilla. En buena medida, porque para los progresistas el mundo oriental cumplía un papel particularmente relevante —aunque común a la gran familia liberal— en tanto que Otro político fundamental de un discurso antidespótico de raíces dieciochescas (Andreu-Miralles, 2020).

En un trabajo reciente, Jesús Torrecilla ha aclarado que con «progresistas» se refiere a los afrancesados y a los liberales en su conjunto. Es decir, a todos los enemigos del absolutismo que fueron perseguidos por Fernando VII (Torrecilla, 2020). No obstante, esta afirmación resulta igualmente problemática. En primer lugar, porque el fenómeno del afrancesamiento fue muy complejo y heterogéneo y no puede identificarse sin más con el liberalismo o, incluso, con la crítica al absolutismo. Muchos de los afrancesados de 1808, de hecho, acabarían volviendo a España y reintegrándose en la administración de Fernando VII, sobre todo durante la «década ominosa» (López Tabar, 2001; Luis, 2002). En segundo lugar, porque los autores que analiza no pueden considerarse representativos del exilio liberal (o afrancesado) en su conjunto. Menos aún, obviamente, de todo el liberalismo.[12] Entre los afrancesados que marcharon al exilio hubo muchos, como José Marchena o el primer Alberto Lista, que no compartían esa lectura del pasado andalusí o de su influencia en la literatura o el carácter

---

Álvarez Barrientos (2017) que fue informante del gobierno fernandino de Cea Bermúdez y que incluso pudo tener un papel relevante en la detención de José María Torrijos y de sus compañeros en las costas de Málaga.

12 Sobre la enorme heterogeneidad del exilio liberal, además de los trabajos clásicos de Vicente Llorens, véase Simal (2012).

nacional de los españoles.[13] Otro tanto puede decirse de exiliados liberales tan relevantes como Antonio Puigblanch o Antonio Alcalá Galiano. El primero, azote de la Inquisición y liberal exaltado durante el Trienio, publicó en 1828 unos *Opúsculos gramático-satíricos* dirigidos contra Joaquín Lorenzo Villanueva en los que se burlaba de las tesis que había defendido este en sus artículos publicados en los *Ocios* desde 1824. El segundo, uno de los grandes referentes del exilio liberal londinense, insistió en apuntar al latín como tronco fundamental del que nació la lengua castellana y rechazó, en el discurso de inauguración de la Cátedra de Lengua y Literatura Españolas de la Universidad de Londres que pronunció en 1828, esa influencia árabe (Perojo, 2010; Gallardo, 2011).

Por tanto, resulta necesario calibrar el grado de representatividad, dentro del mundo liberal o afrancesado, de los trabajos de autores como Blanco White, Mora o Martínez de la Rosa. Un segundo aspecto que debe ser probablemente mejor mesurado es el de la novedad de las propuestas de estos autores. Como sabemos, y como reconoce el propio Torrecilla, la celebración de ese pasado andalusí no era tan rompedora. La obra de Conde debe más probablemente a la tradición dieciochesca de la historia crítica que al incipiente romanticismo en el que fue recibida y celebrada.[14] Se enmarca, asimismo, en la reivindicación estratégica del pasado andalusí que se había llevado a cabo desde el siglo xviii, desde Martín Sarmiento hasta Juan Andrés, para enaltecer la contribución de España a la civilización europea. La «teoría arabista», defendida y popularizada en toda Europa por Andrés, planteó que la España árabe había sido fundamental en el renacimiento cultural y literario de la Europa medieval (Dainotto, 2006; Guasti, 2021). En un momento en el que aún se reconocían generalmente los orígenes orientales de la civilización europea (Bernal, 1993), se utilizaron

---

13 La posición de Alberto Lista respecto al sustrato árabe de la lengua y la literatura españolas solo cambiaría a finales de la década de 1820 por influencia de Agustín Durán y con muchos matices. En 1828 consideraba que había motivos fundados «para creer que nuestra poesía en los siglos medios no debió a la de los árabes tanto como suponen algunos literatos muy estimables» (Lista, 1951: 468). No obstante, una década más tarde acepta plenamente esa influencia sobre la «escuela sevillana de literatura» (Comellas, 2021: 268-269).

14 Sobre esta historia crítica véase Mestre (2003). Una tradición que pivotaba en torno a la Real Academia de la Historia y en la que se inscribió también el gran sucesor de Conde, el arabista Pascual de Gayangos (Santiño, 2018: 89-104).

estrategias similares que emparentaban a la nación española con el pueblo fenicio, como hicieron los hermanos Pedro y Rafael Rodríguez Mohedano o Juan Francisco Masdeu, o que subrayaban el peso de la lengua hebrea en la formación de la castellana (Cruz Andreotti y Wulff, 1992; Andreu-Miralles, 2017).[15] Es en esta tradición, probablemente, en la que cabe situar también los artículos publicados por Villanueva en los *Ocios de españoles emigrados*.

Más importante aún es quizás establecer cómo y con qué objetivos se producía la vindicación de ese pasado andalusí en las primeras décadas del siglo XIX, pues no implicaba por sí misma aplaudir y proponer para el futuro un ideal de nación multicultural, ni identificarse sin más con aquellos pueblos orientales que habían habitado la Península. Los autores dieciochescos lo que habían subrayado principalmente había sido la capacidad española para «elevar» a estos pueblos. A las que celebraban era, en todo caso, a la «España fenicia» o a la «España árabe», solo posibles por el influjo del clima, del medio y del contacto que establecieron los pueblos orientales con los habitantes que encontraron a su llegada a la Península. Estas ideas están también presentes respecto a los árabes en la magna obra de Conde o en el *Cuadro de la dominación de los árabes en España* (1826) de Mora, así como en los trabajos que escribe desde Londres unos años después Pascual de Gayangos. En todos ellos hay que deslindar claramente tres elementos. En primer lugar, la civilización árabe antes de su llegada a la Península, que Conde —y en esto sí es novedoso— trata de forma mucho más benévola que otros autores que lo precedieron. Por ejemplo, en cuanto a su tolerancia. Esta visión positiva, no obstante, tendió a rebajarse como veremos en la interpretación liberal de las décadas posteriores. En segundo lugar, una civilización única, la andalusí, producto de los contactos o de la mezcla entre los árabes llegados a España y los cristianos con quienes se relacionaron, que habría alcanzado un elevado grado de civilización pero que, una vez expulsada de la Península, habría degenerado.[16]

15 La reivindicación de la lengua vasca se hizo también, hasta principios del siglo XIX, en esta clave: su proximidad con la lengua bíblica y su supuesta relación de parentesco con el castellano, servían para dar lustre a este último (Caro Baroja, 1979).

16 Por esta razón, como afirma Conde, «bien sabido es que después de la expulsión de España los Árabes fueron decayendo en su literatura, hasta hallarse en el día en una lastimosa ignorancia así los de Oriente como los de África. Sus buenos y apreciables libros

Finalmente, la española cristiana, influida y mejorada por esa civilización andalusí, pero que no habría llegado a fundirse con ella. Fue siempre esta última la que se consideró la verdadera matriz de la España moderna, aunque se reconociera el influjo sobre ella de la «España árabe», que permitía reivindicar la gloria literaria que suponía el haber sido el epicentro del renacimiento de la literatura europea —con el *romance* ocupando en todo ello un papel protagonista—.[17]

El romanticismo, el orientalismo y las huellas del pasado andalusí

Con todo, la identificación que se produjo entre los exiliados liberales y aquellos pueblos orientales que habían sido víctimas del despotismo y del fanatismo religioso fue siempre ambivalente. A medida que avanzaba el siglo XIX se fue haciendo además cada vez más difícil. Para entender esta ambivalencia y esta creciente dificultad debe atenderse a procesos fundamentales. En primer lugar, el de la progresiva generalización de un concepto de *nación* organicista e historicista de matriz romántica (Leerssen, 2006).[18] Una cosa era reivindicar las «glorias nacionales» del pasado, entre ellas la «España árabe», que permitían acrecentar el prestigio nacional y

---

son los antiguos» (Conde, 1820, I: v). Para José Joaquín de Mora, las virtudes de los andalusíes de tiempos de Abderramán se explican principalmente por la «mudanza» sufrida a su llegada a España: «como si la suavidad del clima, y la variedad del aspecto montañoso de la Península hubieran moderado las impresiones del ardor Africano, y despertado un nuevo orden de sensaciones en las fantasías acostumbradas a la uniforme aridez del desierto»; por eso mismo, los musulmanes, «privados de la más bella joya de su diadema [el reino de Granada], se pierden ellos mismos en la barbarie y en la oscuridad en que todavía yacen» (Mora, 1826, I: 325, VIII). Respecto a Gayangos, véase el pormenorizado y exhaustivo trabajo de Santiño (2018).

17 Solo a mediados del siglo XIX, con la difusión de las nuevas teorías raciales, empezó a replantearse realmente esta interpretación de la «España árabe» (Domínguez, 2021).

18 Este historicismo se dio en la Península a finales del siglo XVIII y estuvo íntimamente relacionado con los debates políticos que tuvieron lugar en las décadas revolucionarias del cambio de siglo (Nieto Soria, 2007). El nuevo papel que se otorgó a la Edad Media está detrás asimismo de la relectura del pasado literario español que se inicia en aquel periodo (Baker, 2001). La progresiva aceptación en España de este historicismo y de este organicismo y su influencia en la redefinición de la historiografía literaria en Romero Tobar (2006).

demostrar la contribución de la monarquía española al proceso de civilización europea, y otra plantearse, desde estos nuevos parámetros, hasta qué punto la presencia oriental había podido influir o dejar marcas en un «ser nacional» que empezó a imaginarse como un organismo vivo que avanzaba históricamente a lo largo del tiempo (Anderson, 1993).

Para el romanticismo de autoras como Madame de Staël, la Edad Media era el crisol en el que se habían forjado los modernos caracteres nacionales del continente. El proceso había sido el fruto de una fusión o, como se decía en la época, de una «amalgama». Las naciones románticas se imaginaban como resultado de las mezclas dispares que se habían producido entre los pueblos grecorromanos y las impetuosas tribus germánicas, tras la lucha de los diferentes principios que los animaban. En este sentido, la hibridez o la heterogeneidad no eran ninguna excepción, sino la norma en la recreación romántica de los brumosos orígenes de la modernidad europea (Pomian, 1997; Young, 2008; Thom, 2010). El cristianismo era un eslabón histórico fundamental en este proceso, incluso desde posiciones abiertamente antirreligiosas. Era un ingrediente decisivo en aquella síntesis de la que había nacido la Europa moderna y una etapa clave en la historia del progreso humano.

La singularidad española residía en la presencia de un pueblo no cristiano, el árabe, que se habría sumado a la «amalgama» y le habría conferido una serie de rasgos peculiares, propios de una nación «no moderna».[19] Esos rasgos fueron los que consideraron más representativos de la lengua y de la literatura españolas los autores románticos que escribieron sobre ella. Esto le confería desde la nueva sensibilidad romántica autenticidad y originalidad, pero a costa de subrayar su carácter intrínsecamente primitivo y de vincularlo a principios considerados propios de los pueblos no modernos. Como han señalado Fernando Cabo Aseguinolaza (2010) y César Domínguez (2010), las historias literarias de Bouterwek o Sismondi, así como las de aquellos que les sucedieron, establecían una determinada geopolítica de las relaciones literarias continentales en las que la literatura

---

19 Aunque, de nuevo, dicha «singularidad» no fue tan singular, sino que fue fundamental también para imaginar una serie de «otros internos» europeos que fueron desplazados a los márgenes de la modernidad europea, como el sur de Italia (Schneider, 1998), los Balcanes (Todorova, 1997) o toda la Europa oriental (Wolff, 1994).

española era elogiada y al mismo tiempo condenada a ocupar un lugar subalterno.[20] Es en este sentido en el que se entienden las quejas de muchos autores españoles (desde reaccionarios como Nicolás Böhl de Faber hasta liberales como Antonio Alcalá Galiano, pasando por el afrancesado Alberto Lista) ante lo que consideraron «exageraciones» de autores como Schlegel, Bouterwek o Sismondi en cuanto a la centralidad que otorgaban a la dimensión oriental de la lengua y la literatura españolas.

Estas inquietudes se fueron incrementando a medida que avanzaba el siglo en relación con un segundo proceso: los cambios en la concepción de Oriente que se venían produciendo en toda Europa desde finales del siglo XVIII. En esos momentos se produjo una nueva fascinación por lo oriental que implicaba, sin embargo, su subordinación (Said, 1990). Turcos y persas habían sido fundamentales en la aparición desde el Renacimiento de una idea de civilización europea articulada frente a un enemigo político y religioso del que se subrayaba su propensión a la barbarie y al despotismo (Blanks y Frassetto, 1999). En la península ibérica, los «moros» fueron también desde entonces el Otro fundamental de la España cristiana, y lo siguieron siendo durante siglos (Martín Corrales, 2002). Ahora bien, como ya he señalado a propósito del caso español y en relación con la «teoría arabista», la celebración del pasado fenicio o la reivindicación de las raíces hebreas del castellano, esta actitud convivía en la Europa ilustrada con la apreciación por lo oriental y con la convicción de que era allí donde debían buscarse los orígenes de la civilización grecolatina y del cristianismo: *ex oriente lux* (Bevilacqua, 2018).

A lo largo del siglo XVIII, sin embargo, fue ganando fuerza una aproximación mucho más crítica con el mundo oriental, encabezada principalmente por *philosophes* como Voltaire o Montesquieu. Para estos autores ese mundo encarnaba los valores contrarios a los que deseaba para Europa el reformismo ilustrado: despotismo, servilismo, fanatismo, pereza, atraso, etc., que se vinculaban a su vez con el absolutismo monárquico y teocrático al que estos autores se oponían. En el proceso, grandes potencias europeas en declive, como España o los territorios italianos, aquejadas de esos

20 Sobre la difusión entre los liberales españoles de las ideas de Schlegel y Staël véanse Pérez Magallón (2010: 215-282), Romero Tobar (1999) y Florensa (2019: 346-371).

males, fueron vinculadas simbólicamente con los pueblos orientales (Dainotto, 2007; Fernández Albaladejo, 2007: 149-176). Es interesante resaltar, en este sentido, el paralelismo que se establecía entre el fanatismo teocrático de los tiranos orientales, que ahogaba no solo la libertad, sino también la razón, y un país supuestamente dominado por el Santo Oficio.

Los lenguajes antidespóticos del siglo XVIII hicieron un uso abundante de estos tópicos orientalistas. También en España, como muestra un simple repaso por los grandes temas y motivos de la tragedia neoclásica dieciochesca o la que siguieron cultivando los autores liberales en las primeras décadas del siglo XIX (Sala Valldaura, 2005). Para el liberalismo español, como para el liberalismo europeo en su conjunto, el mundo oriental siguió siendo un Otro político fundamental. Siguió vinculándose al despotismo monárquico y a la dominación servil, a formas de superstición fanática opuestas a la razón y a principios como el fatalismo, la animadversión hacia el trabajo o la tiranía doméstica, enemigos todos ellos del progreso y de la modernidad. Es en estas claves en las que se nos aparece generalmente en la literatura liberal-patriótica de todo el periodo, del *Pelayo* (1805) de Manuel José Quintana en adelante. Especialmente, en la de aquellos autores progresistas que se mantuvieron siempre más fieles a los principios del primer liberalismo.

Otro tanto ocurre respecto a los rasgos que aquellos pueblos podían haber imprimido en la lengua y en la literatura de los españoles. En sus *Lecciones de filosofía moral y elocuencia* (1820), José Marchena señala una idea que será clave en las posteriores reflexiones liberales sobre esta materia: la vitalidad de un idioma es pareja a la libertad política en la que se desarrolla. De ahí que, según Marchena, el español empezase a decaer con la llegada del despotismo monárquico y con el establecimiento de la Inquisición. De ahí también que vea con malos ojos el «continuo roce» con unos árabes que mientras ocuparon la Península «hicieron en letras y ciencias cuantos progresos de un pueblo supersticioso y esclavo pueden esperarse» y que comunicaron al castellano «aquel estilo figurado, aquellas audaces exageraciones que en los orientales son tan frecuentes» (Marchena, 1820: IX). Desde una concepción sociológica del arte y de la literatura de raíz staëliana, Antonio Alcalá Galiano también insistirá en el vínculo existente entre la libertad política y la evolución de la lengua y de la literatura nacionales. Esta es la idea vertebral de su prólogo a *El moro expósito* (1834) del duque de Rivas y la que acabará convirtiéndose en un lugar común en la interpretación del pasado literario de raigambre liberal en los años posteriores (Comellas, 2017).[21] Es la que defiende Mariano José de Larra, por ejemplo, en su conocido artículo sobre la literatura española que publica en *El Español* en 1836. Entre los elementos que habrían impedido a la española desenvolverse como debía, Larra destaca dos influencias que quedan de nuevo unidas simbólicamente, el «orientalismo que nos habían comunicado los árabes» y la «metafísica religiosa», y una ausencia, la Reforma protestante, que habría abierto la puerta a la tolerancia y al final del fanatismo (Larra, 1836).

Por todo ello, la identificación que llevaron a cabo los liberales exiliados con otros habitantes de la península ibérica que habían sido perseguidos como ellos, como los moriscos, debe matizarse. Sirve para denunciar el fanatismo y la intolerancia que habrían marcado y seguirían marcando la historia de España, ejemplificada por la Santa Inquisición en la narrativa histórica del liberalismo —y en su literatura (Muñoz Sempere, 2008)—. En la mayor parte de los casos, el esplendor de la civilización andalusí es reivindicada desde esa voluntad apologética tan característica del siglo XVIII para defender la importancia de la «España árabe» en la civilización de una Europa que en los siglos medios vivía aún entre tinieblas. Es desde estas claves desde las que se ensalza en ocasiones la tolerancia musulmana, pero sobre todo porque sirve de contraste con la que practicarán más tarde los inquisidores. De hecho, más que la de al-Ándalus, la que se añora es la tolerancia de unos reyes cristianos que, en la Edad Media, habían sentado las bases para que los infieles que habitaban en la Península se convencieran de la superioridad del cristianismo y acabaran convirtiéndose a él de forma pacífica.[22] En este sentido, los argumentos del exilio liberal son coincidentes con los que había planteado a principios de siglo otro personaje íntimamente vinculado a la Real Academia de la Historia y a los orígenes

---

21 Una propuesta que reivindica lo *clásico* desde los presupuestos propios del romanticismo, como desarrollará posteriormente en las conferencias sobre literatura que dictó en el Ateneo madrileño en 1843 (Busquets, 2002).

22 Esta es una cuestión de la que se ocupan directamente numerosos artículos de *Ocios de españoles emigrados*. Peter Cooke ha señalado que lo que se cuestionaba en diversos artículos históricos de la revista era el abandono de un catolicismo gótico originario por otro de origen romano y de rasgos, precisamente, «orientales» (Cooke, 2011).

del liberalismo, Francisco Martínez Marina (Comellas, 2022: 96-103). Con todo, cabe recordar que no fue esta siquiera la posición mayoritaria en el seno del liberalismo español desde las Cortes de Cádiz, que sancionaron en 1812 una Constitución que proclamó la confesionalidad católica del nuevo Estado liberal (Portillo, 2000). La importancia de la unidad religiosa para la legitimación política del nuevo Estado y la relevancia que se le atribuía para la cohesión social llevaron a los liberales a promulgar la catolicidad esencial de la nación española. Esta decisión no puede leerse, no obstante, como un triunfo de la España «tradicional». Fue, por el contrario, eminentemente revolucionaria, pues suponía otorgar a la nación soberana «la capacidad para definir y proteger por sí misma su esencial identidad religiosa», lo que en la práctica se tradujo en la subordinación de la Iglesia a los dictados del nuevo Estado liberal (Millán y Romeo, 2015). Estos principios justificaron desde la abolición de la Inquisición o de algunas comunidades religiosas, hasta los diversos procesos desamortizadores.

En este sentido se entienden también las palabras de alguien tan preocupado por la intolerancia religiosa, que creía inexorablemente entrelazada con el carácter nacional español (y con su lengua), como José María Blanco White quien, como es sabido, rompió con el liberalismo gaditano tras la declaración en Cádiz de la confesionalidad católica de la nación española. En su «Bosquejo de la historia del entendimiento en España desde la restauración de la literatura hasta nuestros días», lamenta que las «disposiciones favorables» con las que contaba España para «adelantar en la carrera de la civilización y finura» durante la Edad Media se malograran. Ahora bien, en todo momento tiene muy claro que la España a la que se refiere es la cristiana: la de Fernando el Santo, quien no solo le mostró «la senda de la gloria militar», sino que, con su tolerancia y su apego al saber, echó los cimientos «sobre los que debía estribar la gloria intelectual de la nación» que continuó elevando su hijo Alfonso X el Sabio. La misma senda gloriosa que en Aragón había marcado Jaime I, distinguido entre los soberanos de Europa «tanto por las victorias que le alcanzaron el sobrenombre de Conquistador, como por su saber y literatura». Sin embargo, la larga lucha con los árabes y los odios alentados contra estos y contra los judíos por los inquisidores, acabaron confiriendo al carácter nacional español un fanatismo y una intolerancia que fue funesta para la libertad intelectual y para el entendimiento. La causa de los males de la nación española es para Blanco meridiana: «la tiranía mental en que han nacido, vivido, y envejecido los Españoles desde que la nación ganó el ascendiente sobre los Moros; quienes (con vergüenza y dolor lo digo) eran mucho más tolerantes que ellos» (Blanco White, 1824). Nótese que Blanco distingue claramente entre españoles y moros, y que, si bien reconoce la mayor tolerancia de estos últimos respecto a la de los españoles que vivieron ya bajo el yugo de la Inquisición, la vergüenza y el dolor que implica este reconocimiento, y que expresa entre paréntesis, no dejan lugar a dudas sobre qué religión considera superior.

A partir de la década de 1820 la importancia del cristianismo en el relato de la civilización europea se acrecentó. En los sistemas filosóficos de Georg Friedrich Hegel o Victor Cousin la historia de la humanidad se entiende en el desarrollo de tres etapas sucesivas: el mundo oriental, la Grecia antigua y el occidente cristiano. Para ambos, en las sociedades orientales (antiguas y modernas) el hombre no es libre ni política ni religiosamente, no tiene una conciencia real de sí mismo y, por lo tanto, tampoco tiene historia. La libertad solo se alcanzaría plenamente con el espiritualismo cristianismo, responsable de la introducción del libre albedrío.[23] La historia filosófica practicada por los grandes historiadores románticos, como Augustin Thierry o François Guizot, profundizó en estas ideas y las consolidó (Crossley, 1993). El primero introdujo la categoría de «raza» como un eje fundamental para entender la historia de la humanidad y de las diversas naciones modernas. El concepto era entendido desde una vertiente histórica y lingüística que lo aproxima al que hoy en día conocemos como «etnicidad», y en él la religión ocupa un espacio central (Leerssen, 2008).[24] Para Guizot el cristianismo se convierte en la piedra de toque que separa el mundo oriental y antiguo del mundo europeo moderno; en un paso decisivo para la aparición de una «civilización» europea. Según el historiador francés, el progreso de la civilización es la historia de la extensión de la autoridad de la razón sobre los individuos y de la restricción del ejer-

---

23 Un planteamiento que remite en última instancia a autores como Novalis o Chateaubriand, pero claramente filtrado y modificado por quienes lo discutieron y desarrollaron en Coppet desde planteamientos liberales, como el propio Benjamin de Constant.

24 Las ideas de Thierry fueron introducidas en España, entre otros, por Charles Romey, autor de la primera *Historia de España* (1839) de la época romántica. Sobre su publicación y recepción en España, donde influyó poderosamente en las futuras historias generales del siglo XIX, incluida la de Modesto Lafuente, véase Esteban de Vega (2003).

cicio arbitrario de su voluntad individual. La espiritualidad y la conciencia de uno mismo introducidas por el cristianismo se funden con la independencia germánica y las libertades municipales romanas para dar lugar a una síntesis superior, que afecta en diverso grado a todas las naciones europeas. Sin esa conciencia de uno mismo, por ejemplo, no era posible el libre albedrío y, con él, la individualidad moderna. Un principio muy caro en el plano político, pero también en el literario: introdujo la lucha del hombre consigo mismo, con sus pasiones, y con ello hizo nacer la literatura moderna. Las civilizaciones antiguas y orientales, carentes de este principio, se ven abocadas al fatalismo y al estancamiento, así como a una literatura incapaz de expresar las profundidades del alma.

La Europa moderna y las diversas naciones que la componían habrían alcanzado su unidad mediante la victoria sobre un mundo oriental del que habían surgido, para agotarse, las primeras grandes civilizaciones. Para Guizot, las Cruzadas son fundamentales. Permitieron a las diversas monarquías europeas unir esfuerzos frente a un enemigo común y poner fin al desorden y la tiranía feudales. En 1830, en una Francia que iniciaba la aventura colonial en Argelia, Jules Michelet, partiendo de ideas similares, aunque desde posicionamientos políticos más radicales, publicó una *Historia de Roma* en la que las guerras púnicas eran interpretadas como el primero de una serie de enfrentamientos seculares entre dos mundos irreconciliables: el occidental y el que a aquellas alturas se había convertido ya en su alteridad radical, el oriental, cuya ruina estaba inscrita en sus propios fundamentos.

Las ideas de Guizot fueron bien recibidas en España.[25] Entre otras cosas, su interpretación de las Cruzadas permitía emplazar la épica reconquista española en la vanguardia de la civilización europea moderna. En este sentido fue leída la larga lucha de los españoles contra los musulmanes durante la Edad Media por autores como Lista (1830*a* y 1830*b*), Pidal (1840) o

---

25 Fueron incorporadas, también, por su gran admirador en París, Francisco Martínez de la Rosa. En mi opinión, es en esta clave en la que hay que leer, en última instancia, su *Abén Humeya o la rebelión de los moriscos* (1830), una lectura que se hace explícita en su novela histórica *Doña Isabel de Solís, reina de Granada* (1837-1846) (Andreu-Miralles, 2016: 150-156, 161-169). Sobre la recepción de Guizot en España véase Fernández Sebastián (1997).

Donoso Cortés (1854). Fue esta también la interpretación de los grandes historiadores liberales del periodo, tanto progresistas como moderados, como Eugenio de Tapia, Fermín Gonzalo Morón o Modesto Lafuente. Sus ecos son perceptibles, además, en la literatura romántica de todo el periodo: el carácter nacional español se conforma en estos relatos en la guerra contra ese Otro por excelencia de la civilización europea, los musulmanes.

Obviamente, la idea de Guizot de que la Reforma protestante había sido un paso decisivo en el proceso de civilización de Europa no alcanzó tanto consenso en la Península. Pero sí su crítica, presente ya en el primer liberalismo español, de que el fanatismo religioso, incluido el cristiano, había sido un freno para la misma. En este sentido, la Santa Inquisición presentaba nuevamente un cierto aire de familia con las teocracias orientales. En Guizot, Adolphe Thiers o François-Auguste Mignet, las sombras de la España inquisitorial se atribuyen en gran medida a la arabización de la Península durante la Edad Media. Una conexión que, como ya he señalado, no es extraño encontrar tampoco en liberales españoles de diversa filiación política, de Donoso a Larra.

Todo lo anterior implicaba un reto para los liberales españoles. ¿Cómo interpretar ese legado oriental, tan destellante y a su vez plagado de sombras, en las costumbres, la lengua o la literatura españolas, es decir, en su carácter nacional? ¿En qué lugar situar esa influencia oriental en el marco de un organicismo y un historicismo románticos que, lejos de contemplarla como un fenómeno del pasado, la proyectaban sobre su presente? ¿Cómo vindicar la gloria de la «España árabe» y, al mismo tiempo, rebajar o limitar su influencia atendiendo a una nueva concepción de lo oriental para la que dicha vindicación podía implicar situar a España en las cercanías de la alteridad radical de la civilización europea?[26] Por supuesto, no puede darse a estas preguntas una respuesta unívoca ni homogénea. Los autores liberales españoles conformaron siempre una pluralidad de voces. No obstante, considero que pueden distinguirse algunas líneas de fuerza que pasan, en primer lugar, por la persistencia en la celebración de ese legado andalusí, del que se extraen conse-

26 Como señaló hace tiempo María Rosa Menocal (1985), la «teoría arabista», cuyos orígenes se remontaban al siglo XVI, entró en crisis ante estos nuevos planteamientos orientalistas.

cuencias positivas para la lengua y la literatura españolas, como la reivindicación de su esencia romántica. Ahora bien, al mismo tiempo, se insiste en la importancia del cristianismo para limitar y «purificar» dicha influencia, y para asegurar la plena pertenencia de España a la moderna civilización europea. Este es el planteamiento que defenderá, por ejemplo, Agustín Durán, y que, en el plano poético, como he señalado en otro lugar, representa como nadie José Zorrilla (Andreu-Miralles, 2016: 170-194).

La celebración del legado oriental irá por ello en España de la mano, inextricablemente, de la insistencia en su carácter cristiano, también desde el liberalismo. Orientalismo y cristianismo se nos aparecen a menudo como dos caras de una misma moneda. Ahora bien, entre ambas existe una jerarquía evidente. La superioridad del cristianismo no se pone en duda.[27] Más que hibridez o multiculturalismo, lo que encontramos es la asimilación de una civilización a la que se le reconocen grandes logros, pero que es considerada política y moralmente inferior. Por ello, la expulsión de judíos y moriscos es lamentada por el liberalismo como un suceso trágico, pero no por el resultado al que condujo (De Bunes, 1983; López Vela, 1999). La interpretación hegemónica entre los liberales de la España isabelina fue que dicha expulsión fue el fruto de un fanatismo religioso intolerante que habría impedido, en última instancia, que esos mismos pueblos reconocieran por sí mismos las verdades superiores del cristianismo y se convirtieran a él de forma pacífica y voluntaria.[28] Una vez imposibilitada esa conversión pacífica por el celo fanático e inquisitorial de algunos monarcas o religiosos españoles, no había otro remedio que su expulsión. Un final trágico, sí, pero necesario. La religión funciona de este modo como una barrera que impide la fusión o la amalgama entre ambos pueblos. Lo que los convierte en radicalmente distintos.[29] No hay una mezcla de componentes en una solución superior sino, en todo caso, la disolución de uno

---

27 Este mismo proceso se observa, por ejemplo, en la interpretación romántica de la obra literaria de Fernando de Herrera (Comellas, 2020).

28 En mi opinión, esta es la idea de fondo también de obras como la *Historia de los judíos en España* (1847) de Adolfo de Castro.

29 Este es también el caso de Mendíbil (1825: 292), para quien lo único que no intercambiaron uno y otro pueblo fueron las ideas religiosas: «solas ellas eran el punto de divergencia que diferenciaba a ambos pueblos, y que los mantenía en estado de perpetua hostilidad de reino a reino, mas no de individuo a individuo».

en otro a través de su conversión religiosa. Eso sí, la España cristiana resultante conservaba, tamizados y elevados, algunos elementos procedentes de aquel pasado oriental que le otorgaban unos rasgos distintivos.

Bondades y peligros de un sustrato oriental: Gil y Zárate

Las coordenadas expuestas en los apartados anteriores son las que permiten interpretar las reflexiones que dedicó a esta cuestión Antonio Gil y Zárate en su *Resumen histórico de la literatura española* de 1844. El autor madrileño era buen conocedor, por aquel entonces, de los planteamientos de Guizot, a quien sigue explícitamente en las lecciones sobre «historia moderna» que impartió en el Ateneo de Madrid en 1841 y que dedicó, en gran medida, a las diferencias esenciales entre la civilización oriental y la occidental. Según Gil y Zárate, la historia de la humanidad es la lucha de dos principios, el de dominación y el de libertad, y lo que caracteriza al mundo moderno es el justo equilibrio entre ambos. Para alcanzar dicho equilibrio, fue fundamental la lucha que Europa emprendió durante las Cruzadas, en nombre del cristianismo, contra los árabes, tanto porque contribuyeron a minar el feudalismo en Europa y a cohesionar al continente y a cada una de sus naciones, como porque sirvieron para traer de las llanuras del Asia nuevas ideas y nuevos gérmenes de civilización.

A pesar de estas importaciones positivas, los pueblos europeos se definen esencialmente frente a un Oriente estacionario, cuna de la civilización, pero cuyo sello distintivo es el principio de dominación. En Oriente «la tiranía tiene su imperio, contentos los hombres con ser esclavos» (Gil y Zárate, 1841*b*: 33).[30] Frente a ese principio se alzó el de la libertad absoluta del mundo griego, que se define como un todo contrario al de las civilizaciones orientales, pero que en su excesivo individualismo tiende peligrosamente hacia la falta de unidad y hacia la disolución. Roma heredó los dos principios, pero fue incapaz de hermanarlos. Su historia es la de una lucha sin cuartel entre ambos. La síntesis superior solo llegó con la mezcla o

30 En la lección 3, Gil y Zárate reproduce los tópicos orientalistas habituales en la Europa de principios del siglo XIX: feracidad del medio, calidez del clima, servilismo, fatalismo, tendencia al lujo y a la magnificencia, teocracia, superstición y fanatismo religiosos, etc.

fusión de la tradición romana y de los pueblos germánicos, propiciada por el cristianismo, que resulta fundamental para el nacimiento de la civilización moderna y de un nuevo tipo de libertad superior a la de los antiguos.[31]

La espiritualidad cristiana desterró el materialismo antiguo e introdujo una moral pura, humana y benéfica, basada en la igualdad profunda entre los hombres y en la dignificación de la mujer.[32] Sin embargo, el principio de dominación (íntimamente ligado al principio teocrático propio de los pueblos orientales) se mantuvo en el continente europeo a través de la tendencia absolutista de sus monarcas y del fanatismo religioso de una parte del clero, especialmente del que representaban unos institutos religiosos de origen igualmente oriental. Este fanatismo religioso traicionó los principios evangélicos de la Iglesia primitiva, basada en la igualdad entre los hombres para elegir a los mejores entre ellos y en la libertad de discutir (por ejemplo, en los concilios) para alcanzar el conocimiento de la verdad. Principios que aseguraban la superioridad del cristianismo sobre las religiones orientales, pero que se pervirtieron con el predominio creciente de una Iglesia que habría adoptado rasgos propios de aquellas antiguas civilizaciones.[33] El resultado fue la oposición de la Iglesia al desarrollo

31 «Si no hubieran existido las naciones germánicas, o no se vieran impelidas a la conquista del imperio, llegara acaso la época de Mahoma, y fueran los sarracenos los vencedores de las águilas romanas en occidente, como al fin lo fueron en oriente. Fuera la suerte del universo la que en el curso de nuestras lecciones veremos ser la de aquella parte del mundo. El imperio oriental subsistió todavía largos siglos en perpetua decadencia, inútil para las luces, inútil para la libertad, inútil para la civilización. Cayó, y cayó bajo el dominio de los musulmanes, sujetos al principio teocrático, y todavía se encuentra entregado al despotismo y a la barbarie» (Gil y Zárate, 1841*b*: 272-273).

32 Un elemento este que fue clave en la reinterpretación liberal y romántica de la Edad Media, y que lo es también para Gil y Zárate: con el cristianismo, la mujer pasó de ser esclava a compañera del hombre, lo que posibilitó la aparición del amor cortés y de la galantería caballeresca, poniendo así en marcha el proceso de civilización europea (Passerini, 2004).

33 De nuevo, como se subraya posteriormente, lo que encontramos es una crítica al fanatismo y a la intolerancia, pero sin renunciar a la superioridad del cristianismo: «Porque, señores, en vano se dice: esta creencia es la única verdadera; por lo tanto, todos están obligados a aceptarla, y al que no la acepte voluntariamente, debe obligársele con la fuerza. Funesto raciocinio: la verdad, por lo mismo que es verdad, tiene una obligación; la de mostrarse claramente, la de persuadir y convencer al entendimiento; y por lo mismo también que se baste a sí propia para prevalecer en los ánimos que nunca la resisten cuando llegan a conocerla, es más ilegítimo en ella, más tiránico el empleo de la fuerza» (Gil y Zárate, 1841*b*: 137-138).

de la razón y a la libertad de conciencia, hechos que son simbolizados una vez más con el establecimiento de la Santa Inquisición. Las guerras de religión y las revoluciones políticas de los siglos XVIII y XIX acabaron finalmente con el despotismo monárquico y lo sustituyeron por la forma de gobierno propia de las naciones civilizadas: el gobierno representativo, basado en la razón y en la libertad. Solo de este modo fue posible que volvieran a florecer las artes y el entendimiento.

Estos planteamientos fueron comunes para un liberalismo que consideró que, para que España se uniera a ese grupo de naciones civilizadas, era indispensable la supresión del Santo Oficio y la limitación de la influencia de la Iglesia en la sociedad española. La actividad política y literaria de Gil y Zárate es, en este sentido, paradigmática. Si en *Carlos II el Hechizado* (1837) denunciaba los efectos perniciosos que el fanatismo religioso y la intolerancia inquisitorial habían tenido para la historia política de España (Ribao, 2004), la labor que emprendió junto a Pidal de reforma secularizadora del sistema educativo buscaba en gran medida ese mismo objetivo: liberar a la razón de las camisas de fuerza que durante siglos la habían atenazado en la Península.[34] Como escribió él mismo al principio de *De la instrucción pública en España* (1855) «(l)a losa que echó sobre nosotros la Inquisición fue tan pesada, que no hemos podido aún quitárnosla enteramente de encima: el Santo Oficio, desterrado de nuestras instituciones, no ha dejado de ejercer su maligna influencia en las costumbres; y el pensamiento lanzado por él en perniciosas vías, se resiste a entrar por las que conducen a las alturas de la civilización moderna» (Gil y Zárate, 1855, I: VI).[35]

Ahora bien, el combate contra la impronta dejada en España por el fanatismo y la intolerancia no implicaba renunciar en ningún caso al cristianismo, que, como ya he señalado, era considerado por el liberalismo europeo una religión superior y uno de los factores que habían propiciado el nacimiento del mundo moderno. También de su literatura, como seña-

34 El carácter secularizador, uniformizador y estatalista de la reforma educativa liberal, que supuso poner bajo el control del Estado la labor educativa de la Iglesia, en Calatayud, Millán y Romeo (2009: 119-129).

35 Amplía esta reflexión en la lección segunda, en la que atribuye a este fanatismo inquisitorial la decadencia de una instrucción pública en España que había brillado en la Edad Media, desde Alfonso el Sabio hasta los Reyes Católicos.

la Gil y Zárate en el cuarto capítulo de la sección tercera del *Manual de literatura,* en el que establece la distinción fundamental entre clasicismo y romanticismo desde planteamientos propios de esta segunda corriente artística y literaria. En unas páginas que podría haber firmado Madame de Staël, Gil y Zárate subraya la relevancia que tuvo el cristianismo para el nacimiento de la civilización moderna: reemplazó el materialismo por el espiritualismo; puso fin al fatalismo antiguo y oriental sustituyéndolo por el libre albedrío, que hizo nacer la lucha del hombre contra sus pasiones y, con ello, las ennobleció; propició la aparición del «amor», decisivo en este último proceso, mediante la elevación de la mujer, que contribuyó a su vez decisivamente a la dulcificación de las costumbres; introdujo el dogma de la fraternidad e igualdad con la emancipación de los esclavos; y, finalmente, instauró un nuevo orden intelectual que permitió superar los límites a que estaba reducido el entendimiento en el mundo antiguo. Además de ello, fue el engrudo que permitió la fusión o amalgama de las enérgicas tribus del norte y el decadente Imperio romano, de la que nacieron la caballería, el amor y el honor medievales, esenciales para la poesía moderna y la literatura romántica, que para Gil y Zárate es toda aquella que se rige desde entonces por sus principios (Gil y Zárate, 1844*a*, I: 129-136).

Las diferentes literaturas nacionales europeas, según Gil y Zárate, no son sino el resultado de la desigual mezcla de ambos principios literarios, el clásico y el romántico. Ahora bien, el autor apunta inmediatamente después que algunas de estas naciones «ya por efecto de su clima, ya por la influencia de extrañas literaturas, como la antigua y la oriental, [...] participan de otros caracteres que las distinguen» (Gil y Zárate, 1844*a*, I: 137). En las primeras páginas del *Resumen histórico* reflexiona ampliamente sobre la influencia de una de estas «extrañas literaturas» sobre el castellano. Para Gil y Zárate no hay duda sobre su raíz latina y sobre el carácter hispanogodo de la literatura española.[36] Es más, insiste en que el castellano deriva de un latín más puro que el que habría existido en otras latitudes gracias a que no se habría corrompido tanto con la llegada de los godos. Esta mayor

36 Esta seguirá siendo la interpretación hegemónica de los liberales en las décadas posteriores. Por ejemplo, en la influyente *Historia crítica de la literatura española* (1861-1863) de José Amador de los Ríos.

pureza la debe a la influencia de los obispos cristianos, que habrían sido trascendentales en la fusión o amalgama de ambos pueblos, núcleo del moderno carácter nacional de los españoles: «al cabo los dos pueblos se confundieron en uno, prevaleciendo en esta mezcla la lengua del antiguo» (Gil y Zárate, 1844*b*, I: 4-6). El idioma degeneró finalmente en el siglo noveno y, junto con las «profundas huellas en multitud de voces» que recibió de la lengua arábiga vecina, a la que se reconoce un papel relevante (le aportó al idioma «riqueza y lozanía»), pero secundario, dio origen al romance vulgar, al habla castellana.[37] La literatura verdaderamente española, la popular, según Gil y Zárate, que sigue aquí a Schlegel, se habría conformado como la expresión del carácter nacional encerrado en esa lengua originaria y sería eminentemente romántica, es decir, moderna.[38] La historia de la literatura española que sigue a esta afirmación y que se desarrolla en los tres volúmenes del *Resumen histórico* es la de la mayor o menor fidelidad de los autores peninsulares, a lo largo de los siglos, a este espíritu nacional-popular.

El elemento oriental, también presente en aquella mezcla originaria, le habría conferido a la lengua y a la literatura españolas un color y una originalidad particulares, pero subordinados siempre a la dimensión cristiana predominante. La mezcla o confusión entre ambos pueblos, razas o naciones (términos que se utilizan indistintamente) resulta en última instancia imposible:

---

37 «Esta lengua conservó, pues, más que otra alguna de Europa, si se exceptúa la italiana, el sello de la latina, sobre todo en su pronunciación clara y en sus terminaciones redondas: guardó muy poco o nada del lenguaje septentrional y admitió mucho de otro meridional rico y sonoro, preservándose así de los sonidos sordos y secos que afean el francés, y ganando en armonía y dulzura» (Gil y Zárate, 1844*b*, I: 6-7). La mejor expresión literaria de esta lengua originaria es el romance, pues «es fuerza decir que la lengua y los romances nacieron y crecieron juntos» (Gil y Zárate, 1844*b*, I: 359). Una forma métrica que, siguiendo a Conde, considera Gil y Zárate tomaron los españoles de los árabes, pero modificándola y elevándola hasta alcanzar su máxima altura en el siglo XVI (Gil y Zárate, 1844*b*, I: 367-369).

38 «Veamos qué cualidades ha debido tener nuestra poesía para llenar todas las condiciones propias de nuestra particular civilización. Estas cualidades deben ser hasta cierto punto las que hemos reconocido en la primera parte como inherentes a la civilización moderna, con las variaciones y adiciones propias de las circunstancias particulares de nuestro suelo» (Gil y Zárate, 1844*b*, I: 11).

> Los enemigos en la Península no se llamaban árabes o españoles, sino moros y cristianos: al no ser por esta diferencia de culto, los sarracenos se hubieran tal vez amalgamado con los naturales, como había sucedido entre estos y los godos; pero la religión establecía entre ellos una barrera insuperable, siendo preciso que al fin moros o cristianos quedasen exterminados.

Más adelante, siguiendo los razonamientos propios de la historia filosófica de autores como Guizot, plantea que, al fin y al cabo, en la Península no solo combatían dos creencias, sino «dos civilizaciones distintas, la oriental y la occidental» (Gil y Zárate, 1844*b*, I: 12-13).

En esa lucha, Gil y Zárate reconoce, como era entonces habitual, lo avanzado en aquellos momentos de la primera de aquellas civilizaciones en medio de una Europa bárbara, así como lo que había aprendido de ella España —y el resto del continente—. Ahora bien, como es habitual también en otros autores liberales del periodo, mantiene las tesis que «españolizan» los logros andalusíes, como haría unos años después Amador de los Ríos en relación con los judíos españoles. La elevación singular de la civilización árabe en España se debe a su contacto con las virtudes de la España cristiana. Con todo, a diferencia de lo que ocurría con la «teoría arabista» dieciochesca, esa elevación está limitada ahora a las barreras que impone a los árabes su fondo civilizatorio oriental: «El pueblo moro adquirió, en cuanto su organización política lo consentía, parte de la fuerza e independencia personal de los pueblos septentrionales, y adoptó las instituciones caballerescas» (Gil y Zárate, 1844*b*, I: 13).[39]

Así pues, la relevancia del sustrato árabe de la lengua y la literatura españolas es al mismo tiempo subrayada y rebajada respecto a lo que habían sostenido autores como Bouterwek, Sismondi, Schlegel o Villemain, para quienes era el elemento determinante del singular carácter árabe-cristiano de los españoles. Gil y Zárate tenía en mente cuando escribía, probablemente, las obras de estos autores, algunas de las cuales (Schlegel,

---

39 La creciente dificultad para explicar la superioridad de la civilización andalusí y su influencia en otra radicalmente diferente como la cristiana tenderá a resolverse por el orientalismo español de la segunda mitad del siglo XIX mediante la recuperación de la relevancia de los mozárabes. Una idea que esbozaba ya en el mismo año en el que se publicó el *Manual de literatura* José Amador de los Ríos (1844).

Sismondi) acababan de ser traducidas además al castellano.[40] A diferencia de ellos, Gil y Zárate no pone en ningún caso en duda el tronco hispano-godo y cristiano de la lengua y la literatura españolas, que la sitúan claramente del lado de las naciones europeas modernas. Ahora bien, la influencia de esa civilización oriental con la que España había tenido un contacto tan estrecho durante siglos era evidente. Las costumbres españolas, el carácter de sus habitantes, su literatura, recibieron «un tinte oriental indeleble». Un «tinte», ciertamente, pero suficientemente potente, combinado con sus otros rasgos característicos, como para conferir a la literatura española un tono único que puede ser celebrado y reivindicado. El mayor contacto con el mundo oriental hizo que «[e]l honor, la fidelidad, la galantería, el respeto hacia las damas, la generosidad con los enemigos» alcanzasen entre los cristianos españoles «una energía que no se hallaba en las demás naciones europeas» (Gil y Zárate, 1844*b*, I: 13).

Sin embargo, la aceptación de ese «tinte» oriental pasa necesariamente por su neutralización. Es también en España donde, precisamente por la presencia musulmana y por la larga guerra contra los infieles, más se conjuran los peligros de esa influencia oriental a través del cristianismo: «Si el espíritu religioso era prepotente en toda Europa durante la edad media, fuelo más en España» (Gil y Zárate, 1844*b*, I: 12). Todo ello le da a la literatura española una dimensión genuina, que la hace superior a cualquier otra, en una lectura de sus cualidades plenamente romántica: «La religión, el honor y la galantería, estos son [...] los tres ejes sobre los cuales ha girado la civilización de los tiempos medios, y las tres fuentes de todas las bellezas propias de su literatura. Estas tres causas han influido poderosamente en nuestra patria, y tal vez con más eficacia que en ninguna parte» (Gil y Zárate, 1844*b*, I: 11). En este sentido se entiende su admiración por Calderón de la Barca, el «poeta dramático español más perfecto». En una interpretación similar a la que había adoptado Agustín Durán, lo que encomia sobre todo Gil y Zárate de Calderón es su capacidad para reunir y

40 Como ha señalado Santiago Pérez Isasi (2010: 275), los historiadores de la literatura del siglo XIX se plantean, siguiendo los presupuestos románticos, localizar y «descubrir» el espíritu nacional específico que se expresa en cada tradición literaria y gran parte de sus críticas «a sus predecesores extranjeros (Bouterwek, Sismondi, Ticknor...) se basan precisamente en su incapacidad para captar el carácter nacional hispánico, lo que, a su juicio, invalida de raíz sus logros como críticos...».

sintetizar la diversidad de influencias que habían conformado el carácter español, entre ellas aquellas asociadas a su fondo oriental, pero sometiéndolas a una cualidad que «tal vez escaseó» en sus predecesores: «sublimidad en los pensamientos» (Gil y Zárate, 1844*b*, II: 378-379).[41]

Con todo, esta apropiación estratégica del legado andalusí no estaba exenta de tensiones. Implicaba reconocer que había rasgos orientales en la lengua y en la literatura españolas y, por extensión, en su carácter nacional. Ese sustrato oriental, unido a su condición meridional, le daba a la literatura española, por ejemplo, un colorido especial y una imaginación exuberante: «El espíritu cristiano y monárquico, el galanteador y pundonoroso, estaban, pues, fuertemente impresos en el carácter español, y debían reflejarse en su literatura. A esto se añade un tinte oriental muy subido, y por lo tanto, una gran tendencia a lo maravilloso, a las metáforas, a las imágenes atrevidas, a la pompa del lenguaje» (Gil y Zárate, 1844*b*, I: 13).[42] Estos últimos elementos son los que corren siempre el riesgo de desbordarse. Como otros autores españoles del periodo, Gil y Zárate asocia a menudo la corrupción de la lengua y de la literatura españolas con la exacerbación de ese componente oriental y meridional del espíritu español. Ambas degeneraron cuando se hallaban en su máxima altura al manifestarse los elementos antes referidos «tal vez con reprensible exceso» (Gil y Zárate,

---

41 Gil y Zárate entiende lo sublime como aquella belleza inexpresable que consigue acercarse a lo infinito. Una belleza que «no puede ser otra cosa más que un destello de la divinidad, una de sus fases que nos presenta para que la adoremos; y así le rendimos una especie de culto, y con ella nuestra alma se purifica» (Gil y Zárate, 1844*a*: 117-118). A Lope de Vega le reconoce como padre del verdadero teatro nacional, pero sus inimitables cualidades «vienen a deslucirse con el frecuente desaliño con que escribe, ofendiendo la falta de verdad en muchos pasajes, los conceptos alambicados y obscuros, las metáforas viciosas, los juegos de palabras pueriles, y sobre todo la afectación pedantesca de ostentar a cada paso doctrinas inoportunas» (Gil y Zárate, 1844*b*, I: 305), elementos, estos últimos, que se asocian a los rasgos propios de las literaturas orientales. Estas tendencias, visibles, aunque aún controladas en autores como Tirso de Molina o Agustín Moreto, empiezan a desbocarse con Francisco de Rojas (Gil y Zárate, 1844*b*, II: 272-377).

42 Todos estos elementos son característicos de la literatura imaginativa de las civilizaciones orientales, propia de la infancia de la humanidad, a la que se opondría la seriedad racional de la sociedad moderna, como expone en la lección XI de su *Introducción a la historia moderna* (Gil y Zárate, 1841*b*: 148-173). Como es conocido, esta distinción entre literatura imaginativa propia de los pueblos primitivos y literatura seria moderna había sido planteada por los hermanos Schlegel y desarrollada por Madame de Staël.

1844*b*, I: 14). Fue un lugar común simbolizar ese proceso de decadencia en la poesía alambicada del cordobés Luis de Góngora: «la brillante imaginación de los españoles, su misma lengua, el sello oriental que han dejado en nosotros los árabes» habrían sido los responsables de una crisis literaria de la que no habrían empezado a recuperarse los españoles sino en el siglo XVIII, del que valora Gil y Zárate su racionalismo, como también hizo Alcalá Galiano (Gil y Zárate, 1844*b*, I: 180; Busquets, 2002).[43]

Esta crisis literaria va pareja, asimismo, a la debacle intelectual y al triunfo definitivo de la teocracia inquisitorial bajo una dinastía extranjera. Nuevamente, el poso oriental del carácter nacional de los españoles y el fanatismo y la intolerancia religiosos parecen asociarse. En su *Introducción a la historia moderna,* Gil y Zárate ya había señalado que este había sido el gran problema de la literatura de las civilizaciones orientales. El principio teocrático tan pronunciado de aquellas «paralizó también los esfuerzos del entendimiento; y en ciencias, como en literatura, como en política, fue el destino del Asia quedar estacionaria, y sucumbir bajo el yugo de un ilimitado despotismo» (Gil y Zárate, 1841*b*: 173). Esta amenaza es la que se cierne siempre recurrente sobre los españoles, la que explica que la razón se viese ahogada también en España en una época dominada por la Inquisición y que su literatura sufriera un acentuado declive. Esta línea argumental, que vinculaba salud literaria y libertad de pensamiento, tenía que hacer frente a la paradoja de que había sido precisamente durante la dinastía de los Austrias cuando la literatura española había alcanzado su máximo apo-

43 Esas tendencias perversas se encuentran ya, sin embargo, incluso entre los más grandes escritores españoles, pues son producto de su propia excelencia. El sevillano Fernando de Herrera, «hombre de fogosa imaginación», por ejemplo, llevó la versificación española a su más alto grado de perfección, pero abrió las puertas a quienes vinieron después, desluciendo «nuestra poesía con las extravagancias de la exageración y el culteranismo» (Gil y Zárate, 1844*b*, I: 123-124). Gil y Zárate compara su oda a Juan de Austria con la canción que dedica a la batalla de Lepanto, ensalzando esta última porque en ella parece que el espíritu cristiano es capaz de regular o dominar los defectos de la primera: «Aquí el poeta no pide ya sus adornos e imágenes a la mitología griega, a la poesía de los antiguos; no tiene ese vuelo arrebatado, ese desorden, ese colorido brillante, esa altisonancia llevada a veces al extremo: se convierte en cantor cristiano, toma la severidad, la entonación, la sublimidad de pensamientos propios de la religión, la calma de quien confía en el poder de Dios, y emula en su entonación la de los libros sagrados. Es al propio tiempo más puro y correcto que en la oda anterior» (Gil y Zárate, 1844*b*, I: 130).

geo. Gil y Zárate la resuelve apelando a que esta literatura sería el fruto de los grandes principios sembrados en épocas anteriores, que empezaron a viciarse tras la llegada del despotismo teocrático: «el valor degeneraba en fanfarronería; el pundonor, en espíritu pendenciero; la galantería, en atrevimiento; la lealtad, en servilismo; la religiosidad, en superstición; el cuidado de la fama, en tiranía doméstica; la pompa del lenguaje, en altisonancia; el ingenio, en ridículo culteranismo» (Gil y Zárate, 1844*b*, II: 382).[44] Sus efectos se hicieron sentir en la propia lengua. Como explica años después en su discurso de recepción de José Joaquín de Mora en la Real Academia Española, la decadencia del idioma a lo largo de la Edad Moderna está relacionada con la clausura del pensamiento provocada por la Inquisición, causa última del culteranismo, «hijo forzoso de una literatura esclava». Lo más interesante es cómo estos elementos se vinculan nuevamente con la exacerbación de aquellas cualidades asociadas comúnmente al fondo oriental del carácter español. La lengua se convirtió entonces «en una algarabía incomprensible, que no teniendo de castellano más que las voces, servía únicamente para revestir con sonidos vanos los conceptos más extravagantes de una imaginación pervertida» (Gil y Zárate, 1848: 45, 43).

Los excesos orientales y meridionales de la literatura española y el clima intelectual generado por el despotismo teocrático se vinculan al triunfo del mal gusto (por ejemplo, en Quevedo o Gracián) y son los que requieren, para moderarse, de las reglas que aporta la sana razón. Gil y Zárate expone este argumento en la introducción a la primera parte de su *Manual de literatura*. El ingenio no entiende de reglas, pero esto no significa que no le sean útiles. Un hombre «sin la disposición natural no logrará ser con reglas buen poeta; pero, aun con los más bellos dotes de la naturaleza, podrá ser por falta de ellas un perverso escritor». El ejemplo elegido es precisamente Góngora, «aquel de nuestros poetas que tal vez nació con más brillantes dotes», pero que, cuando dejó de observar las reglas, «decayó lastimosamente, se convirtió en una especie de delirante». Otro ejemplo es el de Lope de Vega, quien «por no refrenar su imaginación» cayó en los vicios «a que está siempre toda virtud cercada» (Gil y Zárate, 1844*a*: 8-10).

---

44 Esto le permite a Gil y Zárate combinar los elogios de Schlegel a Calderón, con las críticas que vierte hacia él Sismondi, quien lo había considerado la viva expresión de «la miserable época de Felipe IV» (Gil y Zárate, 1844*b*, II: 405).

Si esto es así para los grandes escritores, ¿qué no ocurrirá con aquellos ciudadanos corrientes a cuya formación se encomendaba el manual?[45]

El destinatario de la obra, un pueblo español cuyo carácter es propenso a la imaginación exuberante y a lo maravilloso, así como a otros elementos que se asocian a esto último, como la superstición religiosa o el gusto por lo monstruoso, es muy relevante para entender la apuesta de Gil y Zárate por las reglas. El buen gusto clásico podía ser un correctivo necesario para refrenar la propensión oriental y meridional del carácter nacional hacia el exceso y el mal gusto.[46] El gusto no es sino la «aptitud de cada individuo para distinguir lo que es bueno o malo, bello o deforme» en las composiciones literarias (Gil y Zárate, 1844*a*: 119). Según Gil y Zárate esta cualidad depende de la sensibilidad y de la inteligencia, que actúan no obstante de forma distinta. La primera depende de los elementos de belleza que nos rodean desde nuestra infancia, lo que explica «las diferencias de gustos que se notan en diversos países y en distintas épocas». La segunda, por el contrario, es invariable, y tiende continuamente a rectificar al gusto variable que proviene de los sentidos, pues este «depende de causas transitorias, no siempre favorables al buen gusto» (Gil y Zárate, 1844*a*: 123). Ese fue el gran problema de Lope de Vega, como explica en el segundo volumen de su *Resumen histórico*. Aunque, siguiendo a Durán, le reconoce

45 Gil y Zárate es consciente de la inutilidad de esas reglas cuando se trata de domar el ingenio de los grandes poetas: «Mas ni el orador, ni el poeta esperen encontrar en los libros ni en las reglas, esos modos de hablar bellos y enérgicos. Las reglas utilísimas para procurar al pensamiento y a la cláusula las calidades indispensables que más arriba hemos explicado, son totalmente nulas para inspirar al escritor esta clase de adornos que dan, como ya hemos dicho, color y vida a los escritos. Si el orador, si el poeta, saben sentir, si tienen pasiones, si el cielo les formó tales, los hallarán sin buscarlos, en su corazón y fantasía» (Gil y Zárate, 1844*a*: 41). Lo señala especialmente en relación con el poema épico y con la poesía lírica (Gil y Zárate, 1844*a*: 214, 229).

46 Por ejemplo, en el artículo que dedica a la oratoria política o parlamentaria, señala que «nosotros, habitantes de un país meridional de un clima ardiente, con más imaginación, y con ese daño oriental que hay en nuestras costumbres y producciones literarias, no podemos ni debemos sujetarnos siempre al prosaísmo de algunas naciones septentrionales. Nunca dejaremos de ser sensibles al poder de las imágenes y a los encantos del lenguaje; pero si nos es permitido alguna más poesía y animación en nuestros discursos, debemos estar precavidos contra la exageración de esta natural tendencia; emplear solo nuestra imaginación en adornar pensamientos sólidos, argumentos fuertes; y no olvidar nunca que el efecto más común de las peroraciones que brillan más por la apariencia que por el fondo, es dar contra la razón el triunfo a las malas pasiones» (Gil y Zárate, 1844*a*: 176).

la paternidad del verdadero drama nacional español y le considera un genio romántico sin parangón, le faltaron para ser perfecto cualidades como la meditación y el detenimiento, «y su falta le precipitó en grandes extravíos» (Gil y Zárate, 1844*b*, II: 198). Por el contrario, ese buen juicio es el que permite a Miguel de Cervantes elevar a la novela a su mayor altura, tras ridiculizar aquellas novelas de caballería fruto de una imaginación sin freno y de «la afición de lo maravilloso» aprendida de la literatura árabe (Gil y Zárate, 1844*b*, III: 182). En ninguna obra como el *Quijote* «ha derramado la imaginación con más abundancia sus inapreciables tesoros, y en ninguna se ostentan más al propio tiempo las elevadas dotes de la razón más cultivada» (Gil y Zárate, 1844*b*, III: 259).

Esa tendencia hacia el mal gusto es hacia la que podía derivar un romanticismo decimonónico que prescindiese completamente de las reglas del sano juicio. Es después de su definición del gusto cuando Gil y Zárate introduce el capítulo sobre las diferencias entre la literatura antigua y la moderna, el clasicismo y el romanticismo. Cada una de ellas es la expresión de su época y, por tanto, legítima, «resultando de aquí dos géneros de belleza a la par admirables, y que no se excluyen el uno al otro» (Gil y Zárate, 1844*a*: 126). La de su tiempo es y debe ser romántica, sobre esto no tiene dudas Gil y Zárate, por lo que las reglas clásicas no le sirven. Pero eso no quiere decir que no sean necesarias unas reglas nacidas del análisis de las obras producidas en el sistema moderno, del que deberían surgir «preceptos nuevos, que unidos a los antiguos subsistentes, formarían la nueva teoría literaria adaptable a las naciones modernas» (Gil y Zárate, 1844*a*: 139).[47] Unas reglas que evitasen los excesos de un romanticismo como el que había cultivado él mismo en *Carlos II el Hechizado,* la obra que le lanzó a la fama, pero que le provocó numerosos remordimientos y un poderoso deseo de enmendarse que exploró en sus dramas posteriores (Rodríguez Gutiérrez, 2011).[48]

---

47 En este sentido, Gil y Zárate parte de un concepto moderno de lo literario, que se define por la simbiosis entre la naturaleza exterior y la interioridad del poeta, que hace necesario el desarrollo de un nuevo concepto de «regla artística» (Morales Sánchez, 2000). Estas mismas ideas las había defendido ya en su discurso de ingreso en la Real Academia Española (Gil y Zárate, 1839).

48 Lo que puede ayudar a esclarecer el debate sobre el carácter «ecléctico» de este drama (Cantero, 2008; Avilés Diz, 2014). Cabe recordar que Gil y Zárate nunca renunció a la dimensión romántica y revolucionaria de su drama más famoso, a pesar de reconocer que había incurrido en él en algunos excesos (Rodríguez Gutiérrez, 2010).

La dimensión política de esta reflexión resulta evidente. Esos excesos literarios se identificaban con los que se atribuían a la revolución liberal, en pleno Trienio Progresista (1840-1843), desde un moderantismo que, en todo caso, no estaba dispuesto a renunciar a ella. El *Guzmán el Bueno* (1842) de Gil y Zárate puede entenderse, en este sentido, como un drama romántico modulado por el buen gusto de la tradición clasicista que trata de eliminar aquellos excesos (tanto políticos como literarios) y que propone un modelo dramático alternativo y aceptable para el moderantismo liberal posrevolucionario (Muñoz Sempere, 2008*b*). Este sería también el objetivo del *Manual* y del *Resumen histórico* de Gil y Zárate. Lejos de entenderlo como un déficit de romanticismo, su «eclecticismo» sería la respuesta necesaria a una literatura española cuyo espíritu romántico la había elevado en el pasado a sus cotas más altas, pero cuyos rasgos orientales y meridionales (que habían resultado esenciales en dicha elevación) la amenazaban en todo momento con su ruina, del mismo modo que amenazaban, en el plano político, el orden social necesario para seguir avanzando en la senda del progreso. En este sentido, el «eclecticismo» de Gil y Zárate no es un simple compromiso entre clasicismo y romanticismo, sino una propuesta romántica original, como la que defiende en esos mismos años otro destacado representante entonces del liberalismo moderado, Antonio Alcalá Galiano (Busquets, 2002 y 2020; Sánchez García, 2005).

Bibliografía

Álvarez Barrientos, Joaquín (2017), «Pablo de Mendíbil (1788-1832), espía de Fernando VII», *Cuadernos de Ilustración y Romanticismo,* 23, pp. 287-296.

Álvarez Junco, José (2001), *Mater dolorosa. La idea de España en el siglo xix,* Madrid, Taurus.

Álvarez Junco, José (coord.) (2013), *Las historias de España: visiones del pasado y construcción de identidad,* Barcelona, Crítica.

Amador de los Ríos, José (1844), «Apuntes sobre la influencia de los árabes en las artes y la literatura españolas», *El laberinto,* 1 de septiembre.

Anderson, Benedict (1993), *Comunidades imaginadas: reflexiones sobre el origen y la difusión del nacionalismo,* México, FCE.

Andreu-Miralles, Xavier (2005), «El triunfo de al-Ándalus: las fronteras de Europa y la "(semi)orientalización" de España en el siglo xix», *Saitabi,* 55, pp. 195-210.

Andreu-Miralles, Xavier (2015), «Nacionalismo español y culturas políticas. El comienzo de una buena amistad», *Historia y Política,* 34, pp. 355-381.

Andreu-Miralles, Xavier (2016), *El descubrimiento de España. Mito romántico e identidad nacional,* Barcelona, Taurus.

Andreu-Miralles, Xavier (2017), «Què se'n va fer, dels fenicis? Raça, història i nació a l'Espanya liberal (1830-1868)», en Ferran Archilés (ed.), *Inventar la nació. Cultura i discursos nacionals a l'Espanya contemporània,* Catarroja y Barcelona, Afers, pp. 65-98.

Andreu-Miralles, Xavier (2018), «La lengua es la nación. Situando a Billig en la España liberal (1800-1868)», en Alejandro Quiroga y Ferran Archilés (eds.), *Ondear la nación. Nacionalismo banal en España,* Granada, Comares, pp. 19-41.

Andreu-Miralles, Xavier (2020), «Ambivalencias de *El Conde Don Julián* (Príncipe, 1838). Al-Ándalus y la nación del liberalismo progresista», en María Isabel Fierro y Alejandro García Sanjuán (eds.), *Hispania, al-Ándalus y España: identidad y nacionalismo en la Historia,* Madrid, Marcial Pons, pp. 81-90.

Archilés, Ferran (2011), «Melancólico bucle: narrativas de la nación fracasada e historiografía española contemporánea», en Ismael Saz y Ferran Archilés (eds.), *Estudios sobre nacionalismo y nación en la España contemporánea,* Zaragoza, PUZ, pp. 245-330.

Avilés Diz, Jorge (2014), «Gil y Zárate and *Carlos II el Hechizado*», *The Modern Language Review,* 109, 4, pp. 1013-1029.

Baker, Edward (2001), «Nuestras antigüedades: la formación del canon poético medieval en el siglo xviii», *Hispania,* 61, 209, pp. 813-829.

Bernal, Martin (1993), *Atenea negra: las raíces afroasiáticas de la civilización clásica,* Barcelona, Crítica.

Bevilacqua, Alexander (2018), *The Republic of Arabic Letters. Islam and the European Enlightenment,* Cambridge, Harvard University Press.

Blanco White, José María (1824), «Bosquejo de la historia del entendimiento en España desde la Restauración de la literatura hasta nuestros días», *Variedades o el Mensagero de Londres,* 1, pp. 104-120.

Blanks, David R., y Michael Frassetto (eds.) (1999), *Western Views of Islam in Medieval and Early Modern Europe,* Basingstoke, Macmillan.

Busquets, Loreto (2002), «El romanticismo clásico de Antonio Alcalá Galiano», *Studi Ispanici,* 5, pp. 117-137.

Busquets, Loreto (2020), «Alcalá Galiano: estética e historiografía literaria a la luz de las literaturas inglesa e italiana del siglo xviii», *Cuadernos Jovellanistas,* 14, pp. 19-55.

Cabo Aseguinolaza, Fernando (2003), «La dimensión geoliteraria de la historiografía literaria española», en Gabriella Menzel y Lászlo Scholz (eds.), *El espa-*

cio en la narrativa moderna en lengua española, Budapest, Universidad Ëotvös Loránd, pp. 8-25.

Cabo Aseguinolaza, Fernando (2010), «The European Horizon of Peninsular Literary Historiographical Discourses», en Fernando Cabo Aseguinolaza, Anxo Abuín González y César Domínguez (eds.), *A Comparative History of Literatures in the Iberian Peninsula: Volume I,* Ámsterdam, John Benjamins Publishing Company, pp. 1-52.

Calatayud, Salvador, Jesús Millán y María Cruz Romeo (2009), «El Estado en la configuración de la España contemporánea. Una revisión de los problemas historiográficos», en Salvador Calatayud, Jesús Millán y María Cruz Romeo (eds.), *Estado y periferias en la España contemporánea. Nuevos enfoques,* Valencia, Publicacions de la Universitat de València, pp. 9-130.

Cantero, Víctor (2008), «*Carlos II, el hechizado* (1837) o el teatro ecléctico de Antonio Gil y Zárate», *Estudios humanísticos. Filología,* 30, pp. 57-82.

Caro Baroja, Julio (1979), *Sobre la lengua vasca y el vasco-iberismo,* San Sebastián, Txertoa.

Checa Beltrán, José (2001), «Poética y Romanticismo: Gil de Zárate y la herencia neoclásica», *Salina: Revista de Lletres,* 15, pp. 167-174.

Comellas, Mercedes (2016), «La historia literaria española según John Bowring: "Observations on the State of Religión and Literatura in Spain" (1819), "Poetical Literature of Spain" (1821-1822) y *Ancient Poetry and Romances of Spain* (1824)», en José Manuel González Herrán *et alii* (coords.), *La historia en la literatura española del siglo xix,* Barcelona, Sociedad de Literatura Española del Siglo XIX / Universitat de Barcelona, pp. 395-416.

Comellas, Mercedes (2017), «Argumentos poéticos para un debate político: la poesía del Siglo de Oro en los años del exilio romántico», *eHumanista,* 37, pp. 143-171.

Comellas, Mercedes (2020), «La romantización del Parnaso español. Fernando de Herrera, poeta oriental y cristiano», *Creneida,* 8, pp. 221-253.

Comellas, Mercedes (2021), «La "escuela propiamente española": la polémica sobre el lenguaje poético y la idea de nación», *Dieciocho,* Anejo 8, pp. 247-280.

Comellas, Mercedes (2022), «La reivindicación romántica del Medievo español: ideología y mito», en Mercedes Comellas (ed.), *La invención romántica de la Edad Media. Representaciones del Medievo en el siglo xix,* Sevilla, EUS, pp. 85-141.

Conde, José Antonio (1820-1821), *Historia de la dominación de los árabes en España,* Madrid, Imprenta que fue de García, 2 vols.

Contreras Jiménez, Manuel (2022), «Entre lo barroco y lo oriental: visiones ilustradas y románticas de la singularidad literaria española en la literatura de viajes», ponencia presentada en *Global Echoes: The Worlds of Early Modern*

Spanish Poetry (The 15th Biennial Conference of the Society for Renaissance and Baroque Hispanic Poetry), Cambridge, 22-24 de marzo.

Cooke, Peter (2011), «Nation, Myth, and History in *Ocios de españoles emigrados* (London, 1824-27)», en Daniel Muñoz Sempere y Gregorio Alonso (eds.), *Londres y el liberalismo hispánico,* Madrid / Fráncfort del Meno, Iberoamericana / Vervuert, pp. 95-109.

Crossley, Ceri (1993), *French Historians and Romanticism. Thierry, Guizot, the Saint-Simonians, Quinet, Michelet,* Londres / Nueva York, Routledge.

Cruz Andreotti, Gonzalo, y Fernando Wulff (1992), «Fenicios y griegos en la historiografía ilustrada española: Masdeu», *Rivista di studi fenici,* 20, 2, pp. 161-174.

Dainotto, Roberto M. (2006), «The Discreet Charm of the Arabist Theory: Juan Andrés, Historicism, and the De-centering of Montesquieu's Europe», *European History Quarterly,* 36, 1, pp. 7-30.

Dainotto, Roberto M. (2007), *Europe: In Theory,* Durham, Duke University Press.

De Bunes, Miguel Ángel (1983), *Los moriscos en el pensamiento histórico. Historiografía de un grupo marginado,* Madrid, Cátedra.

Del Valle, José, y Luis Gabriel-Stheeman (eds.) (2004), *La batalla del idioma. La intelectualidad hispánica ante la lengua,* Madrid / Fráncfort del Meno, Iberoamericana / Vervuert.

Domínguez, César (2002), «Imaginario e historia literaria. El caso de la península ibérica como geografía literaria orientalizada en el marco europeo», en Magdalena León Gómez (ed.), *La literatura en la literatura. Actas del XIV Simposio de la Sociedad Española de Literatura General y Comparada,* Madrid, Centro de Estudios Cervantinos, pp. 525-532.

Domínguez, César (2010), «Historiography and Geo-Literary Imaginary. The Iberian Peninsula: Between *Lebensraum* and *espace vécu*», en Fernando Cabo Aseguinolaza, Anxo Abuín González y César Domínguez (eds.), *A Comparative History of Literatures in the Iberian Peninsula: Volume I,* Ámsterdam, John Benjamins Publishing Company, pp. 53-132.

Domínguez, Juan Pablo (2021), «De "España árabe" a "España musulmana": al-Ándalus bajo el prisma antisemita», *Al-Qantara,* 42, 1.

Donoso Cortés, Juan (1854), «Curso de historia de la civilización de España, por D. Fermín Gonzalo Morón (juicio crítico, publicado en *La Revista de Madrid* de 1843)», en *Obras de Don Juan Donoso Cortés, marqués de Valdegamas,* Madrid, Imprenta de Tejado, vol. 3, pp. 5-25.

Durán, Fernando (2005), *José María Blanco White o la conciencia errante,* Sevilla, Fundación José Manuel Lara.

Esteban de Vega, Mariano (2003), «La *Historia de España* de Romey y su recepción en la historiografía española», en Jean-René Aymes y Mariano Esteban de Vega (eds.), *Francia en España, España en Francia. La historia de la relación cultural hispano-francesa (siglos xix-xx),* Salamanca, Universidad de Salamanca, pp. 93-125.
Fernández Albaladejo, Pablo (2007), *Materia de España. Cultura política e identidad en la España moderna,* Madrid, Marcial Pons.
Fernández Sebastián, Javier (1997), «La recepción en España de la *Histoire de la Civilisation* de Guizot», en Jean-René Aymes y Javier Fernández Sebastián (eds.), *La imagen de Francia en España (1808-1850),* Bilbao, Universidad del País Vasco, pp. 127-149.
Florensa, Eva (2019), «Estudio y anexos», en Fernán Caballero, *La Gaviota,* Madrid, Real Academia Española, pp. 337-433.
Gallardo, Matilde (2011), «La lengua como expresión de la identidad nacional en los emigrados constitucionales: algunas consideraciones sobre Blanco White y Alcalá Galiano», en Daniel Muñoz Sempere y Gregorio Alonso (eds.), *Londres y el liberalismo hispánico,* Madrid/ Fráncfort del Meno, Iberoamericana / Vervuert, pp. 257-274.
García Castañeda, Salvador, y Alberto Romero Ferrer (eds.) (2018), *José Joaquín de Mora o la inconstancia: periodismo, política y literatura,* Madrid, Visor.
Gil y Zárate, Antonio (1839), «Sobre la poesía dramática. Discurso leído por su autor en la Academia española para su admisión en ella», *Revista de Madrid. Segunda serie. Tomo III,* Madrid, Oficina de Don Tomás Jordán, pp. 147-157.
Gil y Zárate, Antonio (1841*a*), «Teatro antiguo y teatro moderno», *Revista de Madrid. Tercera serie. Tomo I,* Madrid, Imprenta de D. Fernando Suárez, pp. 112-124.
Gil y Zárate, Antonio (1841*b*), *Introducción a la historia moderna o examen de los diferentes elementos que han entrado a constituir la civilización de los actuales pueblos europeos,* Madrid, Imprenta de Repullés.
Gil y Zárate, Antonio (1844*a*), *Manual de literatura. Principios generales de poética y retórica. Parte primera,* Madrid, Imprenta y librería de D. Ignacio Boix.
Gil y Zárate, Antonio (1844*b*), *Manual de literatura. Segunda parte. Resumen histórico de la literatura española,* Madrid, Boix, 3 vols.
Gil y Zárate, Antonio (1848), «Discurso pronunciado por el Ilmo. Sr. D. Antonio Gil y Zárate, en contestación al anterior», en *Discursos pronunciados en la sesión de la Real Academia Española, celebrada el 10 de diciembre de 1848, con motivo de la admisión de D. José Joaquín de Mora como individuo de ella,* Madrid, Imprenta de E. Espinosa y Compañía, pp. 35-51.

Gil y Zárate, Antonio (1855), *De la instrucción pública en España,* Madrid, Imprenta del Colegio de Sordo-Mudos, 2 vols.

González Alcázar, Felipe (2005), *Procesos de la poética clasicista: los tratados de preceptiva españoles del siglo xix,* Murcia, Universidad de Murcia.

Guasti, Niccolò (2021), «Between Arabic Letters, History and Enlightenment: The Emergence of Spanish Literary Nation in Juan Andrés», *Diciottesimo Secolo,* 6, pp. 149-159.

Hertel, Patricia (2015), *The Crescent Remembered: Islam and Nationalism on the Iberian Peninsula,* Brighton, Sussex Academic Press.

Labanyi, Jo (2004), «Love, Politics and the Making of the Modern European Subject: Spanish Romanticism and the Arab World», *Hispanic Research Journal,* 5, 3, pp. 229-243.

Larra, Mariano José de (1836), «Literatura. Rápida ojeada sobre la historia e índole de la nuestra. Su estado. Su porvenir. Profesión de fe», *El Español,* 18 de enero de 1836.

Leerssen, Joep (2006), *National Thought in Europe. A Cultural History,* Ámsterdam, Rodopi.

Leerssen, Joep (2008), «Nation and Ethnicity», en Stefan Berger y Chris Lorenz (eds.), *The Contested Nation. Ethnicity, Class, Religion and Gender in National Histories,* Londres, Palgrave Macmillan, pp. 75-103.

Lista, Alberto (1830*a*), «Sobre el estudio de la historia de España», *Gaceta de Bayona,* 5 de febrero.

Lista, Alberto (1830*b*), «Sobre la civilización», *Gaceta de Bayona,* 12 de julio.

Lista, Alberto (1951), «Discurso sobre la importancia de nuestra Historia Literaria, leído en la Real Academia de la Historia», en Hans Jurestschke, *Vida, obra y pensamiento de Alberto Lista,* Madrid, CSIC, pp. 466-478.

López Tabar, Juan (2001), *Los famosos traidores: los afrancesados durante la crisis del Antiguo Régimen (1808-1833),* Madrid, Biblioteca Nueva.

López Vela, Roberto (1999), «Judíos, fanatismo y decadencia. Amador de los Ríos y la interpretación de la Historia Nacional en 1848», *Manuscrits,* 17, pp. 69-95.

Luis, Jean-Phillippe (2002), *L'utopié réactionnaire: épuration et modernisation de l'état dans l'Espagne de la fin de l'Ancien Régime (1823-1834),* Madrid, Casa de Velázquez.

Mar-Molinero, Claire (1996), «The Role of Language in Spanish Nation-Building», en Angel Smith y Claire Mar-Molinero (eds.), *Nationalism and the Nation in the Iberian Peninsula. Competing and Conflicting Identities,* Oxford, Berg, pp. 69-87.

MARCHENA, José (1820), *Lecciones de filosofía moral y elocuencia,* Burdeos, Imprenta de Don Pedro Beaume.

MARTÍN CORRALES, Eloy (2002), *La imagen del magrebí en España: una perspectiva histórica, siglos XVI-XX,* Barcelona, Bellaterra.

MARTÍN-MÁRQUEZ, Susan (2008), *Disorientations: Spanish Colonialism in Africa and the* Performance *of Identity,* New Haven, Yale University Press.

MENDÍBIL, Pablo (1825), «Influencia de los Árabes sobre la lengua y la literatura Española», *Ocios de españoles emigrados,* III, 13, pp. 291-299.

MENOCAL, María Rosa (1985), «Pride and Prejudice in Medieval Studies: European and Oriental Author(s)», *Hispanic Review,* 53, 1, pp. 61-78.

MESTRE, Antonio (2003), *Apología y crítica de España en el siglo XVIII,* Madrid, Marcial Pons.

MILLÁN, Jesús (2015), «La formación de la España contemporánea: el agotamiento explicativo del fracaso liberal», *Ayer,* 98, pp. 243-256.

MILLÁN, Jesús, y María Cruz ROMEO (2015), «La nación católica en el liberalismo. Las perspectivas sobre la unidad religiosa en la España liberal, 1808-1868», *Historia y Política,* 34, pp. 183-209.

MOLINA, Fernando, y Miguel CABO (2012), «An Inconvenient Nation. Nation Building and National Identity in Modern Spain», en Marnix Beyen y Maarten Van Ginderachter (eds.), *Nationhood from Below. Europe in the Long Nineteenth Century,* Londres, Palgrave, pp. 47-72.

MORA, José Joaquín (1826), *Cuadros de la historia de los árabes, desde Mahoma hasta la conquista de Granada,* Londres, R. Ackermann, 2 vols.

MORALES SÁNCHEZ, Isabel (2000), «La retórica en la trayectoria vital de un político del siglo XIX: Antonio Gil y Zárate», en Mikel Labiano, Antonio López Eire y Antonio Miguel Seoane (coords.), *Retórica, política e ideología. Desde la antigüedad hasta nuestros días: Actas del II Congreso internacional. Salamanca, noviembre 1997,* Salamanca, Asociación Española de Estudios sobre Lengua, Pensamiento y Cultura Clásica, vol. 2, pp. 281-288.

MUÑOZ SEMPERE, Daniel (2008*a*), *La Inquisición española como tema literario: política, historia y ficción en la crisis del Antiguo Régimen,* Tamesis, Woodbridge.

MUÑOZ SEMPERE, Daniel (2008*b*), «Crisis y salvación nacional en el teatro de Gil y Zárate: de *Carlos II el Hechizado* a *Guzmán el Bueno*», *España Contemporánea: Revista de Literatura y Cultura,* 21, 2, pp. 81-98.

NIETO SORIA, José Manuel (2007), *Medievo constitucional. Historia y mito político en los orígenes de la España contemporánea (ca. 1750-1814),* Madrid, Akal.

NÚÑEZ RUIZ, Gabriel, y Mar CAMPOS (2005), *Cómo nos enseñaron a leer. Manuales de literatura en España: 1850-1960,* Madrid, Akal.

Passerini, Luisa (2004), «Europe of Love: Re-Centering Intercultural Affairs», *European Review of History: Revue Européene d'Histoire,* 11, 2, pp. 171-184.

Pérez de la Blanca, Pedro (2005), *Martínez de la Rosa y sus tiempos,* Barcelona, Ariel.

Pérez Isasi, Santiago (2010), «La historiografía literaria como herramienta de nacionalización en España (1833-1939)», *Oihenart,* 25, pp. 267-279.

Pérez Isasi, Santiago (2013), «The Limits of "Spanishness" in Nineteenth-Century Spanish Literary History», *Bulletin of Hispanic Studies,* 90, 2, pp. 167-187.

Pérez Magallón, Jesús (2010), *Calderón: icono cultural e identitario del conservadurismo político,* Madrid, Cátedra.

Perojo, M.ª Eugenia (2010), «Antonio Alcalá Galiano, Anglo-Hispanic Cultural Exchange, and the Idea of a Spanish "National Literature"», en Joselyn M. Almeida (ed.), *Romanticism and the Anglo-Hispanic Imaginary,* Ámsterdam, Rodopi, pp. 212-232.

Pidal, Pedro José (1840), «Literatura española. Poema del Cid. Crónica del Cid. Romancero del Cid», *Revista de Madrid. Segunda serie. Tomo III,* Madrid, Oficina de don Tomás Jordán, pp. 306-344.

Pomian, Krzysztof (1997), «Francs et galouis», en Pierre Nora (ed.), *Les lieux de mémoire,* París, Gallimard, vol. 2, pp. 2245-2300.

Pons, André (2002), *Blanco White y España,* Oviedo, Instituto Feijoo de Estudios sobre el Siglo XVIII.

Portillo, José María (2000), *Revolución de nación. Orígenes de la cultura constitucional en España, 1780-1812,* Madrid, Centro de Estudios Políticos y Constitucionales.

Pozuelo, José María, y Rosa María Aradra (2000), *Teoría del canon y literatura española,* Madrid, Cátedra.

Ramos Corrada, Miguel (2000), *La formación del concepto de historia de la literatura nacional española. Las aportaciones de Pedro J. Pidal y Antonio Gil de Zárate,* Oviedo, Universidad de Oviedo.

Ribao, Montserrat (2004), «El poder y la tiranía en *Carlos II el Hechizado,* de Gil y Zárate», *Hesperia: Anuario de Filología Hispánica,* 7, pp. 163-184.

Rivière, Aurora (2000), *Orientalismo y nacionalismo español. Estudios árabes y hebreos en la Universidad de Madrid (1843-1868),* Madrid, Dykinson.

Rodríguez Gutiérrez, Borja (2010), «De retracciones y falsificaciones. Antonio Gil y Zárate y *Carlos II el Hechizado*», en Raquel Gutiérrez Esteban y Borja Rodríguez Gutiérrez (coords.), *Desde la platea: estudios sobre el teatro decimonónico,* Santander, Publican, pp. 35-76.

Rodríguez Gutiérrez, Borja (2011), «Para una revisión del teatro de Antonio Gil y Zárate», *Siglo diecinueve,* 17, pp. 7-32.

ROMEO, María Cruz (2000), «La cultura política del progresismo: las utopías liberales, una herencia en discusión», *Berceo,* 139, pp. 9-30.
ROMERO TOBAR, Leonardo (1999), «Mme. de Staël en España (la difusión de una experta en "creación de imagen")», en Guillermo Carnero, Ignacio Javier López y Enrique Rubio Cremades (coords.), *Ideas en sus paisajes. Homenaje al profesor Russell P. Sebold,* Alicante, Universidad de Alicante, pp. 353-365.
ROMERO TOBAR, Leonardo (2006), «Las historias de la literatura española en el siglo XIX», en *La literatura en su historia,* Madrid, Arcos / Libros, pp. 109-145.
SAGLIA, Diego (2014), «Entre el Albión y el Oriente: orientalismo romántico y construcción de la identidad nacional en el exilio londinense», en José María Ferri Coll y Enrique Rubio Cremades (eds.), *La península romántica: el Romanticismo europeo y las letras españolas del XIX,* Madrid, Genueve Ediciones, pp. 73-94.
SAGLIA, Diego, y Ian HAYWOOD (eds.) (2018), *Spain in British Romanticism: 1800-1840,* Londres, Palgrave Macmillan.
SAID, Edward W. (1990), *Orientalismo,* Madrid, Libertarias.
SALA VALLDAURA, Josep Maria (2005), *De amor y política: la tragedia neoclásica española,* Madrid, CSIC.
SÁNCHEZ GARCÍA, Raquel (2005), *Alcalá Galiano y el liberalismo español,* Madrid, Centro de Estudios Políticos y Constitucionales.
SANTIÑO, Santiago (2018), *Pascual de Gayangos. Erudición y cosmopolitismo en la España del XIX,* Pamplona, Urgoiti Editores.
SCHNEIDER, Jane (ed.) (1998), *Italy's «Southern Question». Orientalism in One Country,* Londres, Routledge.
SIMAL, Juan Luis (2012), *Emigrados: España y el exilio internacional, 1814-1834,* Madrid, Centro de Estudios Políticos y Constitucionales.
THIESSE, Anne-Marie (2010), *La creación de las identidades nacionales: Europa: siglos XVII-XX,* Valladolid, Ensenada de Ézaro.
THOM, Martin (2010), «Tribus dentro de naciones: los antiguos germanos y la historia de la Francia moderna», en Homi Bhabha (comp.), *Nación y narración. Entre la ilusión de una identidad y las diferencias culturales,* Madrid, Siglo XXI, pp. 39-64.
TODOROVA, Maria (1997), *Imagining the Balkans,* Nueva York, Oxford University Press.
TORRECILLA, Jesús (2016), *España al revés. Los mitos del pensamiento progresista (1790-1840),* Madrid, Marcial Pons.
TORRECILLA, Jesús (2019), «La genealogía liberal de *El moro expósito*», *Bulletin of Spanish Studies,* XCVI, 1, pp. 43-59.

Torrecilla, Jesús (2020), «Usos de al-Ándalus: la complejidad de un mito», en María Isabel Fierro y Alejandro García Sanjuán (eds.), *Hispania, al-Ándalus y España. Identidad y nacionalismo en la Historia,* Madrid, Marcial Pons, pp. 69-79.

Wolff, Larry (1994), *Iventing Eastern Europe: The Map of Civilization on the Mind of the Enlightenment,* Stanford (CA), Stanford University Press.

Young, Robert J. C. (2008), *The Idea of English Ethnicity,* Londres, Blackwell.

LECCIONES DE ALCALÁ GALIANO EN EL ATENEO DE MADRID. UNA MIRADA CULTURAL A LA LITERATURA EUROPEA DEL SIGLO XVIII

Raquel Sánchez
(Universidad Complutense de Madrid)

Antonio Alcalá Galiano es conocido sobre todo por su actividad política durante los reinados de Fernando VII y de Isabel II. Durante su juventud, como conspirador y exiliado; en su madurez, como defensor del liberalismo moderado. En el ámbito de la literatura no podemos considerarle un autor relevante, aunque escribió varios textos poéticos y autobiográficos. Entre los primeros habría que mencionar algunos poemas escritos durante su época de exiliado y en memoria de uno de sus hijos, fallecido a temprana edad, así como los romances satíricos que figuran en el periódico *El Belén* (publicado por el marqués de Molins en las Navidades de 1857) y su colaboración al *Romancero de la guerra de África* (1860). Sus escritos autobiográficos han recibido cierta atención por parte de los historiadores por su interés para conocer las primeras décadas del siglo XIX (Alcalá Galiano, 1865, 1878 y 1886). Sin embargo, la intención del autor al escribirlos no fue buscar un lugar en el panteón literario de su época sino, por un lado, justificar su trayectoria política y, por otro, construir un relato a través del que explicar a sus contemporáneos las dificultades del proyecto político liberal durante el reinado de Fernando VII. Además, y como una buena parte de sus contemporáneos, compartió la pasión política con la literaria, aunque, en su caso, desde la mirada del crítico. Su aportación más conocida a este respecto fueron sus lecciones sobre literatura del siglo XVIII porque condensan sus reflexiones acerca de esta cuestión, pero escribió muchos trabajos sobre autores de distintas épocas, así como numerosas observaciones sobre la literatura y los literatos de su tiempo.[1]

Estas lecciones han interesado mucho a los especialistas porque aportan una visión transversal de la literatura europea del siglo XVIII. En las páginas que siguen se llevará a cabo un análisis de las mismas que priorizará las herramientas metodológicas de las que se sirvió el autor para diseccionar un momento histórico que consideraba fundamental en la evolución humana. Las lecciones, además de un estudio desde la crítica literaria, permiten un abordaje desde la perspectiva de la sociología de la cultura, y eso es lo que el lector encontrará aquí. Se comenzará por ubicar las lecciones en el contexto biográfico e intelectual en el que fueron pronunciadas, para pasar después a explicar las bases sobre las que se funda la explicación que da Alcalá Galiano al proceso de conformación de las literaturas nacionales. Posteriormente, se estudiarán cuestiones como las dualidades entre clasicismo y casticismo, por un lado, y hegemonía y dependencia cultural, por otro; los trasvases culturales; el papel de los genios y de los autores secundarios en la definición del campo literario; la relación entre género literario y sociedad; y, finalmente, se llevará a cabo una breve descripción de la mirada que proyecta el autor sobre la literatura española en este periodo en función de los criterios analíticos anteriormente mencionados. El objetivo, en última instancia, es calibrar la aportación de Galiano a la historiografía literaria de su tiempo.

Lecciones de literatura en el Ateneo de Madrid

En 1844 Alcalá Galiano impartió una serie de veintiséis conferencias en el Ateneo de Madrid acerca de las literaturas italiana, inglesa, francesa y española durante el siglo XVIII. El curso alcanzó una buena acogida (*El Heraldo,* 24-12-1844), por lo que se reanudó en 1846 (*El Heraldo,* 21-4-1846), se repitió entre 1848 y 1850, y de nuevo desde finales de la década de los cincuenta hasta 1861.[2] Las conferencias se publicaron en 1844,

---

1 Algunos estudios sobre su actividad crítica y literaria: García Barrón, 1970; Sebold, 1982; Sánchez, 1999; Busquets, 1997, 2002 y 2020.

2 Cánovas lo recordaba positivamente muchos años después (Cánovas del Castillo, 1884: 73-74).

primero en la *Revista de Madrid* y después en un volumen con el título de *Historia de la literatura española, francesa, inglesa e italiana en el siglo* XVIII.[3] No era la primera vez que Alcalá Galiano intervenía en el Ateneo de Madrid, pues ya lo había hecho entre 1838 y 1843, cuando impartió sus lecciones de derecho político.[4] Confesaba en la primera de sus disertaciones ante el público su satisfacción por encontrarse de nuevo en el Ateneo de Madrid donde, según decía, había encontrado «los momentos más dulces de mi vida». Acababa de llegar de un exilio que había comenzado con la regencia de Espartero y que terminó con la marcha del duque de la Victoria en 1843, y se incorporaba a la vida pública al inicio de una coyuntura política más favorable para los círculos políticos con los que simpatizaba.[5]

Las líneas maestras de este ciclo de conferencias vinieron inspiradas por la lectura que Galiano hizo de varios autores de lo que ha sido llamado el «círculo de Coppet», es decir, los pensadores que visitaron o vivieron durante un tiempo en la residencia de Madame de Staël en esta localidad suiza durante su exilio entre 1804 y 1815. El centro de este grupo lo constituyeron Staël y Benjamin Constant, quienes atrajeron a otros destacados intelectuales de distintas nacionalidades, como Charles Victor de Bonstetten, August Wilhelm Schlegel, Wilhelm von Humboldt, Jean de Sismondi y un largo etcétera. Alcalá Galiano llegaría a conocer a Staël en Londres durante su periodo como diplomático y, aunque le disgustaban las ideas de la escritora sobre España, basadas en los tópicos comúnmente manejados en la época, valoraba sus ensayos y, en particular, *De l'Allemagne,* porque se aproximaba a su concepción de la literatura como la manifestación de la idiosincrasia de las naciones (Sánchez, 2005: 75). Entre los escritos de este círculo que más le interesaron para sus trabajos de crítica literaria destacan los de la propia Staël, Constant, Sismondi y Villemain.[6] En este sentido, siguió con

---

3 Publicado en Madrid por la Sociedad Literaria y Tipográfica en 1844. Por la información del Catálogo Colectivo del Patrimonio Bibliográfico Español, cabe suponer que la obra se reimprimió en 1845 (<http://catalogos.mecd.es/CCPB/cgi-ccpb/abnetopac/O12419/ID45ccfaec/NT3>).

4 De hecho, llegó a ser presidente del Ateneo de Madrid en tres ocasiones: 1845-1847; 1849-1852 y 1862-1865. Sobre las lecciones de derecho político: Garrorena, 1974 y 1984.

5 Un repaso a su trayectoria biográfica en Sánchez, 2005.

6 Sobre la influencia y la presencia de estos autores en la obra de Alcalá Galiano: Busquets, 2002.

prudencia, no exenta de crítica, propuestas ya ensayadas en textos como *De la littérature considérée dans ses rapports avec les institutions sociales* (1800), de Madame de Staël; el *Esquisse d'un essai sur la littérature du* XVIIIe *siècle,* de Benjamin Constant; *De la littérature du Midi de l'Europe* (1829), de Sismondi, entre otros. El autor al que, como confiesa el propio Galiano, prestó más atención en sus lecciones fue François Villemain quien, en su *Cours de littérature française,* ofreció un estudio paralelo al de nuestro autor en algunas cuestiones, aunque el análisis comparativo del historiador francés sea más limitado, pues solo se ocupa de la literatura francesa, y de la inglesa en relación con aquella (Villemain, 1841, 1829).

En líneas generales, Galiano compartía la visión amplia de estos ensayistas acerca de la literatura como un producto social y reflejo de una concepción del mundo arraigada en lo nacional, entendiendo lo nacional en un sentido amplio, no solamente en el político. Uno de los principios en los que esta influencia se aprecia con más claridad es en el concepto de *perfectibilidad,* al que Galiano une la naturaleza utilitaria de la práctica y del disfrute literario, producto de las lecturas que realizó desde joven de los pensadores británicos del ámbito benthamita. Sus palabras son muy ilustrativas al respecto:

> una de las cosas que al linaje humano distinguen es la comunión de afectos que solo en la sociedad se tiene y cultiva, bajo una religión, bajo un estado, bajo un gobierno, donde todos los afectos puros se subliman, donde los grandes pensamientos se elevan, y donde por fin camina el hombre a su destino, que no es otro sino el de auxiliar y hacer bien a sus semejantes y emplear sus fuerzas en favor de sí propio y de los que le rodean, perfeccionándose a sí propio al mismo tiempo. (Alcalá Galiano, 1844*a*: 131)

En este sentido, la escritura, como producto del quehacer humano, ha de contribuir al desarrollo de las sociedades a través de la discusión de las ideas.

A la vez, entendía que las tendencias intelectuales sobrepasaban las fronteras, generando una gran diversidad de manifestaciones culturales, producto de su mezcla con las peculiaridades de cada lengua y de cada territorio. Sin embargo, difería en algunos aspectos de varios de los ensayistas del círculo de Staël pues consideraba que, en ocasiones, estos hacían afirmaciones muy contundentes basadas en estereotipos y, según los casos, un conocimiento superficial (e incluso erróneo) de algunos de los ámbitos literarios sobre los que escribían, en particular en lo referido a la cultura española. En cualquier caso, sus apreciaciones sobre la literatura europea se hallaban plenamente imbuidas de los principios del romanticismo desde su juventud, cuando comenzó a leer a estos autores.[7] De hecho, en el prólogo que escribió en 1834 para *El moro expósito* de su amigo Ángel Saavedra ya había anunciado algunas de las ideas que sobre la literatura europea desarrollaría más adelante en el Ateneo de Madrid. El conferenciante maduro que impartió las lecciones en 1844 ya había procesado sus lecturas de juventud y las había puesto en relación tanto con sus experiencias vitales como con su evolución política hacia un liberalismo más conservador, envolviendo su pensamiento en un pragmatismo sociologista que también aplicó a sus análisis de la realidad política.

Planteamientos generales de las lecciones

Para comprender bien el sentido de estas lecciones o conferencias hay que prestar atención a lo que él mismo advirtió en su tercera intervención. Comenzaba el orador diciendo que no pretendía hacer una historia de la literatura en un sentido canónico. Se curaba en salud Galiano ante posibles críticas explicando que su intención al tratar el tema que le ocupaba no era abordar exhaustivamente todas las manifestaciones de la literatura europea en el siglo XVIII. Muchas eran las limitaciones para ello, se disculpaba, de ahí la especial naturaleza de este curso. Sin embargo, tal vez lo más interesante de sus explicaciones sobre las características de estas lecciones sea la elección del siglo que iba a centrar su interés. Desde la perspectiva de Alcalá Galiano, el siglo XVIII, visto a la luz de su tiempo, aparecía como uno de los grandes momentos de la historia, «la época más importante quizá en la historia del linaje humano», aclarando a continuación, «es decir, en la historia de los progresos del humano entendimiento». En todo el curso es

---

7 Esto ha conducido a Busquets a discrepar de otros especialistas que han situado al Galiano joven en la órbita de un neoclasicismo plagado de impulsos regeneradores (Busquets, 2002). De esta forma, su participación en la «querella calderoniana» con José Joaquín de Mora contra Nicolás Böhl de Faber tendría una significación no tanto estética o literaria como política, por cuanto el joven y muy liberal Alcalá Galiano veía en la defensa que hizo Böhl de la obra de Calderón de la Barca una apología del absolutismo de Fernando VII. Esto es algo que él mismo confesaría posteriormente en sus memorias (Alcalá Galiano, 1955, I: 78).

perceptible la idea de que la historia de la humanidad había perseguido el progreso de forma lenta, pero continuada y, al llegar al siglo xviii, «el entendimiento humano [sufrió] un impulso violento» (Alcalá Galiano, 1844*a*: 7). En líneas generales, puede decirse que participaba Galiano de una concepción muy generalizada en su época que entendía la historia como un progreso continuo, en el que también estaban incluidas, por tanto, las producciones de la inteligencia, entre ellas, la literatura. Para Alcalá Galiano, las bases del mundo moderno se hallaban en esa época precisamente porque el escenario que dejó tras de sí la demolición intelectual (y física) de viejas ideas, teorías y prejuicios sembró las bases de la modernidad. Galiano, que a la altura de 1844 era ya un hombre próximo a los círculos del liberalismo conservador, aun detestando el radicalismo filosófico y la violencia revolucionaria del siglo anterior, no podía dejar de reconocer el papel clave que ambos habían tenido en la formación del mundo en el que él mismo vivía.

El contenido del curso impartido por Galiano se centra únicamente en cuatro ámbitos: Italia, España, Francia y Gran Bretaña (a la que se menciona siempre como Inglaterra, a pesar de que también aborda la producción de varios autores escoceses).[8] Como explica en las primeras páginas del texto, se ocupa solo de aquellas literaturas cuyas lenguas conoce, teniendo que dejar de lado a Alemania, nación que «se ha distinguido mucho a fines del siglo xviii». De las explicaciones que da acerca de su decisión de tratar a estos cuatro países destaca un hecho significativo y que marca la tónica general de las conferencias impartidas en el Ateneo: la huella del mundo clásico en la cultura europea. El vínculo que une a estos cuatro países, dice Galiano, es su condición de «naciones latinas, de origen clásico», algo que extiende al caso inglés aclarando que «si bien la Inglaterra tiene una lengua de origen sajón, todavía esta lengua se halla de tal manera mezclada con la latina, que la civilización inglesa, conservando mucho de aquella parte sajona que forma, por decirlo así, la savia, el corazón del idioma, toma y conserva mucho del latín, y de ello se resiente más que otra parte alguna de la literatura inglesa, la literatura del siglo xviii» (Alcalá Galiano, 1844*a*: 7). Por otra parte, y aunque se habla repetidamente de Europa en el texto, se

---

8 Un análisis detenido de cada una de estas literaturas nacionales en las *Lecciones* de Alcalá Galiano en Busquets, 1997 y 2020.

hace de forma genérica y siempre teniendo como marco de referencia la Europa occidental, espacio cultural claramente delimitado por el autor (aunque no de forma explícita) como foco central y núcleo generador de las ideas-fuerza de la civilización contemporánea: «... Europa, lo cual equivale a decir sobre todo el mundo civilizado» (Alcalá Galiano, 1844*a*: 167).

Otro de los elementos clave para entender las lecciones de Alcalá lo constituye su amplio concepto de lo que es «literatura» con el valor de «conocimiento de las letras humanas» que se siguió conservando en el diccionario de la RAE hasta su edición de 1884 y era todavía habitual en su época (González Alcázar, 2005; Gunia, 2008). Como otros autores, entre ellos los mencionados al inicio de este texto, Alcalá Galiano seguía trabajando sobre la base de una concepción amplia de la literatura y de ahí su esforzado intento práctico por compaginar el análisis de las obras de recreación con las de pensamiento y erudición, entendiendo todas ellas como reflejos de un mismo momento histórico y siendo, por tanto, partícipes de las mismas preocupaciones y, según los casos, de las mismas características formales. En este sentido, el análisis que se ofrece en las conferencias del Ateneo aborda la producción poética, pero también la ensayística y la historiográfica, tratando de encontrar en ellas los trazos que permiten identificar los elementos de ruptura y de estabilidad (o de continuidad) en las producciones de los países de los que se ocupa. Para Galiano, en tanto que su objetivo último era comprender ese periodo histórico, el siglo XVIII, y la impronta que dejó en sus contemporáneos, todas las manifestaciones escritas de las ideas que en aquel tiempo se debatieron, independientemente de su forma de expresión, constituían pruebas irrefutables del vigor intelectual de la época en que se gestó el mundo moderno.

Si sostener un concepto amplio de la literatura obliga a Alcalá a prestar atención a una gran diversidad de géneros, también le fuerza a no dejar de lado en su análisis el contexto histórico y social de los autores y de las obras que estudia. En buena medida, borra Galiano las fronteras entre las disciplinas académicas para concebir el pasado como un todo que debe ser analizado conjuntamente para poder entenderlo: «... la historia no debe ser solamente la exacta narración de los hechos militares y políticos, sino que debe pasar, si ha de juzgarse por lo que él ponía por título de su obra, a tratar de las costumbres y espíritu de los pueblos, de sus constituciones y de sus leyes y aun de su literatura» (Alcalá Galiano, 1844*a*: 86). En este sentido, estas lecciones son algo más que un repaso de las producciones intelectuales de una época. Son una inmersión en ella, pues el conferenciante considera una necesidad comprender los ambientes en los que han surgido. Así, el resultado puede considerarse también una historia de las ideas estéticas e, incluso, una historia cultural —en sentido amplio— de los países que son objeto de su interés. Se trata de una aproximación comparativa en la que se unen la mirada hacia el pasado reciente de los países que estudia con la realidad presente, teniendo en cuenta la influencia de la religión, el sistema político, las costumbres y, por supuesto, el pensamiento. Con este enfoque contextualista de la producción intelectual pretendía Galiano aproximarse a una comprensión «total» de las circunstancias de cada uno de los países estudiados en el siglo XVIII. De ahí que, en ocasiones, recurra al término *civilización* para referirse al conjunto de caracteres que definen los perfiles sociales, políticos, religiosos y culturales de una nación.

Aparte de estas consideraciones generales acerca de las lecciones, hay que apuntar que Galiano recurre a un enfoque cronológico para explicar su materia, lo que en ocasiones resulta un tanto confuso para el lector por el carácter disperso de las observaciones que hace de los autores tratados. La línea temporal le permite mostrar un panorama comparado de la literatura de los países analizados en un periodo concreto y evidenciar, así, la relación estrecha entre los cambios en lo político y social con los avances en materia intelectual para poder evaluar el peso de determinados autores y países sobre el resto. A la vez, le facilita el estudio de la evolución de la obra de algunos autores especialmente significativos durante el siglo XVIII para ofrecer un análisis más profundo de su trabajo al situarlo en su contexto histórico y biográfico concreto porque, como dijo, «es imposible que los hombres cuando piensan, es decir, cuando escriben, no siendo el escribir otra cosa sino reducir a palabras el pensamiento, se desentiendan de la atmósfera en que viven, de la sociedad que forma o altera todas sus ideas» (Alcalá Galiano, 1844*a*: 12). De este modo, se nos presenta un panorama casi biológico de la evolución de los autores y de las ideas contenidas en sus obras.

Clasicismo y casticismo: dos caras de un mismo fenómeno

Como se dijo al principio, además de un curso sobre la literatura del siglo XVIII, el estudio de Alcalá Galiano puede ser también considerado un trabajo en el que se plantean temáticas de lo que en la actualidad denominaríamos *historia social* de la cultura. Más allá del análisis cualitativo de autores y obras, a lo largo de las conferencias del Ateneo se observa cómo el autor se interroga acerca de cuestiones como la recepción, la traducción, las transferencias culturales, las escuelas literarias, la genialidad o la existencia de una esencia propia en cada una de las «civilizaciones» estudiadas, lo que le lleva a reflexionar sobre los conceptos de *clasicismo* y *casticismo*. Esta última cuestión es especialmente interesante porque sobrevuela toda la obra y porque le hace retrotraerse continuamente hacia el poso dejado por la cultura clásica en la cultura europea, no solo durante el siglo XVIII.[9]

El mundo clásico fue la base de la formación de la mayoría de los autores que estudia Galiano en su curso. Sin embargo, como él mismo dice, los escritores y filósofos no pueden olvidar «la atmósfera en que viven», por lo que toda apelación al clasicismo grecorromano no deja de ser una imitación más o menos afortunada (generalmente, menos) del estilo y carácter de una civilización lejana y ya desaparecida. En este sentido, se desprende de las palabras de Galiano que el término *clasicismo* no deja de ser un cliché que puede ser interpretado de dos formas. Una de ellas, la convencional: la referencia al mundo grecorromano. La otra, más cultural y relativa: el clasicismo es el momento en el que una cultura alcanza su máximo grado de perfección. Aquí es donde entran en juego otros elementos de su reflexión, como la evolución histórica de cada país, su estado político e intelectual y su idioma. Para Galiano constituye una regla del desarrollo cultural de los pueblos que «tras una época de autores de primera clase en que la hermosura del estilo se ostenta con severa robustez y hechiceramente sencilla, viene otra en que es menos puro y de peor gusto el aliño» (Alcalá Galiano, 1844*a*: 360). Es en ese momento de auge cuando nace el estilo clásico propio de ese entorno cultural, el momento en el que la composición literaria alcanza la máxima perfección de sus formas, en función del idioma y de las costumbres y mentalidad. Eso es algo que varía en cada contexto, pues

9 Durante la primera mitad del siglo XIX las reflexiones intelectuales y artísticas que toman el mundo clásico como punto de partida fueron muy habituales. Un ejemplo clásico es el famoso texto de Benjamin Constant *De la liberté des Anciens comparée à celle des Modernes* (1819). Algunos estudios sobre el peso de la cultura clásica en la época que estudian las lecciones: García de Quevedo Rama, 2002; Ayres, 2009; y Avlami, Alvar y Romero Recio (eds.), 2010.

> los más perfectos modelos de composición literaria [...] hay que buscarlos en Francia en el siglo XVII reinando Luis XIV; en Italia a partir del mismo siglo y sobre todo en el XVI; en España, al acabar este y comenzar aquel; y en Inglaterra, donde clásico significa otra cosa, en la irregularidad de Shakespeare y Ben Johnson y otros reinando Isabel I o la regularidad de Milton al comenzar el reinado de Carlos II. (Alcalá Galiano, 1844*a*: 466)[10]

Ese momento cumbre, el momento clásico por excelencia de cada civilización, manifiesta de forma más clara el gusto, sabor o estilo castizo (las tres son palabras utilizadas por Galiano), «donde solo es posible encontrar lo espontáneo y lo elocuente». Lo castizo es, por tanto, la expresión de lo natural pero no necesariamente situado en una contraposición contra lo clásico, pues lo castizo es clásico cuando se manifiesta en su momento histórico más depurado o en los escritores más correctos y que utilizan la lengua y las formas expresivas del idioma de forma más genuina.[11] Galiano propone reformular los criterios de valoración de los autores no tanto en función de su proximidad a unos criterios objetivos de perfección y belleza como de la originalidad o novedad de sus aportaciones en su contexto histórico. Así, sugiere, por ejemplo, valorar más positivamente la obra de Tomás de Iriarte pues, a pesar de sus limitaciones, era «cuanto cabe correcto y castizo», en una época de total afrancesamiento de la cultura española. Lo mismo opina, para el caso inglés, del clérigo y político John Horne Tooke, quien sobresale por «la espontaneidad de su estilo» y «lo castizo de su dicción», «apareciendo sin menoscabo de la corrección y aun de la belleza de las formas» (Alcalá Galiano, 1844*a*: 201), frente a quien fue su oponente en uno de los numerosos debates de finales del siglo XVIII, el anónimo Junius, autor de las conocidas cartas publicadas en el periódico *Public Advertiser* entre 1769 y 1772. Junius, imitador del estilo latino clásico, representaba, a ojos de Galiano, un claro ejemplo de la desvirtuación de la esencia de la cultura inglesa.

---

10 Además de por la literatura de los siglos áureos, se interesó Galiano por los romances antiguos como expresión espontánea de lo natural y lo popular: «Por fortuna hubo en España una poesía nacional, y natural de consiguiente, pues son inseparables ambas cosas» (Alcalá Galiano, 1834*a*: xv). Lo «nacional», una vez más, entendido en sentido cultural y no tanto en sentido político.

11 Repitió estas ideas en otros trabajos: «... la verdadera escuela clásica es la que toma ciertos principios de belleza, y luego hace en ellos variaciones y las adapta a las costumbres, a la historia, así política como literaria, y al gusto de la nación» (Alcalá Galiano, 1844*c*).

Todas las naciones, dirá Galiano, tienen «su carácter peculiar» que se manifiesta con mayor o menor pureza en función de otras dinámicas de mayor alcance que tienen que ver con componentes de naturaleza política pero también cultural. Sin embargo, tratar de reverdecer de forma artificial las formas de pensar y de escribir de pasados tiempos (de los tiempos «clásicos») en épocas posteriores produce obras que no responden al pensamiento del momento presente. De este modo, para Alcalá Galiano son de gran interés los debates, muy propios del siglo XVIII, alrededor de la comparación entre los antiguos y los modernos, entre los autores considerados auténticamente nacionales y los imitadores de ejemplos extranjeros o de los clásicos latinos. Estos debates reflejan la obsesión por anclar en la Antigüedad clásica el pensamiento contemporáneo como una forma de legitimar este último. En última instancia, señala, es muy difícil lograr una exitosa combinación del clasicismo griego y romano con el casticismo moderno, de ahí los desajustes que encuentra en una buena parte de los escritores y filósofos que estudia en sus lecciones. Uno de los pocos autores que, desde su punto de vista, logró alcanzar un resultado positivo fue el poeta francés André Chenier, ejecutado en 1793 por orden de Robespierre. En Chenier, nos dice Galiano, «iban hermanados el gusto clásico castizo, fundado en conocer y sentir bien las obras de la antigüedad griega y los mejores principios entre cuantos constituyen la escuela apellidada romántica en tiempos posteriores» (Alcalá Galiano, 1844*a*: 357). La clave de ese mestizaje que Galiano encuentra en la obra de Chenier es, pues, la sabia adaptación de las ideas y las formas clásicas a las ideas y formas contemporáneas, en su caso, del romanticismo, del que ha sido considerado uno de los primeros representantes en Francia.

El poder blando: hegemonía y dependencia cultural

Si el mundo clásico siguió siendo el marco de referencias de la cultura europea, la nación que representó el clasicismo durante esa centuria fue Francia.[12] Alcalá habla en repetidas ocasiones de «clasicismo moderno»

12 Villemain, que sostenía las mismas ideas que Alcalá Galiano a este respecto, dedicó la primera lección de su curso a explicar las razones de la superioridad cultural de Francia frente a sus países vecinos (Villemain, 1841, I: 1-30).

para aludir a la cultura francesa y a su carácter hegemónico durante el siglo XVIII. Habiendo asentado en el siglo anterior las bases políticas de su proyección internacional, la cultura francesa del XVIII era «en su clasicismo [...] una cosa nueva, parecida a la latina en ser imitadora, desemejante, porque la latina imitaba con pensamientos latinos, y la francesa con pensamientos franceses, conservando las formas clásicas pero animadas de un espíritu distinto del de los pueblos de la antigüedad» (Alcalá Galiano, 1844*a*: 12). En definitiva, durante el siglo XVIII Francia había conseguido sintetizar lo esencial de su carácter nacional con un elemento, también constitutivo de su esencia, lo latino, y adaptarlo a la sociedad de su tiempo. En este sentido, Galiano insistirá varias veces en sus lecciones en el vínculo que une a las naciones de lengua latina y a la manera en que ese vínculo, que es tan intrínseco a su naturaleza como la condición específica que cada una tiene como nación, facilitó los contagios culturales entre ellas. Todas tienen un sustrato común: la herencia grecorromana, sobre la que se sustentan sus diferencias nacionales pues «no debe confundirse la semejanza con la identidad» (Alcalá Galiano, 1844*a*: 390).[13] La herencia grecorromana, además, es poseedora de unos caracteres transnacionales que, en el pensamiento culturalista de Alcalá Galiano, permiten compensar la fuerza de las peculiaridades territoriales y, por tanto, las limitaciones del particularismo.

La preponderancia política de Francia en el siglo XVIII se corresponde, pues, con su influencia cultural e intelectual. Aquí se hace necesario introducir otra de las dinámicas de análisis que Alcalá Galiano proyecta sobre la cultura: la relación entre la nación hegemónica y las secundarias en el ámbito intelectual. El siglo XVIII le sirve como estudio de caso de una relación desigual que se establece en términos contrapuestos: por un lado, la imitación; por otro, la reacción. Constata Galiano la fuerte huella francesa en las culturas española, italiana e inglesa, aunque la impronta dejada por esta huella difiere según el contexto, como explica en un párrafo largo, pero sumamente ilustrativo:

---

13 Como tantos contemporáneos, Alcalá Galiano atribuía a la Grecia antigua el carácter de civilización originaria y cuna del mundo occidental. Desde su perspectiva, Grecia habría sido la única civilización europea pura y genuina. Todas las demás, empezando por Roma, se nutrieron de su influencia y desarrollaron, a partir de ella, su propia personalidad.

> Hay en cada pueblo cierto carácter peculiar, hijo de sus usos y costumbres, y hasta del clima en que habita, que impide, cuando se traslada el gusto literario de unos al de otros, que se haga la traslación sin que pronto y aun desde luego aparezcan notables alteraciones en lo trasladado. No obstante, cuando se copian unas a otras las naciones de origen latino, que además tienen una misma religión, la cual es una de las principales cosas entre cuantas forman su cultura, la traslación de que trato se hace con menos violencia, y, hecha, resulta quedar con menos mudanza. No así cuando una nación de origen germánico toma algo de otra que le tiene latino, o cuando pasan a imitar a los autores de un pueblo católico los de uno protestante. Queriendo, pues, seguir a los franceses los ingleses, lo hacían con bastante imperfección... (Alcalá Galiano, 1844*a*: 390)

La imperfección que Galiano encuentra en los imitadores británicos revela a sus ojos la dificultad del trasvase cultural entre entornos dispares, planteándonos unas interesantes reflexiones acerca de un fenómeno que interesa actualmente a la historiografía: la complejidad de los fenómenos de transferencia cultural (Espagne, 2007 y 2013; Werner y Zimmermann, 2003). Nos ofrece para ello interesantes ejemplos tomando el contexto literario británico. Para él, Pope y Addison, imitando el estilo francés, no consiguen alcanzar la perfección de los autores franceses, mientras que los historiadores Robertson y Gibbon, sin tener un estilo admirable, consiguieron desviarse de la imitación de lo francés, adquiriendo así una personalidad propia. Con más claridad se muestra esta dualidad entre imitación y autenticidad en el caso de la poesía. Justamente porque en poesía fue la cultura inglesa más independiente de la influencia francesa, puede decirse que es la producción poética la que con más claridad nos habla de las peculiaridades de este entorno cultural. De ahí que para Galiano el pueblo inglés sea «un pueblo poético», porque es en la poesía donde se evidencia su carácter nacional de forma más pura que en cualquier otra manifestación intelectual. De los diversos poetas de los que habla Alcalá para argumentar sus ideas con respecto a la cultura inglesa y su relación con la francesa, destacan los comentarios que dedica al poeta escocés Robert Burns, cuya obra tiene a sus ojos todos los caracteres del «gusto castizo»: la naturalidad y la espontaneidad. Alejado de los círculos eruditos, Burns, hombre de campo y poeta de talento natural, se vio libre de las constricciones de un entorno intelectual que hubiera canalizado su creatividad por los cauces de las modas culturales de la época. Utilizando el dialecto popular de su lugar de origen «ennobleció la lengua de la que se servía», distinguiéndose de otros poetas escoceses quienes, temerosos de ser acusados de localismo (provincialismo, en palabras de Galiano), «solían pecar hasta de algo afectados» (Alcalá Galiano, 1844*a*: 396).

El caso más extremo de imitación por la vía de la transferencia de modelos escriturales e, incluso, de temáticas y formas del pensamiento la observa Galiano en Italia y en España. Si la influencia de Francia en Inglaterra se vio, en cierto modo, frenada por las barreras del idioma y la religión, en el caso de los dos países mediterráneos tales barreras no existían, pues el vehículo de transmisión de las ideas, el idioma, tiene un origen común. Francés, español e italiano son lenguas latinas.[14] La religión, por otra parte, era la misma: el catolicismo, entendido como marco moral, independientemente de las vicisitudes y críticas al mismo por parte de los filósofos. En el siglo XVIII, nos dirá Galiano, ambas naciones, la italiana y la española, se encontraban en un estado decadente en lo cultural por derivación de su estado político. En el caso español, tras una guerra, la guerra de Sucesión, y la nueva dinastía Borbón intentando arraigarse en el país. En caso italiano, por su situación dispersa en lo político y la carencia de un proyecto articulado para sobreponerse a las limitaciones que tal situación le acarreaba. Por tanto, en ambos territorios se hallaba sembrado el terreno para que la cultura francesa se proyectase firmemente, marcando de manera indeleble la producción cultural de los dos países durante todo el siglo.[15] Utilizando una terminología contemporánea, los dos mecanismos de transferencia cultural a través de los que Alcalá estudia el afrancesamiento de la cultura y el pensamiento en España y en Italia son la traducción y la imitación. Para explicarlo me serviré de ejemplos italianos pues posteriormente nos dedicaremos con más detalle al análisis que realiza Galiano de la cultura española.

Trasvases culturales: la importancia de la traducción

Comienza nuestro autor su análisis diciendo que la falta principal de los autores italianos era haberse desviado del «gusto natural y antiguo de su

14 Precisamente para contraponer el influjo de lo francés en la cultura española recomendaba Alcalá Galiano el estudio de las lenguas italiana e inglesa en su discurso de ingreso en la Real Academia Española (Alcalá Galiano, 1861).

15 Se están utilizando aquí los términos *país* y *nación* de forma genérica para aludir a los dos territorios, Italia y España, aunque el primero no fuera en ese momento más que un conglomerado de entidades políticas desvinculadas unas de otras.

nación», con lo cual el propio Galiano está ya reconociendo la existencia de una nación italiana, al menos en lo cultural. Una nación cultural cuyo «maestro por excelencia» era Dante, de cuya sombra se habían alejado sus compatriotas. No propone una imitación del poeta florentino por la misma razón que rechazará toda imitación mecánica de autores del pasado o de autores extranjeros: el olvido del contexto presente en el que se está escribiendo o desarrollando cualquier actividad intelectual. Se remite Galiano a Villemain en sus comentarios sobre Rousseau cuando define la imitación como «un estudio de dicción y de estilo hecho en modelos de nuestra lengua» que «no produce, sea el que fuere el arte del escritor más que perfección aparente» (Alcalá Galiano, 1844*a*: 461).[16] No se trata de rechazar la imitación como tal pues, en cierto modo, es natural buscar ejemplos en otros y en intentar reproducir formas estéticas que se admiran o pensamientos profundos. Sin embargo, la imitación sin recreación, sin reinterpretación y sin fusión no solo con el gusto presente y «castizo», sino con el propio estilo, el estilo personal, solo produce composiciones frías que nada dicen ni a la inteligencia ni a la emoción de las personas. Una de las pruebas de fuego más importantes al respecto de la imitación en los procesos de transferencia cultural son las traducciones, con el flexible sentido que tal término tenía en esta época.

Se deduce de lo escrito por Alcalá Galiano que la traducción constituye un elemento de primera importancia en la evolución de la cultura porque permite conocer no solo lo que se escribe en otras lenguas coetáneas, sino también leer, a la luz de la realidad contemporánea, problemáticas planteadas por los autores de la Antigüedad greco-latina. La traducción nunca puede ser imitación mecánica o traslación simplista de un texto escrito en otra lengua. El resultado debe ser siempre un producto del tiempo presente. Es más, la traducción es, en cierto modo, recreación y apropiación de un contenido foráneo, dándole nueva vida, pues «que aun para traducir es necesario cierto calor que sienta con viveza lo que hay en el original, y sepa trasla-

---

16 Las palabras textuales de Villemain son: «Mais quand l'imitation est un étude de langue et de style sur des modèles indigènes, elle ne produit, quel que soit l'art de l'écrivain, qu'une perfection apparente. C'est le caractère de Rousseau, dans ses plus beaux ouvrages. On y reconnaît le disciple exactement fidèle, et partant inférieur de Racine et de Boileau» (Villemain, 1841, I: 35).

darlo con brío». La traducción requiere el dominio de la lengua de origen y de la lengua de recepción, pero también el conocimiento profundo de los mecanismos conceptuales y fonéticos de los idiomas (Alcalá Galiano, 1844*a*: 254). Así lo explica al comentar la traducción que el poeta inglés Alexander Pope hizo de los versos de Homero, con las limitaciones que señala; o la traducción de Tomás de Iriarte del *Arte poética* de Horacio, cuyo resultado, perfecto en su aspecto técnico (formalmente hablando), no acierta a responder a los méritos del texto horaciano, pues carece «enteramente de la poesía fácil y deliciosa del original». En este sentido, dirá Galiano que hay dos formas de afrontar una traducción: «como expresión ajustada al original, del cual dé [la traducción] en toda su integridad los pensamientos y las frases, o como obra escrita cual es de presumir que la habría escrito el autor en la lengua a que el intérprete la traspasa» (Alcalá Galiano, 1844*a*: 244). Como se decía antes, no era lo habitual en la época en la que se impartían estas lecciones en el Ateneo de Madrid, ni tampoco en los siglos anteriores, que las traducciones se ajustasen al esquema aquí planteado. Lo más frecuente era la adaptación o refundición, es decir, tomar aquellos motivos y personajes de un original extranjero que se ajustasen a los moldes culturales de la nación de recepción para escribir un texto que muchas veces tenía poco que ver con el manuscrito inicial. Esto era muy frecuente en el teatro por razones que tenían más que ver con el potencial éxito de la producción que con la obsesión por la calidad de la traducción.[17] En cualquier caso, parece desprenderse de los comentarios de Alcalá Galiano sobre la traducción, resulta realmente complicado trasladar la grandeza de una composición o de una idea a una lengua distinta de la que sirvió de base para su formulación. La clave se halla en la dificultad para captar el significado profundo de las palabras, que son productos culturales e históricos únicos y no meras cadenas de sonidos. De ahí su negativa a estudiar la literatura alemana en estas lecciones, pues sin poder leerla en su propio medio de expresión, perdería los matices necesarios para entender tanto la producción escrita en esa lengua como el espíritu del pueblo que la ha creado.[18]

---

17 Un análisis de las reflexiones sobre la traducción en este periodo en Lafarga, 1999.

18 Eso no significa que no la conociera, aunque traducida, incluso que la considerase fundamental para el desarrollo del movimiento romántico, como escribió en su «Prólogo» a *El moro expósito,* de Ángel Saavedra (Alcalá Galiano, 1834*a*).

Aplicando estas ideas al idioma italiano, Alcalá hace hincapié en las diferencias de la lengua en función de los territorios, achacando la falta de pureza del italiano del siglo XVIII tanto a la división política de la Península como a la fuerte influencia de la cultura francesa, muestra de la decadencia cultural italiana. En este sentido, en las lecciones presta atención a cómo se fue modificando el italiano a lo largo del siglo, teniendo como modelo a Dante, escritor referencial, pero a quien sería anacrónico imitar. Recoge, además, las percepciones de los hombres de letras europeos del siglo ilustrado acerca de la lengua italiana como lengua afeminada, reflejando así, a través de la metáfora del género, la debilidad política del territorio. El italiano, que había sido una lengua varonil en Dante y en Tasso, se había convertido en una lengua desviada del «gusto natural y antiguo de su nación», afeminándose (Alcalá Galiano, 1844*a*: 218). Esta idea del afeminamiento del italiano, no compartida por Galiano, se hallaba estrechamente ligada a la naturaleza sonora y musical del idioma —como nuestro conferenciante percibe en la obra de Metastasio—, que se halla entre la literatura y la música. Galiano no compartía en absoluto las críticas de Villemain al libretista y poeta romano, aunque sí notaba un cambio significativo en el uso del idioma con el fuerte impulso a las ideas nacionales a finales del siglo XVIII de la mano de poetas como Vittorio Alfieri (a pesar de la rudeza con la que utiliza la lengua italiana) (Alcalá Galiano, 1844*a*: 223).[19] Alfieri, dice Alcalá, fue «la señal, no la causa» del giro que dio Italia al liberarse de la tutela cultural francesa, camino continuado por Ugo Foscolo, entre otros.

Genios y «respetables medianías»

En el análisis cultural e histórico que realiza Alcalá Galiano de la literatura europea del siglo XVIII comparecen también unas interesantes observaciones acerca del papel de los escritores y filósofos en lo que, también modernamente, llamaríamos *campo literario*. Los autores, en tanto que agentes en ese espacio virtual de la creación intelectual, simbolizan tradiciones nacionales, pero también encarnan valores universales. En este sen-

19 Villemain, en realidad, no acusa a Metastasio de afeminamiento en la lengua italiana, sino de ser un imitador de Racine al trasladar «le génie de Racine» a «une langue plus harmonieuse» (Villemain, 1841, I: 9).

tido, en las conferencias del Ateneo se juega con la doble dinámica de lo concreto y lo general, lo circunstancial y lo atemporal. Autores como los ya comentados Alfieri o Burns representan un momento específico de las literaturas nacionales de sus países, encarnan una época de cambio. Su influencia es transitoria. Constituyen un peldaño más en la evolución de las culturas nacionales. Personifican a esas culturas nacionales en un momento de su desarrollo, por lo que, según los casos, encuentran un público que reconozca su valor o, al menos, comprenda su obra. Puede decirse que estos escritores del XVIII, en buena medida, son coyuntura, como fueron Castiglione, Ariosto, Rabelais o Montaigne en el siglo XVI. Eso, a los ojos de Alcalá Galiano, no les resta valor, sino que permite estudiarlos en su entorno para conocer una época, ya que son expresión de ella. Por otro lado, existen los «ingenios de primera clase», los que «usando una palabra del idioma moderno llamamos genios», frente a lo que los ingleses llaman *wits* y los franceses *beaux esprits,* es decir, escritores y ensayistas de agudo ingenio, producto de una época (Alcalá Galiano, 1844*a*: 99). Nos lo explica con una comparación muy ilustrativa entre un autor a quien considera un escritor mediano de una época poco brillante de la cultura española, Moratín (Leandro), con un escritor al que el propio Moratín imitó repetidas veces y a quien Galiano considera un genio: Molière. Y así dirá: «Moratín traducido es poco más que nada. Moratín aun leído en su original o visto representar no pasa de ser un poeta mediano en el juicio de lectores u oyentes no españoles. Molière es poeta de todos los pueblos, y lo será como lo ha sido y sigue siendo de todas las edades» (Alcalá Galiano, 1844*a*: 449).

No utiliza Galiano la palabra *clásico* para referirse a los grandes autores, pero sí explica su carácter universal por su capacidad para desvelar la naturaleza humana en sus afectos, sus pasiones y sus ambiciones. Así, al comentar a Shakespeare en relación con los demás autores ingleses, destacará de él «la riqueza de imaginación y agudeza de ingenio del poeta inglés, al cual, si bien de escasa instrucción, parece que había revelado sus arcanos respecto al hombre la naturaleza» (Alcalá Galiano, 1844*a*: 74). Algo parecido dirá de Dante: «Dante, señores, es uno de los primeros poetas del mundo en todas las naciones y todas las edades». Cervantes entrará también en este parnaso transnacional cuando afirme que «solo puedo comparar a Shakespeare con Cervantes» por su capacidad para crear «caracteres verdaderos». En definitiva, en sus conferencias del Ateneo Galiano no nacionaliza a los grandes genios de las letras europeas, sino que los universaliza.[20] Reconoce que, evidentemente, utilizan una lengua concreta y se sirven de un contexto para ambientar sus relatos, pero hablan del alma humana que no es algo particular de ninguna nación y, por tanto, sus obras pueden ser entendidas por todas las personas en todas las épocas. Señala, curiosamente, el parcial olvido en que han vivido algunos de ellos en el siglo XVIII, época de imitación del clasicismo francés, en el que ciertas manifestaciones de la naturaleza humana se consideraban excesivas o faltas de gusto. Esto fue especialmente evidente en el caso de Shakespeare, «cuya gloria», como dice Alcalá, «no ha relucido hasta estos últimos tiempos»; o en el caso de Cervantes, cuya obra ha tenido que ser redescubierta para los españoles por eruditos extranjeros.[21]

De aquí nace otra interesante pista para el análisis de la historia literaria que nos ofrece Galiano en sus lecciones: la variabilidad en el gusto y, por tanto, el carácter circunstancial del éxito. Hace referencia, en este sentido, a grandes nombres que han sido desdeñados en una época concreta, como acabamos de ver, pero también autores adelantados a su tiempo, incomprendidos en su momento histórico, pero cuya influencia se ha manifestado posteriormente. Tal vez el que más interese a Galiano sea Giambattista Vico, filósofo al que también dedicó especial atención en otros escritos. Poco influyente en su época por la fuerza del cartesianismo, dirá nuestro conferenciante, su pensamiento acerca de la historia —plasmado en la *Scienza nuova*— se ha trasladado a pensadores e historiadores posteriores. Incluso a él mismo, pues el sentido casi biológico que Galiano atribuye a las escuelas literarias y de pensamiento procede, según confesión propia, entre otras influencias, de Vico.[22]

---

20 En este sentido, su obra difiere de una tendencia muy generalizada en su tiempo a ver en los escritores más representativos de cada país la expresión máxima de sus peculiaridades nacionales, lo que condujo a la aparición de figuras y celebridades públicas como el «poeta nacional» (Leersen y Rigney, 2014).

21 «La inmortal producción de Cervantes yacía poco menos que olvidada, pues si bien vivía constante su fama, era como de obra destinada al entretenimiento del vulgo, y mientras los extranjeros, apreciando con más justicia en superior grado su mérito, sobre traducirla y celebrarla, habían llegado a publicarla en su nativo idioma castellano» (Alcalá Galiano, 1844*a*: 251). Los comentarios de Alcalá sobre Shakespeare en esta *Historia de la literatura* han sido extractados en Pujante y Campillo, 2007: 176-178.

22 Achaca Galiano al «pesado estilo» de Vico la postergación del éxito de su obra (Alcalá Galiano, 1862). Véase a este respecto Sánchez, 2000.

Al lado de los grandes nombres, tanto de los intemporales como de los escritores y filósofos más significados del siglo XVIII, se sitúan lo que Galiano denomina «respetables medianías». Se trata de autores de segunda fila con los que utiliza un distinto sistema de análisis. Si los grandes autores son estudiados en todas sus manifestaciones escritas para verificar que, efectivamente, superan la mediocridad en todos los géneros (aunque no en todos sean superiores), para los autores secundarios utiliza un método diferente. Le interesa aquí proyectar la categoría «género» (literariamente hablando) y estudiar, a partir de ella, la actividad de los literatos y pensadores de cada uno de los cuatro contextos culturales para tratar de dilucidar dónde brilló más cada uno de ellos. En cualquier caso, la relación que se establece entre los grandes autores de una época y de un contexto y las «respetables medianías» constituye la clave para entender tanto la hegemonía cultural de algunas potencias como la situación de los países dependientes en materia intelectual. Cuando esta relación es favorable al número de grandes autores, el país se convierte en irradiador de cultura, como le sucedió a Francia en el siglo XVIII, alcanzando gran influencia incluso autores mediocres cuyos errores o faltas quedaron opacados. Cuando esta relación es desfavorable, sucede todo lo contrario. Sin embargo, constata Galiano, suele producirse un fenómeno curioso en los países rezagados que consiste en la sobrevaloración de los pensadores secundarios como reacción patriótica ante la imposibilidad de oponer grandes nombres a los que se proyectan con fuerza desde fuera: «Los pueblos que en alguna época o en todas las de su historia tienen pocos nombres ilustres que citar, por fuerza recurren a traer a cuento las medianías y ponderarlas como cosas de grande eminencia y gloria, porque, o no conocen su pobreza, lo cual es muy común, por la ceguedad que infunde el amor a la patria, o conociéndola no quieren confesarla, por impedírselo un disculpable orgullo la valoración que de la calidad literaria se hace» (Alcalá Galiano, 1844*a*: 438).

Género literario y sociedad

Unas líneas más arriba se mencionaba la cuestión de los géneros, sobre la que Alcalá Galiano plantea algunas reflexiones interesantes. También aquí su enfoque es contextualista y comparativo, pues establece una relación directa entre el género literario que estudia y las condiciones sociales e intelectuales del contexto en el que lo estudia. En su análisis entran en juego planteamientos acerca de las características lingüísticas de cada país, los cambios en los gustos y preocupaciones intelectuales o la evolución política e histórica de las sociedades para que un determinado género se manifieste de unas formas o de otras o, incluso, alcance un gran desarrollo o quede abandonado. En buena medida, la conclusión que puede extraerse de sus observaciones es que el género predominante en cada periodo evidencia también el talante social de esa época. Las reflexiones de Galiano al respecto se proyectan con claridad en el análisis que lleva a cabo de la oratoria. Es conocido que Alcalá Galiano fue uno de los grandes oradores de su tiempo (Díaz y Cárdenas, 1841, II: 45; Alas, 1886, II: 477), por lo que resulta lógico que prestara atención a un género que a menudo queda olvidado en las historias de la literatura. De forma transversal a lo largo del curso, el conferenciante va mostrando las distintas encarnaciones del género oratorio en función de su uso social, y así distinguirá entre la oratoria del mundo grecolatino, para pasar después por la oratoria sagrada en los países católicos (decaída en el xviii), la oratoria judicial y forense y la oratoria parlamentaria en Inglaterra, base de la oratoria política porque «hasta fines del siglo solo allí había lugar en que [los oradores] pudiesen ejercitar sus fuerzas». Sin embargo, el nacimiento de la oratoria política moderna hay que buscarlo en la Revolución francesa. El siglo xviii habría dotado a la política francesa de un carácter filosófico que impregnó a la elocuencia revolucionaria de abstracción y radicalismo. La fuerza de la oratoria como vehículo de comunicación de ideas llegó a alcanzar tanto poder en la Francia revolucionaria que los demás géneros quedaron oscurecidos: «Calló la crítica por no tener en qué ocuparse, y por el temor de que los censurados hubiesen de volverse verdugos, de lo cual no faltaron ejemplos. Calló la historia porque la grandeza de los acontecimientos presentes y cuestiones pendientes no permitía pensar en los tiempos pasados. Cesó en fin todo lo que no fuese atender a la suerte del Estado, y cada uno a la suya personal puestas en continuo peligro» (Alcalá Galiano, 1844*a*: 419). Como reacción, y durante el periodo restaurador, se desarrolló otra forma de oratoria política, que Galiano encarna en Benjamin Constant y en Chateaubriand y que responde a una época de reconstrucción espiritual, social y política en la que Europa volvió sobre sí misma tras la conmoción histórica que acababa de vivir.

Sin embargo, pasados los tiempos de agitación política, el público se fue aproximando a otro tipo de géneros que se ajustaban mejor al estado de la moderna sociedad posrevolucionaria. Ese género era la novela, descriptora de la vida y los sentimientos de la gente común. No se trataba de un género desconocido, pero sí de una forma de expresión que alcanzó en el siglo XVIII una formulación nueva que comenzó con la novela filosófica y pedagógica francesa y terminó con la novela sentimental inglesa, para dar paso en el XIX a un género híbrido, producto de una época cambiante. El párrafo que sigue resulta interesante porque en él Galiano nos da pistas del bajo concepto que, en la categoría de los géneros, gozaba aún la novela y, a la vez, nos muestra cómo se estaba convirtiendo en el género hegemónico de su época:

> En el siglo XVIII fue cultivada con sumo esmero aquella clase de producciones, que si no han llegado a su apogeo, se han mantenido a grande altura durante el siglo XIX; aquella clase de literatura que no deja de ser de sumo empeño, porque entretiene acrecido número de lectores; que ha venido a ser el vehículo de todas las ideas, poema épico de nuestro tiempo, sin que pretenda compararle con las grandes producciones de la epopeya de la antigüedad, o de Italia e Inglaterra, y que es uno de los principales conductos por donde se comunican al mundo las ideas y los afectos en que ejerce su jurisdicción la literatura. Ya se entiende que hablo de la novela, nombre que hará a muchos sonreír, considerando cuán poca cosa es, y en cuánto desprecio estaba antes tenida; pero todos conocerán que la novela es una de las producciones del ingenio humano, en el cual, si bien abunda la medianía, y la medianía es nada, hay también obras de mérito sobresaliente, una composición que en nuestros tiempos ejerce considerable influjo en un crecidísimo número de lectores, y la cual dio de sí muy sazonados frutos corriendo el siglo XVIII. (Alcalá Galiano, 1844*a*: 186)[23]

La literatura española en el siglo XVIII: imitación y dependencia

Aplicando su método de análisis, Alcalá Galiano se acerca a la realidad española considerando la importancia que las características históricas e, incluso, físicas del país tuvieron en la «formación del pensamiento»,[24]

---

23 Un análisis más detenido de las ideas de Alcalá Galiano sobre la novela en el siglo XIX en García Barrón, 1970: 168-188.

24 Explica su referencia a las teorías que unen la producción cultural con las condiciones naturales de la siguiente forma: «... si bien mis ideas no van tan allá como las de Montesquieu, cuando quiso encontrar en el clima la razón de la legislación, es indudable que el clima ejerce sumo influjo en la formación del pensamiento» (Alcalá Galiano, 1844*a*: 18).

haciendo notar la carencia de espíritu crítico en el país a lo largo de los siglos modernos. Entre las causas de ello destacan dos especialmente significativas: la Inquisición y el despotismo, con su capacidad para condicionar el desarrollo intelectual del país, enseñando «a los españoles a no pensar más que de un modo» (Alcalá Galiano, 1844*a*: 19).[25] De ahí, dice Galiano, que un pueblo tan dado a la imaginación derivase sus energías hacia formas expresivas meramente formales, como el culteranismo, que no dieron paso a desarrollos culturales de más calado. España entrará en el siglo XVIII, por tanto, lastrada por esas limitaciones. Alaba Galiano la política de Felipe V, que trató de promover las artes y las letras, fomentando además la creación de un entramado institucional para la cultura a cuya cabeza se hallaban las academias. Sin embargo, apuntó en sus conferencias, con los Borbones entrará en España el afrancesamiento y, aunque el siglo XVIII será un siglo de regeneración, la situación del país se encontraba mediatizada por su condición de potencia decadente en la escena internacional. Los dos mecanismos principales de trasvase cultural que mencionábamos antes, la traducción y la imitación, no dieron como resultado producciones innovadoras y originales. Dirá Galiano:

> Nuestra literatura del siglo XVIII era esencialmente imitadora, e imitadora de mala especie, no imitadora como lo había sido en el siglo XVI de la literatura latina y de la italiana, sino de la literatura francesa, y tampoco de la literatura francesa del día, sino de la literatura del siglo de Luis XIV [...] tenían nuestras obras todos los inconvenientes de la imitación, y pocas o ninguna de las verdaderas bellezas de los modelos que trataban de copiar los autores. (Alcalá Galiano, 1844*a*: 121)

Es el idioma donde con más claridad se manifestó esta imitación errónea de lo francés, forzando el espíritu de la lengua propia y «despojando el estilo de lo que tenía de espontáneo y español castizo». También se evidenció esta distorsión en aquellos que, reaccionando contra el afrancesamiento, trataban de imitar el castellano de los tiempos áureos, sin adaptarlo a las ideas y formas de pensamiento del siglo XVIII (un ejemplo en Alcalá Galiano,

25 Por esta razón realiza Alcalá Galiano una valoración positiva de la obra del padre Feijoo, pues el intelectual gallego «introdujo en un país donde solo se conocía la autoridad, la duda, la duda, señores, contra la cual se ha clamado mucho pero en vano, porque del dudar nace el saber» (Alcalá Galiano, 1844*a*: 35).

1844*a*: 262-263). Son muy interesantes, al respecto de esta cuestión, sus comentarios sobre Antonio Capmany y su *Teatro histórico crítico de la elocuencia española* (1786), obra en la que el ensayista catalán seleccionó fragmentos de los autores más destacados de siglos pasados para que sus afrancesados contemporáneos conocieran la verdadera esencia del idioma castellano. La cuestión del idioma le preocupó sinceramente durante toda su vida. Para él, la clave lingüística de la dualidad entre hegemonía y subordinación cultural no estaba en la introducción de vocablos extranjeros en la lengua de la cultura secundaria, sino en la penetración de la sintaxis de la lengua foránea en la nacional, desvirtuando así su índole y naturaleza originaria. Por otra parte, en las lecciones del Ateneo expuso su idea de que el registro más ajustado a la naturaleza concreta del idioma debía ser el utilizado por la clase media, pues en ella «se encuentra el verdadero carácter de cada pueblo» (Alcalá Galiano, 1844*a*: 392). En su opinión, las producciones del intelecto debían huir tanto de los registros vulgares como de las expresiones recargadas. En el caso español, insistió en que la verdadera esencia de la lengua castellana se hallaba en su herencia latina, manifestada en la sobriedad y mesura de los escritores clásicos (castizos). En este sentido, rechazó el «wild, romantic, imaginative style of writing» que los extranjeros creían ver en la literatura española, pues para él constituía un resto de la influencia árabe que no era en absoluto definitorio de la cultura nacional. Se desprende de sus escritos la idea de que los extranjeros no habían sido capaces de entender la pluralidad del crisol cultural español, ajustándose a ideas preconcebidas (Alcalá Galiano, 1828: 17 y ss.).[26]

Al describir el xviii en España, no duda Alcalá Galiano en introducir los debates que sacudieron el panorama intelectual de la época, entre ellos la muy conocida polémica lanzada por Masson de Morvilliers *¿Qué se debe a España?* (1782). Analiza el conferenciante cómo repercutieron esos debates entre la intelectualidad española y cómo, en el reinado de Carlos IV, es posible detectar ya autores de mayor peso, entre los que destaca a Jovellanos y a Meléndez Valdés. En ellos encontraba, particularmente en el primero, el

26 Sismondi también restó importancia al legado árabe en la lengua española (Sismondi, 1813, III: 104), aunque fue criticado por dar la misma importancia a las lenguas germánicas habladas por los visigodos que al latín en la formación de la lengua castellana. Sobre la imagen tópica de España, Andreu Miralles, 2016.

motor que impulsó la cultura española en un sentido más auténtico y creativo. De hecho, y según dejó escrito, con ellos tuvo «principio la moderna prosa y poesía castellana» (Alcalá Galiano, 1844*a*: 247). Ambos son, en las lecciones, un ejemplo más de autores cuya repercusión fue posterior a la de su época de madurez como escritores. Especial interés le produce el autor gijonés, en el cual se proyecta otro de los focos de interés de Galiano: la conexión entre carácter, obra y vida.[27] La atención que prestó a Jovellanos se remontaba a décadas anteriores y, en especial, a su actividad política en los inicios de la guerra de la Independencia. En sus escritos del exilio en Reino Unido, Alcalá Galiano hizo referencia a él en varias ocasiones y, a pesar de su mirada aparentemente objetiva, es evidente que Jovellanos le interesaba más como intelectual y político que como literato.[28]

En cualquier caso, la producción cultural española que arrancará de estos escritores y ensayistas ya se hallaba, en el siglo XIX, lo suficientemente madura como para independizarse del lastre de la influencia francesa, a pesar de la inercia de algunos autores, instalados en las reglas del clasicismo francés.[29] En los trabajos que Galiano fue publicando desde su exilio en 1823 y a lo largo del resto de su vida hizo un denodado esfuerzo por romper los tópicos construidos alrededor de la imagen orientalista del país y su cultura, a la que trató de insertar en el movimiento intelectual de la Europa de su tiempo.[30]

---

27 «Concurría en este autor el respeto que inspiraba su carácter a dar realce a sus obras, siendo él además de aquellas personas en quienes hay más conexión entre el carácter personal y el de la composición de sus escritos» (Alcalá Galiano, 1844*a*: 377).

28 El más encomiástico de sus trabajos sobre el escritor asturiano fue el publicado en la *Foreign Quarterley Review*, entre 1829 y 1830. En esa ocasión, Alcalá escribía para un público, el británico, para el cual Jovellanos constituía, desde su muerte en 1811, una figura de referencia, tanto por su amistad con otros intelectuales ingleses (lord Holland, sobre todo), como por sus alabanzas al sistema político de este país. Volvió a escribir sobre él en España (Alcalá Galiano, 1838).

29 En las lecciones, Alcalá Galiano se limitó a hacer constar un hecho que había criticado con dureza en su «Prólogo» a *El moro expósito,* donde llegó a dar los nombres de los responsables del mantenimiento de las reglas del clasicismo francés en plena época romántica: Moratín y Martínez de la Rosa (Alcalá Galiano, 1834*a*: 25).

30 Además de los textos ya citados, hay que hacer mención a los artículos que publicó en 1834, bajo el título genérico «The Literature of the Nineteenth Century. Spain», para la revista *The Athenaeum* (Alcalá Galiano, 1834*b*). Estos artículos fueron traducidos por Vicente Lloréns (Alcalá Galiano, 1969). Véase al respecto: Perojo Arronte, 2010.

En estas páginas, y con el objeto de centrarse en el objetivo planteado al inicio, se han dejado de lado cuestiones de gran interés, como el diálogo de Alcalá Galiano con el pensamiento de Rousseau o la omnipresencia de Voltaire («el hombre principal del siglo») en las lecciones, que merecerían una atención detenida. En cualquier caso, y como espero haber podido mostrar, las lecciones de Alcalá Galiano en el Ateneo de Madrid constituyen un ejercicio de análisis cultural de amplio alcance en el que el crítico gaditano, además de apelar a un concepto lato de lo que es la literatura, se sirvió de una moderna metodología de estudio para aplicarla al mundo de la cultura. De ahí su interés por la traducción, la evolución del idioma, la hegemonía y la subordinación cultural y la sociología del mundo literario. Además, sus lecciones constituyen una fase en la continuada reflexión que sobre la literatura como expresión de la naturaleza e idiosincrasia de los pueblos desarrolló a lo largo de toda su vida. Entendió el concepto de lo «nacional» en un sentido más cultural y antropológico que político en tanto que, para él, lo natural, lo castizo y lo popular constituían la verdadera esencia nacional de cada entorno cultural, su verdadero «clasicismo». Por otra parte, proyectado todo ello sobre el Siglo de las Luces, sus lecciones son un interesante análisis del periodo en el que se gestó el ambiente revolucionario, especialmente en Francia. Galiano, que nació el año de la toma de la Bastilla, fue un hijo de esa época, pues perteneció a la generación que, descreída ya de los proyectos liberadores de la Revolución, contemplaba el siglo XVIII con interés, pero también con recelo. Lo consideró, como se ha dicho al inicio de este capítulo, como una de las más importantes épocas de la historia humana y confiaba en que las gentes de su tiempo contribuyeran a construir, sobre los restos de la revolución, un nuevo mundo. Con sus propias palabras: «El siglo XVIII destruyó mucho, fundó poco, aunque algo, varió casi todo. Al XIX está reservado el carácter de reedificador y de clasificador de las mudanzas hechas en el antecedente» (Alcalá Galiano, 1844*a*: 466-467).

Bibliografía

Alas, Leopoldo (1886), «Alcalá Galiano. El periodo constitucional de 1820 a 1823. Causas de la caída del sistema constitucional. La emigración española hasta 1833», *La España del siglo XIX,* Madrid, Librería de Antonio San Martín, vol. II, pp. 471-520.

Alcalá Galiano, Antonio (1828), *An Introductory Lecture Delivered in the University of London on Saturday, November 15, 1828,* Londres, John Taylor.

Alcalá Galiano, Antonio (1829-1830), «Jovellanos», *Foreign Quarterley Review,* 5, pp. 547-568.

Alcalá Galiano, Antonio (1834*a*), «Prólogo» a *El moro expósito o Córdoba y Burgos en el siglo décimo: leyenda en doce romances,* París, Librería Hispano-Americana, vol. i, pp. ix-xxxi.

Alcalá Galiano, Antonio (1834*b*), «The Literature of the Nineteenth Century. Spain», *The Athenaeum. London Literary and Critical Journal,* 338, 19-4-1834, pp. 290-295; 340, 3-5-1834, pp. 329-333; 342, 17-5-1834, pp. 370-374; 344, 22-5-1834, pp. 411-414; y 346, 14-6-1834, pp. 450-454.

Alcalá Galiano, Antonio (1838), «Jovellanos», *Revista de Madrid,* II, pp. 301-342.

Alcalá Galiano, Antonio (1844*a*), *Historia de la literatura española, francesa, inglesa e italiana en el s.* xviii, Madrid, Imp. de la Sociedad Literaria y Tipográfica.

Alcalá Galiano, Antonio (1844*b*), «Observaciones a la introducción y notas del señor Depping», en Georges Bernard Depping, *Romancero castellano o colección de antiguos romances populares de los españoles,* Leipzig, F. A. Brockhaus, vol. i, pp. lxviii-lxxxiii.

Alcalá Galiano, Antonio (1844*c*), «Del estado de las doctrinas críticas en España en lo relativo a la composición poética», *Revista Científica y Literaria,* pp. 240-255.

Alcalá Galiano, Antonio (1861), *Que el estudio profundo y detenido de las lenguas extranjeras, lejos de contribuir al deterioro de la propia sirve para conocerla y manejarla con más acierto,* Madrid, Imprenta Nacional.

Alcalá Galiano, Antonio (1862), «De la historia y del modo de escribirla», *La América,* VI (24-7-1862).

Alcalá Galiano, Antonio (1865), *Apuntes para la biografía escritos por él mismo,* Madrid, Imprenta del Colegio de Sordo-Mudos y Ciegos.

Alcalá Galiano, Antonio (1878), *Recuerdos de un anciano,* Madrid, Imprenta a cargo de V. Saiz.

Alcalá Galiano, Antonio (1955 [1886]), *Memorias de un anciano,* en *Obras escogidas,* Madrid, Atlas.

Alcalá Galiano, Antonio (1969), *Literatura española del siglo* xix, Vicente Lloréns (trad.), Madrid, Alianza.

Andreu Miralles, Xavier (2016), *El descubrimiento de España: mito romántico e identidad nacional,* Madrid, Taurus.

Avlami, Chryssanthi, Jaime Alvar y Mirella Romero Recio (eds.) (2010), *Historiographie de l'antiquité et transferts culturels: les histoires anciennes dans l'Europe des* xviii*e* *et* xix*e* *siècles,* Ámsterdam, Rodopi.

Ayres, Philip (2009), *Classical Culture and the Idea of Rome in Eighteenth-Century England,* Victoria, Monash University.

Busquets, Loreto (1997), «La literatura francesa del siglo xviii vista por Alcalá Galiano», en Mercedes Boixareu y Roland Desné (dirs.), *Recepción de autores franceses de la época clásica en los siglos xviii y xix en España y en el extranjero,* Madrid, UNED, pp. 77-87.

Busquets, Loreto (2002), «El romanticismo clásico de Antonio Alcalá Galiano», *Studi Ispanici,* 5, pp. 117-137.

Busquets, Loreto (2020), «Alcalá Galiano: estética e historiografía literaria a la luz de las literaturas inglesa e italiana del siglo xviii», *Cuadernos Jovellanistas,* 14, pp. 19-55.

Cánovas del Castillo, Antonio (1884), «Discurso leído el 31 de enero de 1884 por el Excmo. Sr. D. Antonio Cánovas del Castillo, presidente del Ateneo», en *Discursos leídos en el Ateneo científico, literario y artístico de Madrid con motivo de la apertura del curso de 1884,* Madrid, Impr. central a cargo de V. Saiz.

Díaz Corbelle, Nicomedes Pastor, y Francisco de Cárdenas (1841), *Galería de Españoles célebres contemporáneos,* Madrid, Sanchiz, vol. ii.

Espagne, Michel (2007), «Más allá del comparatismo. El método de las transferencias culturales», *Revista de Historiografía (RevHisto),* 6, pp. 4-13.

Espagne, Michel (2013), «La notion de transfert culturel», *Revue Sciences / Lettres,* 1, DOI: 10.4000/rsl.219.

García Barrón, Carlos (1970), *La obra crítica y literaria de Alcalá Galiano,* Madrid, Gredos.

García de Quevedo Rama, M.ª Diana (2002), *La prefiguración de la Roma antigua en la ideología del romanticismo (1770-1848),* Madrid, UCM.

Garrorena, Ángel (1974), *El Ateneo de Madrid y la teoría de la monarquía liberal (1836-1847),* Madrid, Instituto de Estudios Políticos.

Garrorena, Ángel (1984), «Estudio preliminar», en Antonio Alcalá Galiano, *Lecciones de derecho político,* Madrid, Centro de Estudios Constitucionales, pp. viii-lix.

González Alcázar, Felipe (2005), «Precisiones terminológicas sobre la definición y el concepto de literatura en las preceptivas españolas del siglo xix», *Siglo Diecinueve,* 10-11, pp. 137-163.

Gunia, Inke (2008), *De la poesía a la literatura: el cambio de los conceptos en la formación del campo literario español del siglo xviii y principios del xix,* Madrid / Fráncfort del Meno, Iberoamericana / Vervuert.

Heredia Campos, M.ª del Carmen (2001), «La cultura española y el regeneracionismo liberal. El discurso de Antonio Alcalá Galiano en la Universidad de

Londres de 1828», *Espacio, Tiempo y Forma: Serie V, Historia Contemporánea,* 14, pp. 169-228.

LAFARGA, Francisco (coord.) (1999), *La traducción en España (1750-1830): lengua, literatura, cultura,* Lérida, Universitat de Lleida.

LEERSEN, Joep, y Ann RIGNEY (eds.) (2014), *Commemorating Writers in Nineteenth-Century Europe,* Londres, Palgrave Macmillan.

PEROJO ARRONTE, M.ª Eugenia (2010), «Antonio Alcalá Galiano, Anglo-Hispanic Cultural Exchange, and the Idea of a Spanish "National" Literature», en Joselyn M. Almeida (coord.), *Romanticism and the Anglo-Hispanic imaginary,* Ámsterdam / Nueva York, Rodopi, pp. 213-232.

PUJANTE ÁLVAREZ-CASTELLANOS, Ángel Luis, y Laura CAMPILLO ARNAIZ (2007), *Shakespeare en España: textos 1764-1916,* Granada / Murcia, Universidad de Granada y Universidad de Murcia, pp. 176-178.

SÁNCHEZ, Raquel (1999), «La crítica literaria en el siglo XIX: Antonio Alcalá Galiano (1789-1865)», *Dicenda: Estudios de lengua y literatura españolas,* 17, pp. 231-249.

SÁNCHEZ, Raquel (2000), «La historia del siglo XIX desde la perspectiva moderada: reflexiones de Antonio Alcalá Galiano sobre España», *Hispania,* 60, 204, pp. 289-314.

SÁNCHEZ, Raquel (2005), *Alcalá Galiano y el liberalismo español,* Madrid, Centro de Estudios Políticos y Constitucionales.

SEBOLD, Russell P. (1982), «Alcalá Galiano y la literatura dieciochesca: paradoja histórica y visión filosófica», en José Amor Vázquez y A. David Kossof (eds.), *Homenaje a Juan López Morillas,* Madrid, Castalia, pp. 383-404.

SISMONDI, Jean Charles Leonard Simonde de (1813), *De la littérature du midi de l'Europe,* París, Treuttel et Würtz, vol. III.

VILLEMAIN, François (1841, 1829), *Cours de littérature française. Tableau de la littérature au XVIIIe siècle,* París, Didier Libraire-Éditeur.

WERNER, Michael, y Bénédicte ZIMMERMANN (2003), «Penser l'histoire croisée: entre empirie et réflexivité», *Annales. Histoire, Sciences Sociales,* 1, pp. 7-36.

HISTORIOGRAFÍAS ROMÁNTICAS DE AUTOR. LA HISTORIA COMO ESTRATEGIA Y ARGUMENTO DE LAS NUEVAS POÉTICAS[1]

Mercedes Comellas
(Universidad de Sevilla)

El 23 de octubre de 1793 los diputados de la Convención Nacional francesa aprobaron el calendario republicano, queriendo demostrar con el cambio de los nombres de los meses y de los días de la semana (ahora *década*) la transformación radical que la revolución había traído a la sociedad. No podían imaginar entonces que la gran transformación del concepto del tiempo sucedió al margen de esa puesta en escena algo ostentosa: la nueva perspectiva histórica que emergía con el inicio de la Edad Contemporánea impregnó todos los saberes y dio nuevo sentido a los órdenes del conocimiento, convertida en atalaya vacilante desde la que cabía otear la inestabilidad de la dimensión humana. El nuevo punto de vista histórico desestabilizaba el orden de las ideas al convertir lo que antes era fijo en una circunstancia temporal. La revolución romántica no se puede separar de esa visión histórica que desplaza al hombre del centro del círculo para arrojarlo a una dimensión inconstante y mudable, atravesado por el tiempo, arrastrado hacia el ignoto futuro.

El desarrollo de la visión histórica romántica afectó profundamente a la literatura en todas sus dimensiones: la convirtió en una secuencia narra-

1 Este trabajo se inscribe en el proyecto *Hacia la institucionalización literaria: polémicas y debates historiográficos (1500-1844)* (SILEM II), del Plan Estatal de I+D+i, RTI2018-095664-B-C22.

ble y consecutiva de episodios, estudiada por la naciente disciplina de la historia literaria; significó el fin de la poética clasicista, concebida *sub specie aeternitatis;* y transformó la imagen que el autor tenía de su papel creativo y su posición en el campo literario, pues «el Romanticismo elige el *poeta* frente al *hombre de letras*» (Díaz, 2011: 159).[2] El antiguo estudioso, conocedor de la tradición y de las técnicas con que manejarla, partícipe de una red elitista, tenía por horizonte una estrella polar fija: la belleza concebida en los términos de la clasicidad. El joven poeta, sin embargo, está en una situación menos firme y más incómoda: los nuevos circuitos comerciales le obligan a ensayar diversas estrategias (que Díaz ha estudiado como «escenografías autoriales», 2017) para ocupar un espacio en el renovado mercado literario y participar del devenir de la moda. El sólido asiento de la erudición deja paso al escurridizo prestigio propiciado por los gustos cambiantes del afán de originalidad, y el estatismo de la concepción clasicista, basada en la imitación y la emulación, ruedas que siempre giran sobre sí y hacen del tiempo un *continuum,* se quiebra con la nueva poética romántica, lanzada a la búsqueda de novedades. El artista contemporáneo es consciente de ser parte de un devenir agitado, criatura de un presente en continuo movimiento, hijo de una edad cambiante, como asume Federico de Madrazo en las páginas románticas de *El Artista:*

> [T]odos los hombres, más o menos, reciben por necesidad la influencia de las ideas de su tiempo. Cada uno pertenece a su siglo: participa del gusto dominante que cunde hasta por el aire que se respira, y adopta sin sentir parte de sus manías y extravagancias por ridículas que sean a los ojos de la razón imparcial, como sucede con las modas, que, repugnando al principio, acaban por agradar a sus mismos censores. (1835: 195)

Esta conciencia de temporalidad tuvo en los escritores un efecto trascendental: observar su posición desde esa constante histórica y a sí mismos como resultado de un desarrollo les colocaba en una situación débil e insegura; sus producciones quedaban así a merced de criterios mudables, que las harían pronto viejas. Era necesario encontrar estrategias acordes con el nuevo sistema que reafirmaran en lo posible su asiento en el tambaleante escenario del devenir. El concepto de *ironía romántica* puede entenderse

2 Los términos *poeta* y *poesía* se usarán, como hace Díaz, en el sentido que se les concedía en la época, esto es: como nuestros actuales *autor literario* y *literatura.*

desde esa preocupación por superar la amenaza del tiempo: convirtiendo la propia obra en una constante pregunta sobre sí misma, se le concedía la posibilidad de mantenerse siempre novedosa por la multiplicación inquietante de perspectivas que generaba. Por otra parte, los autores podían usar la historia a su favor, si la aplicaban a la explicación de la propia poética. Así lo hicieron algunos de los grandes poetas románticos.

Me propongo observar en tres ejemplos paradigmáticos cómo la concepción historicista de la literatura formó parte de las estrategias o escenografías autoriales, generando una suerte de historiografía romántica de autor. Este podía autogestionar su protagonismo en la narración de la historia literaria aprovechando que conocía, mejor si cabe aún que el historiador, los recursos narrativos que servían de base constructiva a la nueva disciplina: la historia era un género retórico que compartía principios y procedimientos con otros géneros de la narración. La experiencia creativa de los literatos les surtía de las fórmulas más eficaces para articular un diseño interpretativo de distintos episodios, hasta llegar a un final en el que se depositaba el impacto y el efecto. De ello habían hablado ya Diderot en el *Elogio de Richardson* (*Éloge de Richardson,* 1762), o Mme. de Staël (*Essai sur les fictions,* 1795) y Goethe (que la traduce en *Versuch über die Dichtungen* para *Die Horen* en 1796). El primero admiraba con entusiasmo la capacidad persuasiva de la narración, capaz de autojustificarse y convencer de la verdad de su ilusión. Lo mismo pensaba el último: la fuerza de narración estribaba en esa capacidad para convencer (Hamm, 1980: 169-172). Y la nueva narrativa historiográfica era en el fondo construcción interpretativa que quería convencer de su verdad, usando en parte idénticas estrategias a las que empleaban las ficciones: selección, disposición, emoción.

Tzvetan Todorov distingue en *Las morales de la historia* tres fases en el *modus operandi* de los historiadores (1993: 146-155). La primera de búsqueda y selección de «algunas huellas, materiales y físicas» de los hechos; por ella se distinguen radicalmente los historiadores —opina— de los fabuladores. La segunda fase es la «construcción de sentido», pues «una vez establecidos los hechos, hay que interpretarlos, es decir, relacionarlos unos con otros, reconocer las causas y los efectos, establecer parecidos, gradaciones, oposiciones». En esta fase, la construcción de la verdad se produce como desvelamiento: «Mientras que la prueba de la verdad (¿se produjeron estos hechos?) permitía separar a los historiadores de los fabuladores, [...]

una nueva prueba permite ahora distinguir a los buenos historiadores de los malos», en el sentido de que esa nueva verdad debe «captar el sentido de un acontecimiento». La fase final es la «puesta en servicio», cuando, «tras haber sido reconocido e interpretado, el pasado será ahora utilizado». En las dos últimas fases, el trabajo del historiador «es inconcebible sin una referencia a valores. Estos son los que le dictan su conducta».

No puede dudarse de la distancia entre esta presentación de Todorov y la concepción actual del quehacer historiográfico, aunque es posible observar su evidente paralelismo con las fases de construcción narrativa de la primera historiografía literaria, en la que fue fundamental la selección de episodios (cuáles daban inicio a la literatura nacional, cuáles constituían sus momentos brillantes u oscuros), la búsqueda de parecidos (gracias a los que se construye la idea de tradición propia), la de gradaciones (el canon) y, por fin, la «puesta en servicio» ideológica, asociada a unos valores variables, determinados por las intenciones. Con ellos, la narrativa histórico-literaria adquiere una condición teleológica, en el sentido de un destino, bien nacional, bien personal, en el que se cifra, como en toda narración, el sentido último.

Entre los ejemplos posibles de lo que he dado en llamar historiografías románticas de autor, he elegido tres textos que coinciden en ser considerados en sus respectivas literaturas manifiestos fundamentales del movimiento: la *Defensa de la poesía* (1821) de Percy B. Shelley, el prólogo a *Cromwell* (1827) de Victor Hugo, y el de Ros de Olano a *El Diablo Mundo* (1840) de Espronceda. En los tres se hace visible la coincidencia de la nueva *Weltanschauung* histórica y el arranque del movimiento romántico, confirmando que el nacimiento del historicismo como visión del mundo y el del Romanticismo son inseparables.

Los dos primeros textos son similares en extensión, mientras el de Ros de Olano es bastante más breve. Probablemente, no tienen deudas directas entre sí; desde luego, no con la más temprana de las tres, pues la obra de Shelley no fue conocida hasta publicarse póstuma en 1840, justo el mismo año en que salió el prólogo español. A pesar de estar escritas en tres lenguas distintas y en el marco de tradiciones literarias diversas, demuestran un mismo uso interesado de las herramientas históricas para la presentación, en cada caso, de una novedosa poética de autor. Pueden leerse como constatación discursiva de aquello que afirmara Goethe en carta a Wilhelm von

Humboldt del 1 de diciembre de 1831: «en mis años de madurez todo me parece más y más histórico [...], incluso yo mismo me resulto más y más histórico».[3] Goethe, no en vano discípulo de Herder, había tratado siempre lo literario como elemento participante de un devenir histórico-social, que crece con la historia y que se explica por ella: las obras de arte, como las de la naturaleza, se conocen por su proceso de formación genética. Pero en el caso de nuestros tres textos, la historia explica también el concepto que el poeta tiene de sí mismo y de su posición en el devenir histórico-literario.

Sus coincidencias más señaladas pueden resumirse en los siguientes puntos:

1. Las tres son argumentativas y se escriben a la defensiva, con ánimo de controversia, incluso, en el caso de Hugo, con intención combativa o irónica, tal como era habitual en la batalla romántica. Las tres apoyan su reivindicación en una visión histórica; esto es: son defensas de su idea de la literatura construidas sobre un repaso de la historia del hombre, para llegar a una posición final confirmativa de su propia visión literaria.

2. En los tres casos hay un interlocutor contra el que se argumenta. En el de Shelley fue su amigo Thomas L. Peacock, autor de *The Four Ages of Poetry* (1820), obra que quiso demostrar la inutilidad de la poesía en tiempos de la razón y del conocimiento positivo. Para ello, Peacock hacía un repaso por las edades del hombre, señalando el papel de la poesía en cada una de ellas y concluyendo que la historia del progreso social es directamente proporcional al menor papel de la poesía, que acabará por desaparecer en la sociedad futura, pues «un poeta es un semi-bárbaro en una comunidad civilizada. Vive en el pasado. Sus ideas, pensamientos, sentimientos y asociaciones

---

3 «in meinen hohen Jahren mir alles mehr und mehr historisch wird [...], ja ich erscheine mir selbst immer mehr und mehr geschichtlich» (Goethe, 1887-1919: 164). Como señala Szondi (1992), la filosofía de la historia que alcanzaron las posiciones herdianas o la de Goethe fueron ampliamente superadas por las que resultan de la etapa romántica propiamente dicha, como la *Weltalter* (*1811-1813*) de Schelling, que su hijo publicó póstuma en 1815 (véase la ed. de Lawrence, 2019), y sobre todo desde la concepción filosófica de Hegel. Joachim Wohlleben señala la importancia que en el criticismo de Goethe juega la visión histórica: por ella se observa la cultura como algo que crece con la historia y que se explica por ella (1965: 38).

están acompañados todos de formas primitivas, costumbres anticuadas y supersticiones falsas; su progresión intelectual es como la de un cangrejo: hacia atrás» (Peacock, 2002: 73). Satirizaba además las altas aspiraciones de los poetas románticos, aunque no hay consenso crítico sobre si reproduce así sus opiniones personales o está burlándose de quienes atacaban a los románticos (Sánchez Fernández, 2002: 23). En cualquier caso, suponía un envite a su amigo Shelley, que respondió con la *Defensa de la poesía.*

Por su parte, el prólogo de Hugo tiene como interlocutor en la sombra al crítico clasicista (o a la crítica clasicista), a quien en varias ocasiones se le concede la voz. En sus imaginadas intervenciones, este crítico enemigo ataca airado y furibundo al autor desde la convicción de estar en plena posesión de la verdad. Todo ello, para regocijo de la primera persona autorial, que se divierte ridiculizándole y dejándolo en evidencia.

En el de caso del prólogo de Ros de Olano, el destinatario implícito es el lector al que se pretende convencer de la grandeza del poema esproncediano. Pero, en último término, es Espronceda, el amigo, quien funciona realmente como interlocutor: Ros no solo pretende animarlo en su proyecto, sino confirmarle con arrogancia —o con romántica soberbia— su posición culminante en la historia literaria española.

3. Los tres textos, como se ha adelantado, articulan sus argumentos sobre un diseño histórico que, también en los tres casos, está situado al comienzo, como premisa inicial. Tras las respectivas presentaciones históricas y una vez puestas aquellas bases (que son la parte sobre la que nos detendremos), los autores se extienden en la exposición de sus tesis, amparadas por la demostración histórica previa. Esta estructura que va de lo histórico (sustento argumentativo) a lo poético implica un cambio radical con respecto a las declaraciones convencionales en las que los escritores solían presentar hasta entonces sus ideas o sus obras. Su condición romántica hace que no puedan buscar el amparo de una autoridad incontrovertida (porque ya no las hay: ni el mismo Aristóteles se ha salvado de la quema), ni tampoco les queda el bastión de modelos indiscutibles, menos el de sistemas o leyes eternas. Como afirma Hugo en su prólogo, «aquí no construimos sistemas porque Dios nos protege de los sistemas. Constatamos un hecho. Somos historiadores, no críticos. Poco importa que este hecho guste o no guste; existe» (1989: 34). Cuando concluye su repaso por las edades del hombre, se afirma igualmente corroborado por la historia:

> Tales son, pues —y al decir esto nos limitamos a expresar un resultado—, las diversas fisonomías del pensamiento en las diferentes eras del hombre y de la sociedad. He aquí sus tres rostros, de juventud, de virilidad y de vejez. Tanto si se examina una literatura en particular como si se examina la masa de las literaturas, se llega siempre al mismo resultado. (Hugo, 1989: 44)

Todo puede comprobarse en la historia, que es la única autoridad competente porque no se sostiene con ideas o doctrinas sobre el gusto, más o menos discutibles, sino con hechos. Así que, insiste a continuación Hugo: «Atengámonos a los hechos» (1989: 45).

4. También conviene mencionar que, aunque los tres hombres estuvieron involucrados políticamente y en algún caso defendieron sus convicciones con energía, estos recorridos histórico-literarios no parten de un punto de vista ideológico —como sí era frecuente entre los historiadores al construir sus narrativas—, sino que tienen la función de explicar literariamente a los respectivos autores. Ello no implica que dichas visiones de la poesía, de la misión del poeta o del sentido de su obra sean, en última instancia, también políticas.

5. Ninguno entra tampoco en diferenciaciones nacionales, contra lo que ocurre en las historias literarias escritas con la intención de fundamentar la nueva disciplina y que estuvieron al servicio de la construcción de las identidades nacionales. En estos tres casos, la historia se diseña en relación con las edades de la humanidad, como parte de construcción de la identidad del poeta, que se erige en figura supranacional. En este sentido, los recorridos históricos que trazan los tres pueden leerse como breves propuestas de una «filosofía de la historia», expresión que, desde Voltaire a Hegel, se usó para referirse a la historia universal (Collingwood, 1965: 11), pero que también remitía al apoyo de sistemas conceptuales (teológicos, filosóficos, socioeconómicos, en este caso literarios) desde los cuales se interpretaban los hechos históricos. Nuestros tres autores remarcan siempre esa condición filosófica de sus propuestas e insisten especialmente en ella, remitiendo al «hilo racional» que conecta los datos históricos en una trama de naturaleza causal de secuencias comunicantes, a la manera de un organismo vivo. Este sentido orgánico de la historia (el que llamaron entonces enfoque o visión «filosófica») está obviamente relacionado con la que René Wellek afirma como una de las características que aglutinan a todas las manifestaciones románticas: el carácter orgánico de la nueva visión literaria (1983: 149, 157-158, 163).

Con «filosófico», los anunciadores del nuevo orden romántico —y también nuestros tres escritores— también se refieren a lo psicológico, esto es, que sus historias indagan más allá de la *techné*, del *ars*, del sistema, para entrar en la dimensión hasta entonces secreta de lo emocional. Ramón López Soler, en un artículo que suele incluirse entre los manifiestos románticos españoles, se plantea su indagación sobre «la cuestión agitada entre románticos y clasicistas» desde «un giro filosófico» que aplica a los principios fundamentales de la poética. Así, para él, la vieja *imitatio* mecánica ha de ser sustituida por una imitación «filosófica» (López Soler, 1823: 255 y 257). Lo mismo había afirmado Luigi Monteggia en las páginas de la misma revista:

> [U]na de las principales desavenencias entre los románticos y de los clasicistas [es] que los segundos todo lo quieren según los antiguos y los primeros pretenden *imitarlos más filosóficamente,* es decir, haciendo lo que hicieron ellos: servirse por elementos poéticos de las imágenes que son más análogas a las costumbres de los tiempos en que escriben, porque de otro modo la poesía no es más que un juego de palabras. (Monteggia, 1823: 50)

En otro de sus artículos para *El Europeo,* «Sobre la historia filosófica de la poesía española», López Soler se queja de que la labor editorial de rescate de autores españoles no está siendo acompañada de una «historia filosófica de la poesía española», muy necesaria. Se refiere a la nueva manera de concebir la historia literaria como una evolución causal y consecutiva, que reivindicará años después José María Carnerero, autor del artículo «Sobre clásicos y románticos», salido en las *Cartas españolas* de 1832 (Alonso Seoane, 1997: 82). En él distingue las dos posiciones que enfrentan encarnizadamente el ambiente literario y se plantea una serie de preguntas para dilucidar la polémica, de las cuales nos interesa ahora la primera: «¿Existe en poesía una *marcha* de ideas fundada en existencias sociales y religiosas que no puede encerrarse en los cuadros y formas que usaron los griegos y analizó Aristóteles?» (Carnerero, 1832: 35). Esto es: ¿existe una historia literaria al margen de la inmovilidad de la poética? Es precisamente a lo que responden, «filosóficamente», nuestros tres textos. Un año después del último de ellos, el de Ros de Olano, el historiador Fermín Morón hace desde las páginas de *El Iris* (1841) lo que llama un «Examen filosófico del teatro español, relación del mismo con las costumbres y la nacionalidad de España» con la misma convicción:

> [N]os ha parecido siempre pobre e infecunda crítica la que, despojando una obra literaria de su conexión con las costumbres, de las ideas y sentimientos que encierra, pretende solo juzgar el esqueleto de las formas, o lo que es lo mismo, censurarla según su mayor o menor armonía con predeterminadas reglas. Sistema es este que ha conducido a sacrificar el fundo a las formas, a dar a las segundas una preferencia o elusiva, a considerar las producciones literarias como obra más bien de la razón y del trabajo intelectual, que fruto espontáneo de la inspiración y del genio, y que extraviando el gusto de la verdadera belleza, ha sido la causa del odio e injusto desdén mostrado hacia los más privilegiados talentos que en alas de su fantasía, y por un conocimiento instintivo de la sociedad en que vivían, adquirieron alto y distinguido renombre entre sus contemporáneos. Pero tiempo es ya de que las obras de imaginación sean apreciadas bajo un punto de vista más lato y fecundo y que, sin negar a los críticos el derecho de examinarlas en su relación con las reglas, o la parte retórica por decirlo así del arte, se estudie el fondo de las mismas, la fuerza del genio y de la imaginación, el placer que causaron al público contemporáneo, su conexión con las costumbres, y el influjo ejercido en la sociedad. (Morón, 1841, n.º 3: 39)[4]

Ese «punto de vista más lato y fecundo», que entonces llamaron «filosófico» por ir más allá del examen de las reglas y de la poética normativa, es el que asumieron Shelley, Hugo y Ros de Olano en sus respectivos textos; todos ellos buscaron «el fondo», concibieron el genio y la imaginación como fuerzas, y tuvieron en consideración el interés de los receptores por la literatura de su tiempo, resultado de la conexión de esta con las costumbres. Los tres persiguen su influjo sobre la sociedad en un recorrido por las edades del hombre que concluye en la actual.

Los antecedentes de esta filosofía de la historia y el manejo de las edades del hombre como diseño historiográfico tienen sus últimos precedentes en san Agustín o Joaquín de Fiore, pero son las versiones posteriores, de Vico, Voltaire, Herder o Winckelmann las que los autores románticos debieron tener presentes y a las que debe hacerse breve referencia.

---

4 Unos años después, Agustín Durán se propone sacar una nueva edición del Romancero general castellano «filosófica», esto es, que seguirá el nuevo criterio histórico para explicar la literatura, adoptando el «nuevo giro que debe tomar la historia» y el «nuevo espíritu que ha de influir en su reforma». Así lo explica en la reseña de la *Antología española* de 1848: «Concebida dicha obra bajo un plan latamente filosófico, abrirá un vasto campo a consideraciones trascendentales y podrá formar un cuadro de hábitos y costumbres que contenga el espíritu de nuestra sociedad y de las instituciones políticas y civiles con cuyas formas se desarrolló nuestra civilización hasta fines del siglo xv, en el cual degenerando, vino a confundirse y a asimilarse con la de los otros pueblos [...]» (Durán, 1848: 61).

En los *Principi d'una scienza nuova intorno alla natura delle nazioni* (1744), Vico arranca de unos «principios del mundo histórico» a partir de los cuales se desarrolla la historia y sus hechos decisivos (Maestro, 2008: 66-68). Dichos principios no son consecuencia aleatoria del azar, ni tampoco impuestos por un oscuro determinismo, sino resultado de unas recurrencias lógicas de circunstancias que propician y disponen ciertos hechos y acontecimientos. A partir de estos principios, distingue tres periodos o *tre sette de'tempi:* la edad de los Dioses, la edad Heroica y la edad del Hombre. A cada una corresponde una concepción del mundo y una forma específica de comunicación (Fernández García, 2013: 50 y ss.; Belhareth, 2018: 214).

Voltaire escribió su *Essai sur les moeurs et l'esprit des nations* (1753) para Madame de Chattelet, una suerte de historia universal razonada, «capaz de desarrollar su propia teoría de la evolución y del progreso humano, de la cultura y de la civilización» (Carreras Ares, 1993: 19). En constante diálogo con el lector, y con intención polémica y crítica, Voltaire presta mucha atención al estado de la sociedad y al desarrollo de las artes, mientras hace un «repaso de las edades del hombre a la que los *philosophes* habían sido aficionados como, en cierto modo, fundadores del género de la Historia de la civilización» (Pasamar, 2000: 15). Como era habitual en estas historias universales, y como también ocurre en las de Shelley, Hugo y Ros de Olano, las referencias cronológicas no son precisas, sino que los periodos se delimitan siguiendo criterios como el de «las épocas», «los tiempos» o «los siglos», aunque sí se presta atención a vincularlos por unas «leyes filosóficas» para las que suelen usarse metáforas sacadas de la biología o la mecánica, y que se aplican a las naciones entendidas como organismos espirituales (Pasamar, 2000: 15).

Aunque ambos autores no se conocieron entre ellos hasta 1760, la concepción volteriana de las edades del hombre estaba ya presente en el famoso discurso que Turgot pronunció en la Sorbona tres años antes del *Essai* de Voltaire: la *Tableau philosophique des progrès successifs de l'esprit humain* (1750), primera versión plenamente articulada de la idea de progreso, incorporando la cultura, las artes y las ciencias, la religión, las instituciones, la economía..., después desarrollada en el *Plan de deux discours sur l'histoire universelle* de 1751. En el discurso de la Sorbona, Turgot traza una historia de la humanidad que encadena las secuencias por una relación de causa y efecto y que, en similitud con las edades del hombre (infancia, juventud, madurez) conduce progresivamente a mayor perfección (Nisbet, 1981: 254-256).[5]

La Historia del Arte en la Antigüedad de Winckelmann (publicada en 1764) es el primer texto que no aborda la historia del arte como una sucesión de biografías (al estilo de Vasari), sino como un desarrollo evolutivo de las tendencias estéticas con sus diferentes periodos: origen, desarrollo, transformación y decadencia, lo que daría lugar a su influyente teoría biológica de la evolución del arte. Winckelmann avanza sobre el mecanicismo de la historiografía ilustrada, puesto que da una enorme importancia a la sensación que el arte causa en el espectador. Sin embargo, su criterio clasicista le lleva a centrarse en la Antigüedad grecorromana y en el Renacimiento; el arte griego se confirma como hegemónico y la imitación como la fórmula de continuidad de la secuencia histórico-artística. En oposición, las *Ideen zur Philosophie der Geschichte der Menschheit* (1784-1791) de Herder ponen de relieve la influencia del clima, la religión, la forma de estado sobre los pueblos, considerados como organismos vivos, que siguen un recorrido hacia el *Humanitätsideal*. Esto es: Herder incorpora la idea de progreso y una cierta concepción teleológica más cercana a la de nuestros tres autores románticos.

El viejo esquema temporal de las edades del hombre se aprovechó para apoyar algunas de las primeras historizaciones literarias, y en el caso español tenemos magnífico ejemplo en la obra que Urzainqui (2007: 658) define como «primer encuentro consciente entre la estética y la historia»: los *Orígenes de la poesía castellana* (1754) de Velázquez, anterior a la obra de Winckelmann y que ya adelanta un esquema organicista que permite identificar la historia de la poesía con la de un organismo vivo (Rodríguez Ayllón, 2013: 14). Velázquez hace corresponder las cuatro edades de la poesía con las del hombre:

---

5 Las ideas de Turgot influyeron en Adam Smith, que las aplica sobre todo al campo económico en las *Reflexiones sobre la formación y la distribución de la riqueza*, escritas en 1766 y publicadas en 1769 (Nisbet, 1981: 260-261). También Smith distingue tres etapas fundamentales en el progreso económico: la de los cazadores y pastores, la agrícola, y la comercial, industrial y urbana, de mayor libertad económica y que se corresponde con la incipiente sociedad liberal-capitalista de su época. Algunas de estas ideas se observan en los textos de Shelley, Hugo y Ros. Para las concomitancias con Rousseau, véase Bello (1986).

> La poesía castellana, según los progresos y alteraciones que ha tenido desde su origen hasta hoy se puede dividir en cuatro edades. [...] En la primera edad se puede contemplar la poesía castellana como en su niñez, en la segunda como en su juventud, en la tercera como en su virilidad, y en la cuarta como en su vejez. (Velázquez de Velasco, 2013: 34)

La estructura totalmente novedosa y su sentido narrativo conseguía por primera vez organizar y dar unidad a una materia hasta entonces dispersa (Rodríguez Ayllón, 2013: 12-13). Sin embargo, aquel esquema conducía inevitablemente a entender el presente como vejez y decadencia, de la misma manera que en el trazado de Winckelmann la separación del clasicismo significaba, por ausencia, el agotamiento del arte.

Estos precedentes dieciochescos, entre otros, ponen las bases de la historiografía romántica, que tiene por uno de sus textos fundamentales el prólogo de Leopold von Ranke a las *Geschichten der romanischen und germanischen Volker von 1494 bis 1514* (1824). Allí define la nueva ley de la disciplina historiográfica como el «desarrollo de la unidad y trayectoria de los acontecimientos», con la intención de «comprender mucho mejor [...] la línea seguida en general por todos ellos [los pueblos], su trayectoria, el pensamiento que los mueve» (en Carreras Ares, 1993: 21; Rüsen, 1990: 190-204). La visión historiográfica de los tres románticos aquí objeto de estudio participa del espíritu y la intención de Ranke, pues también trazan sus respectivos recorridos buscando diseñar una trayectoria comprensible, delineada por ese hilo «filosófico», que convierte el devenir histórico en un encadenamiento de causas y consecuencias. Precisamente, este diseño causal es el que permite confirmar la conclusión final alcanzada, en la que se depositan las propias reivindicaciones.

Pero, más que el parentesco con Ranke, en las tres historias se hace evidente la importante deuda para con la historiografía de Friedrich Schlegel, deudor a su vez de Winckelmann, Voltaire y Herder. De hecho, Schlegel quiso ser «un Winckelmann de la poesía griega», pero sus lecturas de Voltaire, Kant, Herder, Fichte le llevaron a un juicio artístico que va más allá de lo descriptivo e inamovible para sustentar toda una concepción reflexiva de la teoría del arte (Münster, 1996: 12). Dicha teoría resultó radicalmente histórica, y así Schlegel fue el primero en distinguir claramente dos grandes edades de la poesía: la clásica y la romántica, que correspondían al paganismo y al cristianismo. La distinción schlegeliana no tuvo originalmente carácter periodológico, pero pronto se convirtió en la base de la separación de secuencias histórico-literarias en las lecciones sobre historia de la antigua y nueva literatura, recogidas en un volumen en 1815 *(Geschichte der alten und neueren Literatur)*. Su propósito, según lo define el traductor español, José Petit de Córdova, era «presentar un cuadro general y completo de la literatura en todos los siglos y en todas las naciones, examinar la influencia que en sus diversas épocas ha ejercido, así en el hombre como en la sociedad» (Petit de Córdova, 1843: 4; Juretschke, 1973: 292). El resultado de vincular la estética de lo nuevo a un espacio histórico-artístico aún por definir, el de lo no-clásico, el de lo *moderno* (ambiguo en sus fronteras, en su cronología, en sus contenidos, en sus principios), significó una desestabilización profunda, cuando no el desplome de los cimientos que habían sostenido el arte literario. La obra tuvo un éxito extraordinario y fue pronto traducida y difundida por toda Europa. La edición en inglés (*Lectures on the history of literature: ancient and modern,* 1818) bien pudo ser conocida por Shelley, y la francesa (*Histoire de la littérature ancienne et moderne,* 1827) quizá por Hugo. Cuando llegó a España con cierto retraso (*Historia de la literatura antigua y moderna,* 1843-1844), sus ideas habían sido difundidas previamente por Böhl von Faber, la revista *El Europeo* y Agustín Durán. En cualquier caso, los tres autores, Shelley, Hugo y Ros, son deudores de las ideas fundamentales de Schlegel.

Una de ellas, de estirpe herderiana (y muy presente también en las *Reliques of Ancient English Poetry* de Thomas Percy de 1765) pero llevada a catecismo por Schlegel, se convirtió en el lugar común más importante de la nueva historiografía literaria. Luigi Monteggia la resume en su artículo «Romanticismo» de *El Europeo:* «Las producciones de los verdaderos poetas se distinguen en que son el espejo de los caracteres de los tiempos en que fueron escritas» (1823: 49). Al ajustarse el poeta al tiempo en el que se escribe, como quería Herder, la historia se convierte en su hábitat y su límite. Siguiendo esa lógica, que parecía indiscutible desde la nueva visión histórica, los autores buscan presentarse como representantes de su tiempo, pues las obras literarias pasan a concebirse como resultado y expresión de la historia, de unas circunstancias políticas, sociales y, particularmente, religiosas. Nuestros tres escritores defienden sus respectivas poéticas como propias de su edad, y por eso sus textos son interesantes como «manifiestos románticos», en cuanto que, al explicar su tiempo presente, explican su visión del romanticismo. Pero no solo eso, sino también pretenden explicar la línea de continuidad que llevó a la historia del hombre hasta ese presente romántico a través de una serie de edades del hombre, concebidas como particiones periodológicas.

Percy B. Shelley

La *Defensa de la poesía,* escrita un año antes de su muerte, es obra del Shelley maduro. Para entonces, la historiografía romántica inglesa, con precedentes en Adam Smith y David Hume, había generado la «historia de partido» británica, especialmente interesada en el papel de las instituciones. Pero Shelley no refleja aquella concepción de la narración histórica. De hecho, su intención no es ofrecer una visión histórica, ni siquiera escribir una «historia crítica de la poesía», sino una «defensa» («pero no caigamos de una defensa en una historia crítica de la poesía y su influencia sobre la sociedad» 1986: 53), esto es: elige en principio una dimensión atemporal. Su defensa de la poesía, que es una defensa de la imaginación, le lleva a una posición más cercana a la de Vico, o incluso por momentos de William Blake, que a la de los historiadores británicos de su tiempo.

De hecho, para Shelley, que en este punto reinterpreta románticamente a Aristóteles (sin citarlo), la historia y la poesía son diferentes en cuanto la historia «es parcial y se aplica únicamente a un periodo definido de tiempo y a una cierta combinación de elementos que nunca pueden producirse de nuevo», mientras que la poesía «es universal, y contiene en sí un germen de relación con todos los motivos o acciones que puedan tener lugar en las variedades posibles de la naturaleza humana». El tiempo destruye la historia de los hechos particulares, pero aumenta la belleza y utilidad de la poesía, pues «desarrolla nuevas y maravillosas aplicaciones de la eterna verdad que contiene» (1986: 32). El poeta, desde la intemporalidad de su condición profética, «no solo contempla intensamente el presente tal como es, y descubre aquellas leyes en concordancia con las cuales deben ordenarse las cosas presentes, sino que contempla en el presente lo futuro, y sus pensamientos son el germen de la flor y del fruto de los últimos tiempos» (1986: 27-28). En definitiva, los poetas no son hijos de su tiempo, sino creadores de su tiempo. El Tiempo mismo actúa como un poeta, y así Shelley se refiere al «poema cíclico escrito por el Tiempo», o «el Pasado como inspirado rapsoda [que] llena con su armonía el teatro de las generaciones que se van sucediendo» (1986: 45).

En la *Defensa,* la concepción de la poesía como fuerza universal y atemporal armoniza ideas platónicas y neoplatónicas con la interpretación que de ellas hizo el pensamiento herderiano y goetheano. Porque detrás de la idea que Shelley desarrolla del «germen» poético inicial, a partir del cual se explica toda la naturaleza humana, sus actuaciones y razones, y que las relaciona a todas entre sí, está la *Urplanze* de Goethe, «descubierta» en 1786 y que significó el epítome de su obsesión por la unidad primigenia (Bortoft, 2020: 38-40). Así lo contó entusiasmado a Charlotte von Stein, entonces su amante, en una carta jubilosa: había logrado que el libro de la naturaleza que tanto tiempo había intentado descifrar se le abriera letra a letra al descubrir cuál era «el auténtico Proteo capaz de ocultarse o revelarse a sí mismo en todas las formas vegetales». Apuntó en su cuaderno de viaje *(Italienreise)* que tenía que comunicárselo a Herder; solo temía que nadie quisiera reconocer en su *Urplanze* el resto del mundo vegetal (Goethe, 1998: 1077; Goethe, 2020). Para él, toda la naturaleza adquiría sentido gracias a ese germen que lo vinculaba todo en una unidad primigenia, a partir de la cual se expande y desarrolla evolutivamente.

La obsesión por la unidad última se trasladó también al pensamiento artístico y literario. Todas las obras, pensaba Goethe, tenían relación con lo incondicional primigenio y, por tanto, entre sí. En el pensamiento romántico, sin embargo, la fuerza que se concedía al poder de la individualidad parecía rebelarse contra esta idea, y fueron muchos los esfuerzos que se hicieron, sobre todo en el campo de la estética, para encontrar soluciones que conciliaran aquella pulsión individual con la perseguida unidad última de todas las cosas. De ahí las tesis de Fichte o la *Naturphilosophie* de Schelling, que intentaron lograr la reconciliación de lo condicional con lo incondicional, de lo uno y lo diverso. Schlegel encuentra su propia solución al definir la obra de arte como un momento móvil, accidental y transitorio de la forma viva, trascendental y eterna (Benjamin, 1991: 114-115).[6] La historia, accidental, convive con la poesía trascendental.

Así también en el texto de Shelley: la fuerza atemporal e infinita de la poesía lo conecta todo y da sentido a todo el universo humano. Pero

6 Esta interpretación de Benjamin sobre el Romanticismo ha sido posteriormente refutada por algunos de sus discípulos (Kluge, 2007: 199).

también lo impulsa en una dirección evolutiva, a una historia de la que surgen los poetas como Únicos (con el significado que le concede al término Rafael Argullol en *El Héroe y el Único,* 1980). De hecho, la visión de Shelley no prescinde en absoluto del sentido historicista. También él asocia a «los poetas [...] con las circunstancias de edad y nación en que han aparecido» (1986: 27), y el esquema argumental de su *Defensa* (ubicado, como en los demás casos, en la primera parte del discurso) es histórico. Traza una historia de la humanidad empujada por la fuerza atemporal de la imaginación poética, «el fluido invisible» que va forjando la transformación de las sociedades en una cadena de «sagrados eslabones»:

> Nunca se han separado por completo los sagrados eslabones de esa cadena que, descendiendo a través de las almas de muchos hombres, está sujeta a aquellos grandes espíritus de los cuales procede como de un imán el fluido invisible que a un tiempo mismo une, anima y sustenta la vida de todos. Es la facultad que contiene dentro de sí misma las semillas de su renovación y, a la vez, de cambio social. (1986: 42)[7]

En todas las sociedades, los poetas son los profetas que mantienen viva la semilla original y hacen avanzar a los pueblos. Son como «espejos de las gigantescas sombras que el porvenir arroja sobre el presente» (66), traspasan el tiempo, porque en ellos vive la fuerza primigenia y eterna. Shelley recurre a la imagen biológica de la semilla o el manantial para significar la fuerza del origen, útero donde se guarda la reserva secreta de la vida futura, como en la *Urplanze* de Goethe, de la que proceden todas las plantas: «Toda poesía es infinita: es como la primera semilla que potencialmente contuvo en sí todos los árboles de su especie. [...] Un gran poema es una fuente, de la cual siempre manan las aguas de la sabiduría y del placer» (53). En ese sentido, la poesía es también intemporal: no es hija de la de Platón —un gran poeta, pues Shelley no distingue, como tampoco Schlegel, filosofía de poesía: «La distinción entre filósofos y poetas ha sido prematura» (30)—,[8] sino que es *la misma* de Platón.

---

7 Recuérdese cómo Platón usó también la imagen del imán para referirse a la fuerza poética en *Ion o de la Poesía.*

8 F. Schlegel puso especial empeño en reunir la filosofía y la poesía, y son muchos los lugares de su obra en los que reitera esta identidad (Arnaldo, 1987: 233 y ss.).

Pero ese fluido invisible e infinito de la imaginación poética va generando cambios, resultado y consecuencia de las movilizaciones profundas a que la poesía somete las placas tectónicas de las sociedades humanas. En este proceso distingue Shelley varias edades del hombre que son también edades poéticas, en esencia no muy diferentes a las que había separado su amigo Peacock. Este distinguía en la literatura la Edad de Hierro, cuando «el salvaje [...] balbucea en verso y toda la gente inculta e incivilizada se expresa de un modo que nosotros denominamos poético» (Peacock, 2002: 57); la de Oro, tiempo de construcción de las naciones y sociedades, cuando «la tradicional poesía nacional se recompone y se le dota de orden y de forma» y se convierte más en un arte que requiere «destreza en la versificación, mayor dominio del lenguaje, un conocimiento más extenso y variado, y mayor apertura mental» (Peacock, 2002: 60); la de Plata o «la poesía de la vida civilizada», que puede ser imitativa u original, como fue la de Horacio o Juvenal, que se va dirigiendo ya hacia la razón y la moral (2002: 62), hasta agotarse (2002: 64); y la de Bronce, que retrocede a «la barbarie y las rudas tradiciones de la edad de hierro, pretende volver a la naturaleza y recuperar la edad de oro. Esta es la segunda infancia de la poesía» (2002: 65). Estas edades se vivieron en la Antigüedad con los bardos, Homero, Virgilio y Nono; pero también se continúan en la edad moderna, pues «a la edad de bronce en el mundo antiguo le sucedió la Edad Media, durante la cual la luz del Evangelio empezó a extenderse por toda Europa», al tiempo que llegaban las tribus del norte, con su nueva mitología y sus nuevos héroes, que son los de la poesía caballeresca cantada por los juglares y trovadores (Peacock, 2002: 66-67). De esta nueva Edad de Hierro, se llegó a la de Oro, que es la de Shakespeare, a la de Plata (Pope) y Bronce (Wordsworth), con quien termina Peacock irónicamente solicitando la sonrisa «ante las ridículas ambiciones [...] con las cuales los babosos y los embaucadores [...] luchan por la palma poética y la consagración crítica» (Bloom, 2005: 478).

El repaso histórico de Shelley es más desordenado y digresivo que el de Peacock, y vuelve una y otra vez sobre el punto fijo de comparación, que es la Grecia platónica (aunque no a la manera de Winckelmann, pues Shelley es contrario a la imitación); pero también se construye, como la de su amigo, marcando grandes edades históricas: la niñez de la humanidad, que fue el tiempo de los salvajes, Grecia y Roma, el cristianismo, la Edad Media, el Renacimiento, y el esplendor de la imaginación que nos conduce al futuro. Si Peacock se servía del repaso histórico para demostrar el avance de la razón contra la poesía, Shelley lo pone al servicio de su defensa.

Para ello, se detiene primero en el tiempo de la niñez del hombre, la edad primera de la humanidad, tiempo de la poesía natural, durante el que tuvo un espléndido papel. Peacock se había limitado, mordaz y condescendiente, a escribir que «el salvaje [...] balbucea en verso, y toda la gente inculta e incivilizada se expresa de un modo que nosotros denominamos poético» (2002: 57). Hace una versión jocosa de lo que se había convertido en lugar común en el pensamiento literario y que Hugh Blair, en las famosas *Lectures* de 1783, explicaba así: «el estilo de todas las lenguas ha sido por precisión poético en su origen, y teñido fuertemente de aquel entusiasmo, y de aquella expresión metafórica y pintoresca, que distinguen a la poesía» (Blair, 1816: 145). Pero para Shelley, como para Vico, la fuerza de la poesía superó en aquellas «primeras edades del mundo» la dimensión verbal para construir el universo social, político, legislativo. Por eso en aquel entonces se consagró a los poetas, dice Shelley, como «legisladores o profetas», por ser «los instauradores de las leyes y los fundadores de la sociedad civil, los inventores de las artes de vida» (Shelley, 1986: 27).

Esta idea le sirve como criterio periodológico, y así para él la Antigüedad no es un periodo, sino dos distintos: Grecia y Roma, por haber vivido la primera en consonancia con el elemento poético, hasta el punto de que «los poemas de Homero y sus contemporáneos [...] fueron los elementos de ese sistema social» (Shelley, 1986: 33). Mientras, «las acciones y formas de su vida social [de la romana] jamás parecen haber estado perfectamente saturadas del elemento poético» (44), y así «las instituciones y la religión de Roma fueron también menos poéticas que las de Grecia» (44-45). Para Shelley, la construcción periodológica descansa en la relación entre la poesía y la sociedad, relación que cambia radicalmente con la llegada de la Edad Media.

Según había difundido la historiografía schlegeliana, el cristianismo había supuesto el nacimiento de una nueva edad artística y literaria, más espiritual, «filosófica» y «poética», resultado de la combinación entre aquella religiosidad y las invasiones bárbaras (que Shelley reduce a los celtas). La Edad Media trajo el avance de la poesía y, con ella, el de las sociedades:

> Jesucristo divulgó las sagradas y eternas verdades contenidas en estos conceptos de humanidad [el sistema de doctrina intelectual y moral platónico], y el cristianismo en su pureza abstracta llegó a ser la expresión exotérica

> de las doctrinas esotéricas de la Poesía y la sabiduría de la Antigüedad. La incorporación de las naciones célticas a los degenerados pueblos del sur imprimió en ellos la imagen de la Poesía existente en su mitología y sus instituciones. [...] La abolición de la esclavitud personal y doméstica, y la emancipación de la mujer de una gran parte de las degradantes restricciones de la antigüedad se cuentan entre las consecuencias de estos acontecimientos. (Shelley, 1986: 48)

Todos esos cambios demostraron su efecto a partir del siglo XI, cuando el «sistema cristiano y el caballeresco» originaron una nueva igualdad social. Los poetas que hubo «entre los autores de los sistemas de costumbres y de religión cristiano y caballeresco [...] crearon formas de opinión y de acción nunca imaginadas antes» (45). En particular, el poeta de la Edad Media (Dante como su faro más luminoso) trajo a las sociedades «la abolición de la esclavitud personal y doméstica, y la emancipación de la mujer de una gran parte de las degradantes restricciones de la antigüedad»; ambas cosas «se cuentan entre las consecuencias de estos acontecimientos» (48): son el resultado final de la poesía cristiana y de los pueblos bárbaros.

Para Shelley, la poesía supera la condición de género literario, incluso la condición literaria, para semejarse a la vida y ser la vida en su sentido más enérgico. Sus imágenes «participan de la vida de la verdad» y «un poema es la imagen total de la vida expresada en su eterna verdad» (31). En consonancia, el poeta es el gran transformador social: «Todos los autores de revoluciones son necesariamente poetas» (31) y la poesía «obra para producir el adelanto moral del hombre» (35). Por eso, «los esfuerzos de Locke, Hume, Gibbon, Voltaire, Rousseau y de sus discípulos en favor de la oprimida y engañada humanidad, [aunque] merecen gratitud de ella», no la transformaron radicalmente: el decurso de los siglos hubiese ido llevándola al mismo sitio. Sin embargo, «excede a toda imaginación el concebir lo que hubiera sido la condición moral del mundo si nunca hubiesen existido ni Dante, ni Petrarca, ni Boccaccio, ni Chaucer, ni Shakespeare, ni Calderón, ni Lord Bacon, ni Milton» (56).

Con esta primacía de lo poético sobre las fuerzas históricas, Shelley resuelve el problema que planteaba la literatura moderna, o romántica, en la primera historiografía literaria de Friedrich Schlegel. Uno y otro escriben no solo como literatos, sino como «críticos filosóficos», por usar la denominación con que Shelley defiende su enfoque (Shelley, 1986: 64) y que coincide plenamente con el empeño que puso Schlegel en presentar la poesía y la filosofía como inseparables (Arnaldo, 1987: 233 y ss.). Si para Shelley, profundamente inspirado en la antigua Grecia y de sólida formación clásica, la cultura griega constituía el culmen poético, Friedrich Schlegel, otro apasionado helenista, la había presentado en *Sobre el estudio de la poesía griega* (1797) cohesionada por un vivificante espíritu interior que la organiza profundamente. Sin embargo, la poesía moderna, explica en la misma obra, sufre una falta de organización por su falta de *masa* elemental, que una vez disuelta, «nunca vuelve a organizarse». Con esta idea empieza el ensayo:

> Salta a la vista el hecho de que la poesía moderna todavía no ha alcanzado la meta a la que aspira o que su aspiración no tiene ninguna meta fija; su formación no tiene ninguna dirección precisa, la masa de su historia no tiene ningún contexto sujeto a leyes, el todo no tiene unidad. (Schlegel, 1996: 59)

El único carácter de la poesía moderna es «la falta de carácter», «su teoría» tiene como resultado el escepticismo y «el espíritu de su historia» es la confusión y la anarquía, pues su desarrollo carece de regularidad y su conjunto de unidad. Es por ello por lo que la modernidad no puede nunca volver a alcanzar la perfección de la Antigüedad y es, por definición, incompleta e incoherente (Schlegel, 1996: 64, 66, 109). La comparación entre la poesía griega y la moderna dejaba a esta última en una posición de confusión y desorientación que Schlegel solo empezará a resolver en su recensión del *Wilhelm Meister* de Goethe (*Über Goethes Meister*, 1798).[9]

El problema de la comparación entre los poetas griegos y los modernos está también presente en Shelley. Su repaso histórico también encuentra en Grecia un modelo culminante y en la modernidad una era crítica. Pero sabe hacer frente a este conflicto y, apoyado en una visión de la fuerza histórica de la poesía profundamente contaminada de platonismo, concluye su texto con una definición de los poetas como «espejos de las gigantescas sombras que el porvenir arroja sobre el presente [...], cuya influencia no es impulsada sino impulsora» (Shelley, 1986: 66). La capacidad profética de los poetas es capaz, por un lado, de superar el tiempo, mientras que,

9 Avanzando filosóficamente y apoyando su criterio filológico en una revisión de Kant, Schlegel demuestra que la novela de Goethe adelanta las características del arte romántico y ya no rehúye la comparación con los textos de la Antigüedad clásica (Schlegel, 2018; Benne, 2013: 118 y ss.).

por otro, se comporta como fuerza histórica y evolutiva: por la alianza de la imaginación, el amor y el bien moral, la poesía construye las sociedades y les permite avanzar hacia la perfección. El estado presente de la poesía vive un «intento de idealizar las formas modernas de costumbres y opiniones y de someterlas a la facultad imaginativa y creadora»; ese es el «nacimiento nuevo» que «se ha levantado» con la literatura del presente en Inglaterra (Shelley, 1986: 65). La modernidad está salvada por la eternidad de la fuerza poética.

El pensamiento de Shelley concluye en una visión utópica; prevé una extraordinaria evolución del hombre en el futuro, a la manera de los primeros socialistas franceses o del mismo Victor Hugo. El poeta mismo es el faro que ilumina el porvenir.

Victor Hugo

El ensayo de Hugo también tiene una finalidad reivindicativa, pero no a nivel general de la poesía, sino personal. Como no pudo llevar a escena su *Cromwell* (1827), decidió publicarlo, «a petición de algunos amigos» (1989: 79), acompañado de un prefacio donde hace declaración de sus convicciones sobre el teatro. Algo así como hizo Cervantes con sus *Ocho comedias y ocho entremeses nunca representados* (1615), aunque, también como en el caso de Cervantes y de forma más clara en este, su propuesta no se circunscribe a la escena, sino que reúne, como él mismo afirma, «consideraciones generales sobre el arte». De hecho, Hugo dice haber trazado en este prefacio «la carta de la navegación poética que acababa de realizar» (1989: 79). Aquello le valió el reproche de un crítico alemán, que le censuró hacer una poética *pro domo sua,* al que Hugo responde con un «¡Qué importa! Ante todo, [el prefacio] ha pretendido, más que hacer poéticas, deshacerlas» (79).

Se presenta a sí mismo como un joven David enfrentado a «los Goliath *clásicos*» (23) y, aunque afirma estar más allá de acusaciones o defensas personales, que dicen no interesarle (23), su actitud es claramente combativa e irónica. Asegura haber defendido «la libertad del arte contra el despotismo de los sistemas, de los códigos y de las reglas» (79), porque «existe hoy el antiguo régimen literario del mismo modo que existe el antiguo régimen político» (91). Como en el caso de Shelley, también para Hugo la trayectoria sociopolítica y la literaria no pueden separarse. También como en Shelley, la idea principal de Hugo es que la obra de arte es una manifestación vital: es la quintaesencia de la vida. Y también como Shelley, para defender la poesía traza un recorrido histórico (mejor definido que el del poeta inglés); esto es, escoge la perspectiva de la historia para construir su argumentación. Su posición está justificada y casi impuesta por el devenir natural de los hechos, por el peso de la historia. No se protege ante los defensores inmovilistas del sistema; su postura es la de historiador y la Historia se justifica sola. Así, cuando responde a los supuestos críticos clasicistas, añade con ironía:

> Estos argumentos [los de las normas clasicistas] son sólidos, sin duda, y sobre todo de una rara novedad. Pero nuestro papel no es el de responder a ellos. Aquí no construimos sistemas porque Dios nos protege de los sistemas. Constatamos un hecho. Somos historiadores, no críticos. Poco importa que este hecho guste o no guste; existe. (Hugo, 1989: 34)

Diseña así un recorrido por las edades del hombre presentado en términos ya conocidos: «El género humano en su conjunto ha crecido, se ha desarrollado, ha madurado como cualquiera de nosotros. Ha sido niño, ha sido hombre; asistimos ahora a su impresionante vejez»; y distingue edad *primitiva,* la *antigua* y la moderna, «tres grandes órdenes» (24). Pero lo interesante es la asociación directa que establece entre estos y la historia literaria, «puesto que la poesía se superpone siempre a la sociedad». Así pues, «según la forma de esta [será] el carácter de aquella en cada una de las tres grandes edades del mundo» (24). Los términos de Shelley se invierten: no es la poesía la que construye la historia, sino que, para Hugo, las sociedades dan forma histórica a la poesía, que acaba siendo presentada como resultado de procesos sociales, políticos y religiosos.

Los comienzos de esa historia se parecen mucho a los que hemos visto antes. Pinta el origen de la poesía en un espacio edénico que parece sacado del paraíso del Génesis, una suerte de Edad de Oro en la que la poesía y el hombre comienzan su andadura de la mano. El viejo mito adquiere ahora dimensión histórico-poética y se pone al servicio de una explicación del estado original del hecho literario:

> [C]uando el hombre se despierta en un mundo que acaba de nacer, la poesía se despierta con él. En presencia de las maravillas que lo deslumbran y que lo embriagan, su primera palabra no es sino un himno. Se halla todavía tan cerca de Dios que todas sus meditaciones son éxtasis; todos sus sueños, visiones. Se desahoga, canta como respira. Su lira solo tiene tres cuerdas: Dios, el alma, la creación; pero este triple misterio lo engloba todo. (Hugo, 1989: 24)

Como en el caso de Shelley, Hugo también se detiene a presentar la estructura social y política que, según aquel mito, corresponde al primer tiempo humano: «Hay familias, no pueblos; padres, no reyes. Nada se opone a la existencia de cada raza; no hay propiedad, no hay leyes, no hay conflicto de intereses, no hay guerras. Todo pertenece a cada uno y a todos. La sociedad es una comunidad». A esas circunstancias, a las que también se añaden las religiosas, pertenece una manera poética y un libro: «El hombre se abandona a las cosas y a sí mismo. [...] He aquí el primer hombre, he aquí el primer poeta. Es joven, es lírico. La plegaria es toda su religión: la Oda es toda su poesía. Este poema, esta oda de los tiempos primitivos, es el Génesis» (25). Cuando las sociedades se transforman históricamente («la familia se convierte en tribu, la tribu se convierte en nación»), surgen los reinos y «el instinto social sucede al instinto nómada», «el campo deja su lugar a la ciudad, la tienda al palacio, el arca al templo» y «la sociedad teocrática sucede a la comunidad patriarcal», comienzan los conflictos, las migraciones, la guerra (25). Todos esos cambios tienen efecto en la poesía, que «refleja estos grandes acontecimientos; de las ideas, pasa a las cosas. Canta los siglos, los pueblos, los imperios. Se hace épica, engendra a Homero. Homero, en efecto, domina la sociedad antigua. En esta sociedad todo es simple, todo es épico. La poesía es religión, la religión es ley» (26).

La construcción historiográfica de Hugo sigue, a su conveniencia, el criterio de los géneros: la lírica es la poesía de los primitivos; la épica de los antiguos, pues incluso «la Historia sigue siendo epopeya. Heródoto es un Homero. Pero es sobre todo en la tragedia que la epopeya aparece por todas partes» (27);[10] y cuando «la edad de la epopeya toca a su fin» (28), llega una «nueva era [...] para el mundo y para la poesía»: el tiempo del drama, que es el tiempo romántico y el del propio Hugo.

---

10 «[L]a expresión de esta civilización solo puede ser la epopeya. La epopeya tomará en ella varias formas, pero nunca perderá su carácter». Incluso «la Historia sigue siendo epopeya. Heródoto es un Homero. Pero es sobre todo en la tragedia que la epopeya aparece por todas partes. Sube a la escena griega sin, por así decir, perder ni un ápice de sus proporciones gigantescas y desmesuradas. [...] Lo que antes cantaban los rapsodas es ahora declamado por los actores: esto es todo» (26). «No solo por las formas que adopta, sino también por los temas que trata, la tragedia no hace más que repetir la epopeya» (28).

El cambio, siguiendo la tesis schlegeliana, sucede en la Edad Media y llega como consecuencia de «una religión espiritualista, que suplanta al paganismo material y exterior» y coloca en el «corazón de la sociedad antigua [...] el germen de la civilización moderna. Esta religión es completa porque es verdadera» (28). Si el texto de Shelley conectaba con el primer Schlegel de *Sobre el estudio de la poesía griega,* el de Hugo tiene deudas no directamente con el alemán, sino con la versión de su historiografía literaria que se había difundido por Europa, pasando por el círculo de Copett y generando la moda medieval romántica. En ella, la religión cristiana tiene un papel protagonista como motor del cambio a la modernidad. Frente al materialismo de la teogonía antigua, en la que «todo es visible, palpable, carnal» y cuyos «dioses necesitan una nube cuando quieren no ser vistos» (29), el cristianismo introducía una visión espiritual del todo novedosa.[11] Con ella, «un nuevo sentimiento, desconocido por los antiguos y singularmente desarrollado en el hombre moderno, un sentimiento que es más que la gravedad y menos que la tristeza: la melancolía» (30). La nueva religión de la igualdad, de la libertad, de la caridad enseñaba a ver las cosas «bajo un nuevo aspecto, una vez que el Evangelio le había mostrado [...] la eternidad detrás de la vida» (30). Al tiempo que se imponía el cristianismo, el continente vivía «violentas agitaciones. Todo estaba revuelto hasta la raíz» (31). Surgen nuevas naciones, desaparecen otras. «Era el Norte que se volcaba sobre el Sur» (31). Las invasiones bárbaras añadieron el ingrediente de la caballería a la espiritualidad, o trasladaron la espiritualidad al mundo épico-caballeresco, según otro de los mitos idealizadores de la Edad Media romantizada.

La tesis de que el tiempo de la modernidad era consecuencia de la nueva religión y de la llegada de los bárbaros se aprovecha para explicar el giro espiritual de la poesía: «Había tanto ruido en la tierra que algún eco de este tumulto debía llegar forzosamente al corazón de los pueblos». Y «el hombre, al replegarse sobre sí mismo, en presencia de estas altas vicisitudes, empezó a apiadarse de la Humanidad, a meditar [...]. De este sentimiento, que había significado para el pagano Catón la desesperación, el

11 La oposición entre lo material de la cultura clásica y lo espiritual de la cristiana fue uno de los lugares comunes de la división schlegeliana entre ambos órdenes estéticos. Sobre el cristianismo como clave emocional de la historiografía romántica, véase Comellas (2023).

cristianismo hizo la melancolía» (31). Y con «el genio de la melancolía y de la meditación» tenemos el surgimiento de la Edad Media, «época que contenía el germen de todo lo que más tarde ha fructificado, [...] en la que incluso los peores escritores [...] se convirtieron en abono para la cosecha posterior» (32).

Sobre la doble base de la nueva religión y nueva sociedad, «veremos crecer ahora una nueva poesía» (32); «el cristianismo lleva la poesía a la verdad», ofreciendo «una perspectiva más elevada y más amplia» que permite aceptar la creación en toda su amplitud: «lo feo existe al lado de lo bello, lo deforme cerca de lo gracioso, lo grotesco en el reverso de lo sublime, el mal con el bien, la sombra con la luz» (33). El artista no puede tener la primacía sobre el Creador ni corregir su obra: no hace falta hermosear la naturaleza. El Arte no es resultado de la exclusión de lo no bello, sino de la integración de todos los ingredientes que conviven en la naturaleza:

> [B]ajo la influencia de este espíritu de melancolía cristiana y de crítica filosófica [...], la poesía dará un gran paso, un paso decisivo, un paso que, a semejanza de la sacudida de un terremoto cambiará toda la superficie del mundo intelectual. Hará lo mismo que la Naturaleza, mezclará en sus creaciones, pero sin confundirlos, lo grotesco con lo sublime, la sombra con la luz, en otros términos, el cuerpo y el alma, la bestia y el espíritu; ya que el punto de partida de la religión es siempre el punto de partida de la poesía. (33-34)

Llegados a este punto a través de la historia de la humanidad, de la religión y de la poesía, Hugo puede exponer su poética de lo grotesco, su defensa de un nuevo arte: «de la fecunda unión del tipo grotesco y del tipo sublime nace el genio moderno, tan complejo, tan variado en sus formas, tan inagotable en sus creaciones, tan opuesto en esto a la uniforme simplicidad del genio antiguo» (35). Es el genio de Dante y de Milton (36), el de don Juan, el de Fausto y Macbeth (37). Dante, Milton, Shakespeare forman la tríada de la modernidad literaria. Como tres son también las fases de su historia: «la sociedad comienza cantando lo que sueña, cuenta después lo que hace y, en fin, se pone a pintar lo que piensa» (44).[12]

---

12 Matiza después que no pretende «asignar a las tres épocas de la poesía un ámbito exclusivo, sino fijar tan solo su carácter dominante. [...] En todo hay de todo; pero existe en cada cosa un elemento generador al que se subordinan todos los demás» (45).

La explicación de Hugo termina con una exhortación:

> Digámoslo, pues, sin temor. Ha llegado la hora [...]. Apliquemos el martillo a las teorías, a las poéticas, a los sistemas. ¡Hagamos caer este viejo enyesado que enmascara la fachada del arte! No hay ni reglas, ni modelos; o, más bien, no hay otras reglas que las leyes generales de la Naturaleza. [...] El poeta, insistamos en ello, solo debe tomar consejo de la Naturaleza, de la verdad y de la inspiración —que es también una verdad y una naturaleza. (62-63)

Le siguen unos versos del *Arte nuevo* en que Lope de Vega invita a la destrucción de la vieja poética. La historia del hombre conduce indefectiblemente a este triunfo final, que es el de la poética de Hugo: personal, individual y moderna, la poética de la verdad romántica.

Antonio Ros de Olano

A diferencia de Hugo, Ros de Olano no prologa su propia obra. Presenta la de su amigo Espronceda, con quien compartía en esas fechas convicciones políticas (más progresista Espronceda) y también literarias: habían escrito juntos *Ni el tío ni el sobrino* (1834), que tuvo tan poco éxito que llegó solo a la segunda representación (Talens, 2000: 9),[13] y de la que Ros en sus últimos años abjuró argumentando que había sido compuesta a la carrera para salvar a Espronceda de una deuda adquirida con el editor. En el mismo año fundaron un periódico romántico, *El Siglo,* que apenas resistirá poco más de dos meses, enfrentado a la censura y a la falta de financiación (Larra escribió el célebre artículo «*El Siglo* en blanco» [1834],

13 Para Marrast, es una obra seria mal realizada, siguiendo el modelo teatral moratiniano, a cuyo *El sí de las niñas* se asemeja en el argumento. Sin embargo, para Casalduero es una parodia. Talens (2000: 20) no afirma ni lo uno ni lo otro: «Juzgar intenciones es moverse en terreno resbaladizo». Según Pont (2004: 20), «La comedia fue elaborada en pocos días para sacar a Espronceda del atolladero económico en el que se encontraba con un editor madrileño. Los defectos de *Ni el tío ni el sobrino* los reconocía el mismo Ros, en carta del 29 de octubre de 1871 dirigida a un editor de Barcelona interesado en publicar las obras de Espronceda. En dicha carta —dada a conocer por Elías de Molins— manifiesta Ros su negativa más tajante a la publicación de la obra, por entender, con ironía y agudo sentido autocrítico, que aquella "prenda de desempeño" era "comedia pésima", fruto de "las precipitaciones y el desorden", y abundaba en "pasto para satíricos", lo que sin duda suponía una ofensa al talento, la bien ganada fama y la "memoria de mi amigo"».

haciendo referencia a que el último número salió con artículos en blanco por motivo de la censura).

Ambos habían establecido una profunda amistad desde que en 1833 Espronceda volviera de sus seis años de exilio para instalarse en Madrid. Al interesante grupo que formaron pertenecían también otros románticos de pro: Miguel de los Santos Álvarez, Ventura de la Vega y Patricio de la Escosura, todos ellos activos liberales. Galdós nos ha dejado un magnífico retrato de la cuadrilla en la segunda serie de los Episodios Nacionales (*Mendizábal, La estafeta romántica, Montes de Oca, Los apostólicos*).

El estupendo prólogo de Ros, que Menéndez Pelayo consideró un «ensayo de estética romántica» «*mistagógico* y apocalíptico» (1911: 402), comienza directamente con la historia de las edades del hombre, apoyándose en la misma división biológica de Shelley y Hugo y que, según se ha visto, ya solía ser aprovechada para la periodización histórico-literaria: «La humanidad entra en los periodos de su existencia por iguales trámites que el hombre en los de la vida: infancia, virilidad y madurez» (Ros de Olano, 1982: 161). También coincide con los textos anteriores en los atributos que concede a cada una de las edades: «admiración y contento en la primera edad, entusiasmo y fuerza en la segunda, reflexión y examen en la tercera» (1982: 161). El hombre nace admirado del mundo que le rodea, y así lo canta; sigue un periodo de entusiasmo y fuerza (lo que para Hugo era la fase épica) y, en la tercera edad, que corresponde con la moderna (o romántica), la influencia de la espiritualidad cristiana lo hace reflexivo y melancólico. El prólogo de Ros reitera la asociación de la edad moderna (esto es: la que llega hasta el presente) con la melancolía, lo que permite notar cuál fue el rasgo distintivo que los contemporáneos sentían dominaba su propio tiempo. El propio Espronceda alababa a Byron por ser «expresión fidelísima y cabal de este deseo vago, de esta ansiedad y de esta duda que trabajan y devoran a la actual sociedad, haciéndole volver los ojos llenos de lágrimas hacia lo pasado que no ha de tornar y hacia el porvenir cubierto de nubes todavía» (Gil y Carrasco, 1839: 2). En esta imagen que Espronceda pinta de Byron, la melancolía moderna adquiere una suerte de dimensión histórica: la que le convierte en mirada reflexiva sobre el pasado —la literatura griega de Shelley, Schlegel o Hugo— e inquietud sobre la variabilidad inquietante del presente. Los mismos términos de oposición volverán a aparecer en el texto de Ros, para resolverse en esa historiografía de autor que triunfa sobre la disolución y avanza el futuro. En las tres versiones, los respectivos autores intentan resolver el problema que representaba la condición amorfa, desorganizada e imprecisa de la modernidad literaria. El apoyo de la historia como autorización de sus propias posiciones poéticas servía de sostén a una propuesta de futuro.

Sobre la deuda que pueda tener el prólogo de Ros con el prefacio a *Cromwell,* valga recordar que se ha especulado mucho sobre las fuentes del *El Diablo Mundo* (a algunas de ellas se hace referencia en el propio texto de Ros) que bien pueden haber repercutido también en el prologuista. Por los escritos conservados de Espronceda, «tenemos constancia [...] de su lectura del prefacio de *Cromwell* de Hugo», pues lo menciona en el artículo titulado «Poesía», publicado en *El Siglo* del 24 de enero de 1834 (Espín, 2011: 112).[14] También sabemos que Espronceda estuvo en la «batalla de *Hernani*» defendiendo la obra de Hugo, y que tenía en común con el francés la convicción de la función social del escritor: «como para Saint-Simon, piensa que el artista es un productor de sensaciones e ideas cuya actividad debe estar volcada hacia el perfeccionamiento del hombre en cuanto ser social» (Espín, 2011: 119). La conferencia que impartió Espronceda en 1839 en el *Liceo,* y que Gil y Carrasco resumió para *El Correo Nacional,* presentaba al poeta como un nuevo Moisés, cuya misión profética era conducir a la humanidad a la libertad:

14 Aunque precisada de revisión, la obra de Brerenton (1933) fue la primera en demostrar la influencia francesa de Béranger (ya observada por Enrique Gil y Carrasco) y Hugo en *El Diablo Mundo,* así como la de Voltaire, con cuyo *Ingenuo* ya lo había relacionado Miguel de los Santos Álvarez. Después Martinengo (1962) apuntará la influencia combinada de Goethe y de Byron, según adelantó el prólogo de Ros de Olano. El acierto de Martinengo, según Marrast, es su nuevo enfoque ante el problema de posibles fuentes e influencias, ya que lo que caracteriza al poema esproncediano según el hispanista italiano es su polimorfismo temático, léxico y de versificación, y en definitiva su versatilidad en el paso del estilo elevado al llano (Marrast, en su edición de Espronceda, 1982: 55). Por su parte, Espín afirma que «Espronceda conocía la obra de Goethe en la época que escribía *El estudiante de Salamanca* por una de sus conferencias de literatura moderna comparada en el Liceo de Madrid (a principios de abril de 1839) en la que presentó a Goethe como el "completador de la lengua y poesía moderna alemana, y el primero que ascendió el yugo de la literatura francesa según refiere Enrique Gil en su reseña de la conferencia de Espronceda" [...]. Es probable que Espronceda no conociera el alemán, y hubiese leído el *Fausto* en una o varias traducciones francesas» (2011: 117).

> El pueblo de Israel huyendo de la esclavitud de Egipto y cruzando desiertos abrasados en busca de la tierra prometida es una personificación magnífica del humano linaje. [...] Entonces el poeta baja de la montaña con la frente coronada de rayos de justicia, degüella a los veinte y dos mil, y puesto a la cabeza de la muchedumbre la guía y la gobierna. (Gil y Carrasco, 1839: 2)

De hecho, Ros se refiere desde el comienzo al poeta como «el jefe de la humanidad de su tiempo» «en el orden moral» (Ros de Olano, 1982: 161). La humanidad es también la protagonista del poema de Espronceda, que precisamente se diferencia en ello del *Fausto,* como escribe el prologuista y ha señalado repetidas veces la crítica: la obra de Goethe se refiere al individuo, la de Espronceda a la humanidad.

El prólogo parece bien estructurado en la sección que más nos interesa para la comparación con los textos anteriores —su comienzo— gracias a la línea narrativa que le proporciona la historia. No coincide esto con lo que la crítica ha señalado repetidamente para los relatos de Ros de Olano: «la ausencia de plan», que también caracteriza al propio poema de Espronceda.[15] Frente a la «estructura narrativa decididamente errática» (Pont, 2004: 439) de las obras de Ros de Olano, sorprende la organización estructural del diseño histórico: una historia de la humanidad que nos lleva, como una flecha, en una dirección muy definida, hasta concluir en el autor de la obra prologada, Espronceda, «ese nuevo poeta» y profeta «que, semejante al focus de la lente, en sí reún[e] todos los rayos luminosos que partan de la circunferencia [del saber posible]» (Ros de Olano, 1982: 161). Con la llama de esa sabiduría, Espronceda ha operado un cambio trascendental: superando la armonía imitativa, ha conseguido alcanzar la armonía del sentimiento (cf. Ros de Olano, 1982: 166-167). El juego mecánico de la vieja poética ha sido rebasado por una poesía que penetra en la intimidad emocional del lector y conecta misteriosamente con él. Para alcanzar esta culminación poética del presente, hacía falta pasar por distintas edades histórico-poéticas.

---

15 Otro de los amigos de aquel grupo romántico, Miguel de los Santos Álvarez, al final de su novela *La protección de un sastre* (1840), salida el mismo año que el prólogo de Ros, aboga por una narrativa errática: se trata de «escribir al buen tuntún, sin ningún gran pensamiento fundamental, sin ningún sistema, ni filantrópico, ni misantrópico, ni nada» (Álvarez, 1840: 173). La protección de Dios contra los sistemas a la que apelaba Hugo («aquí no construimos sistemas porque Dios nos protege de los sistemas», Hugo, 1989: 34) parece cumplirse.

Primero la de «la sociedad naciente», ese tiempo edénico en que el primer hombre, dice Ros, «cantó sin duda los fenómenos de la naturaleza, cantó la luz, cantó las sombras, el amor instintivo, la amistad sencilla, las flores, los torrentes y las aves». Si para Hugo el poema «de los tiempos primitivos es el Génesis», según Ros, «de esta poesía oral [...] nos quedan los libros de la Biblia llenos de sencilla sublimidad» (1982: 161). La idealización de la poesía de las primeras sociedades, notada en Shelley y Hugo, se repite en el texto español convertida ya en lugar común. En particular, la asociación de aquella poesía original con la sublimidad a que se refiere Ros había sido difundida por la obra de Blair antes citada (*Lectures on Rhetoric and Belles Lettres*, 1783), cuya versión española (1.ª ed. en 1798) traducía así el pasaje: «Estoy por creer que las primeras edades del mundo, y el estado incivilizado y grosero de la sociedad, son muy favorables a las fuertes conmociones de la sublimidad. Entonces están los hombres más propensos a la admiración y al asombro» (Blair, 1816, I: 77). Aquella exitosa traducción de Munárriz fue especialmente valorada por el grupo de Reinoso y Lista (este último, como es sabido, maestro de Espronceda), que la usaron como libro de texto para sus discípulos. Según escribe Reinoso en 1816, en «la infancia de la sociedad» «hallaremos a la poesía siendo la maestra y directora de los pueblos», pues «poetas fueron sus primeros filósofos, poetas sus historiadores, poetas sus legisladores: su saber y sus versos dictaron los derechos y los deberes sociales, los preceptos de la moral y de la religión» (Reinoso, 1816: 6). La identidad con los términos empleados por los románticos es evidente.

Para Ros, con los adelantos de la civilización, aquella primera «poesía patriarcal y campestre, natural a los primeros tiempos» fue forjando, como sus «reminiscencias cultivadas», «la Égloga, el Idilio y el Himno», sus géneros propios. Como Hugo, también Ros hace así una historia de las edades del hombre asociada a géneros literarios, adjudicando también la lírica a la primera y la épica a la segunda:

> Tras el periodo inocente pastoril, entró el mundo en la edad heroica, y Homero, trocando el caramillo por la trompa, se anunció cantando los dioses, las pasiones, el valor, las venganzas y la guerra. La poesía épica quedó escrita, el pensamiento de aquellas generaciones formulado [...]. Homero es la pirámide que arranca de los tiempos heroicos [...], desde cuya cumbre se domina toda la Grecia de Ulises, [...] todo el saber, las creencias, los vicios y virtudes en conjunto de una época grande. (Ros de Olano, 1982: 161-162)

Pero «el síntoma de desvirtuación se apoderó de la sociedad aquella y la Grecia fue sojuzgada a su vez. La civilización, la creencia, el entusiasmo y la fuerza pasaron a Italia; pero la era romana fue ya heterogénea hasta cierto punto y de transición hacia el cristianismo» (1982: 161-162). Como en el caso de Shelley, el periodo latino acusa esa falta de masa interna, de organización, anuncio de la desintegración que vendrá y con la que llegará «un nuevo pueblo, una filosofía distinta» (1982: 162). Reconocemos aquí de nuevo las ideas de Friedrich Schlegel, repetidas ya por la crítica literaria romántica en tantas ocasiones y también dominantes en los repasos históricos de Shelley y Hugo: la convicción de que el cristianismo cambió por completo la historia de la humanidad al introducir una nueva espiritualidad y una más sutil sentimentalidad, que revolucionaron el orden literario:

> Radió por fin el cristianismo, revolucionando la sociedad, y de aquella lucha de ideas confusas que se controvertían entre la neblina de la ignorancia, de aquella fe ardiente y de aquel desarrollo del alma debía resultar una época aparte de los siglos anteriores, y fue la *edad media* del mundo. (Ros de Olano, 1982: 162)

El poeta espiritual de la nueva era, del que Dante «expresión fiel», inicia una «extraña senda» y un «nuevo lenguaje», empujado por lo que le mueve «dentro del corazón». Esa será la senda del progreso de las ideas, pues también para Ros, como para Shelley y Hugo, la historia es una historia de progreso y de triunfo poético. Llegan Shakespeare, Goethe y Byron, grandes nombres literarios de la edad moderna, pero también representantes de la nueva sociedad y de sus atributos:

> [L]a sociedad se encuentra ya en edad de madurez; nuestra época es la de *reflexión* y *examen,* como las de Homero y Dante fuéronlo de *entusiasmo y fuerza;* pero *que el corazón manda el mundo* es una máxima irrefutable; con él han dominado los héroes, y con él los filósofos ardientes que lograron imprimir su sello en la humanidad, propagaron sus respectivas doctrinas. (1982: 164)

La idea de Shelley de que el poeta y el filósofo coinciden y son en una sola persona la fuerza fundamental de la transformación social está expresada en el prólogo de Ros con vehemencia: los modernos poetas son esos «filósofos ardientes» cuyas doctrinas hacen avanzar la humanidad. El encarecimiento sirve para encumbrar a Espronceda como luminaria del tiempo nuevo, pues posee una suerte de condición profética que le permite atravesar el tiempo (como el poeta de Shelley) y que se une a sus grandes atributos.

Así que el «vigor intelectual, la unión de sentimientos e ideas elevadas, la meditación y la inspiración, juntas con la magia de estilo y cierta revelación que recorre lo pasado, que desvela en el porvenir, y que sondea lo presente», le permitirá ser «el poeta que pretenda elevarse sobre tantos millones de hombres como el mundo moderno encierra» (1982: 164). Investido de la osadía del Genio, podrá «escalar adonde nadie se ha atrevido a mirar de hito en hito sin confundirse» y «aspirar [...] a compendiar la humanidad en un libro» (164). La historia del hombre concluye en la aspiración de Espronceda: «Si el joven autor, con cuya leal amistad nos honramos, no decae en ese maravilloso vuelo que ha sabido dar a los dos primeros cantos de *El Diablo Mundo,* viva penetrado de que, si lo presente pertenece a los grandes poetas que murieron, el porvenir será para él» (168).

Tanto Shelley como Hugo habían elegido un nombre para colocarlo como culminación de cada edad: Homero de la antigua, Dante de la media, pues su *Divina comedia* es un faro que domina resplandeciendo sobre las tinieblas de una época nueva. El nombre correspondiente a la modernidad no queda en estos dos textos del todo definido, porque tampoco lo está la poesía moderna: Shakespeare, Calderón, Milton, Goethe, se reparten el trono incierto. Sin embargo, Ros de Olano, que no escribe su propia poética, sino la de su amigo, sí concreta el nombre del futuro: Espronceda es el nuevo faro, «semejante al focus de la lente», que, como ya se ha citado, reúne en sí «todos los rayos luminosos que partan de la circunferencia [del saber posible]» (1982: 161). El repaso por la historia de las edades del hombre ha llevado hasta él.

Las ideas de Ros no diferían de las de su amigo Espronceda, según puede apreciarse comparando su prólogo con el resumen que Enrique Gil y Carrasco hizo en *El Correo Nacional* de la lección impartida en el Liceo por el poeta. Siguiendo la historiografía schlegeliana ya difundida, el «joven profesor» dividió la historia del mundo «en dos grandes épocas, materialismo y espiritualismo», la edad de los paganos y la edad cristiana, separadas por la distinta manera de entender «el amor y las formas de la belleza». A su vez, estas épocas se subdividen en otras, «marcadas por grandes hombres y grandes acontecimientos». Unos y otros están inextricablemente unidos, pues «un grande hombre, en su sentir, es la idea general de su siglo más una idea propia y peculiar que ordene y dirija el impulso de la primera», y así, «la máxima que el autor [Espronceda] sentó», fue «que todo grande hombre es un grande acontecimiento». Sin embargo, «el grande hombre, pues, para no perderse en su individualismo, tiene que abarcar y comprender la idea general y, para no confundirse entre la muchedumbre, esle forzoso abrigar una idea exclusivamente suya» (1839: 2). El gran hombre es el poeta que representa a su tiempo y es a la vez el faro que ilumina su edad.

Conclusiones

El extraordinario ascenso de la historia como eje medular de la nueva cosmovisión no puede separarse del agotamiento de la poética clasicista. Su condición inmovilista se ve arrasada por una nueva concepción de la temporalidad que hace aguas sus cimientos. Ya no sirve como armazón justificativo de las obras y los poetas se ven precisados a buscar otros argumentos en el venero siempre inconstante y movedizo de la historicidad.

En estos tres textos, muchas veces calificados como manifiestos románticos, sus respectivos autores usaron el pensamiento histórico como base de construcción razonada de sus poéticas (de la de Espronceda, en el caso del prólogo de Ros de Olano). Los tres se apoyaron en el diseño narrativo de las edades de la humanidad, muy del gusto ilustrado, adaptándolo a los criterios y las ideas de la historiografía romántica. El repaso por las edades del hombre les sirvió para justificar una trayectoria de la poesía que concluye en la suya propia. Se presentan así como depositarios finales de un recorrido y se argumentan como consecuencia de un pasado que ahora es la autoridad incontrovertible. Como ya explicó Siegbert Prawer (1970: 11), la historiografía romántica usa la historia con diferente propósito a la ilustrada: percibe el arte y la historia como elementos de un proceso regenerativo que va conformando el desarrollo futuro. Los tres textos nos presentan una teleología de la historia aplicada a confirmar una poética del presente y del futuro. En los dos primeros casos, el ego del artista nos sirve como guía. La narrativa del pasado sirve para otear y afirmar el devenir. El escritor se siente como el final de esa línea fluctuante de la historia.

Cuando de la relación de crónicas, la nueva historiografía pasa a organizar los datos y construye una narrativa coherente, surgen una trama y unos argumentos que siempre expresan una ideología. De las tres fases que marcaba Todorov en el *modus operandi* de los historiadores, nuestros poetas se concentran en la segunda y en la tercera: la segunda era la de la «construcción de sentido» a través de la vinculación causal y la interpretación de los hechos, que permite llegar a esa «verdad [...] como desvelamiento». Y la tercera era la puesta en servicio de la historia. Shelley, Hugo y Ros utilizan material histórico para confirmar unos valores literarios (la imaginación, la libertad y el genio).

Lo interesante es que en estas explicaciones histórico-literarias se invierte el uso de la historiografía romántica, para la que la historia fue la base sobre la que explorar el sentido de las obras. Esta visión, de la que somos deudores, convertía la literatura en material de la narración histórica, y la dejaba casi a su servicio, como auxiliar demostrativa, esto es: los textos literarios se usaron o se usan hoy como prueba de que la historia se había comportado de una manera u otra, como reflejos de un tiempo cuyas características constatan. Sin embargo, los propios poetas, cuando explican sus posiciones, la usan en sentido inverso: es la historia y su narración la que se pone al servicio de su poética.

Así funcionaba todavía entre no pocos autores de finales del siglo XX, que recurrían a la historia para proyectarse poéticamente. Por ejemplo, Octavio Paz, cuando hace una historia de la literatura moderna *pro domo sua* en *Los hijos del limo* (1974), esto es: usa la historia de la poesía como argumento y justificación de la propia poética. O Luis García Montero en *El sexto día: historia íntima de la poesía española* (2000), un repaso por sus antecedentes que acaba siendo una historia personal de la lírica española.

Hoy, cuando «la crisis de la idea ilustrada de progreso está impulsando una nueva concepción "anti-histórica", en la medida en que la historia se convierte en espacio temporal pluridimensional, ambiguo, efímero, atemporal [...], el nuevo tiempo de la historia deja de ser proyectivo» (Vidal Jiménez, 1999: 12) y quizá los poetas más recientes no sientan que el pasado les sirve para afirmarse en el presente.

Bibliografía

ALONSO SEOANE, M.ª José (1997), «El debate sobre el Romanticismo en prensa. Las revistas literarias», en M.ª Pilar Palomo (ed.), *Movimientos literarios y periodismo en España,* Madrid, Síntesis, pp. 69-98.

ÁLVAREZ, Miguel de los Santos (1840), *La protección de un sastre: novela original,* Madrid, Sanchiz.

Arnaldo, Javier (ed.) (1987), *Fragmentos para una teoría romántica del arte,* Madrid, Tecnos.

Belhareth, Dalila (2018), *Langage et histoire chez Giambattista Vico,* Saint Denis, Connaissances et Savoirs.

Bello, Eduardo (1986), «Rousseau y la filosofía de la historia», *Anales de Filosofía,* IV, pp. 5-22.

Benjamin, Walter (1991), «Der Begriff der Kunstkritik in der deutschen Romantik», en *Gesammelte Schrjften,* vol. I/1, Fráncfort del Meno, Suhrkamp.

Benne, Christian (2013), «Arte de la organización. Acerca de la filología de la "masa" en *Sobre el Meister de Goethe* de Friedrich Schlegel», en Ulrich Breuer, Remigius Burnia y Armin Erlinghagen (eds.), *Friedrich Schlegel und die Philologie, Schlegel-Studien,* vol. 7, Paderborn, Schöningh, pp. 99-126. Traducción de Maximiliano Gonnet en: <https://www.teseopress.com/romanticismo/chapter/arte-de-la-organizacion-acerca-de-la-filologia-de-la-masa-en-sobre-el-meister-de-goethe-de-friedrich-schlegelfootnote-articulo-aparecido-originalmente-en-ulrich-breuer-remigius-b/>

Blair, Hugo (1816), *Lecciones sobre la Retórica y las Bellas Letras,* José Luis Munárriz (traducc.), Madrid, Ibarra, 4 vols.

Bloom, Harold (2005), *Genios: un mosaico de cien mentes creativas y ejemplares,* Bogotá / Barcelona, Norma.

Bortoft, Henri (2020), *La naturaleza como totalidad: la visión científica de Goethe,* Gerona, Atalanta.

Brerenton, Goeffrey (1933), *Quelques précisions sur les sources d'Espronceda,* París, Jouve.

Carnerero, José María (1832), «Literatura. Sobre clásicos y románticos», *Cartas españolas,* V, 47, 12 de abril, pp. 31-36.

Carreras Ares, Juan José (1993), «Teoría y narración en la historia», *Ayer,* 12, pp. 17-28.

Collingwood, R. G. (1965), *Idea de la historia,* México, FCE.

Comellas, Mercedes (2023), «El sentimiento cristiano, clave emocional de la polémica sobre el romanticismo. Religión, afectos e historia de las emociones literarias», en Ricardo de la Fuente y José Manuel Goñi (eds.), *Del espiritualismo en la literatura decimonónica,* Berlín, Peter Lang.

Díaz, José-Luis (2011), *L'homme et l'œuvre,* París, PUF.

Díaz, José-Luis (2017), «Las escenografías autoriales románticas y su "puesta en discurso"», en Aina Pérez Fontdevila y Meri Torras Francés (eds.), *Los papeles del autor/a. Marcos teóricos sobre la autoría literaria,* Madrid, Arco / Libros, pp. 155-186.

Durán, Agustín (1848), «Romancero general castellano, nueva edición con introducción y notas», *Antología Española. Revista de Ciencias, Literatura, Bellas Artes y Crítica,* I, 3, pp. 61-67.

Espín Templado, M.ª Pilar (2011), «La presencia de las literaturas europeas en la obra de Espronceda», en Enrique Rubio Cremades *et alii* (coords.), *La literatura española del siglo XIX y las literaturas europeas,* Barcelona, PPU, pp. 111-120.

Espronceda, José de (1982), *El Estudiante de Salamanca. El Diablo Mundo,* Robert Marrast (ed.), Madrid, Castalia.

Fernández García, Secundino (2013), *Análisis filosófico de la* Scienza Nuova *de Giambattista Vico (1668-1744),* Oviedo, Pentalfa.

Gil y Carrasco, Enrique (1839), «Liceo literario y artístico», *El Correo Nacional,* 12 de abril, pp. 1-2.

Goethe, Johann Wolfgang von (1887-1919), «Briefe», en Sophie von Sachsen (ed.), *Werke (Pt. I-V),* Weimar, Böhlau, vol. 49.

Goethe, Johann Wolfgang von (1998), *Goethe-Handbuch, vol. 4/2. Personen, Sachen, Begriffe L-Z,* Bernd Witte, Hans-Dietrich Dahnke y Regine Otto (eds.), Stuttgart / Weimar, Metzler.

Goethe, Johann Wolfgang von (2020), *La metamorfosis de las plantas,* Isabel Hernández (ed. y trad.), Gerona, Atalanta.

Hamm, Heinz (1980), *Der Theoretiker Goethe. Grundpositionen seiner Weltanschauung, Philosophie und Kunsttheorie,* Berlín, Akademie Verlag, pp. 169-172.

Hugo, Victor (1989), *Manifiesto romántico* [prólogo a *Cromwell*], Jaume Melendres (trad.), Henri de Saint Denis (intr.), Barcelona, Península.

Juretschke, Hans (1973), «Friedrich Schlegel. Una interpretación a la luz de la edición crítica de sus obras, con especial consideración de sus relaciones hispánicas», *Filología Moderna,* 48, pp. 191-303.

Kluge, Sofie (2007), «An Allegory of *Bildung.* Friedrich Schlegel's Interpretation of Goethe's *Wilhelm Meisters Lehrjahre*», *Orbis Litterarum,* 62, 3, pp. 177-209.

López Soler, Ramón (1823), «Análisis de la cuestión agitada entre románticos y clasicistas», *El Europeo,* I, 7, pp. 207-214 y 8, pp. 254-259.

Madrazo, Federico (1835), «Galería de ingenios contemporáneos. Don Juan Nicasio Gallego», *El Artista,* I, pp. 193-196.

Maestro, Jesús G. (2008), *Idea, concepto y método de la literatura comparada: desde el materialismo filosófico como teoría de la literatura,* Vigo, Editorial Academia del Hispanismo.

Marrast, Robert (ed.) (1982), José de Espronceda, *El Estudiante de Salamanca. El Diablo Mundo,* Madrid, Castalia.

Martinengo, Alessandro (1962), *Polimorfismo nel* Diablo Mundo *d'Espronceda,* Turín, Bottega d'Erasmo.

Menéndez Pelayo, Marcelino (1911), «*Historia de la poesía hispano-americana*», en *Obras completas del excmo. señor Don Marcelino Menéndez y Pelayo,* Madrid, Victoriano Suárez, vol. i.

Monteggia, Luigi (1823), «Literatura. Romanticismo», *El Europeo,* I, 2, pp. 48-56.

Morón, Fermín Gonzalo (1841), «Examen filosófico del teatro español, relación del mismo con las costumbres y la nacionalidad de España», *El Iris,* II, 3 (18 de julio), pp. 38-41; 4 (25 de julio), pp. 54-57; 5 (1 de agosto), pp. 72-75; II, 6 (8 de agosto), pp. 87-89.

Münster, Reinhold (1996), «El derecho a la libertad. Historia, revolución y estética objetiva en la obra temprana de Friedrich Schlegel», en Friedrich Schlegel, *Sobre el estudio de la poesía griega,* Madrid, Akal, pp. 7-47.

Nisbet, Robert (1981), *Historia de la idea de progreso,* Barcelona, Gedisa.

Pasamar, Gonzalo (2000), *La historia contemporánea: aspectos teóricos e historiográficos,* Madrid, Síntesis.

Peacock, Thomas Love (2002), «Las cuatro edades de la poesía», en John Stuart Mill, Thomas Love Peacock y Percy Bysshe Shelley, *El valor de la poesía,* Eduardo Sánchez Fernández (ed.), Madrid, Hiperión.

[Petit de Córdova, José] (1843), «Historia de la literatura antigua y moderna, escrita en alemán por Federico Schlegel y traducida al español», *El Imparcial* (Barcelona), 28 de abril, p. 4.

Pont, Jaume (2004), «Antonio Ros de Olano y la cosmovisión grotesca romántica: una poética de la narración», en Isaías Lerner, Roberto Nival y Alejandro Alonso (coords.), *Actas del XIV Congreso de la Asociación Internacional de Hispanistas* (Nueva York, 16-21 de julio de 2001), Nueva York, Juan de la Cuesta, vol. 3, pp. 435-443.

Pont, Jaume (2008), «Los años dorados (1833-1842): Ros de Olano y el círculo romántico de Espronceda», en Antonio Ros de Olano, *Relatos,* Jaume Pont (ed.), Barcelona, Crítica, pp. 17-28.

Prawer, Siegbert (ed.) (1970), *The Romantic Period in Germany,* Londres, Weidenfeld & Nicolson.

Reinoso, Félix José (1816), *Sobre la influencia de las Bellas Artes en la mejora del entendimiento y rectificación de las pasiones: introducción a la enseñanza: leída en la clase de humanidades de la Real Sociedad Patriótica de Sevilla en 8 de enero de 1816,* Sevilla, Aragón y Compañía.

Rodríguez Ayllón, Jesús Alejandro (2013), «Introducción» a Luis José Velázquez de Velasco, *Orígenes de la poesía castellana,* Málaga, Universidad de Málaga, pp. 11-19.

Ros de Olano, Antonio (1982), «Prólogo» a *El Diablo Mundo*, en José de Espronceda, *El Estudiante de Salamanca. El Diablo Mundo,* Robert Marrast (ed.), Madrid, Castalia, pp. 160-168.
Rüsen, Jörn (1990), «Rhetorics and Aesthetics of History: Leopold von Ranke», *History and Theory,* 29, pp. 190-204.
Sánchez Fernández, Eduardo (2002), «Introducción», en John Stuart Mill, Thomas Love Peacock y Percy Bysshe Shelley, *El valor de la poesía,* Madrid, Hiperión, pp. 9-29.
Schelling, F. W. J. (2019), *The Ages of the World,* Joseph P. Lawrence (ed. y traduc.), Albany, State University of New York Press.
Schlegel, Friedrich (1843), *Historia de la literatura antigua y moderna,* José Petit de Córdova (trad.), Barcelona, Oliveres y Gavarró.
Schlegel, Friedrich (1996), *Sobre el estudio de la poesía griega,* Reinhold Münster (intr.), Berta Raposo (trad.), Madrid, Akal.
Schlegel, Friedrich (2018), «Sobre el *Meister* de Goethe», en Friedrich Schlegel, *Ensayos sobre la prosa,* María Verónica Galfione (trad. y ed.), Córdoba, Eduvim.
Shelley, Percy B. (1986), *Defensa de la poesía / A Defence of Poetry,* José Vicente Selma (ed. bilingüe e intr.), Barcelona, Península.
Szondi, Peter (1992), *Poética y filosofía de la historia i: Antigüedad clásica y modernidad en la estética de la época de Goethe. La teoría hegeliana de la poesía,* Madrid, Visor.
Talens, Genaro (2000), *El sujeto vacío: cultura y poesía en territorio Babel,* Valencia, Universitat de València.
Todorov, Tzvetan (1993), *Las morales de la historia,* Barcelona / Buenos Aires / México, Paidós.
Urzainqui, Inmaculada (2007), «El *Parnaso español* en la historia literaria del siglo xviii», *Bulletin Hispanique,* 109, 2, pp. 643-684.
Velázquez de Velasco, Luis José (2013), *Orígenes de la poesía castellana,* Málaga, Universidad de Málaga.
Vidal Jiménez, Rafael (1999), «La historia y la posmodernidad», *Espacio, Tiempo y Forma. Serie V,* 12, pp. 11-44.
Wellek, Rene (1983), «La unidad del Romanticismo europeo», en *Historia literaria. Problemas y conceptos,* Barcelona, Laia, pp. 147-176.
Wohlleben, Joachim (1965), *Goethes Literaturkritik. Die Wandlungen der Grundeinstellung Goethes als Kritiker von der Rückkehr aus ltalien bis zu seinem Tode,* Berlín, Philosophische Fakultät (Diss.).

IV.
PERSONAJES:
EL CID

NACIONALISMO, LITERATURA, HISTORIOGRAFÍA: EL CID EN LOS SIGLOS XVIII Y XIX[1]

Isabel Román Gutiérrez
(Universidad de Sevilla)

Una de las condiciones que aseguran la conformación de una nacionalidad es la solidez histórica de su pasado: el proceso de construcción de la identidad es paralelo al de la reconstrucción de la historia. No es, por tanto, de extrañar que la historiografía española se inicie en el siglo XVIII, cuando términos como *nación, país* o *patria* se manejan profusamente en un intento por apuntalar la identidad nacional, un concepto que, como ha señalado García Cárcel (1997) al hilo de las propuestas de Anderson (1983), es extremadamente complejo y cargado de elementos subjetivos, y está dirigido a marcar la diferencia con el otro. Esta percepción de la alteridad es evidente desde el siglo XVI, y explica la abundante y muy a menudo poco veraz historiografía áurea, trufada de invenciones y leyendas y destinada a vincular la monarquía hispánica con los antecedentes bíblicos (Túbal, descendiente de Noé), con el primer cristianismo o con los visigodos (Aranda Pérez, 2014: 43-44), representativos estos últimos de una antigüedad, organización política y religiosidad que no estarían al alcance de otras naciones europeas. Durante el siglo XVIII España sumó, a la progresiva pérdida de su hegemonía territorial y política, ataques propagandísticos relacionados con su imperialismo, como la leyenda negra, y denuncias de

1 Este trabajo se inscribe en el proyecto *Hacia la institucionalización literaria: polémicas y debates historiográficos (1500-1844)* (SILEM II), del Plan Estatal de I+D+i, RTI2018-095664-B-C22.

su atraso cultural, recrudecidas a medida que transcurre la centuria. La cultura española se sometía a un examen minucioso por parte de otras naciones europeas y a la comparación, en ocasiones despiadada, con el clasicismo francés. Desde el Gobierno se propició una actividad reivindicativa que había de elaborar un recorrido histórico y cultural prestigioso, interpretado de manera que, eliminando elementos quiméricos y legendarios, destacase las glorias y los méritos de la nación y realzara los logros, las obras y los personajes inequívocamente españoles, como es el caso del Cid (Álvarez Barrientos, 2004: 102-104; Nieto Soria, 2013: 18-21). Las fabulaciones de los siglos anteriores empujaron a los hombres del XVIII a construir una historia depurada y fiable del pasado hispánico, con intenciones e intereses científicos durante la primera mitad de la centuria y políticos durante la segunda (Nieto Soria, 2013: 22). A pesar de las reticencias de los historiadores contemporáneos, el enaltecimiento de las «glorias de España» se ofrecía como un excelente instrumento para oponer al resto de las naciones un pasado heroico y singular. Cuando en 1782 se publicó en la *Encyclopédie Méthodique* el artículo de Masson de Morvilliers en la entrada «España», conocido por la famosa pregunta «Que doit-on à l'Espagne?», los ilustrados se afanaron en encontrar en el pasado nuevos valores nacionales con los que superar la decadencia y acrecentar el prestigio del país.

Desde los novatores es perceptible un nuevo y pujante goticismo (García Hernán, 2004: 179) que, aunque pretende desechar figuras poco verificables y legendarias y elementos fabulosos no documentados —un proceso de depuración que había comenzado ya en el mismo siglo XVII—, ofrece no pocas contradicciones. Como han señalado Álvarez Junco y De la Fuente Monge, la época visigótica es aún más oscura que la medieval, y esta última se ofrecía a los ojos de algunos ilustrados como un periodo en el que imperaban la violencia, la incultura y la barbarie (una edad primitiva y sin embargo interesante), en claro contraste con el entusiasmo ilustrado por todo lo que suponía la idea de progreso (2013: 176). Por otro lado, los españoles, que habían ofrecido una feroz resistencia a los romanos y luego lucharían durante siglos contra los árabes, fueron derrotados por estos invasores bárbaros. Sin embargo, los conquistadores se sometieron enseguida a la cultura y la religión de los conquistados. Y, en cualquier caso, la monarquía visigótica representaba un modelo de gobierno y un marco legal que configuraban unas señas identitarias para los españoles (Ríos Saloma, 2005: 244; Nieto Soria, 2013: 28-30). Con el advenimiento de los Borbones, una dinastía extranjera, se hacía necesaria una legitimación que pasaba por la vinculación del monarca con las raíces del reino español, esto es, con los reyes visigodos. Esta es la razón que explica, como asegura Ladero Quesada (1996), la necesidad de revisar la historiografía española y el itinerario de la monarquía anterior, marcada por la «decadencia» y la difusión de la «leyenda negra». Esta maniobra es evidente, a mitad de siglo, en la colocación de esculturas (inspirada por el padre Sarmiento) en el Palacio Real madrileño y otros lugares: apartados los emperadores romanos de origen español, la serie de reyes godos iniciada por Ataúlfo termina en los monarcas contemporáneos.

Para Urzainqui, la historiografía literaria española arranca en el siglo XVIII, que indaga también en la literatura medieval por su «acuciante avidez de saber desde los fundamentos históricos». Con anterioridad a acontecimientos cruciales como la Revolución francesa, la invasión napoleónica o el advenimiento del movimiento romántico, las investigaciones de los hombres del XVIII, cuyo mérito y esfuerzo erudito no se cansan de ponderar la propia Urzainqui (que los llama «aventureros del conocimiento» y «pioneros») y otros estudiosos, sentaban las primeras bases de la historiografía literaria, forjaban un canon de la literatura española y buscaban con afán sus primeras manifestaciones; perseguían, pues, la manera de dotar al país de unos valores propios y una identidad cultural. También considera Urzainqui, tal vez con excesivo entusiasmo, que esos trabajos contradicen la difundida opinión según la cual «la simpatía y comprensión hacia la literatura [medieval] solo se desarrolla en el Romanticismo». Los estudiosos dieciochescos,

> lejos de presentarla como una época sombría y huérfana de valores estéticos, con toda la tosquedad que sin duda advierten en ella, otorgan un cálido reconocimiento a sus múltiples valores: sea de sencillez, naturalidad, comunicación de sentimientos verdaderos y eficacia expresiva, sea, en cada caso, de diversos efectos y resonancias cómicos, satíricos y didácticos, amén de un reconocimiento de su inapreciable valor para la historia de la lengua y como fuente histórica.

A pesar de los reparos de algunos, el esfuerzo de los eruditos contribuyó «a deshacer la visión negativa de una Edad Media inculta y bárbara que forjaron los humanistas. Y todo sin que, para explicarlo, haya que invocar romanticismo o prerromanticismo de ningún tipo» (1994: 1103, 1104, 1113). El medievalismo en sentido estricto nace, pues, en el XVIII, y ha sido desatendido por la crítica justamente en esta importante centuria (Gómez Moreno, 2004).

Aunque la construcción de la identidad se ligaba a la reivindicación de lo propio ya con la instauración de la dinastía borbónica (Álvarez Junco y De la Fuente Monge, 2013: 179 y ss.), las investigaciones dieciochescas sobre la Edad Media se intensifican en las fechas en las que aparece el manuscrito del *Cantar,* finalmente recuperado en 1775, testimonio singular de la tradición nacional. Pero hay disensiones en torno a la relevancia del pasado, de manera que surgen dos corrientes de pensamiento opuestas: la tradicionalista, defensora de los valores que encarnaban los momentos cenitales de la historia, y la reformista, que culpaba a ese pasado de la decadencia del país —la Decadencia, «así, con mayúscula, comenzaba a convertirse en categoría explicativa de la historia española» (Ladero Quesada, 1996: 15)—, compartida esta última por franceses e italianos. La idea de progreso, no obstante, se deduce tanto de una como de otra, y subyace «en los escritos de unos autores que analizaban y criticaban el pasado y el presente, pero, al tiempo, defendían la identidad histórica y la capacidad creadora de los españoles» (Ladero Quesada, 1996: 15; también Álvarez Barrientos, 2004). En ambos casos se imponía el trazado de una historia de la «literatura nacional», que, obviando el amplio significado que tenía en la época (Valero, 2002), y que Even-Zohar (1994) ha estimado determinante en la conformación sociocultural de las naciones, consideraremos en adelante en sentido estrictamente literario.

Hacia una literatura nacional

Ese concepto de *literatura nacional,* que haría fortuna con los románticos, ha de entenderse, pues, como fruto de la evolución del pensamiento ilustrado (Garrido Palazón, 1992; Pérez Priego, 1996: 7-9; Ramos Corrada, 2000: 62-67),[2] por más que tal concepto, y la propia conformación del discurso historiográfico, puedan no ser más que una falacia, como argumenta Baker, que propone una breve, pero lúcida reflexión, de la mano de Borges, Foucault, Benjamin y Barthes, sobre la construcción del discurso literario surgido en el siglo XVIII: tal construcción no sería, en el fondo, más que la elaboración de un canon y de la historicidad de una literatura

2 Sobre la formación de las «literaturas nacionales» véanse Mainer (1994), Even-Zohar (1994: 369-370), Guillén (1998), Romero Tobar (2008) y Martín Ezpeleta (2008).

nacional, que puede estar alejada de la realidad y ofrecerse como un constructo engañoso, como un espejismo. Para Baker, la proliferación, en las últimas décadas del XVIII, de ensayos sobre «literatura española» es señal inequívoca de que se comenzaba a explorar un territorio aún desconocido, el del canon literario nacional:

> La lectura crítica de estos libros y de las antologías de la época da una conclusión provisional, a saber, que la formación discursiva literaria y el canon nacional se constituyen simultáneamente y, aunque son, epistemológicamente hablando, objetos de conocimiento distintos, en su momento de génesis son inseparables y deben entenderse como el momento sincrónico y diacrónico de un solo fenómeno discursivo. (1990: 16)[3]

El evidente sentido patriótico de estas reivindicaciones estaba extendido, como señala Nieto Soria, entre las clases populares en el XVIII (2007: 66).[4] Resulta al respecto particularmente útil la distinción proporcionada por José Antonio Valero entre nacionalismo «de emulación» y nacionalismo «particularista». El primero, representado por la monarquía, viene determinado por «necesidades de afirmación de la imagen propia por parte de las élites intelectuales nacionales *vis a vis* la república literaria europea, en el marco de una concepción clasicista y universalista de la cultura y dentro de una concepción patrimonialista de la nación, por la cual la gloria de la nación viene a identificarse con la ostentación de esplendor de la monarquía»; se ocupa, pues, de aquilatar un patrimonio con el que hacer frente a la ostentación cultural europea,[5] y ese fue el propósito de los

---

3 Cf., del mismo autor, «La larga marcha a la Edad Media: poesía y cultura en el Siglo de las Luces», en este mismo volumen.

4 No obstante, hay una confusión, que también señala Nieto, entre los términos de *nación* y *patria*. Por un lado, se asocia la nación a una identidad cultural y territorial agrupada bajo un determinado sistema político, pero por otro se vincula el concepto de *patria* con cierto sentido de ciudadanía y participación en la vida política que no siempre era posible.

5 Es el nacionalismo de emulación el que guía, según Valero, al «primer núcleo de intelectuales reformistas apoyados en instituciones culturales oficiales que desarrolla una incipiente labor de historiografía literaria. En torno a la figura influyente de Agustín Montiano y Luyando se forma una constelación de intelectuales que se esforzarán en una lucha contracorriente por imponer en la producción y lectura histórica de la poesía y el teatro nacionales una ortodoxia clasicista privilegiadora de modelos grecolatinos y franceses, pero interesada a la vez en definir un canon clásico nacional. Nada habrá de contradictorio en ese doble empeño» (Valero, 2002: s. p.). Lo había indicado también Russell P. Sebold (1989: 81).

conatos nacionalistas de los siglos XVI y XVII. El segundo busca distinguirse, y es «una reacción casticista ante lo que se percibe como desprecio de lo propio por parte del resto de Europa»; en su versión liberal, «responde a necesidades de integración social en momentos de gran conflictividad y profunda transformación a todos los niveles, con la consiguiente confusión de valores ante la pérdida o puesta en cuestión de los mecanismos tradicionales de cohesión» (Valero, 2002); por lo que aquí interesa, puede manifestarse en el intento de configurar una «literatura nacional» portadora de los valores característicos de la nación.

Así, frente a los ataques extranjeros, no exentos de cierto sentimiento de revancha frente a la nación que había sido hegemónica en Europa, los eruditos optaron por reivindicar lo propio (de hecho, la figura de Garcilaso, que había sido referente indiscutible del canon clasicista, comienza a ser cuestionada por algunos, que lo ven en realidad como el primer extranjerizante al renunciar a una tradición netamente española a favor de la italiana, al cabo una moda foránea), e hicieron denodados esfuerzos por recuperar un patrimonio hasta entonces ignorado pero que ennoblecía la historia española y la distinguía de las demás. El presente estado de decadencia y atraso contrastaba vivamente con un pasado esplendoroso que era preciso sacar a la luz; aunque de manera poco sistemática (Romero Tobar, 2006: 101-103), se aborda la labor de recuperación y edición de manuscritos antiguos que puedan convertirse en testimonio de aquellos tiempos venerables. Esa atracción por la revitalización histórica se percibe muy claramente en el teatro dieciochesco, y especialmente en la tragedia (que los ilustrados consideran cercana a la épica; recuérdese que en 1776, en la «Epístola I. De Jovino a sus amigos de Salamanca», Jovellanos insta a sus amigos a cultivar la poesía moral, filosófica y épica), que abandona los temas clásicos para proyectar los problemas del presente sobre asuntos de la historia nacional. Si Montiano y Luyando compuso en 1753 la tragedia *Virginia,* de asunto clásico, pero que él considera heroico,[6] lo cierto es que tres años antes, en 1750, se había fijado en el primer rey godo para su *Ataúlfo.* Episodios de la Reconquista y en general de la Edad Media inundan los escenarios: el *Pelayo,* de Jovellanos (1769); *Sancho García, conde de*

6 En su *Discurso sobre las tragedias españolas* (Madrid, Joseph de Orga, 1750: 85, 105).

Castilla, de Cadalso (1770); *Hormesinda* (1770) y *Guzmán el Bueno* (1777), de Nicolás Fernández de Moratín; *Raquel,* de García de la Huerta (1778)..., obras que no solo contribuyen a la construcción de las bases sobre las que se ha de erigir la identidad nacional, sino que también desempeñan una función política al ser puestas en relación con el presente: favorecen el orgullo nacional y, en palabras de Nieto Soria, propician también «una actitud patriótica que potenciase la adhesión a la monarquía reinante». El reflejo de circunstancias históricas o políticas del presente en situaciones dramáticas ubicadas en el pasado motiva la popularización de figuras de especial significado patriótico. «En alguna de ellas se recurrió a la evocación de acontecimientos del Medievo en los que todo lo que se identificaba con la reacción ante el dominio musulmán ofrecía situaciones históricas decididamente útiles en este contexto dirigido a inducir una cierta efervescencia patriótica y de orgullo nacional» (Nieto Soria, 2007: 77-78). Lo mismo puede decirse de los balbuceos de la novela histórica, que luego sería un género esencialmente romántico: la primera de ellas, *El Rodrigo* (1793), de Pedro de Montengón (jesuita exiliado en Italia, que firma sus poesías con el significativo seudónimo de «Filopatro», el amante de la patria, y es considerado por su editor español como un verdadero Amigo del País) se dedica a la pérdida de España. En sus *Odas* de 1778, publicadas en Ferrara, en las que pretende ensalzar su patria, a sus paisanos y momentos brillantes de la historia como la conquista de América, junto con notables personajes contemporáneos incluye a otros históricos (don Pelayo, Fernando III el Santo, el Gran Capitán...), y entre ellos dedica una oda al Cid.[7] La poesía, pues, tampoco fue ajena a este entusiasmo por los temas medievales, como demostraría un somero repaso a la antología *Poetas líricos del siglo* XVIII preparada por Augusto Leopoldo de Cueto, un interés que continuaría durante la primera mitad del XIX: lo ejemplifican las composiciones posteriores incluidas en esa misma antología o la insistencia de Alberto Lista para que Espronceda compusiese el poema épico sobre Pelayo. Meléndez Valdés, en uno de sus *Discursos forenses,* de 1790, practica el «nacionalismo particularista» al recomendar, para instruir convenien-

7 Esta expresión de patriotismo es similar a la de Forner, quien en un discurso de 1794 pronunciado en Sevilla, *Amor de la patria,* exalta el patriotismo como una de las más grandes virtudes del ciudadano.

temente al pueblo en el patriotismo, la lectura de composiciones medievales, propias de la «edad de pundonor y de valor guerrero», y entre ellas valoraba de modo especial el romancero del Cid:

> El romancero del Cid y otros antiguos cancioneros, sirvan de testimonio a esta verdad en las lides y acciones que celebran; y si hoy mismo nos entretienen tanto y nos inflaman aun en medio de su rudeza y la inmensa distancia del tiempo y las personas, ¿qué efectos tan sublimes no harían? ¿Qué recuerdos no despertarían de emulación y honroso pundonor en los ánimos de nuestros abuelos, que tocaban como con la mano a los sucesos y conocían tal vez a los actores? Así que los mismos que con necio entusiasmo cantan y recitan las coplas que censuro [jácaras y romances vulgares], aprenderán sin duda con indecible más gusto en romances sencillos, dictados por las musas y el patriotismo, mil hechos de armas y virtudes domésticas que los llenarán de útil emulación, alentándolos noblemente a imitar sus mayores, y seguir sus inmortales huellas en la carrera de la heroicidad. (1986: 106-107)

De buena parte de los conflictos presentes en las obras antes citadas se desprende el sentido de «reconquista»[8] (que sugiere una devolución de lo que había sido ilegítimamente arrebatado y acumula tintes patrióticos, nacionalistas e independentistas) en lugar de «restauración», que llevaba implícita la decadencia y la culpa del reino visigodo en la pérdida del territorio: se trata ahora de presentar los siete siglos de lucha contra los árabes como la restitución de un suelo injustamente usurpado. La Reconquista,[9] en la que se incardina la figura del Cid, se asoció paulatinamente, al decir de Ríos Saloma, «a los conceptos de patria, nación e independencia» y se consideró como

> una lucha sin interrupción mediante la cual se recuperaría un territorio perdido y se liberaría a la patria del dominio de unos enemigos extranjeros. En consecuencia, la batalla de Covadonga y la figura de Pelayo fueron exaltadas desde diversas perspectivas ideológicas como símbolos sobre los cuales apoyar la construcción de un discurso histórico de carácter nacionalista. (2005: 263)

Los intentos de definir y defender la identidad nacional, que acapara el interés de los españoles mientras en Europa el debate se centra en las

8 Utiliza el término Joseph Ortiz y Sanz en 1796 en el tercer tomo de su *Compendio cronológico de la historia de España desde los tiempos más remotos hasta nuestros días* (Madrid, Imprenta Real). Cf. al respecto Ríos Saloma (2011: 148).

9 La Reconquista se vincula también con la importancia que en la época adquiere la construcción nacionalista propiciada por las Cruzadas (Domínguez Prieto, 2001).

nuevas ideas que abrirán paso a la modernidad (Torrecilla, 1996), se cargaron de tintes patrióticos frente a los ataques de Montesquieu y Masson de Morvilliers. Contra el primero reacciona Cadalso hacia 1770, primero con el folleto *Defensa de la nación española contra la carta persiana* LXXVIII *de Montesquieu,* y luego con las *Cartas marruecas*, que suponen un ejercicio de objetividad frente a la parcialidad del francés. Cadalso intenta definir el «carácter nacional» español frente al resto de Europa ejerciendo el «nacionalismo de emulación». Nieto Soria ha advertido que Cadalso en la *Defensa* repasa sucintamente la historia nacional desde la perspectiva del patriotismo histórico insistiendo en la época medieval, gloriosa por su heroísmo en la larga lucha contra los moros, en la que los españoles, con menores fuerzas que sus enemigos, los enfrentan a base de patriotismo, valor y fe, «resortes sobre los que la nación española podía reivindicarse con orgullo por encima del resto de las naciones europeas» (2007: 73). Es ese el momento en el que Cadalso sitúa la regeneración y conformación del carácter nacional, con sus virtudes —patriotismo, valor, lealtad al rey, religiosidad— y sus defectos —vanidad, pereza, inclinación excesiva al amor— (Andreu, 2016: 55). Pero es en las *Cartas marruecas* (1789) donde expresa su idea de la historia de España como un proceso continuo que puede leerse desde el presente: la historia «forma una serie de muchos años y siglos, en cada uno de los cuales han acaecido varios sucesos particulares, cuyo influjo ha sido visible hasta en los tiempos presentes», explica en la carta III. Y tras ponderar los logros obtenidos desde don Pelayo a los Reyes Católicos, espigará en la carta XVI unos cuantos personajes notables por sus hechos de armas y su heroísmo, «cuya selección se contextualiza en el intento de asentar un sentimiento nacional» con la intención de «propiciar una percepción patriótica de su devenir, y poner de relieve la aportación del Medievo en la explicación teleológica de su presente» (Nieto Soria, 2007: 74-75). Entre ellos, el Cid, que figura junto a don Pelayo, don Ramiro, Gonzalo Fernández de Córdoba o Hernán Cortés. El sentimiento patriótico es ahora necesario para contrarrestar los embates extranjeros; ya en 1729, cuando todavía no se habían producido los ataques a la nación, Feijoo abogaba en uno de los artículos de su *Teatro crítico universal,* «Amor de la patria, y pasión nacional», por un sentimiento de mayor alcance que el patriotismo (referido casi siempre al terruño, la patria chica): el nacionalismo.

Resulta curioso al respecto observar que en la poesía de la primera mitad de siglo —a diferencia de las composiciones posteriores— (todas ellas recogidas en la colección de Leopoldo Augusto de Cueto a la que antes me referí) las referencias al Cid no pasan de calificativos moderados, como «brioso» o «esforzado», incluyéndolo en una larga nómina de célebres héroes vinculados con la defensa de la patria (los numantinos, Viriato, Bernardo del Carpio, Guzmán el Bueno, el Gran Capitán, Carlos V, don Juan de Austria). En las de la segunda mitad, como en el caso de Cadalso, se convierte ya en símbolo del buen caballero castellano: «el brío más que humano / del Cid Díaz, soberbio castellano, / que con su lealtad, fuerza y prudencia / deteniendo la rueda a la fortuna, / las armas de su rey puso en Valencia / sobre la media luna» (1869: 249). Además, esta identificación tiene un componente de raza en la medida en que se le presenta como depositario de los valores del guerrero castellano (Burriel consideraba que el condado de Castilla fue el origen de la nación española), en franca oposición a los árabes (a pesar de su amistad ocasional con alguno de ellos) y a los judíos, a quienes engaña en el *Cantar* (Fernández Díaz, 2019: 15): orgullo, carácter belicoso, nobleza, sentimiento del honor, religiosidad, lealtad al rey (cf. Peña Pérez, 2005). El nacionalismo español (y esto se percibe muy bien en la novela histórica del Romanticismo) se encontraba con el problema de unificar lo que, a lo largo de la historia, había consistido en una mezcla de razas y religiones, un país heterogéneo y diverso.

Por otro lado, en el siglo XVIII, como argumenta Jesús Torrecilla, la defensa de lo nacional frente a la influencia francesa (claramente perceptible en la aristocracia), «motivó la aparición de una nueva imagen de lo español, muy alejada de la tradicional, caracterizada por la localización de lo auténtico y genuino en las clases bajas y en los grupos marginales» (2016: 13), una imagen en la que descuellan las notas de primitivismo, apasionamiento y espontaneidad. La recuperación de la literatura de siglos pasados terminaría por marcar una oposición al canon clasicista francés: los romances, los poemas épicos e incluso parte del teatro del XVII son una marca de originalidad frente a la norma clásica. El espíritu indómito, el heroísmo, la caballerosidad, conformarán el carácter nacional, en el que también se tienen en cuenta las costumbres populares que derivarían en un casticismo potenciador de lo autóctono y costumbrista. Se vuelven los ojos, por tanto, a las clases populares, que adquirirían un completo protagonismo con el fin del siglo. Si en general el pasado medieval español contenía esos valores gratos al pueblo, los encarnará definitivamente la figura del Cid, aun con paradojas y contradicciones. Aunque los ilustrados no aprecian valores literarios en el poema, lo consideran expresión de los ideales populares, testimonio de una época en la que dominan los caracteres heroicos y, a pesar de los reparos de algunos de ellos (que ni siquiera valoran el estado de lengua en el poema, tan alejado del modelo clásico), este sería el inicio de una andadura que con el correr del tiempo daría mejores frutos. Las reticencias de los eruditos del XVIII podrían tener su correlato en las tesis de Baker, a quien cito de nuevo:

> En España, la literatura nacional tiene su génesis teológico —sacrosanta creación *ex nihilo*— con el *Poema del Cid,* cuyo descubrimiento y publicación coinciden, ciertamente, con el momento genético real de la formación discursiva literaria y del canon. Hemos de creer, pues, según la historia literaria tradicional, que existe en pleno siglo XII el comienzo de una literatura nacional allí donde no hay ni literatura ni nación sino oralidad y feudalismo. Ahora, es este el momento en que el canon supuestamente inicia, a su vez, una larga marcha lineal e imparable hacia el presente y nos proporciona un conjunto de textos [...] que se presenta ante nosotros desde hace siglo y medio con la solidez geológica de un objeto perfectamente natural cuyos géneros, obras, y, sobre todo, autores, han sido siempre así. (1990: 17)

La atracción por lo medieval y su utilización ideológica en la construcción de la identidad nacional en el XVIII no está exenta de paradojas, como ya se indicó. En pleno neoclasicismo, cuando en toda Europa, y también en España, se vuelven los ojos a la cultura grecolatina y se desdeña la cultura barroca española, surge el interés por la recuperación de un pasado bárbaro y primitivo pero que representaba la lucha por la independencia y la libertad de una nación con respecto al yugo árabe. Los ilustrados más conspicuos (Masdeu, Jovellanos, Forner, Hervás y Panduro, Juan Andrés...), tildados a menudo de extranjerizantes o afrancesados, que denostaban la brillante producción del Seiscientos, se afanaban por construir la historia y la literatura nacionales (Álvarez Junco y De la Fuente Monge, 2013: 190), y dedicaron una atención especial al Medievo: así Mayans, en sus *Orígenes de la lengua castellana* (1737), o Juan Andrés en *Origen, progresos y estado actual de toda la literatura* (1784-1799). A pesar del rechazo ilustrado hacia lo bárbaro, se sienten atraídos por lo medieval, asunto que Nieto Soria ha calificado como una especie de «esquizofrenia interpretativa»: en el tratamiento dieciochesco de la historia,

> desde el punto de vista general de orden civilizatorio y desde su potencialidad pedagógica, parecía ocupar posición privilegiada, en coherencia con el impulso estético neoclásico, todo lo que apuntaba a la dirección de la recupe-

> ración de la cultura grecolatina. Sin embargo, la perspectiva histórica nacional, que se fue haciendo cada vez más influyente, añadía el interés por aquellos momentos de la historia en los que se podía percibir cómo una nación se alzaba, usando expresiones bien características de la época, libre, soberana e independiente, con lo que el Medievo, en el lado español, adquiría magnitud de primer orden, con especial relieve para la potenciación del mito gótico. (2007: 37)

También anotan la paradoja Álvarez Junco y De la Fuente Monge, que advierten el sorprendente hecho de que fueran precisamente los «extranjerizantes», que condenaban el barroco enarbolando la bandera del clasicismo, quienes comenzaran «tanto a escribir literatura *nacional* como a elaborar el concepto mismo de *literatura nacional*» (2013: 190).

El descubrimiento del «Cantar». El Cid ilustrado

No habían sido desconocidas a lo largo de los siglos XVI y XVII la figura ni la gesta del Cid, transmitidas con numerosísimas variaciones y añadidos por crónicas y romances (especialmente tras la exitosa recopilación de Juan de Escobar en su *Romancero del Cid,* de 1612, continuamente reeditado), y alimentaron, a pesar del escaso aprecio y conocimiento de la literatura medieval en la época,[10] numerosas creaciones literarias; entre ellas, el poema épico de Diego Ximénez de Ayllón *Los famosos y heroicos hechos del Cid Rodrigo Díaz de Vivar* (1568); la *Comedia de la muerte del rey don Sancho y reto de Zamora por Don Diego Ordóñez* (1588), de Juan de la Cueva, *Las mocedades del Cid,* de Guillén de Castro (1605-1615) o *Las almenas de Toro,* de Lope de Vega (1620). La condición mítica del Cid, que estudia

10 Pérez Priego (1996) repasa las formulaciones primitivas y aisladas del canon medieval: Santillana, Nebrija, Juan de Valdés, Juan del Encina, Argote de Molina, Sebastián de Covarrubias... Pero la literatura medieval es mirada, por lo general, con indiferencia, indiferencia que en parte continúa a lo largo del XVIII. Desde Luzán, que solo contempla en su *Poética* unos cuantos nombres del XV (cuyas poesías «se pueden considerar como la infancia y niñez de las musas españolas», entre los que solo valora a Santillana; I, 3), a los *Orígenes de la poesía castellana,* de Velázquez (1754) o las *Memorias para la historia de la poesía y poetas españoles,* de fray Martín Sarmiento (1775), la referencia fundamental es Santillana, editado y colocado por Tomás Antonio Sánchez al frente de la *Colección de poesías castellanas anteriores al siglo XV* (1779-1790), donde se edita por primera vez el *Poema del Cid* junto con las obras de Berceo, el *Libro de Alexandre* y el *Libro de buen amor* del arcipreste de Hita.

Aurora Egido en la literatura áurea (1979),[11] da lugar a una enorme fragmentación temática y argumental (mocedades, jura de Santa Gadea, relación amorosa con Jimena, afrenta de Corpes, acciones bélicas...) cuya fuente es el romancero, y que continuaría en las centurias siguientes; la elección de motivos responderá, en cualquier caso, a los intereses ideológicos de los autores.

La copia del manuscrito que realiza el genealogista Juan Ruiz de Ulibarri en 1596 (por orden de Gil Ramírez de Arellano, al que el historiador Ambrosio de Morales habría encargado recopilar documentación para su *Historia de España*), no trascendió fuera de los límites eruditos ni su conocimiento tuvo continuidad, aunque algunos estudiosos pudieron verlo y copiaron algunos versos, como fray Prudencio de Sandoval, en 1601, o fray Francisco de Berganza, abad del monasterio de Cardeña, ya en 1719.[12] Pero, como asegura Luis Galván (2001: 33), hasta el siglo XVIII el poema no tiene valor literario ni se le concede crédito historiográfico,[13] aunque Escalante Varona, a la luz del análisis de todos los testimonios dieciochescos, concluye que estos prueban «el contacto directo o indirecto de diversos autores con el códice de Vivar y el texto del héroe burgalés» y que es posible «suponer que la difusión del *Cantar* en el siglo XVIII fue mayor de lo que hasta ahora ha considerado la crítica» (2019: 299).

---

11 Egido analiza el proceso paulatino de desmitificación que sufre la figura del Cid. Germán Vega García-Luengos (2007) recoge las numerosas obras dramáticas, serias y cómicas, de tema cidiano, en las que la presencia del héroe es variable (y a menudo únicamente telón de fondo), así como su caracterización. Repasa también las alusiones a elementos de la leyenda y a la figura del Cid como modelo de los valores heroicos (honor, valor, lealtad) en el teatro áureo.

12 Como asegura Aguilar Piñal, «el cantar del héroe castellano, celosamente guardado en Vivar, no era desconocido a los historiadores, que aprovecharon algunos versos en sus obras» (1984: 228-229). Se refiere a los citados benedictinos fray Prudencio de Sandoval, que copia en 1601 los cuatro primeros versos —«En unos versos bárbaros notables, donde se llora el destierro del caballero, y los guarda Vivar con mucho cuidado, le llama mío Cid, que dice así:...» (41-42)—, y fray Francisco de Berganza, que hace lo mismo con los versos 998-1013 del *Cantar* en 1719, en sus *Antigüedades de España,* anotando que son «los más antiguos que he visto» y que «no exceden en referir la batalla de lo que apuntan los testimonios verdaderos» (1719: 449).

13 Al respecto puede resultar expresiva la afirmación del canónigo en el capítulo XLIX de la primera parte del *Quijote* de 1605: «En lo de que hubo Cid no hay duda, ni menos Bernardo del Carpio; pero de que hicieron las hazañas que dicen creo que la hay muy grande».

Conoció el poema y dio noticia de él el padre Martín Sarmiento en sus *Memorias para la historia de la poesía y poetas castellanos,* que se escriben antes de 1745 aunque se publican póstumamente en 1775. Según sugiere Álvarez Barrientos (2010), en 1745 Sarmiento solo conoce algunos versos, pero pudo ver alrededor de 1750 la copia del códice original, depositado en el concejo de Vivar, que había hecho Ruiz de Ulibarri en 1596. Reproduce los diez primeros versos del *Cantar* y asegura su antigüedad: a la clase de «poesías antiguas [...] pertenece este fragmento poético de la Historia del Cid, que he visto manuscrito. Sacose de un códice en pergamino, que se guarda en el Archivo del Concejo de Vivar, patria del mismo cid Campeador, pero sumamente alterado dicho fragmento, así en la medida como en los consonantes». A pesar de que confiesa no haber visto el códice original, afirma que «este Poema es el más antiguo que hay en orden a las cosas del Cid» (1775: 243-244).[14] El manuscrito pasó luego al convento de monjas clarisas de Vivar, donde se volvería a encontrar en 1775, y de allí salió por mediación de Eugenio Llaguno para que en 1779 lo publicase Tomás Antonio Sánchez (quien aseguró haberlo localizado gracias a los datos de fray Prudencio de Sandoval y fray Francisco de Berganza) en su *Colección de poesías castellanas anteriores al siglo XV* (1779, I: 220). Sánchez se queda con el códice, que llegaría después a manos del bibliógrafo sevillano Pascual de Gayangos. A su vez, este lo vendería a Pedro José Pidal, en cuyo poder estaba a su muerte. Sus herederos lo vendieron en 1960 a la Fundación March y de allí por fortuna pasó a la Biblioteca Nacional. Antes de la publicación del manuscrito, en 1766, Cándido María Trigueros, que no destaca por su inspiración literaria a pesar de su empeño, pero cuyas ideas son de una modernidad sorprendente en muchos aspectos, fue el primero en difundir los primeros versos del *Cantar*. Aún no se había publi-

14 En el único tomo de las *Obras póstumas* de Sarmiento que llegó a publicarse no se recogen más extractos ni comentarios del poema, aunque, según los manuscritos recogidos por J. M. Chacón y Calvo (1934), traslada fragmentos de la copia de Ulibarri. Chacón afirma que el códice original se conservaba en el concejo de Vivar, y «por octubre de 1596, Juan Ruiz de Ulibarry y Leyva sacó una copia de dicho original, y es la que tengo presente, y que me ha prestado un curioso. Es un tomo en 4.º, de buena letra, tiene 102 hojas, y cada llana tiene 20 o 22 versos castellanos, que llaman alejandrinos, como lo del poeta Berceo [...]. El poema de Alejandro y los poemas de Berceo todos riman de cuatro en cuatro versos. Pero el *Poema del Cid* no tiene número fijo de versos para rimar. En esto se conoce que el *Poema del Cid* es más antiguo que el poema de Alejandro y los de Berceo» (1934: 151-152).

cado la obra de Sarmiento, y es dudoso que la fuente de Trigueros fuese la misma (de hecho, Aguilar Piñal defiende que la copia que maneja es anterior en un siglo a la de Ulibarri; 1984: 227-228). Trigueros copia los primeros trece versos del *Cantar* a partir del «antiquísimo manuscrito» que asegura poseer, para una disertación sobre la rima pronunciada en la Real Academia Sevillana de Buenas Letras, con la intención de que el texto de la misma quedase allí depositado y, con él, el testimonio de los versos del *Cantar*, cosa que finalmente no ocurrió: de la misma manera que Tomás Antonio Sánchez se había quedado con el manuscrito del *Cantar*, en los años sesenta del siglo XIX José Amador de los Ríos, miembro él también de la Academia y con libre acceso a ella, se guardó el discurso de Trigueros, del que aprovechó cuantas ideas pudo para su *Historia crítica de la literatura española*. La Biblioteca Nacional lo recuperaría cuando sus herederos, a principios del siglo XX, vendieron su colección de manuscritos a la institución (Aguilar Piñal, 1984; cf. Román Gutiérrez 2017).[15]

Sánchez, en su edición del poema, ignoró por completo a Trigueros, aunque debía de tener noticia de la disertación y del hallazgo porque asistía a la misma Academia sevillana. Además, se sumó en 1779 a Pérez Bayer, que en 1774 había atacado a Trigueros por asegurar en sus *Poesías filosóficas* (1774-1778) que recuperaba el pentámetro clásico en unos versos similares a los alejandrinos; en otro de los volúmenes de estas poesías, de 1775, reconocía el propio Trigueros haber olvidado que tenía aquellos versos del manuscrito cidiano, que él considera imitación del hexámetro latino, y reproduce 13 de los 197 versos en una «Carta del autor al editor» (es decir, a Sánchez, a quien le reprocha que ignorase su discurso académico) con esta justificación: «Si antes lo hubiera reflexionado, no dejaría de reparar y acordarme que los versos de catorce sílabas o pentámetros son antiquísimos en España [...], pues yo tenía muy sobrados monumentos de la antigüedad del pentámetro castellano, tanto impresos como manuscritos», y el del Cid,

> por el estilo, lenguaje y desaliño se conoce ser más antiguo que el manuscrito de Berceo. [...] Presenté algunos años hace a nuestra Academia una copia de este manuscrito que poseo, manco al principio y fin, y muy poco correcto, para que sirviese de apéndice a mi Disertación sobre la Rima y el verso suelto

---

15 Da también noticias de las vicisitudes del poema del Cid José Cebrián (2003: 139 y ss.).

> o blanco, mas, si Vm. no la tiene presente, le copiaré aquí el principio, y en él verá Vm. ser casi todos pentámetros. (1775: f. 6v.)

La publicación del poema dio pie a una serie de reacciones que, en su conjunto, lamentaban lo primitivo de la lengua y la irregularidad de la versificación, pero lo valoraban como uno de los testimonios más antiguos de la literatura europea. Cuando Sánchez justifica la inclusión del poema (que coloca en primer lugar por su antigüedad, aunque esta no hubiera podido precisarse con exactitud) en su *Colección*, celebra que venga a cubrir el vacío existente hasta el siglo XV y destaca sus cualidades con argumentos que podrían pasar ya por románticos:

> Por lo que toca al artificio de este romance, no hay que buscar en él muchas imágenes poéticas, mitología ni pensamientos brillantes; aunque sujeto a cierto metro, todo es histórico, todo sencillez y naturalidad. No sería tan agradable a los amantes de nuestra antigüedad si no reinaran en él estas venerables prendas de rusticidad, que así nos representan las costumbres de aquellos tiempos, y las maneras de explicarse de aquellos infanzones de luenga e vellida barba, que no parece sino que los estamos viendo y escuchando. (1779: 229)

Además de su interés documental, le concede cierto valor poético: «no le falta su mérito para graduarse de poema épico, así por la calidad del metro, como por el héroe y demás personajes y hazañas de que en él se trata, conforme a las condiciones que pide Horacio para el verso heroico, en su *Arte poética*: *Res gestae regumque, ducumque et tristia bella*» (1779: 229). Pero, sobre todo, era propiamente español. Sin embargo, declara que no alcanza por completo los requisitos establecidos por los parámetros clásicos para la épica, y esta será la vara de medir que utilizarán los ilustrados e incluso algunos críticos decimonónicos. No obstante, como ha hecho notar Aradra, en esta valoración se resaltan la naturalidad y sencillez de los textos primitivos, «muestras de "la infancia" de nuestra poesía, situando siempre sus méritos y sus carencias en el tiempo de barbarie en que surgieron, cuando aún no estaba desarrollada por completo la lengua castellana» (2000: 192). Advierte Francisco Bautista que ya desde el XVIII se establecía la distinción entre el modelo homérico o virgiliano, manifestación cumbre de la poesía, y la épica medieval, elemental y tosca, a la que se le presuponía «una energía primordial, una estrecha vinculación con su entorno y un alto nivel representativo, en la medida en que en ella quedarían inscritos los rasgos fundamentales de una sociedad» (2013: 195).

Pocos años después, en 1783, se representaría la comedia de Fermín de Laviano, aficionado a los temas históricos, *La afrenta del Cid vengada,* en la que se asocia al Cid con el modelo heroico de la mitología clásica, Marte. Se centra en la afrenta de Corpes, hiperbolizando la cobardía de los infantes de Carrión frente al valor prudente del Cid y otorgando protagonismo a las hijas del héroe y su peripecia sentimental. No obstante, no parece que Laviano se inspire en el *Cantar,* sino en las crónicas,[16] al igual que otra de las escasas obras referentes al héroe, *El honrador de sus hijas* (¿1665?), de Francisco Polo: con una abundante carga barroca (incluso hay un gracioso, Tostón), toma también como argumento la afrenta de Corpes y la aliña con sueños premonitorios y debates sobre el amor. En lances próximos al Cid se inspira Josef Concha en *La diadema en tres hermanos,* que se refiere a los precedentes del primer cantar del poema, y donde el Cid adquiere protagonismo únicamente al final, al exigir el juramento al rey —se propone como «Primera parte del Cid»—; en *El más heroico español* Concha utiliza también el resorte barroco del gracioso (Chaparrín), y partiendo de la jura de Santa Gadea narra la evolución guerrera de Martín Peláez y la reparación tardía del rey Alfonso frente a la muerte del héroe.

Aunque Luzán ya recomendaba en la primera edición de la *Poética,* en 1737, como temas apropiados para la tragedia los medievales —y nacionales—,[17] lo cierto es que estas pocas obras de tema cidiano insisten en los episodios dramáticos de la jura y de las bodas y la afrenta.

Baker ha subrayado la importancia de la *Colección* de Sánchez (1779-1790) por varias razones. En primer lugar porque, en medio de la eferves-

---

16 También se interesó Laviano por el otro héroe de la épica, Fernán González: *El castellano adalid o toma de Sepúlveda por el conde Fernán González* (1785), tema este que no había sido recuperado desde *El conde Fernán González* (¿1624?) de Lope de Vega, salvo por la historia caballeresca de Hilario Santos, *Historia verdadera y extraña del conde Fernán González, y su esposa, la condesa doña Sancha,* de 1767. Ratcliffe (2002) repasa las obras dramáticas de tema cidiano a lo largo del siglo.

17 «Algunos hechos y algunos nombres son tan célebres y famosos, que hasta la gente vulgar ha entreoído algo de ellos. De esta especie son, por ejemplo, en España, los nombres y hechos del rey don Rodrigo, del Cid, del Gran Capitán, de Hernán Cortés y de otros semejantes; y lo mismo digo de otros hechos y de otros nombres también famosos y notorios en otras partes. Y sin duda alguna tales sucesos serán mejores para la tragedia que otros igualmente históricos pero menos sabidos» (1974, III, IV [VI]: 337).

cencia del neoclasicismo, se atreve a publicar textos que el propio editor califica de «venerables prendas de rusticidad», y comprende su valor histórico. Pero, además, allanaba el camino para la elaboración de la historia literaria, cubriendo un vacío no solo en la formación de la lengua castellana (por la que ya se preocupó Mayans en 1737, en sus *Orígenes de la lengua española*), sino también en la de la poesía («Verase que nuestra poesía rimada no empezó por Juan de Mena, Boscán y Garcilaso, como por falta de instrucción algunos han afirmado», escribe Sánchez en el prólogo). Las «antigüedades» literarias permiten, además, una nueva periodización, situar una edad intermedia entre la modernidad y lo que en los siglos XVI y XVII se entendía por Antigüedad. Y, sobre todo, imponen una nueva categoría estética y una mentalidad histórica y nacionalista («*nuestras* antigüedades»). Entonces, escribe Baker,

> partiendo de una revalorización a fondo de la lengua vulgar y sus expresiones primitivas, aquellas poesías tendrían un valor y un interés no porque igualaran en belleza y altura de miras las de Horacio y Virgilio en la antigüedad o las de Garcilaso (o de cualquier poeta neoclásico de mucha menos entidad) en la edad moderna. [...] Serían mejores o peores pero interesarían por un motivo poco menos que ontológico, por ser *nuestras*. A partir de esa condición radicalmente particularista tendrían un valor, ya que sin ellas no se podría hacer una historia propiamente *nacional* de la poesía. (2001: 827-829)

No todo estaba a favor del Cid, sin embargo. La publicación del poema tuvo también reacciones adversas. Juan Andrés, en la década de los ochenta, en su *Origen, progresos y estado actual de toda la literatura,* a pesar de que presta atención a la época medieval, solo aprecia el poema (al que tampoco otorga la condición de poema épico) en virtud de su antigüedad, y reconoce no haber tenido «comodidad ni paciencia» para analizar sus versos con detenimiento. El *Poema del Cid,* el de *Alejandro* y otros por el estilo, dice, que se oían en España en los siglos XII y XIII «y ahora los conservan los eruditos para conocer las primeras gracias de la Poesía», eran en realidad unas «composiciones informes» que en modo alguno merecen el sagrado nombre de poemas épicos (1784: 35-36). El recalcitrante polemista —y apologista de la nación y su pasado— Forner se enzarzó, desde su *Carta de Bartolo,* de 1790, en una polémica con Sánchez en la que, desde una perspectiva clasicista, le reprocha sacar a la luz «nuestras antiguallas» (no «nuestras antigüedades») y «gruesos tomos de notas sobre algún cartapelón del siglo XIII en loor de las bragas del Cid».

La crítica ha puesto de relieve que hacia la mitad de siglo se acercaban a los textos medievales con sentido histórico Velázquez y Sarmiento. Baker hace notar que, ante la evidencia de que se conocían, aunque fragmentariamente, textos medievales, no hubo interés por publicarlos. Los pocos que vieron la luz no tenían ninguna intención reivindicativa de los orígenes de la lengua castellana ni de la nación (2001: 820-821). Luis José Velázquez, en los *Orígenes de la poesía castellana,* de 1754, ofrece noticias sobre varios textos medievales, y entre ellas una muy cumplida del *Libro de Buen Amor,* pero no conoce, obviamente, el manuscrito del Cid; en todo caso, considera que la primera edad de la poesía castellana, «desde su principio hasta el tiempo del rey don Juan el II», equivale a su niñez (1754: 34). Sin embargo, en las *Memorias para la historia de la poesía y poetas castellanos* de Martín Sarmiento se percibe una preocupación por la historia que está ligada al sentimiento nacionalista; acepta el valor histórico del poema del Cid, al que dispensa credibilidad: los poemas de asuntos heroicos y caballerescos, «aunque han dado algún aire de valor a nuestra Poesía, han hecho mucho daño a nuestra Historia. Los de los doce Pares han mezclado tantas patrañas, que los incautos creyeron ser historia lo que era fábula; y al contrario, los que se introdujeron en los romances del Cid han ocasionado que algunos discretos creyesen ser fábula lo que ha sido historia» (1775: 240). En ambos casos, lo importante es que ya no se confronta la producción española con la Antigüedad grecolatina, sino que se inserta en el marco general del progreso del conocimiento humano. Como explica Álvarez Barrientos, su objetivo es de carácter histórico, es decir, «que se escribe la historia de la literatura nacional no para compararla con las de otros países, sino de modo autónomo y para mostrar las propias riquezas y valores» (2004: 110), lo que no impide que, como hace Velázquez, se estime en particular el Siglo de Oro: todo lo que le precede es una época de balbuceo y aprendizaje, y lo que le sigue un proceso de decadencia.

Lampillas es posiblemente el primer tratadista que se ocupa del Cid desde una perspectiva histórico-literaria. Su *Ensayo histórico-apologético de la literatura española contra las opiniones preocupadas de algunos escritores modernos italianos* (traducido del italiano por Josefa Amar y Borbón entre 1782 y 1786, pero aparecido en Génova entre 1778 y 1781) muestra, como ha señalado Urzainqui, una percepción de la historia de España «como un *continuum* existente desde un remoto pasado», y enfoca sus argumentos a la elaboración de un canon de la literatura española (2007:

663). Ejerciendo el nacionalismo particularista, en este caso frente a los ataques italianos, su objetivo será defender la preeminencia de la literatura española sobre la italiana. Y sobre todo en la poesía épica, puesto que el ejemplo más temprano que puede ofrecer la literatura italiana es el *Morgante* de Luigi Pulci, ya del siglo xv (1483), en tanto que la española cuenta con un testimonio, el del *Cantar,* muy anterior. En el capítulo que titula «Si los italianos fueron los primeros ejemplares de los poemas épicos para toda Europa» da información acerca de la poesía medieval española y antepone a los italianos el poema del Cid, si bien se trata, según el jesuita, de un «ensayo rústico». Pero utiliza esa rusticidad, la rudeza de su lengua y la irregularidad de su versificación como testimonios indiscutibles de su antigüedad: ofrece un protagonista épico digno de Virgilio y «aquella venerable antigüedad que preserva de la crítica hasta la misma rudeza, respetada en los versos del Ennio latino» (1783: 72-73).

Como la de Lampillas, también la obra de Masdeu se incardina en esa reacción nacionalista ante los ataques italianos y franceses. Es particularmente significativo el título del primer volumen de la *Historia crítica de España y de la cultura española,* que comienza a publicarse en España en 1783: *Discurso histórico filosófico sobre el clima de España, el genio y el ingenio de los españoles para la industria y la literatura, su carácter político y moral.* El libro se dirige a los lectores italianos, ignorantes de los asuntos de España y ensoberbecidos por los méritos que los españoles les reconocían; «esta ignorancia común ha producido entre ellos un concepto bajísimo de nuestra nación y de todas nuestras cosas, y una oculta soberbia que les mueve a mirarnos con aire de superioridad y de desprecio» (1783: 7-9). Su rigor histórico le hace cuestionar la veracidad de los datos ofrecidos por el poema (García Hernán, 2004: 177). Dedicaría, ya en 1805, casi la totalidad del tomo xx, y último, de su *Historia crítica de España,* a desmontar la historia del Cid que pocos años antes, en 1792, había publicado fray Manuel Risco, quien asegura basarse en un códice del siglo xiii, anónimo, escrito en latín, que él mismo había hallado en un arca en la biblioteca del convento de San Isidoro, en León. El historiador Luis de Salazar y Castro, autor de una de las censuras colocadas al frente de las *Antigüedades de España,* de fray Francisco de Berganza, había dado claras muestras de escepticismo al asegurar que, por culpa de las fabulaciones tejidas en torno a la figura del Cid, «parece ficción y patraña lo mucho que real y verdaderamente ejecutó [el Cid] en servicio de la religión, en utilidad de la patria y en obsequio de sus soberanos» (1719: s. p.). El propósito de Risco, claramente panegírico, no logra ser ocultado por las similares intenciones con las que aborda su historia: garantizar la credibilidad de las hazañas del Cid al despojarlas de las «patrañas» y la «escoria de invenciones y fábulas» que «hicieron sospechosas las mismas verdades» (1792: I-III). Masdeu fue más allá, y su conclusión es demoledora: del Cid «nada absolutamente sabemos con probabilidad, ni aún su mismo ser o existencia» (1805: CXIII y 370). Ello no impide la exaltación de las glorias medievales españolas.

Por motivos diferentes ignoraba por completo toda la producción medieval Manuel María de Arjona. En su «Plan para una historia filosófica de la poesía española», que se leyó en la Academia Sevillana de Buenas Letras entre 1778 y 1779 (y se publicó en 1806 en el *Correo literario y económico de Sevilla*), reconocía, con criterios cercanos a los románticos, una «escuela de poesía propiamente española», marcada por la genialidad, «cuyo carácter es una soltura, urbanidad y grandeza, nada artificiosa. Tan propia de la lengua española que ninguna otra la podría copiar», representada por Valbuena, Lope de Vega y Góngora «en sus buenas obras» (Comellas, 2021: 254). En su búsqueda de un lenguaje poético específico para la literatura española, Arjona relega toda la poesía anterior al siglo XVI, precisamente porque el lenguaje no reunía las condiciones modélicas requeridas (Morillo Velarde, 1984: 156). Así, «sus obras serán como las naves con que se descubrió la América, cuya forma sirve para admirar el valor y la pericia de los que se embarcaron en ellas, pero nadie las admitiría por modelo para fabricar otra igual y fiarse en ella al ímpetu del mar y el viento» (1806: 114). Aunque el «Plan» de Arjona sería rebatido por Félix José Reinoso en el mismo periódico y en el mismo año («Reflexiones sobre el Plan para una historia filosófica de la Poesía Española»), coincide con él en centrarse en el presente y, en consecuencia, en el rechazo a la poesía popular anterior (incluidos los romances) como origen de la española por carecer de arte y no ofrecer condiciones para la imitación. Similar postura es la adoptada por Alberto Lista. Si en su *Colección de trozos escogidos de los mejores hablistas castellanos,* de 1821, ignoraba por completo los textos medievales, en el artículo «Variedades», publicado en 1828 en la *Gaceta de Bayona,* admite como modelo aún no pulido a Juan de Mena, pero prescinde de «los primeros e informes partos de nuestras musas desde el siglo XII al siglo XIV» (2007: 103). Mantendrá su parecer a lo largo de los años; así en las *Lecciones de literatura dramática española explicadas en el Ateneo Científico, Literario y Artístico* de Madrid, en

1839, donde considera que «observamos aun en composiciones informes, como el poema del Cid, el de Alejandro y en los Berceos la lucha entre un idioma todavía inculto y bárbaro y el genio de la inspiración, que pugnaba por dominarlo y plegarlo a sus movimientos» (1853: III).

Antonio de Capmany, que en 1777 no había contemplado la literatura medieval en su *Filosofía de la elocuencia,* en el «Discurso preliminar» al *Teatro histórico-crítico de la elocuencia española* (Madrid, 1786-1794) reproduce algunos fragmentos como muestra de la rusticidad y sencillez de la primitiva poesía, desnuda de artificio. Asegura que los primeros poemas en lengua castellana «más se deben mirar como prosa rimada que como poesía», y solo interesan «como muestras del estado y carácter de la lengua en aquella edad de su infancia» (1786: XXXII). Recoge, tras las «Observaciones críticas», un par de fragmentos del poema, testimonio antiguo de la lengua castellana:

> Para dar una muestra de las primitivas composiciones castellanas, en el tiempo mismo que se acababa de formar o estaba formándose la lengua vulgar, esto es, desde el año 1150 hasta el de 1200, trasladamos dos pedazos del *Poema del Cid,* que no es más que una historia rimada de la vida y hechos de aquel héroe español. Esta rarísima obra, que ha logrado la luz pública por diligencia del erudito don Thomás Sánchez [...] se debe reputar por el primer parto literario en romance castellano. (1786: 1-2)

Sin embargo, su actitud en cierta medida indiferente cambiaría unos años más tarde, con la exaltación del sentimiento patriótico tras la invasión napoleónica.

Una postura significativa al respecto es también la de Quintana. A pesar de que no es muy pródigo en elogios hacia el pasado, reconoce el valor simbólico y patriótico de la figura histórica del Cid y su permanencia en el imaginario popular a través de los romances, pero no otorga valor literario al poema. Había encomiado los temas históricos, y particularmente los que retrataban a «héroes sublimes y olvidados», adornados de «grandes virtudes y almas grandes», en la poesía y la pintura en una epístola recitada en 1790, «A Valerio», y se detenía en la osadía del Cid al pedir el juramento a su rey sobre la muerte de su hermano (De Cueto, 1875: 194-196). En su «Juicio crítico» sobre *El Cid* de Corneille considera que el dramaturgo francés no hizo sino aprovechar, a partir de Guillén de Castro, el formidable asunto que ofrecían las tradiciones populares castellanas (De Cueto,

1875: 188-191). Elogia, en el prólogo al tomo XVI de la colección de Estala / Fernández, *Poesías escogidas de nuestros cancioneros y romanceros antiguos,* de 1796, los romances como composiciones populares ajenas a cualquier intención de elaboración artística, pero que conceden superioridad a la literatura española: «Desnudos verdaderamente del artificio y violencia a que precisaba la imitación [...], componiéndose más por instinto que por arte, ellos fueron verdaderamente nuestra poesía lírica [...]: pintaban felizmente las costumbres moriscas o las pastoriles, y conservaban también la memoria del Cid y de otros héroes señalados» (1796: XIV-XV; cf. Lara Garrido 2008: 387-388).

En sus *Vidas de los españoles célebres* dedica una biografía al Cid, junto con otros héroes como Guzmán el Bueno o el Gran Capitán, y en el prólogo considera la historia de España como motivo de orgullo patrio, aunque desecha leyendas y procura ceñirse a datos históricos: «¿Y cuál es la nación que no tiene sus héroes propios a quienes admirar y seguir? [...] No lo será ciertamente aquel pueblo que alzó en las montañas septentrionales de España el estandarte de la independencia contra el ímpetu fanático de los árabes»; entre sus guerreros destaca el Cid, sobre la veracidad de cuya leyenda no discute: es «objeto de inagotable admiración para el pueblo, y de eternas disputas entre los críticos». A pesar de las sombras del pasado, asegura más adelante, «en medio de semejante oscuridad se divisa un campeón, cuya fisonomía, ofuscada con los cuentos populares y la contrariedad de los autores, no puede determinarse exactamente, pero cuyas proporciones colosales se distinguen por entre las nieblas que le rodean. Este es Rodrigo Díaz, llamado comúnmente el Cid Campeador» (1807*a*: 1-2). Pero una cosa es el personaje histórico tratado en la poesía popular y otra la consideración del *Cantar* como poema épico: el criterio histórico no se aplica todavía a los textos literarios, aunque sí a los primeros intentos de construir la historia identitaria nacional.

En la misma fecha, en el primer tomo de la colección *Poesías selectas castellanas* (1807*b*), Quintana consideraría, en una frase que tuvo fortuna crítica, que el poema fue «el primer vagido de nuestra poesía». Por ello, y por lo primitivo del tiempo en que se escribió, disculpa que no llegue a ser verdadera poesía, construido «con una lengua informe, dura en sus terminaciones, viciosa en su construcción, desnuda de toda cultura y armonía; con una versificación sin medida cierta y sin consonancias marcadas; con un estilo lleno de pleonasmos viciosos y de puerilidades ridículas, falto de las galas con que la imaginación y la elegancia [adornan a la poesía]». El estado primitivo de la lengua es un obstáculo para considerar el poema, como los de Berceo y el *Libro de Alexandre,* obras «de verdadera poesía, en que se ocupasen dulcemente el espíritu y el oído». Esta es la valoración que hace del cantar (aunque su tema, dice, podría haber sido objeto digno de Homero), el *Libro de Alexandre* y los poemas de Berceo: «Allí están como en una armería estas venerables antiguallas, objetos preciosos de curiosidad para el erudito, de investigaciones para el gramático, de observaciones para el filósofo y el historiador, pero que el poeta, sin gastar tiempo en estudiarlos, saluda con respeto, como a la cuna de su lengua y de su arte». Es la construcción formal, pues, la que le impide considerar el *Cantar* como un poema épico. Y, no obstante, entiende que su asunto es superior a los de Homero: «hecho a mediados del siglo doce»,

> [es] el primer libro que se conoce en castellano y al mismo tiempo la obra primera de poesía. Comenzaba ya entonces en medio de la confusión de lenguas, causada por la invasión de los bárbaros del norte, a tomar alguna forma aquel romance, que después había de presentarse con tanto brillo y majestad en los escritos de Garcilaso, Herrera, Rioja, Cervantes y Mariana. A considerar la obra por el argumento solo, pocas habría que le aventajasen, del mismo modo que pocos guerreros podrían disputar a Rodrigo de Vivar la palma de las proezas y el heroísmo. Su gloria [...] ha pasado de siglo en siglo hasta ahora, por medio de infinidad de fábulas que la admiración ignorante ha acumulado en su historia. Consignada en poemas, en tragedias, en comedias, canciones populares, su memoria semejante a la de Aquiles ha tenido la suerte de herir fuertemente y ocupar la fantasía. Mas el héroe castellano, superior sin duda al griego en esfuerzo y en virtudes, ha tenido la desgracia de no encontrar un Homero. (1807*b*: XIII-XVI)

Insiste en 1833, en la «Advertencia» preliminar al volumen III de las *Poesías selectas castellanas. Musa épica,* en la ausencia de poesía épica en la Edad Media española, pues los poemas medievales carecen de imaginación y se apegan a los hechos, además de mostrar rusticidad en su lenguaje. Y lo lamenta, porque

> lo que por la lejanía de los tiempos, y por la oscuridad e incertidumbre de los monumentos, no le es dado descubrir y contar a la Historia, la Musa épica se lo inspira y revela al poeta [...]. Armas, leyes, artes, costumbres, familias, lenguaje, pasiones, todo cuanto constituye el carácter y fisonomía de un pueblo, todo lo que concurre a su prosperidad y a su gloria, todo está allí, y todo se aprende y se cita con igual aplauso que veneración.

Advierte que no tiene la intención de elaborar una historia de la épica, que, si siempre ha de ser corta porque es escasa su materia, en el caso español es, al decir de Quintana, prácticamente inexistente: no pretende «dar la historia de la epopeya entre nosotros: en todas las literaturas esta historia es muy corta, porque son pocos los hechos sobre que tiene que discurrir. En la nuestra sería del todo ociosa, por no decir importuna, pues que no habiendo en rigor ningún buen poema épico en castellano, era por demás hacer la historia de un arte que no ha existido». No tiene, pues, el *Cantar* relevancia alguna. La épica, para Quintana, se reduce a la producida durante su mejor época, de 1570 a 1620. «Lineamientos informes», son los versos del *Cantar*. Por ello,

> la razón y el buen gusto, no pudiendo leer sin pena, ni acabar sin fastidio la mayor parte de estas producciones, ya informes e indigestas, ya desaliñadas y frías, les niegan irremisiblemente el nombre de epopeyas, respondiendo a las pretensiones vanas o ambiciosas de la erudición y de la bibliografía que en este género de competencia y concurso la muchedumbre perjudica en vez de aprovechar.

Y es que tanto el *Cantar* como otros poemas medievales, que estima sorprendentemente apegados a la verdad de los hechos (el *Libro de Alexandre,* las obras de Berceo, el *Poema de Fernán González* e incluso los romances históricos), «carecían de poesía y de ficciones» (1833: 1-6). Como dispensa a la poesía épica un papel primordial en la configuración de las naciones, suple su ausencia en España con la poesía popular, los romances, verdadera poesía nacional de un pueblo que los considera su principal modo de expresión. Parece, pues, que Quintana distingue muy bien, por un lado, la historia patria, para él encomiable, y la literatura popular, los romances, que recogen las gestas de los héroes, juzgada ya con criterios románticos, por otro. No será el único: como veremos, los romances serán considerados como la poesía épica de los españoles, con el valor añadido de poseer la condición de documentos históricos.

Unos acontecimientos decisivos

Creo que resulta evidente, pues, cómo la reivindicación de la Edad Media que se atribuye al movimiento romántico, y que se manifiesta claramente en la literatura de la primera mitad del siglo XIX, no surge repentinamente a partir de la estimación de los románticos alemanes (fundamental, por otra parte) en la que ahora me detendré, sino que se inscribe en la afirmación de la identidad y la nacionalidad españolas, a través de figuras señeras del pasado, que se venía preparando desde el siglo anterior y que había hecho del Cid un referente popular. La presencia de temas y personajes medievales en el siglo XVIII «abrirán el camino al romanticismo medieval que lo llenó todo en la centuria siguiente», escribe Mariano de la Campa (2019: 4).

Hay que contar con un cambio evidente que se produce a partir de acontecimientos determinantes. El primero de ellos, la Revolución francesa, convirtió al pueblo en protagonista de la historia, propició el descubrimiento de la fuerza de las masas y contribuyó a conformar el siempre conflictivo concepto de *nación* (de ello daba cuenta Madame de Staël en su *De la literatura considerada en sus relaciones con las instituciones sociales,* de 1800). Como escriben Thion-Soriano y Urrutia, la Revolución reveló

> la conciencia de que las élites sociales ya no podían actuar en ningún campo sin [tener en cuenta las masas]. La lectura de Mme. de Staël [...] permite comprobar cómo, desde época temprana, se comprendió que la ruptura revolucionaria no era solo política o social, sino también estética, y de qué modo las élites intelectuales tenían que replantear su relación con las masas y encontrar una salida a la confusión. Ello explica las distintas soluciones románticas, tan contradictorias en su nacionalismo y su internacionalismo, en su religiosidad y su gusto por lo demoníaco, en sus extremosidades y en su contención. (2013: 9)

Pero fue la decisiva y violenta reacción popular y nacionalista de los españoles ante la invasión napoleónica la que facilitó finalmente el cambio de la imagen de la nación en toda Europa y extremó el sentimiento patriótico.[18] La guerra de la Independencia contribuyó a asentar la visión de un país noble, heroico y por ende cargado de poeticidad. El pueblo se convertía, ahora con toda verificabilidad, en protagonista de su historia (lo que, por otro lado, no impidió después su manipulación política), imponiendo su apasionamiento sobre la razón. El orgulloso Napoleón se vio humillado

18 Xavier Andreu cuestiona el nacionalismo del levantamiento: «Desde hace algunos años, los estudios sobre la guerra de España han demostrado que el levantamiento popular tuvo menos de nacional de lo que más tarde recrearon los propios españoles. Tampoco fue unánime y respondió a situaciones y a motivaciones muy diferentes y en ocasiones contrapuestas» (2016: 65).

por un pueblo al que consideraba inferior, mientras que se le habían sometido muchos otros, y más poderosos, de Europa. Aunque a partir de 1820 los liberales marginarían al pueblo y cuestionarían su función política, lo cierto es que la insurrección frente a las tropas napoleónicas le otorgó un prestigio y una capacidad que nunca había tenido. La imagen del pueblo, sobre todo en el ámbito rural, se terminó consolidando (gracias en buena medida a los moderados) y ofreciendo una imagen genuina del país que aglutinaba virtudes como la religiosidad, la fidelidad, la rectitud y las tradiciones (Fuentes, 2000: 60-63; Álvarez Junco, 2001: 134-149).[19] La victoria sobre Napoleón cambió la actitud de los europeos hacia España, una actitud ahora admirativa: Madame de Staël, por ejemplo, la entendió como el resurgir del antiguo carácter español. Aunque con rasgos de barbarie, se elogiaba a los españoles por su defensa de la libertad, su religiosidad y carácter irreductible (Andreu, 2016: 61-63). La reivindicación de lo popular, por otra parte, tenía también un claro componente nacionalista en la medida en que se asociaba a lo genuino, a lo particular de la nación española, que habría de suscitar la admiración de los románticos europeos.[20]

Además, la consecuencia inmediata del levantamiento, la Constitución de 1812, marcaba un punto de inflexión en el sentimiento nacionalista:

19 Los liberales moderados, tras el restablecimiento de la Constitución en 1820, tienden a despolitizar el término e incluso dejan de abogar por la educación del pueblo; los exaltados, en cambio, otorgan todo el poder a la soberanía popular. Los absolutistas, por su parte, se apoyaban en el pueblo, que había legitimado a Fernando VII. Hace notar Fuentes (2000: 62-64), que estudia en varios de sus trabajos cómo el siglo XIX convierte al pueblo en un mito, que los sectores moderados tanto del absolutismo como del liberalismo manifiestan reserva y desconfianza con respecto al pueblo, mientras que los exaltados de ambos bandos defendían una imagen idealizada en la que tenían su asiento virtudes como el heroísmo, la sencillez, la pasión. Sin embargo, desde otros sectores es evidente la animalización del pueblo, considerado como una bestia, pues si su fuerza y su instinto le pueden hacer un valioso instrumento de la justicia, por otro lado es dudoso que tenga juicio, razón y criterio para administrar su energía, y esta imagen llegaría a algunos grabados de Goya bien conocidos. En 1820, tras la guerra, y una vez restablecida la Constitución, los liberales giran hacia el conservadurismo y se desentienden del pueblo como elemento digno de tenerse en cuenta en el espectro político y social; aunque en público se ponderan su valor, su entrega o su generosidad, en privado se le condena, como hacía Jovellanos, por su ignorancia y brutalidad.

20 Todavía Amador de los Ríos comenzaría su magna obra historiográfica enlazando con la polémica nacionalista dieciochesca iniciada con el texto de Masson de Morvilliers, manejando las oposiciones popular / culto, genuino / foráneo (Pozuelo, 2000).

como asegura Pérez Isasi, es en ese momento cuando se introducen en el vocabulario y en la mentalidad españolas términos y conceptos como *soberanía nacional*, *pueblo* o *nación*, representación explícita del primer nacionalismo español, de carácter liberal (que enarbola la bandera de la libertad y la independencia encarnadas en el pueblo), a la vez que, también en Cádiz, y de la mano de Nicolás Böhl de Faber, se fragua «un nacionalismo de signo completamente distinto: el germen del posterior nacionalismo católico conservador, íntimamente relacionado, en este caso, precisamente con la crítica literaria» (2006: 532-533); este otro nacionalismo, por su parte, identifica la independencia frente a los invasores franceses con la guerra contra el islam, y para ello se sirve de un Medievo heroico en el que religión y monarquía estaban indisolublemente unidas (Nieto Soria, 2013: 32) . La férrea defensa del pueblo español con ocasión de la invasión napoleónica encontró enseguida un referente en los héroes castellanos frente a la invasión de los árabes, hasta el punto de que se establecen paralelismos entre las Cortes de Cádiz de 1812 y las Cortes medievales (Pérez-Prendes, 1962); por otro lado, la necesidad de legitimar la nueva Constitución posibilita la recuperación del mito gótico: las leyes tienen su base en las de la monarquía visigótica, y por tanto no son foráneas ni revolucionarias (Nieto Soria, 2013: 31-32).

Por esos años, también los románticos alemanes estaban concediendo al pueblo un enorme valor desde la perspectiva artística e ideológica. En la década de los ochenta del siglo XVIII, Herder acuñaba su concepto de *Volksgeist* (idea que estaba ya en Montesquieu, en sus *Ideas para una filosofía de la historia de la humanidad*, 1784-1791), el espíritu singular de cada pueblo, asociado a una fuerza creativa que se expresa a través de su lengua y su literatura, y planteaba la importancia de sus raíces históricas y culturales, especialmente en el arte y la literatura. Se trataba de un espíritu colectivo que había dado lugar a las grandes creaciones artísticas o a las más grandes gestas heroicas en cada nación frente a las leyes universales de la tradición clásica, que proponía el individualismo como determinante del devenir histórico. Este es el origen de un nacionalismo que pondera la fuerza creativa peculiar de cada pueblo, vinculado con su propio pasado: la lengua y la poesía están determinadas cultural y geográficamente, y en ellas expresa cada nación su espíritu propio. La mirada al pasado lleva a Herder a reivindicar la poesía popular medieval, y entre ellas los romances cidianos españoles, que traduce desde la década de los sesenta (Calzada Borrallo, 2022: 75). Otorga tanto relieve a la figura del

Cid que versiona esos romances en 1802.[21] Las ideas de Herder fueron difundidas por los Schlegel: Friedrich, en las conferencias impartidas en Viena en 1812 que conformarían la *Historia de la literatura antigua y moderna,* de 1815, traducida al francés en 1829 y al español en 1843, y August Wilhelm en sus *Lecciones sobre arte dramático y literatura* en tres volúmenes publicados entre 1809 y 1811, traducidos al francés en 1814 como *Cours de littérature dramatique.* Ambos valoraron la vinculación de los pueblos con su pasado, que les dota de originalidad y particularidad, y consideraron especialmente rico el español, oscurecido por el clasicismo que imponían modelos franceses e italianos. August reivindica la literatura antigua castellana: en la decimosexta lección del tercer tomo, dedicada al teatro español, contrapone al clasicismo pagano y la rigidez de sus reglas universales el romanticismo cristiano e individualista, singularizado en cada nación; en España ese romanticismo está representado por el espíritu caballeresco de los romances antiguos y los dramas del Barroco, en especial los de Lope de Vega y Calderón, que habían sido denostados por los neoclásicos, contra cuya preponderancia cultural ya habían reaccionado los alemanes.[22] Al descubrimiento de la literatura medieval española hubo de sumarse la valiente resistencia popular al invasor francés, ateo, por más señas; además, a diferencia del clasicismo francés, los autores españoles del Siglo de Oro habían dejado correr su imaginación libremente. Así, Schlegel anima a los españoles a alejarse de propuestas foráneas como la francesa[23] y volver los ojos a su poesía medieval para tomar

---

21 *Der Cid. Geschichte des Don Ruy Díaz Grafen von Bivar. Nach Spanischen Romanzen besungen durch J. G. Herder.* La versión de Herder se hace a partir de algunos romances españoles y traducciones francesas. Hermann Tiemann (*Das spanische Schriftum in Deutschland von der Renaissance bis zur Romantik. Eine Vortragsreihe,* Hildesheim, Georg Olms Verlag, 1971 [1936]: 133) asegura que no fue Herder el primero en descubrir los romances españoles, sino Johann Wilhelm Gleim (1719-1803), un poeta imitador de los clásicos, que dio noticia de ellos en 1762. Cf. Rodiek (1995) y M. I. Teresa Zurdo Ruiz-Ayúcar, «Fórmulas y locuciones formularias con función narrativa en la versión alemana del *Cantar de Mío Cid*», en Blanco García (2010: 37-54, 38).

22 La actitud anticlasicista está ya en Herder. Escribe Fernández Prieto que los «ecos de la filosofía de Herder resuenan en la exposición de [August W.] Schlegel, en el concepto de *literatura* como producto orgánico del espíritu de cada nación, en el rechazo de la imitación, siempre esterilizante para las artes, y del despotismo en el terreno del gusto» (2011: 471).

23 Propuesta con la que entra en contradicción flagrante: la Revolución había liquidado el Antiguo Régimen, bárbaro y despótico; el medievalismo convertía el pasado en el origen de las virtudes de la nación.

como modelo su espíritu, representativo del carácter del pueblo castellano, descendiente de los godos, defensor de Europa frente a los árabes, religioso y celoso de su libertad, y cuyos valores encarnan la esencia romántica: el *Volksgeist* español tenía su origen en las gestas heroicas, cantadas por los romances, y en la imaginación de los escritores áureos (1814: 256-258).

Pero será su hermano Friedrich, que consideraba imprescindible un periodo poético primitivo para la constitución del carácter nacional de un pueblo, quien se fije en el poema del Cid, el más poderoso ejemplo de nacionalidad:

> El poema histórico del Cid da a la España una ventaja peculiar sobre muchas otras naciones, pues es el género de poema que influye más inmediata y poderosamente sobre los sentimientos nacionales y también sobre el carácter de un pueblo. Un solo recuerdo cual el del Cid es de más precio para una nación que bibliotecas enteras de simples producciones del espíritu y de la imaginación, sin ofrecer un contenido de interés nacional. [...] No se encuentra en él ningún vestigio de ese gusto oriental que tiende naturalmente hacia lo maravilloso y fabuloso: es el espíritu puro, noble y sincero de los antiguos castellanos, y es probable que la historia del Cid fuese presentada y divulgada bajo la forma de poema histórico heroico, poco tiempo después de acaecidos los sucesos que refiere.

Para F. Schlegel, Castilla contiene la esencia de lo español, y el del Cid es «el solo gran poema nacional que poseen los españoles». La literatura española, por ese carácter nacional, es superior a la italiana, de índole individualista; «bajo el aspecto del mérito de la nacionalidad, la literatura española ocupa el primer lugar»,[24] escribe. Las *Lecciones de estética* (1828-1829) de Hegel refrendarían estas ideas: el Cid, al que destaca entre otros héroes europeos por su defensa del honor y su nobleza, no solo es el «héroe poético de la caballería nacional romántica», sino que también el *Cantar* que narra sus hazañas es un «auténtico poema nacional». Si los temas épicos representan «intereses, gestas y caracteres medievales todavía completamente *nacionales*»,

> ha ante todo de nombrarse aquí al Cid. El valor que esta flor del heroísmo nacional medieval tuvo para los españoles lo han mostrado épicamente estos

24 *Geschichte der alten und neueren Literatur*, Viena, 1812. Cito por la traducción española (1843: I, 333-334; II, 91-94).

en el *Poema del Cid* y luego, con arrebatadora excelencia, en una serie de romances narrativos que en Alemania ha dado a conocer Herder. Es un collar de perlas, cada cuatro singular sólidamente redondeado en sí, y sin embargo todos tan concordantes entre sí que se ensartan en un todo: por entero en el sentido y espíritu de la caballería, pero al mismo tiempo nacionalmente españoles; ricos en contenido y llenos de multilaterales intereses por lo que se refiere al amor, el matrimonio, al orgullo familiar, al honor y a la soberanía de los reyes en la lucha de los cristianos contra los moros. Todo esto es tan épico, tan plástico, que solo se nos presenta la cosa en su excelso contenido puro y sin embargo con una riqueza de las más nobles escenas humanas es un despliegue de las más espléndidas gestas y al mismo tiempo con una tan bella, encantadora corona, que nosotros los modernos podemos ponerlo junto a lo más bello de la antigüedad. (1989: 138, 759, 198, 739)

Conviene Álvarez Junco (2001: 227-228) con Jusdanis (1990: 28-61) en que las construcciones mentales fructifican cuando se apoyan en la lengua, la literatura, la cultura, en suma; la construcción nacional se sostiene en relatos y leyendas colectivas. Si el Medievo (reivindicado también en otros países, como en el caso de Inglaterra, sobre todo a través de Walter Scott) se interpreta ahora como una época sublime, cargada de nobles valores y esencialmente poética, España se convertía en la nación romántica por excelencia, al disponer de un pasado (y unos testimonios de ese pasado) concordantes en todo con las ideas de los iniciadores del movimiento: heroísmo, caballerosidad, religión, respeto por la monarquía. Los romances españoles, que dieron lugar a la denominación del movimiento, representaban la expresión natural del pueblo español. El resultado fue que las características nacionales que habían sido denostadas por los críticos franceses como señales de la barbarie del país se convirtieron en signo admirable de singularidad, como lo demostró el éxito de la versión del romancero medieval castellano publicado por la «Bibliothèque des Romans» entre 1782 y 1784.

Tales ideas se difunden ampliamente por Europa, sobre todo gracias a los escritos de Madame de Staël. En España tienen su mayor altavoz en Nicolás Böhl de Faber, que defenderá un nacionalismo conservador basado en el catolicismo, la lealtad a la monarquía y los valores heroicos y tradicionales, acrisolados en las creaciones artísticas propias de la nación, los romances, que recogió en su *Floresta de rimas antiguas castellanas* entre 1821 y 1825. Como escribe a Martín Fernández de Navarrete en 1821, la recuperación de textos primitivos que se está llevando a cabo en Inglaterra y Alemania fue el motivo de que se desterrara «la desgraciada imitación de los griegos y latinos, que tanto tiempo había trabado al genio, y se reconoció que nada puede hablar verdaderamente al corazón y al alma sino lo que es nacional». Este es el motivo que le impulsa a recuperar los romances españoles, que «hacen las delicias de los alemanes y han sido generalmente admirados», y que otorgarán marchamo nacional a «sus instituciones tanto civiles como literarias» (*apud* Fernández Prieto, 2011: 469; Pérez Isasi, 2006). Aunque Böhl de Faber y su esposa, Frasquita Larrea, habían dado a conocer con anterioridad diversos escritos al respecto, fue la publicación de las «Reflexiones de Schlegel sobre el teatro, traducidas del alemán», incluidas en el *Mercurio Gaditano* en 1814, las que desataron la polémica con José Joaquín de Mora (de postura moderada y cercana al clasicismo), una de las controversias de mayor calado por lo que al movimiento romántico se refiere, y profusamente estudiada. En su respuesta a Böhl de Faber, Mora contradice su visión idílica de la época medieval, que considera bárbara y violenta, actitud que cambiaría años después, durante el exilio en Londres.

Fernán Caballero, cercana a las ideas de su padre, convierte el primitivismo y la rusticidad del Medievo español en modelo de tradiciones sencillas y de valores morales tradicionales vinculados a la identidad nacional (Flitter, 1998), que asimila, como su padre, al orden del Antiguo Régimen (Álvarez Junco, 2001: 388-391). Para Fernán, los romances «han servido no solo para mantener noble y patriótico el espíritu nacional, sino para esclarecer sucesos históricos y dar a conocer en todos tiempos el espíritu y sentimiento general en que se compusieron». Cuenta Fernán cómo Antoine de Latour consideraba que el romancero «es la *Ilíada* de España, es un espejo inmenso y desigual en que se refleja su nacionalidad entera, con sus aspiraciones, sus instintos, sus pasiones y sus creencias en todas las épocas» (1994: 65-66). Desde su ideología tradicionalista, utiliza figuras medievales representativas con propósito nacionalista. Escribe en *Clemencia:*

> Que un país sin pasado, sin historia, sin nacionalidad, sin tradiciones, adopte un carácter ajeno por no poseerlo propio como ha hecho la América del Norte adoptando el inglés, y la del Sur adoptando el español, se comprende. Pero que se afanen por hacer esto algunos hijos del país de Pelayo y del Cid, de Calderón y de Cervantes, para desechar el suyo y adoptar el ajeno, es lo que no concibe ni el patriotismo, ni la sana razón, ni el buen gusto,

y, en boca de uno de los personajes, «sería difícil hallar una nacionalidad más genuinamente fina y elegante que la española» (1984: 267-268, 291).

Resulta, pues, evidente que es en los inicios del siglo XIX cuando el pensamiento nacionalista interpreta la nación y la patria desde una perspectiva casticista, que convierte una serie de valores entre los que destacan la fe, el espíritu de independencia, la valentía y el heroísmo en elementos esenciales e inmutables de un pueblo a lo largo de la historia (cf. Nieto Soria, 2007: 84 y ss., y Ríos Saloma, 2005). Todos ellos conformarán el «carácter nacional» al que apuntaban los ilustrados, o, en términos románticos, el *espíritu del pueblo* español. La mitificación del pasado medieval será un elemento decisivo en la configuración de ese espíritu, y todo ello, como vimos, acentuado a raíz de la invasión napoleónica (que remitió a la invasión árabe del pasado). Como asegura Álvarez Junco, solo la reacción contra los franceses movió a apelar a las masas para defender los valores populares tradicionales, incluidas las corridas de toros, que proporcionaban la necesaria fiereza (Álvarez Junco, 2001: 137-138; Romero Tobar, 2012: 16). Antonio de Capmany, que se había mostrado antes tan tibio con la producción literaria popular, será en la primera década del siglo XIX el principal valedor de esta idea, apostando por un concepto de *patria* historicista y casticista: el heroísmo histórico será el elemento decisivo, según Capmany, para transformar a un conjunto de vasallos en nación y a un país en patria. Estalla lleno de patriotismo en su *Centinela contra franceses,* discurso escrito en 1808 y publicado ese mismo año, en realidad un ataque inmisericorde a Godoy y Napoleón. En él arenga a la guerra en la que él mismo se alista, bien es verdad que con su pluma, para defender la libertad. «La patria corre peligro», comienza diciendo. Y más adelante:

> Con esta guerra volveremos a ser españoles rancios a pesar de la insensata currutaquería, esto es, volveremos a ser valientes, formales y graves. Tendremos patria, la amaremos y defenderemos [...]. Tendremos costumbres nuestras, aquellas que nos hicieron inconquistables a las armas y a la política extranjera. Cantaremos nuestras jácaras, bailaremos nuestras danzas, vestiremos nuestro antiguo traje. Los que se llaman caballeros montarán nobles caballos, en vez de tocar el fortepiano y de representar caseros dramas sentimentales apestando a francés. Volveremos a hablar la castiza lengua de nuestros abuelos, que andaba mendigando ya, en medio de tanta riqueza, remiendos de jerga galicana.

Tiene una enorme conciencia de la importancia de la lengua en la contrucción de la nacionalidad, y en este sentido, y viendo «afeminada la severidad española» por la influencia francesa, confiesa que su defensa del castellano frente a los galicismos tiene un propósito «más político que gramatical. Donde no hay nación, no hay patria, porque la palabra *país* no es más que tierra que sustenta personas y bestias a un mismo tiempo». Y con sentimiento patriótico, también, reivindica la poesía popular, ligada estrechamente al carácter nacional:

> Los poetas, que hasta aquí no se dedican sino a cantar amores y victorias en composiciones heroicas y líricas, podrían ejercitar su talento en letrillas y romances populares que despertasen ideas de honor, valor y patriotismo, refiriendo proezas de esforzados capitanes y soldados nuestros en ambos mundos, ya contra indios, ya contra infieles, ya contra enemigos de la España en África, Italia y Flandes, pues hartas ofrece la historia.

Encuentra en la historia pasada ejemplos del carácter castizo y tradicional español; los propios españoles, dice, «parece que han olvidado la nobleza de su origen, la grandeza de su tierra y la gloria de sus antiguas hazañas, desde que han perdido sus costumbres, sus usos, sus modales, su traje, su idioma, y hasta sus preocupaciones» (1808: 1, 17-18 y 71-75). Defiende, en suma, que el pueblo es la nación y expresa el espíritu nacional (el *Volksgeist*) espontáneamente y por lo tanto mejor que las élites corrompidas por la cultura. Para Álvarez Junco (2001: 137-139), el enaltecimiento del pueblo por parte de Capmany denota ya una actitud plenamente romántica, frente al apego a las formas del Antiguo Régimen que mantienen todavía ilustrados como Jovellanos. Es esta la idea que se termina imponiendo, incluso desde el punto de vista político: el pueblo es el depositario de la fuerza moral de una nación, dado que en él los sentimientos dominan sobre la razón y la cultura. Y ello a pesar de la actitud vacilante y contradictoria de las élites con respecto al pueblo: la crítica de su bestialidad, fruto de su ignorancia, alterna con el elogio de su autenticidad y, cómo no, de su arrojo en la lucha contra los franceses (Fuentes, 2000: 60-64). En cualquier caso, manifiesta la necesidad de acudir a héroes y mitos épicos para la consolidación de la nacionalidad.

Resulta al respecto muy significativo que, en la mencionada colección de *Poetas líricos del siglo XVIII* de Leopoldo Augusto de Cueto, la tibieza de los apelativos al Cid («brioso», «esforzado») se transforme en exaltación en los poetas cuyas composiciones son ya de principios del XIX, y a raíz de la invasión napoleónica siguen la senda que había iniciado Cadalso: encuentran a los valientes defensores de la patria invadida como émulos o descendientes del Cid. Espigo unos cuantos ejemplos: Arriaza, que celebra en 1808 la entrada de los ejércitos victoriosos en Madrid, dice a la patria que «tiempo es ya que altiva / la frente levantes, / pues llegan triunfantes / los hijos del Cid»; o, a raíz de la llegada de Fernando VII en 1814, exclama: «¡Qué bien sientan los laureles / en la frente de los fieles, / que a su buen rey aclamando / fueron bravos en la lid! / Cuando hay reyes cual Fernando, / hay soldados como el Cid», recordando el famoso verso del *Cantar* «¡Dios, qué buen vassallo, si oviesse buen señor!». No se arredra de utilizarlo más tarde en una composición satírica, en la que un Cid chusco y por añadidura muerto, pero valeroso, se contrapone a la desidia del ejército español en un barco situado frente a Orán: «¡Oh si el buen Rodrigo levantara / de la sepulcral lápida el volumen, / sacando al sol su macilenta cara! / Si no se ahogara en risa, que me emplumen, / aun no juzgando digno de su enojo / a cuantos de valientes hoy presumen. / Por cierto, nos diría, ¡lindo arrojo / es acechar los moros a distancia / donde apenas se ven con el anteojo! [...] / Más gente de la bárbara canalla / ha espachurrado a coces mi Babieca / que tantas balas, bombas y metralla. / Difunto estoy, y si me da jaqueca / y casualmente pego un estornudo, / ¡temblará el zancarrón allá en La Meca!» (1875: 77, 84-85, 135). También Dionisio Solís, todavía en 1823, escribe una oda sobre la invasión napoleónica en la que acude al Cid como cifra de los héroes castellanos: «¿Y cuál más fértil, / cuál más fecundo en héroes cría el cielo / que el hispánico suelo? / ¡Patria del Cid y patria de Padilla! / ¡Oh, tú, ínclita Castilla!» (1875: 262). Juan María Maury, por su parte, ensalza las cualidades del personaje traspasadas a su caballo, Babieca, a quien dedica una octava (1875: 164).

El Cid y el Romanticismo

A tenor de lo anterior, resulta evidente que en los inicios de la centuria la predilección por los temas medievales habrá de comportar una especie de casticismo vinculado a ideas tradicionalistas (enaltecimiento de la religión y la monarquía) frente a las novedades revolucionarias (Flitter, 2000: 71-73).[25] Entre las figuras señeras del Medievo, el Cid ofrecía unas condi-

25 El Romanticismo, en su empeño por encontrar lo que singulariza a cada nación, ve en la otrora olvidada España un singular caso de aislamiento y, por ende, de incontaminación. El atraso secular ajeno al pensamiento ilustrado europeo, la herencia árabe o las tradiciones folclóricas y populares —lo «pintoresco», en suma— ofrecen de España

ciones inmejorables para erigirse en expresión de los ideales del pueblo, y eso a pesar de que, como ha escrito Mercedes Comellas, la Edad Media para los hombres de los siglos XVIII y XIX, y especialmente para los románticos, era un lienzo en blanco en el que cada cual plasmaba su propia interpretación (2022: 25). El Cid encarnaba unos valores individuales (arrojo, valentía, sentido de la independencia junto con una profunda lealtad monárquica), que la nación había asumido como representativos y propios al convertir al héroe en modelo ejemplar. La exaltación nacionalista recurre al mundo de la épica, y de ahí la enorme profusión de romanceros cidianos, con los que se trataba de suplir la escasez de poemas épicos nacionales. Hay a lo largo de la primera mitad del siglo numerosas ediciones de romanceros o crónicas rimadas, a veces en pliegos sueltos (ya de 1701 es el *Pasillo del Cid Campeador,* impreso en Córdoba), lo que demuestra el interés de las clases populares por el personaje, y cuidadas ilustraciones, como las que Federico de Madrazo litografió en 1835 para el romancero del Cid, y que se publicarían en *El Artista*. Resulta curioso que el otro héroe épico español, el conde Fernán González, tenga una presencia mucho menor en la literatura de la época: la novela histórica *El conde Fernán González* (1842), de Narciso Buenaventura; los dramas *La libertad de Castilla o el conde Fernán González* (1845), de Antonio Ramírez Arcas, y *Fernán González* (1847), de Pedro Calvo Asensio y Juan de la Rosa González.

En 1808, cuando la ocasión lo propició, el pueblo hizo alarde de las mismas cualidades épicas frente a los invasores, que no eran ahora los moros, sino los franceses, emulando a los héroes de la Reconquista. Esta identificación del pueblo español con las figuras legendarias de su pasado histórico no pasó inadvertida a los europeos.[26] Los ingleses, tal vez por sentirse solidarios con otros países frente a la amenaza napoleónica, vinculan el heroísmo del pueblo español en la lucha contra el invasor francés con héroes como Pelayo o el Cid. Robert Southey tradujo en 1808 la *Crónica del Cid,* bien es verdad que menospreciando, en general, la calidad de los romances españoles y en concreto los del Cid; no obstante, en 1814, en la

---

una imagen bárbara, pero auténtica, muy grata a los viajeros románticos. Cf. Francisco Calvo Serraller, *La imagen romántica de España. Arte y arquitectura del siglo XIX* (Madrid, 1995: 15 y ss.).

26 Puede consultarse al respecto Galván y Banús (2004).

reseña al libro de Samuel Johnson *The Works of the English Poets* (1771) que publica en *The Quarterly Review,* escribe que, a pesar de la rudeza del lenguaje, es el poema más cercano a la épica homérica:

> The Spaniards have not yet discovered the high value of their metrical history of the Cid as poem. They will never produce any thing great in the higher branches of art till they have cast off the false taste which hinders them from perceiving it. It may be asserted, without fear of refutation, that of all poems which have been written since the *Iliad*, this is the most Homeric in its spirit.[27]

Coleridge, en sus *Letters on Spaniards,* publicadas en *The Courier* entre diciembre de 1809 y enero de 1810, identifica la actitud de los españoles con la de los antiguos castellanos y el Cid; Wordsworth, cuando manifiesta su rechazo al convenio de Sintra entre ingleses y franceses («On the Convention of Sintra», 1809), que le pareció vergonzoso, ofrecía como contrapartida a los valerosos españoles, herederos de Pelayo y el Cid. Algo más tarde, en 1825, aparece la recopilación de Georges Bernard Depping, *Colección de los más célebres romances antiguos españoles, históricos y caballerescos, publicados por G. B. Depping, y ahora considerablemente enmendada por un español refugiado,*[28] que tuvo éxito editorial en España: los anónimos editores de 1842 y 1848 dedican la obra, profusamente ilustrada por artistas españoles para dar «todo el realce de que es capaz», «al heroico ejército español». Y aseguran que «no dudamos que será bien recibida del público, como lo fue en Inglaterra, y especialmente en Alemania, donde se tiene en más estima que en nuestro país esta antigua literatura *exclusivamente española*» (la cursiva es mía).[29] De 1844 es *El Cid. Romances históricos. Edición aumentada y adicionada con las notas de Depping.*[30]

---

27 Vol. XII, n.º 23, pp. 60-90, 64.

28 Londres, Librería de Bossange and Co. / Librería de V. Salvá; Vicente Salvá y Pérez es el anónimo «refugiado español».

29 *El Cid: edición rica y esmerada* (Barcelona, Antonio Bergnes, y Barcelona, Juan Oliveres, respectivamente).

30 Palma, P. J. Gelabert. Cf. al respecto Alicia Laspra Rodríguez, «La poesía romántica inglesa y la guerra peninsular: resonancias de un conflicto», *Spagna contemporánea,* 34 (2008), pp. 1-25; Félix Rodríguez Rodríguez, «Retrato de intermediario literario con figura de Campeador al fondo», en Blanco García (2010: 83-89), y Diego Saglia e Ian Haywood, *Spain in British Romanticism,* Londres, Palgrave-Macmillan, 2018, especialmente los siguientes trabajos: Diego Saglia e Ian Haywood, «Introduction: Spain and

Más tardío fue el eco de los personajes históricos y legendarios en Francia: Damas-Hinard traduce en 1844 el *Romancero general* de Durán y en 1858 el *Cantar del Cid,* ambas ediciones con introducción y notas que, al decir de Amador de los Ríos, están encaminadas a subrayar la supremacía cultural y literaria de Francia (1861, I: 172-173). Víctor Hugo compone en 1859, con absoluta libertad imaginativa y errores evidentes, *El romancero del Cid* (1859), luego incluido en *La leyenda de los siglos,* de 1883; Leconte de Lisle incluye dos poemas en la primera entrega de sus *Poèmes barbares* (uno sobre el Cid, otro sobre Jimena) en 1862, y Barbey d'Aurevilly escribe hacia 1872 su poema «El Cid Campeador», que, sobre la leyenda del gafo, traza una imagen humana y compasiva del héroe. Más tarde, en 1885, se representa la ópera *Le Cid,* de Jules Massenet, cuyo libreto se inspira en la obra de Corneille. En Alemania se difunden los trabajos pioneros de Herder, y no faltan ediciones posteriores de materiales cidianos, como los de V. Aimé Huber, que se ocupa del Cid en 1829 *(Geschichte des Cid Ruy Diaz Campeador von Bivar: nach den Quellen bearbeitet)* y 1844 *(Chronica del famoso cavallero Cid Ruy Díaz Campeador).*[31]

Es preciso tener en cuenta, al margen de los valores individuales y heroicos que transmite, que, en tanto que vasallo del rey castellano, su imagen y su gesta se asociaban con el origen y la formación de la nación: la idea del condado de Castilla como germen de España había sido planteada por los ilustrados.[32] No obstante, las escasas y poco fidedignas noticias históricas que se conservan del personaje chocaban con la figura popular del héroe, forjado en el imaginario de las gentes a través de romances y leyendas. Su imagen se usará y manipulará profusamente, y a veces de modo contradictorio, en la construcción de la identidad nacional en un proceso en el que, junto con la evocación legendaria popular, intervienen los historiadores y también los literatos. Esa interpretación del pasado nacional sería aceptada por «los historiadores y políticos de la Era Liberal, aunque

---

British Romanticism», pp. 1-16; Alicia Laspra-Rodríguez de Colete, «Wordsworth's Spain», pp. 75-93, y M.ª Eugenia Perojo Arronte, «Coleridge and Spanish Literature», pp. 95-114.

31 Bremen, J. G. Heyse, y Marburgo, Bayrhoffer, respectivamente.

32 La actitud más significativa al respecto es, como se indicó, la de Burriel, empeñado en el estudio de las leyes castellanas, de las que se ocupa en sus *Cartas eruditas y críticas,* posiblemente de 1788.

profundizaron en la evocación mitificadora de las "libertades" medievales, y cargaron las tintas negras contra el absolutismo que las habría yugulado» (Ladero Quedada, 1996: 20). Los escritores, como es obvio, prestarán más atención a los rasgos que cobra la figura en la imaginación popular; como señala Ríos Saloma, «a través del relato de los episodios nacionales recrearon el pasado dotándolo de vivos colores, aunque no siempre con el rigor histórico necesario» (2011: 154). Se debe, seguramente, a las vicisitudes que sufre el personaje en la evolución de ese imaginario el hecho de que Rodrigo Díaz se convierta en la encarnación de la esencia nacional (tengamos presente que uno de los rasgos más valorados es su lealtad a un soberano injusto), cuando en realidad es un héroe de frontera, como ya había señalado Méndez Bejarano, para quien, utilizando únicamente criterios estéticos, sin «enfermizas patrioterías», el Cid es una muestra de la guerra civil (los árabes eran también españoles), un héroe local, sin política definida, incapaz por lo tanto de encarnar el carácter nacional (1903: 47-49); así lo han considerado después también diversos críticos, y entre ellos Rico (2000) o Montaner: el héroe está guiado por una voluntad de supervivencia, su comportamiento no responde a causas religiosas («espíritu de cruzada»), ni políticas («ideal de reconquista»), y su móvil es económico (2000: CI-CXXXIX; 2017).[33]

Lo cierto es que a lo largo del XIX la figura del Cid, su significación y su plasmación literaria ofrecieron valoraciones muy diversas, que oscilan entre el desprecio y la admiración (Galván y Banús, 1999; Galván, 2001: 75), cuando no la ignorancia. Sirva como ejemplo la actitud del abate Marchena, que en 1820 atribuye el *Cantar* a Berceo («Gonzalo de Berceo, en su poema del Cid, dice que va a cantar las hazañas de este héroe en *roman paladino*») y hace alarde de escepticismo al no dar crédito a buena parte de las historias medievales, entre las que incluye la del Cid, en un curioso pastiche de personajes reales y legendarios:

> Bien sé yo que hay en las historias de todos los pueblos sus épocas fabulosas, y acaso más que en ninguna otra de las naciones modernas en la de España; bien sé que las historias de Pelayo y Hormesinda, de los amores de Florinda y Rodrigo, de Jimena y el conde de Saldaña, de las hazañas de Ber-

33 Sin tener en cuenta esas circunstancias fronterizas, Unamuno, en *En torno al casticismo,* trazaba un retrato similar del héroe.

> nardo del Carpio, y por ventura de las del Cid Rui Díaz de Vivar, tan verídicas son como el viaje a la Luna del paladín Astolfo. (1820: CVIII y XVII-XVIII)

Puede, pues, comprobarse cómo el tratamiento ideológico de la figura del héroe irá influyendo en la lectura del poema, hasta el punto de que podría asegurarse que es la necesidad de recuperar y desvelar el pasado histórico la que conduce al rescate del legado literario. Como ha estudiado Mainer, los «siglos oscuros», y su literatura, se contemplan desde una perspectiva casi exclusivamente histórica (1981: 441). El poema seguía estando por debajo de los romances cidianos en la estimación de los eruditos, con la pervivencia, durante la primera mitad del siglo, de los juicios ilustrados (lleno de desaliño y rudeza, con versos pesados e informes, aunque antiguo y venerable), lo que no impedía una mirada admirativa hacia el personaje. Ni los historiadores de la literatura ni los antólogos de principios del siglo XIX mostraron interés por la literatura medieval. Como ha estudiado Aradra (2000), este vacío solo comienza a cubrirse con el interés de los hispanistas extranjeros, aunque ni en la historia de la literatura de Bouterwek ni en la de Sismondi se valora positivamente el poema del Cid. En ninguno de los dos casos se aprecia el poema desde una perspectiva estética o estrictamente literaria, sino en función de la trascendencia histórica del personaje; habría que esperar a 1851, fecha en que empieza a traducirse la *Historia de la literatura española* de George Ticknor, de 1849.[34] Las adaptaciones de las poéticas de Batteux y Blair que hicieron García de Arrieta y Munárriz, respectivamente, en 1797-1805 y 1798-1799, lo ignoraron casi por completo, como, años más tarde, en 1826, Gómez de Hermosilla, en

---

34 De Ticknor, que valora el poema con criterios románticos, se tratará más adelante. Friedrich Bouterwek, en su *Historia de la poesía y la elocuencia españolas,* publicada en Gotinga en 1804 y traducida en 1829 como *Historia de la literatura española* (Madrid, Imprenta de Eusebio Aguado), le niega al *Cantar* la condición de poema «por no ser más que una historia rimada, en alejandrinos bastante incorrectos»; sus méritos «dependen solamente del carácter nacional y del interés que inspira su mismo asunto» (2). Sismonde de Sismondi dedica a la literatura española el tomo tercero de su *De la littérature du midi de l'Europe* (París, Trettel et Würtz, 1813); aunque reconoce que el carácter heroico de la nación se manifiesta en su literatura (una nación que «mit une barrière à l'invasion des Sarrasins», «brave, chevaleresque, dont la fierté et la dignité ont passé en proverbe, s'est peinte dans sa littérature») y da prolija cuenta del argumento del *Cantar,* lo considera «l'histoire rimée du Cid» (101, 121).

su *Arte de hablar en prosa y verso*. En algún caso se nombra a Berceo (a quien Munárriz, que niega la existencia de épica en España —«no tenemos un poema en que los españoles hayan desempeñado con acierto las leyes de la epopeya» (1804: 155)— atribuye el *Cantar*, como había hecho Marchena), pero todos comienzan con contadas figuras del siglo XV: Mena, Manrique. Tampoco se mostraban excesivamente generosos con el poema Mendíbil y Silvela en su *Biblioteca selecta de Literatura Española, o modelos de elocuencia y poesía*, de 1819, donde todavía se duelen de los ataques de Montesquieu. Desde su postura nacionalista entienden que la poesía española se distingue por su peculiaridad, y la medieval (escogen sus modelos «desde el siglo XIV hasta nuestros días»), y en concreto, el poema del Cid, supone «un esfuerzo prodigioso» para su tiempo que no tiene parangón en Europa. No obstante, el poema del Cid carece de invención y riqueza, muestra la «dureza del siglo» y no puede considerarse poema épico, sino «narración histórica de las hazañas de Rodrigo» (1819: 91). Y, en general, es la falta de sublimidad, de imágenes y de un lenguaje específicamente poético[35] lo que disminuye el aprecio de los ilustrados por las obras medievales, y concretamente por el *Cantar*. Así lo expresa Sánchez Barbero en sus *Principios de retórica y poética:* no menciona el poema del Cid, y confiesa carecer de paciencia para leer a Berceo (1805: 178-179).[36]

Leandro Fernández de Moratín, en sus *Orígenes del teatro español* (que se publican póstumamente en 1830, pero que se componen en la década anterior), considera el poema «deforme» y falto de regularidad métrica.[37] Cuando Gil de Zárate (que llevó a sus obras numerosos temas históricos medievales) reseña en su *Manual de literatura* de 1844 la poesía épica española, solo contempla la del siglo XVI. Recogiendo la expresión de Quintana,

35 La preocupación de los ilustrados por un lenguaje poético, y más aún, específicamente español, sigue manteniéndose en las primeras décadas del siglo siguiente. Lo ha estudiado con detalle Mercedes Comellas (2021).

36 Se han ocupado de la presencia y el tratamiento de los temas medievales en la historiografía literaria del siglo XIX, entre otros, Romero Tobar (1996), Pérez Isasi (2006 y 2010) y Sanmartín Bastida (2001, 2002*a*, 2002*b*, 2003 y 2004), lo que me exime de detenerme en las historias de la literatura; algunas referencias son, sin embargo, inexcusables. Luis Galván (2001), por su parte, ha estudiado también la recepción filológica del *Cantar*.

37 En el «Discurso histórico» que precede a la recopilación de piezas teatrales (t. I, primera parte, 2n).

lo seguirá denominando «el primer vagido de nuestra poesía», compuesto de renglones en vez de versos, rudo en el lenguaje y crónica rimada (no alcanza la categoría de poema): «solo se debe considerar como curiosidad literaria»; no obstante, entiende que la colección de romances cidianos, cuyo autor es el pueblo, conforma «el verdadero poema épico de la nación» (1844: 16-17, 225-226 y 395). Las *Nociones de literatura española desde su origen hasta el siglo decimoctavo,* de Domingo Déniz, llevan esta curiosa información: «Publícanse como grata lectura para infundir a los jóvenes alumnos que frecuentan los institutos y colegios el gusto a la literatura nacional». Aunque despacha con brevedad los testimonios medievales, lo cierto es que comienza con un elogio de la sencillez del poema, «el primer astro que se descubre en el horizonte de la literatura española» (1853: 10). En estos años, pues, el interés del *Cantar* y el resto de los testimonios cidianos viene determinado por el valor de su personaje, representativo de la nación, y su antigüedad (Núñez Ruiz, 2004: 311).

Resulta de particular interés la visión que, en general, ofrecen los exiliados liberales. Blanco White, interesado por la literatura medieval, solo concedía a la española, en sus *Letters from Spain,* de 1822, un valor documental. Reconocía en 1824, en un artículo publicado en *El Mensajero de Londres,* la extraordinaria inclinación de los primeros reyes (Fernando III, Alfonso X) hacia la cultura, inclinación abortada por la intolerancia religiosa, que ahoga «el talento nacional que produjo el poema del Cid»; «la guerra contra los moros naturalmente había preparado a los españoles para el más feroz fanatismo. Las ideas de honor y nobleza se habían unido íntimamente a las de fe y religión» (2010: 122). Le sigue en estas ideas Alcalá Galiano, quien, en su lección inaugural en la Universidad de Londres, de 1828, a pesar de considerar a Blanco un excelente crítico literario, advierte que es hostil a menudo a su propio país; no obstante, aun cuando expresa que el poema del Cid es «the first monument of our poetry and language», no encuentra en él gran cosa que elogiar (1828: 18-19). José Joaquín de Mora, que se había mostrado contrario a la reivindicación de la poesía temprana defendida por Böhl desde las páginas de la *Crónica Científica y Literaria* entre 1817 y 1820 (Durán López, 2018), oponiendo a la visión idílica de este último su idea de una Edad Media bárbara y violenta, matiza ahora sus opiniones. Entre 1824 y 1826 publica en *The European Review* tres artículos («Spanish Poetry», «Spanish Poetry. First Period» y «Spanish Poetry. Moorish Romances») en los que defiende que la época medieval sigue siendo bárbara, pero esa barbarie y espíritu bélico, cercano a la crueldad, se produce a consecuencia de la presión ejercida por la religión y el fanatismo religioso. En el primero de los artículos reconoce que España se enfrentó en la Reconquista a un pueblo remoto, de costumbres y lenguaje muy diferentes. No fue una guerra políticamente organizada, sino surgida de la emoción patriótica y del espíritu religioso, fanático y violento que daría lugar a la Inquisición. Así, «these were the Muses that inspired the first accents of the Castilian lyre, to whose influence it owes its birth and vigour. It is to these sources we must attribute the ineffaceable characteristics of Spanish poetry: first, its heroic and romantic tone; secondly, its superabundance of majesty; and lastly, its eminently religious spirit». De este caldo de cultivo surgen los romances («the most ancient compositions that merit the name of poems»), sin elementos artificiales, sino como manifestación de amor a la patria, a las grandes hazañas y a las pasiones vehementes. Y son los romances los que han conservado los pocos datos conocidos de la figura del Cid: «All that we at present know of the famous Cid, one of the most accomplished warriors that ever figured in the theatre of the world, has been preserved and handed down to posterity only by the romances composed and sung during his time» (1824*a*: 375-376). En el segundo expresa que es preciso abordar el estudio de los textos literarios no desde la erudición, sino con un espíritu sensible capaz de captar el espíritu de una nación. Comienza con la poesía heroica, «the most beautiful as well and the most numerous: they are impregnated with that warlike spirit, that admiration of noble exploits, and those eulogiums of valour, which formed the basis of national character amongst a people who lived but to combat, and knew no other trade than war». Por eso el Cid no es más que una crónica rimada de sus hazañas, contadas en orden, sin invención ni embellecimiento. Pero «although the author glides rapidly over all that is not historical, he seizes most delicately the pathetic and tender situations. A single verse is sufficient for him to depict them, but we often find in that verse traces of profound sensibility» (1824*b*: 535-536). Mora aprecia ya el poema desde criterios similares a los de los romances. Se suma, a pesar de su consabida inconstancia y sus contradicciones, a la forja de una imagen de España que convierte la barbarie e intolerancia de la lucha contra los árabes en tolerancia cultural y religiosa, un proceso cuyo desarrollo y repercusión entre los intelectuales europeos ha estudiado Mercedes Comellas:

> Mientras el Siglo de Oro mengua en su valoración, se creía encontrar en la Edad Media, además de las raíces autóctonas de lo español, un modelo de convivencia y tolerancia que fue coloreándose de ideal político (en particular el periodo alfonsí) y también de ejemplo para el presente: en cuanto a lo literario, el periodo medieval representaba la pluralidad y convivencia de tradiciones, expresadas en la anonimia popular de los romances, que encarnan la verdad y la honestidad sentimental, los grandes valores de la nueva literatura romántica reivindicados años después por Larra o Espronceda. (2017: 149)

En este proceso, cuya responsabilidad recae más en los hispanistas extranjeros que en los propios españoles, tiene una enorme importancia la reivindicación del legado cultural árabe, que contribuye a la singularidad de la literatura española, y sobre el que ya habían debatido también algunos ilustrados. Se trataba de plantear que del mismo modo que los exiliados liberales habían sido víctimas del despotismo tiránico de Fernando VI, fue la intolerancia católica la que impidió la pacífica convivencia entre cristianos y musulmanes. Y ello a pesar de que, como escribe Mora, «catholicism was then more worthy of a Christian nation, than when the pretensions of popes, theological questions, and the tortures of the Inquisition, converted it into an instrument of despotism, persecution, and degradation» (1824*b*: 537). Como explica Comellas,

> se pueden marcar dos líneas de construcción de la historiografía literaria española moderna (sin ignorar sus contaminaciones y coincidencias): la que se sostiene en una imagen tolerante de la Edad Media, difundida por una interpretación liberal y asociada al hispanismo inglés o escrito desde Inglaterra, y la que con base en el hispanismo alemán defiende el profundo cimiento católico del carácter literario español, su condición caballeresca cristiana. (2017: 150; cf. también Comellas, 2018).

Había marcado un hito en la valoración del héroe medieval la publicación, en 1820, de la *Historia de la dominación de los árabes en España, sacada de varios manuscritos y memorias arábigas* de José Antonio Conde, afrancesado exiliado en Francia y arabista, como algunos de los ilustrados y liberales. No era la primera vez que se intentaba ofrecer una historia de España desde los testimonios árabes: la *Crónica sarracina* (1443) de Pedro del Corral, la primera parte de las *Guerras de Granada* (1595) de Ginés Pérez de Hita o la *Historia verdadera del rey don Rodrigo* (1592 y 1600), de Miguel de Luna, fueron ejemplos notables de los esfuerzos (particularmente favorables para los moriscos) por ennoblecer a los árabes (en el caso de Luna, además, oponiendo a la figura de un depravado rey Rodrigo la del noble y tolerante caudillo Almanzor), siempre apoyándose en supuestas fuentes arábigas. No es el caso de Conde, que consultó manuscritos en la Biblioteca de El Escorial, que tenía a su cargo. A pesar de que advierte en el prólogo de las divergencias existentes en las versiones de moros y cristianos («Nuestro Cid Ruy Díaz, el célebre Campeador, no aparece en los escritos de los árabes tal como cuentan nuestras crónicas. En estas tan humano como valiente, acoge y lleva sobre sus hombros al gafo; en aquellas, pérfido y cruel, quema vivo al rendido gobernador de Valencia»), lo cierto es que procuró asimilarse en todo al tono y estilo de las fuentes consultadas, y la consecuencia fue la desmitificación de la figura del Cid, al hilo de los episodios de la conquista de Valencia: allí presenta a Ruderik, «caudillo de los cristianos conocido por el Cambitor», como un guerrero traidor, desleal, ambicioso y cruel, cuya entrada en Valencia se acompaña de una maldición («entró el Cambitor, maldígale Alá») y capaz de los actos más despiadados: habiendo hecho un pacto con Ahmed ben Geaf, gobernador de Valencia, «al cumplir el año, cuando menos esto recelaba, le encarceló el Cambitor y con él a toda su familia. Esto lo hacía porque declarase dónde paraban los tesoros del rey Yahye Alcadir, sin omitir para averiguarlo ruegos, promesas, amenazas, engaños ni tormentos». El Cid los manda quemar, aunque finalmente su sentencia, tras ruegos insistentes, se ejecuta únicamente sobre el gobernador —«el tirano Cambitor después de larga resistencia lo concedió»— (1820, I: III, y II: 180-183).

José Joaquín de Mora suaviza esos episodios en sus *Cuadros de la historia de los árabes, desde Mahoma hasta la conquista de Granada*, traslado sintetizado de la *Historia* de Conde, que escribe a instancias del editor Ackermann: «La lejanía de los tiempos y la escasez de historiadores imparciales e ilustrados, no permiten formar ideas concretas y fundadas sobre la verdad de aquellas acusaciones» (1826: 52). Ambas obras se difundirían ampliamente por Europa, dando lugar a posiciones encontradas entre los historiadores de los años siguientes. El libro de José Antonio Conde (y su desmitificación de la figura del Cid al contemplar la historia desde los testimonios árabes) responde a la reacción frente a una imagen de la Edad Media española (y de la Reconquista) que había sido utilizada por los más conservadores, puesto que «la interpretación del pasado se convierte en un campo de batalla que refleja las luchas del presente» (Torrecilla, 2016: 35; Comellas, 2018: 262-265), como también hicieron los dramaturgos ilustrados. La visión de Conde, tan alejada de la imagen idealizada que había construido la tradición, presenta a los moros como víctimas de la intolerancia cristiana, interpretación que fue bien acogida por los liberales en el exilio.

Con Conde (y la difusión procurada por Mora) comenzaría la «cidofobia» que se haría efectiva en 1849 a partir del por entonces muy respetado libro del holandés Reinhardt Dozy, *Recherches sur l'Histoire et la Littérature de l'Espagne pendant le Moyen Âge*. Su tomo segundo está dedicado en parte a la figura del Cid (que pergeña a partir de fuentes árabes), y en él realiza un ejercicio de objetividad frente a los historiadores que le habían precedido. Así, como explica en el «Avant propos», pretende completar tanto la *Vida del Cid* que compuso en 1805 Jean de Müller para la colección de romances cidianos de Herder como la citada *Historia del Cid Ruy Diaz Campeador de Vivar*, de Viktor Aimé Huber, de 1829. Este último, asegura Dozy, no pudo consultar las fuentes árabes al desconocer la lengua; además, desautoriza rotundamente a Masdeu (que negaba la existencia real del personaje), y sobre todo a Conde, lamentando el crédito que ambos obtuvieron entre los historiadores: «Chose étrange! Des orientalistes du plus grand mérite se sont laissé prendre à cette amorce, ont suivi ce feu follet» (1860, I: XI). Reprocha a Conde su deficiente conocimiento del árabe y su exceso de imaginación, que le llevan a falsear datos, inventar acontecimientos o citar libros que nada tienen que ver con el asunto de su obra. Dozy divide su semblanza en tres grandes capítulos que dan cuenta de su propósito: el primero se dedica a las fuentes; el segundo y el tercero componen la figura del Cid «de la realidad» y el Cid «de la poesía», respectivamente. El Cid real, en efecto, se muestra como un caballero de fortuna, ambicioso, desleal y vengativo, despiadado algunas veces y otras noble y compasivo, víctima de los cortesanos aduladores del rey Alfonso (cf. Portolés, 1986: 78-83), pero cuyo comportamiento no difiere del del propio monarca y del de la mayoría de los nobles, incluidos su gran enemigo, García Ordóñez, y los reyezuelos moros: era el propio de la época («Le Cid avait les idées et les vertus de son temps»; 1860, II: 223), y por ello incluso en la versión idealizada del *Cantar* se insertan episodios como el del engaño a los judíos (si bien con la intención de destacar su astucia). Si relata el terrible castigo impuesto al rey valenciano, elogia por otra parte el generoso comportamiento del Cid tras la conquista de Valencia. Calibra además tanto los relatos contrarios, lógicos por ser obra de árabes enemigos (y considera que la atribución a Abenalfarax, supuesto moro valenciano, del episodio de la conquista de la ciudad en la *Estoria del Cid* es una superchería), como los favorables, que proceden de admiradores del héroe. En cualquier caso, este terrible retrato del personaje le lleva a plantearse la causa de que la imaginación popular lo haya convertido en héroe nacional, cuando ni siquiera existía el concepto de *patriotismo* (ni un término que lo designase). Y la respuesta, que ofrece en la segunda parte, es significativa: el Cid era «le seul qui eût conquis pour lui-même un principauté. C'est par là qu'il frappa l'imagination populaire», pero, sobre todo, «il avait combattu son souverain». Lo que en la realidad han de considerarse defectos, son entendidos como virtudes por las versiones legendarias, que se encargan de potenciar su fiereza y altivez, a la vez que ennoblecen su carácter y lo completan con la ternura familiar, inexistente en los testimonios documentales. Así, si un héroe con virtudes morales «poco desarrolladas» respondía a la idea del feudalismo guerrero del siglo XII, a medida que la sociedad evoluciona resulta incompleto, «et alors il était dans la nature des choses qu'un Cid plus noble, plus digne el plus loyal remplaçât l'autre. L'auteur de la chanson de geste le créa». Y, sin ambages, considera el poema como una obra maestra (1860, II: 211, 222-223, 233-234). Su obra influirá notablemente en las más importantes aproximaciones históricas al personaje, como veremos.

Mientras tanto, el romanticismo conservador seguía mimando la figura del Campeador, epítome de la época medieval, aunque manteniendo todavía reservas con respecto a la calidad literaria del *Cantar*. Así lo expresaba José María Carnerero en 1832 desde las páginas de sus *Cartas españolas:* en las entregas que tituló «Sobre clásicos y románticos», atacaba irónicamente el movimiento romántico con el transparente seudónimo de «El literato rancio», esgrimiendo las reglas clásicas, para rebatir después tales ataques bajo el apodo de «El consabido», que, desde la postura contraria, subrayaba el vínculo con la cultura medieval: «La voz Romántico o Romancesco expresa el género de literatura y poesía que tiene su base en el modo de existir y pensar político y religioso de la media edad o siglos caballerescos» (1832: 32n).[38] Martínez de la Rosa, que utilizaría temas me-

38 Las entregas precedentes, a cargo de «El literato rancio», se publicaron en el tomo IV del mismo año, cuadernos 39 (16 de febrero, pp. 197-201) y 45 (29 de marzo, pp. 373-376). Aunque Flitter (2006: 78) no se pronuncia de modo tajante sobre la autoría de Carnerero, los seudónimos son explícitos.

dievales en sus dramas y en su novela histórica *Doña Isabel de Solís* (1837) y había hecho un repaso por la literatura medieval en su *Poética*, de 1827, tampoco es muy generoso con el poema. Si admira a autores como el arcipreste de Hita (y estima el romance como «la poesía propiamente lírica de los españoles», e incluso reproduce una de las composiciones cidianas), el *Cantar* le parece un «embrión informe» de la lengua y «primer y tosco ensayo» de la rima, aunque admite que esa lengua casi recién nacida ensaya en él «sus primeros acentos, esforzándose por encontrar tono fuerte y robusto, digno de celebrar altas hazañas» (1831: 305, 73, 204 y 143).

Agustín Durán, cuyas ideas venían a coincidir con las de Böhl de Faber, había vinculado el sentimiento de la nacionalidad con la literatura popular en su *Discurso sobre el influjo de la crítica en la decadencia del teatro español*, de 1827. Entre 1828 y 1832 comenzó a publicar la recopilación de romances viejos y nuevos que vería la luz definitivamente como *Romancero general o colección de romances castellanos anteriores al siglo XVIII*, en dos volúmenes, en 1849 y 1851. Allí vuelve a considerar la poesía antigua y popular como quintaesencia de los valores patrios. En el tomo segundo incluye como apéndice unas «Observaciones sobre el fragmento de una crónica de España» que preceden a la edición de la *Crónica rimada* (localizado por Eugenio de Ochoa en la Biblioteca Nacional de París),[39] donde distingue la imagen posiblemente más ajustada a la realidad histórica que ofrece la crónica, cercana a la de Dozy, en la que el Cid es un personaje feudal y ambicioso, de la transmitida por las versiones populares y el *Cantar*, y sobre todo por los romances: este Cid es leal al rey, defensor de los humildes, mártir de la justicia, castigador de los aduladores y, en fin, emblema del espíritu nacional. El héroe de Vivar es un «ídolo que, después de haberlo creado a su imagen y medida, adoró el pueblo» (1851: 649-650). Eugenio de Ochoa, por su parte, se había encargado en 1835 de defender, en las páginas de *El Artista*, los ideales del movimiento romántico desde un nacionalismo exaltado. Definía, frente a los «clasiquistas» (hombres para quienes «ya todo está dicho y hecho»), el tipo del romántico (ilustrado en la página siguiente por Federico de Madrazo) como un hombre

---

39 *Catálogo razonado de los manuscritos existentes en la Biblioteca Real de París*, París, Imprenta Real, 1844.

> cuya alma llena de brillantes ilusiones quisiera ver reproducidas en nuestro siglo las santas creencias, las virtudes, la poesía de los tiempos caballerescos; cuya imaginación se entusiasma, más que con las hazañas de los griegos, con las proezas de los antiguos españoles; que prefiere Jimena a Dido, el Cid a Eneas, Calderón a Voltaire y Cervantes a Boileau; para quien las cristianas catedrales encierran más poesía que los templos del paganismo... (1835: 36)

Como explica Flitter, Ochoa vincula el romanticismo con el patriotismo exaltado, el medievalismo y la religiosidad (1995: 112). Cuando reedita en 1840 el *Tesoro de los romanceros y cancioneros históricos, caballerescos, moriscos y otros,* que había publicado en París en 1838, esta vez *adicionado con el Poema del Cid,* Joaquín Rubió y Ors firma un prefacio a esta edición del *Cantar* en el que advierte de sus escasas virtudes artísticas y, con una valoración muy semejante a la de Tomás Antonio Sánchez, lo considera digno de estimación por su antigüedad y por componer «uno de esos cuadros con fondo dorado, de figuras venerables con vestimentas góticas y aire místico», cuyos guerreros ocultan, bajo su armadura, «corazones generosos hechos para creer y amar y capaces de los mayores sacrificios»; en suma, «un antiguo y glorioso epitafio escrito sobre las góticas sepulturas de los que pasaron la vida batallando al pie de la cruz y del pendón de la patria»; solo leído así «se hallará poesía en él» (Ochoa, 1840: 581-582). Por su parte, el duque de Rivas, en el prólogo a sus *Romances históricos* (1841), se suma a la opinión general al conceder mayor valor a los romances que al poema.

El Cid revalorizado

Hacia la mitad del siglo se percibe un mayor entusiasmo tanto hacia el personaje como hacia el *Cantar*.[40] Del personaje se ocupan sobre todo los historiadores, cuyo interés por la figura del Cid irá acentuándose paulatinamente. Un retrato elogioso hace de él Eugenio de Tapia en 1840,

---

40 De hecho, lo medieval se convierte en moda. Escribe Gil de Zárate en 1841: «La imaginación se complace hoy día en renovar los recuerdos de la Edad Media. Sus tradiciones, sus costumbres, sus aventuras, sus monumentos tienen para el público un atractivo que no se puede negar. Véanse la literatura y las artes; véanse las novelas, las historias, las poesías de esta época; véanse hasta los almacenes de muebles: por todas partes se encuentra la Edad Media» (*Introducción a la historia moderna, o examen de los diferentes elementos que han entrado a constituir la civilización de los actuales pueblos europeos. Lecciones dadas en el Liceo Artístico y Literario de Madrid,* Madrid, Imprenta de Repullés, 1841: 2).

insistiendo en su lealtad y sometimiento al rey, en su *Historia de la civilización española desde la invasión de los árabes hasta la época presente,* aunque sus juicios literarios no son tan favorables: a pesar de que le reconoce naturalidad y cierta energía, el poema le parece prosaico y vulgar, y, como no lo considera versificado por su irregularidad, piensa que está escrito con «una prosa monótona, fría y cansada» (1840: 280-281). Haciendo alarde de la misma imparcialidad que Dozy, y teniéndolo como referente (aunque acude también a Agustín Durán o Hartzenbusch) escribe Manuel Malo de Molina su *Rodrigo el Campeador. Estudio histórico fundado en las noticias que sobre este héroe facilitan las crónicas y memorias árabes,* de 1857. Si bien dulcifica las críticas de Dozy a Conde, su propósito, como el de la mayoría de los historiadores, es presentar al Cid «en su verdadera figura, destituido de toda fábula», es decir, deslindar los datos históricos de los legendarios de los romances para contrarrestar el escepticismo derivado de las opiniones de quienes habían cuestionado, como Masdeu, incluso la existencia del héroe. Añade para ello un nutrido y extenso apéndice documental, tanto de testimonios árabes como latinos, romances y contemporáneos. Aunque su valoración es similar a la de Dozy, sobre todo al disculpar los «lunares» o «ligeras manchas que se notan en su vida» como fruto del espíritu de la época, acepta la grandeza de las hazañas del Cid, y sobre todo su lealtad al rey, valores suficientes para considerarlo como el mejor de los héroes castellanos (1857: 147-148). Cercano al encumbramiento que del Cid mostrarán los textos literarios, Modesto Lafuente, introductor del término *reconquista* en la historiografía española, y autor de la significativa *Historia general de España desde los tiempos primitivos hasta la muerte de Fernando VI* (1850-1862), detalla las hazañas del Cid exaltando, sobre todo, su capacidad estratégica (que no le impide aliarse con los árabes) y, una vez más, su lealtad al ingrato monarca castellano; allí promete un análisis crítico y filosófico, que aborda en el volumen tercero (1861), donde procura glorificar su imagen. Sin declarar su fuente, sigue las apreciaciones de Dozy al plantear las razones de que el Cid se haya convertido en la representación del heroísmo español, y entre ellas su enfrentamiento con los soberanos, justifica el comportamiento irregular del héroe y argumenta su encumbramiento popular; su propia valoración es positiva: «... gloria de España será siempre haber producido al Campeador famoso, al paladín ilustre, al capitán invencible, al súbdito leal a su rey, cuyo nombre y fama se ha difundido por todo el orbe y se transmitirá a todas las edades» (1861: 11-14).

Desde el punto de vista historiográfico, el año 1840 es decisivo para la revisión del poema y su interpretación romántica: en esta fecha, como se indicó, se edita en España el *Tesoro de los cancioneros y romanceros españoles* de Ochoa, que había aparecido en Francia, con la edición del *Cantar* de Joaquín Rubió y Ors, y aparece el estudio de Pedro José Pidal en la *Revista de Madrid* (Galván, 2001: 84). El artículo de Pidal (quien, como apunté, poseía el manuscrito del *Cantar*), «Literatura española. Poema del Cid. Crónica del Cid. Romancero del Cid», repasa los testimonios cidianos. Da crédito a la existencia histórica del héroe y otorga ya al texto, a la vez que la condición inaugural de las letras castellanas, la de poema épico, expresión de la esencia nacional, cuyo protagonista ha sido «formado y creado por el pueblo» (1840: 309-310). Repetirá estas mismas ideas en su discurso de contestación al que había pronunciado José Caveda en 1852, en el acto de su recepción en la RAE, «La poesía considerada como elemento de la historia», donde apoya las ideas del primero insistiendo de manera especial en la figura del Cid. Para Caveda, que reivindica tanto el Cid histórico como el literario frente a Masdeu, la tradición poética popular debe ser un aliado imprescindible de la historia, la filosofía y la erudición (puesto que incluso precede a la historia: Homero escribió antes que Heródoto), dado que recupera elementos fundamentales del Medievo que son los que realmente singularizan a la nación y la colocan en lugar de privilegio frente a las demás: «Ningún otro pueblo se asemejaba entonces a la península ibérica; ninguno ofrecía el mismo interés y atractivo. Los elementos de civilización que abrigaba en su seno le daban un carácter tanto más original y seductor cuanto que el genio oriental y el de Occidente concurrían de consuno a determinar sus rasgos esenciales» (1852: 18). En la «Contestación al anterior discurso» considera Pidal al Cid figura imprescindible tanto en la historia como en la poesía, que adquiere un tinte simbólico nacionalista al erigirse en caudillo por excelencia; la figura del héroe sostiene los valores de la Reconquista y de la nación y el poema es monumento a la vez literario e histórico. Disocia la figura histórica de la literaria en la medida en que es esta última, creación popular, la que convierte al individuo en personificación, pues sobre la base del Cid histórico proyecta la imaginación popular sus aspiraciones e ideales, conformando en primer lugar el mito y tras él el personaje literario, de tal manera que el espíritu nacional se nutre del héroe:

> Pocos monumentos efectivamente pueden demostrar mejor las relaciones y alianzas de la poesía y de la historia, aunque prescindamos de la verdad

> material de los hechos en ellos consignados. El Cid es el Aquiles de nuestra patria; su historia nuestra *Ilíada,* nuestra epopeya por excelencia. Esta epopeya, como todas las verdaderas epopeyas, no es creación del poeta ni aun del historiador; es la creación del pueblo, del espíritu nacional [...] ¡Qué imagen tan bella, noble y tan respetable la de Rodrigo de Vivar! ¡Qué grandeza y sencillez en sus acciones; qué esfuerzo y valentía en sus empresas; qué generosidad y moderación con sus enemigos; qué fidelidad tan acendrada a su rey; qué amor a la religión de sus mayores; qué caballerosidad, en fin, en cuanto dice y en cuanto hace! (1852: 41-43)

A partir de entonces se suceden los estudios cidianos. En la *Revista literaria* de *El Español. Semanario de Literatura, Bellas Artes y Variedades,* de Navarro Villoslada, publica en 1846 Eustaquio Fernández de Navarrete en varias entregas su *Historia literaria de España en la Edad Media.* En el número 33 (11 de enero de 1846) glosa la historia del Cid como personaje, acudiendo a episodios procedentes tanto del *Cantar* como del romancero. En el número siguiente (18 de enero), su contribución se dedica al estudio del poema, que considera proyección de los ideales populares. También en el mismo año se ocupa del Cid Fermín Gonzalo Morón en su *Historia de la civilización en España:* privilegiando como fuente la *Crónica general,* minusvalora el *Cantar,* que, «alabado con exageración por los extranjeros [...], no es sino una narración bastante seca y descolorida de los hechos del Cid, y muy distante de aquel espíritu romancesco y altamente poético que se observa en la *Crónica general,* en la *Crónica del Cid* y sobre todo en el interesante e inimitable romancero del Cid», aunque refleja «el espíritu religioso, guerrero y caballeresco de la época». Ello no impide la exaltación de la figura del Cid, uno de los héroes de la Edad Media española junto con Bernardo del Carpio y Fernán González, y de sus cualidades, que justifican el fervor popular: «fiel a sus reyes [...], no obstante estar echado de su reino; valeroso en los combates, noble y generoso después de la victoria, llevó el honor hasta el más elevado punto [...], quedó su vida como dechado de honradez y caballerismo, y sus proezas cantadas por el pueblo inspiraron el más bello romancero que posee nuestra literatura» (1846: 164-169, 206-207). En 1849, Juan Eugenio Hartzenbusch, en las tres entregas de su artículo «El Cid», publicado en el *Semanario Pintoresco Español* del mes de octubre, remite a los encarecimientos de Pidal y justifica el entusiasmo suscitado por el Cid en el pueblo llano. Reivindica su existencia histórica (aun siendo consciente de las inexactitudes y errores transmitidos por los romances) y rebate con contundencia, como Pidal, las opiniones de Masdeu (que justifica por su enfrentamiento con el padre Risco), al que tacha de impertinente y virulento y al que acusa de querer despojar a la nación de su mejor héroe.

Esta intensificación de los juicios positivos (también por parte de algunos hispanistas extranjeros, frente a sus predecesores del primer tercio del siglo)[41] antecede a la *Historia de la literatura española* de George Ticknor, de 1849, la traducción de cuyos volúmenes comienza a publicarse en 1851. Es entonces cuando empiezan a aplicarse claramente desde la historiografía criterios románticos a la valoración de la poesía medieval: el del Cid será el poema representativo de la esencia de la nación, y las imperfecciones y rudeza de su lengua mantienen, para Ticknor, una completa armonía con el «sello de libertad y osadía» que muestra la época en que se escribe. Admite la mezcla de historia y leyenda, pues, además del poso

41 Las historias de la literatura española preparadas por hispanistas extranjeros menudean alrededor de la mitad del siglo, se ocupan del *Cantar* y lo valoran muy positivamente: Adolphe de Puibusque, aunque repite la expresión de Quintana, «le prémier vagissement de la muse castillaine», justifica su rudeza y concede ya valor nacional al poema: «il a trové l'idée espagnole, idée mère, idée type, recueillie prés du berceau de la nation, e qui vivra jusqu'à son dernier jour» (*Histoire comparée des littératures espagnole et française,* París, G. A. Dentu, 1843: 30-31). Ludwig Clarus (Wilhelm Volk) dedica elogiosas páginas al poema en su *Darstellung der Spanischen Literatur im Mittelalter* (Mainz, Kirchheim, Schott und Tielmann, 1846: 187-218). En 1853 traduce y adiciona Julián Sanz del Río la obra de Georg Weber, *Weltgeschichte in übersichtlicher Darstellung* (1851), como *Compendio de la historia universal,* que, si bien resume el contenido del *Cantar* junto con el de *Los Nibelungos,* solamente alude a que todas las composiciones referidas al Cid dan cuenta de una «poesía nacional, cuyo carácter era el sentimiento bélico mezclado con el religioso» (Madrid, Imprenta de Díaz y Compañía, t. II, 209). El más entusiasta es Ferdinand Wolf, que, en su *Historia de las literaturas castellana y portuguesa* (Berlín, 1859), trata el *Cantar* como auténtico poema épico, poseedor de «unidad poética»; refuta todos los argumentos negativos de Bouterwek y le reprocha su desinterés por el poema, que entiende como símbolo del carácter nacional, las virtudes de cuyo héroe (independencia, lealtad, honor, valor, religiosidad) constituyen la «expresión más pura y el ideal del espíritu popular»; finalmente, tras un detenido análisis, aspira a dar al poema «el lugar que merece en la historia de la literatura española por su intrínseco valor poético y su manifestación externa» (traducción española de Miguel de Unamuno, con notas y adiciones de M. Menéndez Pelayo, Madrid, La España Moderna, s. f. [1900], pp. 39-50 y 59). También elogia el *Cantar* Théodore de Puymaigre en 1861: a pesar de defender la influencia francesa incluso en la lengua (lo que explicaría las irregularidades en la versificación), se desmarca de quienes lo han menospreciado: con su sencillez primitiva y su rudeza, escribe, «ces vieux vers incorrects, on les lit plus volontiers qu'on ne lirait tous les poèmes réunis par Quintana, qui parle si dédaigneusement du Poème du Cid» (*Les vieux auteurs castillans,* Metz / París, Rousseau-Pallez / Didier et Cie., t. I, pp. 173-181, 203).

histórico, «no puede negarse que hay en él cierto colorido romántico que se aviene mal con la historia». El *Cantar* muestra al héroe como defensor de su nación contra los árabes invasores; importan poco las inexactitudes históricas porque es un auténtico poema, «verdaderamente sencillo, grande y nacional». Valora Ticknor la plasticidad y vivacidad de sus imágenes y su admirable sencillez homérica; es, en suma, el héroe más romántico de la tradición española (1851: 16-26). Comienza aquí la canonización del *Cantar*, al margen de la controvertida historicidad del poema, que parece haber ocupado con anterioridad el centro de los debates. Esta canonización se hará efectiva cuando Manuel Rivadeneyra y Juan Carlos Aribau, promotores de la *Biblioteca de Autores Españoles*, comiencen a incluir en ella textos medievales (a partir del volumen LI, dedicado a la prosa anterior al siglo XV). El volumen LVII acoge el poema en 1864, fecha que viene a coincidir con los estudios de Milá y Fontanals y Amador de los Ríos.

Imágenes literarias del Cid

Si los historiadores mostraban sus recelos ante las probables fabulaciones, los textos literarios no solo no hacen ascos a los episodios legendarios, sino que explotan sus posibilidades narrativas, dramáticas o poéticas. Al igual que ocurría en la centuria anterior, la elección de motivos cidianos responde a la sentimentalidad, la intriga y las emociones; a los intereses del público lector, en suma. Como ha señalado Alberto Montaner, «desde finales de la Edad Media hasta el Romanticismo (ambos incluidos), los temas cidianos preferidos por autores y público no fueron los relativos a las hazañas de madurez del conquistador de Valencia, sino a las peripecias juveniles de Rodrigo y a su matrimonio con Jimena» (2002: 121). Sin embargo, si por un lado los autores acuden a motivos conocidos y populares (lo que garantiza su eficacia), y aprovechan la lejanía temporal para abrir la puerta a todo tipo de leyendas, por otro no se pierde, al menos no en todos los casos, la relación entre la glorificación del héroe y el sentimiento nacionalista.[42]

No podía faltar el Cid entre los personajes que nutren la novela histórica. Fue Estanislao de Cosca Vayo el primero que intentó reparar los efectos

---

42 Rodiek (1995: 311-344) analiza las fuentes, los motivos y los matices de las novelas.

provocados por la cidofobia en su novela *La conquista de Valencia por el Cid* (1831). En el prólogo asegura que es su intención rescatar, tras los ataques, la figura heroica del Cid (al que llama, desde el primer capítulo, «libertador de mi dulce patria»), enaltecido en la ficción como héroe nacional que atesora, además, «todas las virtudes domésticas y sociales»:

> Es verdad que los romanceros de tal suerte desfiguraron las hazañas de Rodrigo de Vivar que, a fuerza de exagerarlas, casi obligaron a sus lectores a creerlas fabulosas. De aquí tomaron pretexto algunos enemigos de las glorias de España para poner en duda hasta la existencia de este adalid; y por lo menos rebajaron tanto el número de sus proezas, que el que aparecía antes cual un coloso quedó reducido a comunes y ordinarias proporciones. No tuvieron presentes tales censores las costumbres del siglo en que vivió Rodrigo de Vivar: en él se multiplicaban los prodigios y heroicidades por la sencilla razón de que el talento lo podía todo; y cuando estaba acompañado del valor, le era fácil poner en movimiento infinitos resortes. [...] Costumbres más sencillas que las nuestras, menos amor a los placeres y el entusiasmo de la caballería, que, en medio de sus extravagancias, es el verdadero origen del prístino heroísmo de los castellanos, distinguen uno y otro siglo con tan señalados caracteres, como diferentes son las tribus salvajes de África de los civilizados y atildados habitantes de las orillas del Támesis y del Sena.

Vayo, como indica el título, se centra en el episodio de la conquista de Valencia, con el propósito costumbrista de elogiar las bondades de la región. Con cierto tono humorístico y cervantino, aunque se interesa más por la complicación argumental, la sentimentalidad y los valores familiares que por los acontecimientos históricos, es evidente su propósito nacionalista, que equipara la liberación de Valencia a la de España. Aun cuando ocasionalmente se elogia la cultura de los árabes, por lo general los considera como usurpadores; las hazañas del Cid suponen la liberación no solo de Valencia sino la de España. Así lo adelanta en el prólogo: «Arde en sus venas el amor patrio con tan levantado brío, que le obliga a emprender arduas conquistas para libertar a España de los árabes, y romper las cadenas con que la tenían oprimida los soberbios vencedores» (1831: VII-X). Esta es una de las arengas del Cid: «¿Juráis, valientes españoles, reconquistar la libertad de nuestra dulce patria España, encadenada por los tiranos de África, dando principio por la conquista de la hermosa Valencia?» (1831: 104). Pero el narrador insiste en ello a menudo:

> Ardía en los corazones el amor patrio reputando aquella lucha célebre, no como el resultado de una particular venganza, sino como el noble levantamiento de los paladines españoles contra la opresión de los africanos. [...]

> La llama encendida por Pelayo en Asturias se había comunicado de pecho en pecho a todos los iberos y ansiaban el punto de lanzarse contra sus enemigos, y arrojarlos a la otra parte del Mediterráneo. Valencia será libre, clamaban, y a la conquista de esta hermosa ciudad seguirán las de las riberas del Tajo y del Betis. (1831: 111)[43]

Antonio de Trueba y la Quintana, defensor de las tradiciones y literaturas populares, dedicó en 1851 una novela histórica al personaje, *El Cid Campeador*. En el relato, encabezado con una cita de los romances («Los que dicen mal del Cid / ninguno con verdad habla, / que el Cid fue buen caballero, / de los mejores de España»), es evidente la intención panegírica (Rodiek, 1995: 322-329). En el prólogo afirma que es «uno de los héroes más grandes de que hablan la tradición y la historia» y «el más popular de los héroes castellanos». Pero, a pesar de que también entiende que la magnitud de sus hazañas requiere la extensión de una novela, lo cierto es que la suya concluye tras el episodio de la jura de Santa Gadea, y la historia del Cid, centrada en su juventud y sus amores con Jimena, es más bien un telón de fondo para una amplia muestra de personajes, escenas costumbristas y episodios sentimentales o trágicos. Da cabida a las leyendas (la famosa historia del gafo, por ejemplo), y muchos de los lances son inventados, algo de lo que ya avisaba en el prólogo, donde aseguraba que si se apartase de la tradición o la historia sería «para ir a recoger flores con que engalanarla». Decide continuar la historia en 1859, con los mismos recursos narrativos, y se centra en la afrenta de Corpes en *Las hijas del Cid,* donde da rienda suelta a su inventiva, que no intenta justificar a pesar de que el subtítulo reza «Paráfrasis de las crónicas de aquel famoso caballero» y de que en el prólogo («Lo que es este libro») asegura que se ciñe a las crónicas. Así titula, por ejemplo, el décimo capítulo: «Donde a falta de otros documentos para aclarar la verdad de esta historia, se vale el historiador de las hablillas del vulgo».

Todavía en 1875 el héroe castellano será el protagonista de *Cid Rodrigo de Vivar (el Cid Campeador. Novela histórica original),* de Manuel Fernández

43 Para el narrador, el Cid atiende a los «dos sentimientos más dulces»: «el amor patrio y el amor conyugal»; «al dulce cariño que profesaba a su consorte se unía el poderoso aliciente del amor patrio, despertador de los más heroicos pensamientos, y capaz por sí solo de hacer emprender y acometer los más atrevidos y gloriosos hechos de armas» (1831: 68, 55).

y González. La fabulación es aquí completa, con la introducción de motivos melodramáticos, profecías, milagros e invenciones de diverso jaez. Fernández había dramatizado la historia, con el mismo título, en 1858. Un año antes, uno de sus seguidores, Ramón Ortega y Frías, también folletinista, es más fiel a los hechos relatados en el *Cantar* en su novela *El Cid Campeador* (1874). Cuestiona los nombres de las hijas del Cid e incluso algunos de los episodios que le parecen menos verídicos, como el de la afrenta de Corpes, que resume apresuradamente al final, una vez que ha concluido la historia del Cid. Sobre este pasaje afirma que «es muy poco lo que podemos decir, y advertimos que algunos historiadores lo ponen en duda, porque no lo encuentran bastante justificado». Ese prurito de rigor histórico no impide el enaltecimiento del Cid, «la primera gloria de España», como vasallo ejemplar (1874: 122-127).

Sobre las tablas tiene también una intensa vida el Cid Campeador,[44] sobre todo en torno a la mitad de la centuria. Los dramas, sin perder nunca de vista el tema del honor, también recogen los episodios más pasionales y conocidos, muchos de ellos empeñados en mostrar la dimensión privada y familiar del héroe, como la boda con Jimena o la afrenta de Corpes, y sobre ellos se añaden enredos amorosos y a veces trágicos. En casi todas las obras son marginales las hazañas del Cid, y la reiteración de su condición honrosa parece responder a un tópico ya comúnmente admitido. La faceta sentimental del héroe se impone a su temperamento guerrero, y rara vez se alude a hechos de armas.

No es el caso del drama histórico de Bretón de los Herreros *Vellido Dolfos,* de 1839, que se centra en la muerte a traición del rey don Sancho, cuyos injustos caprichos colocan al héroe, aquí personaje secundario, en una difícil situación de la que sale airoso manteniendo su honor y su vasallaje.

Seducido más por la «rigidez clásica» que por la «balumba moderna», Jerónimo Borao da cumplida cuenta en el prólogo a *Las hijas del Cid* de la

---

44 Se sigue editando *Vida y muerte del Cid Campeador, y noble Martín Peláez,* del dramaturgo áureo Antonio Enríquez Gómez, esta vez bajo su seudónimo Fernando de Zárate (Valencia, Imprenta de José Ferrer de Orga, 1813). La obra había sido objeto de varias reediciones a lo largo del siglo XVIII.

configuración de su drama: su respeto a las recomendaciones de Lista con respecto a las unidades le lleva a condensar la acción en el palacio del Cid en Valencia, mientras que tanto la afrenta de Corpes como el duelo que provoca están simplemente aludidos. Aunque afirma respetar los hechos históricos, confiesa convertir el amor en protagonista de su drama, y, en efecto, el tono sentimental es el que predomina (1842: VII-VIII). Pero le interesa la intriga, que consigue convirtiendo al infante de Aragón en un paladín desconocido del que Sol, protagonista de la obra, se enamora (no es la única ocasión en la que la intriga amorosa deshace las parejas formadas por los de Carrión y las hijas del héroe), debatiéndose entre el amor y el honor a la par que el Cid lo hace entre el honor y el amor filial y muestra su faceta familiar y sensible.

También se sirve del personaje Juan Eugenio Hartzenbusch para su drama *La jura en Santa Gadea,* de 1844. A pesar de que anota el texto prolijamente con datos históricos, la obra es en realidad una comedia de enredo amoroso, no exenta de rasgos humorísticos y rimas chuscas, entre el Cid, Jimena, Gonzalo Ansúrez, Álvar Fáñez y la viuda del rey Sancho, Alberta.

El actor y autor dramático Juan de Alba incluyó entre sus dramas históricos uno de tema cidiano: *Los infantes de Carrión y las hijas del Cid* (1846), que, como indica el título, se centra en el episodio de las bodas de las hijas del Cid, la afrenta y la posterior venganza. La versión se aleja de la del *Cantar:* llama a las hijas del Cid Laura y Estrella, y el final es sangriento. Pero la intención de Alba parece clara: los de Carrión representan la adulación y corrupción cortesanas, propias de extranjeros, mientras que el Cid y Alfonso VI asumen el honor y patriotismo de la nación española.

Para heridas las del honor, o el desagravio del Cid, de Rafael Gálvez Amandi (1849) se acoge al mismo episodio, añadiendo una novedad que aumenta el dramatismo: Fernán González, que tenía amores con Elvira, es honrado y ajeno a la afrenta, urdida por su tío Suero y su hermano Diego. Su muerte venga el ultraje al Cid pero es lamentada por todos, y particularmente por Elvira. Lo mismo hará, aunque en este caso es su hermana Sol la enamorada de Fernán González, Ventura García Escobar en su drama *El Cid* (1859). En ambos casos, la acción comienza tras la afrenta; el amor y el honor privado, no el militar, son sus temas centrales.

Entre los temas medievales que tanto cultivó (y adulteró con su inventiva y falta de rigor proverbiales) el prolífico Manuel Fernández y González, el Cid, como ya se apuntó, fue objeto de uno de sus dramas, *Cid Rodrigo de Vivar,* representado en 1858 y refundido y publicado en 1862. Escoge también pasajes sentimentales y legendarios: presenta el conflicto entre el amor y el honor de Rodrigo y Jimena tras la ofensa y la muerte de sus respectivos padres, con toques de un romanticismo trasnochado que culpa al destino. Aun así, Rodrigo se presenta como encarnación de la lealtad, la valentía y el honor.

En contra de algunas opiniones, dictadas más por la resonancia del título que por la lectura de la obra, no trata la figura del Cid *Doña Urraca de Castilla* (1872), de Antonio García Gutiérrez: la protagonista no es la hija de Fernando I y hermana de Alfonso VI, a la que le correspondió en herencia Zamora, sino Urraca I de León, hija de este último. Al Cid se alude en dos ocasiones como personaje del pasado, cuyo honor han de mantener sus descendientes.

Pero merece la pena detenerse en la mejor de las obras literarias dedicadas al guerrero. Se trata del poema narrativo *La leyenda del Cid,* de Zorrilla, que comienza a publicarse por entregas a la altura de 1882: es una muestra de la pervivencia del héroe como símbolo ideológico del nacionalismo romántico conservador, no exento de ironía y humor: la crueldad, la audacia, la valentía, el carácter heterogéneo y bizarro de los ejércitos del Cid y del rey Alfonso «dieron al fin, tiempo andando, / a su reinado fastuoso / un carácter tan romántico» (1882: 373-374). Parte de los servicios del Cid a Fernando I y de los hechos derivados de la desmembración territorial de su herencia, y da cumplida cuenta de la trayectoria del Cid. Trufado de digresiones, de humor y de opiniones políticas, como el lamento por la pérdida de Portugal tras el testamento del rey Fernando —«¡Errores de cada edad! / por un viejo error muy sendo / tiene aún España un remiendo / de muy mala calidad; / y hoy al contemplar su mapa / hay quien dice al ver su trazo: / ¡qué lástima de retazo / cortado á tan buena capa!» (1882: 169)—, se nutre tanto de los episodios legendarios como de los más cercanos a la historia (incluyendo el desplante del Cid a los enviados del papa). Pero la habilidad de Zorrilla desarrolla el personaje de Bellido Dolfos, al que convierte en el hilo narrativo del relato y en sustento de la intriga: deseoso de vengarse del Cid, es él quien trama con los de Carrión la afrenta de Corpes. Todo en el poema se orienta al enaltecimiento del héroe y su independencia, que supone, a la vez, la del pueblo: el Cid se presenta como el adalid de los castellanos cuya fe «tal vez salvó a Europa entera / de ser hoy mahometana»; en manos de Zorrilla, el fanatismo, el apasionamiento o el atraso reprochado por los extranjeros es la mejor arma con la que defender no solo la patria, sino a toda Europa, de los invasores: «Bendita, pues la ignorancia, / de aquel nuestro fanatismo, / que dio a nuestro patriotismo / tanta fe, tanta constancia; / y bendito nuestro atraso / que hizo culta y floreciente / a Europa, a la gente árabe / cerrando de Europa el paso. / Siete siglos nos batimos; / siete centurias de glorias / que han llenado las historias / con las hazañas que hicimos» (1882: 3). Entre bromas y veras, Zorrilla parece estar al tanto de las polémicas anteriores en torno a la veracidad de los hechos históricos, polémicas que parecen reflejarse muy a menudo jocosamente al señalar la convivencia a veces pacífica entre musulmanes y cristianos (por ejemplo, en Valencia, y tras la derrota de Búcar), al juzgar la violencia y la crueldad de algunos personajes o al presentar el comportamiento a veces poco ortodoxo del Cid y los suyos: «Costumbres de aquella era / caballeresca y feroz, / en que degollando moros / se glorificaba a Dios, / y que no había un exceso / que no obtuviera sanción, / como tuviera por móvil / honra, fe, patria o amor»; «Mas no imagines, lector, / que en Vivar vivía el Cid / como hoy un duque en Madrid / o como en Londres un lord: / porque la oncena centuria / en la que el buen Cid vivía, / era una mezcla bravía / de lujo y bárbara incuria» (1882: 67, 134). Del mismo modo, ironiza sobre la transmisión del personaje y su gesta por la tradición o por la leyenda:

Hoy fueran estos señores,
que al moro daban ayuda
contra cristianos, sin duda
renegados y traidores;
pero del Cid en la edad
no eran cosas excesivas
estas, y eran relativas
fe, virtud y lealtad.
[...]
él se ha de ver obligado
a vivir por cuenta suya,
y para dar el Cid paga
a su hueste, tal vez haga
algo que en su pro no arguya.
Mas si hace tal, ¡vive Dios!

que no hacen de ello memoria
la tradición ni la historia,
y no he de ir contra las dos
yo, que autor de estos romances
tengo por mi héroe al Cid,
y debo al grande adalid
sacar bien de malos lances.
Ni él pudo hacer más ni menos
de lo que entonces se hacía,
ni dar de él es cuenta mía
más que resultados buenos. (1882: 390-391)

Tampoco falta la ironía al reconocer la glorificación popular del héroe; así se dirige Álvar Fáñez al monarca, apostillado por el narrador:

«Rey don Alfonso, mal vas;
lo que el rey niegue a su héroe
su pueblo se lo ha de dar,
y si tu pueblo del Cid
en hacer su ídolo da,
los siglos vendrán estrechos
a su gloria popular».
Cuestión de España; el que vale
tiene en vida tal vez pan
si se lo gana; y es, muerto,
una gloria nacional. (1882: 413-414)

El poema, en fin, termina dejando constancia de la condición simbólica del personaje, representante del caballero español:

Su nombre hasta hoy desde entonces
es símbolo del honor,
de la fe y la lealtad,
a los que nunca faltó.
[…]
Opuesto a toda extranjera
inútil innovación,
que a establecer propendiese
derecho contra el honor,
el fuero o la independencia
de su patria, rehusó
a las prodigalidades
del rey Alfonso sanción.
[…]
Su vida fue ejemplo heroico,
modelo sin par hasta hoy
del caballero cristiano
y del hidalgo español. (1882: 553-554)

Como puede observarse, las obras literarias se hacen eco en algunos casos de la controversia en torno al mito, pero su consideración como emblema nacional permanece inalterable. Es más, dando por supuestas sus virtudes guerreras y heroicas, la incidencia en los temas sentimentales y familiares, en la faceta íntima del personaje, busca la humanización del héroe y, en consecuencia, su cercanía al receptor. Destaca, no obstante, la mirada irónica de Zorrilla, de prosapia romántica, que, a través del uso de la primera persona, ofrece una perspectiva crítica de la proyección del pasado heroico sobre el presente.

El Cid, canonizado

El canon nacional se fija con los estudios de Amador de los Ríos y Milá y Fontanals a partir del concepto de *genio nacional* y con «un idealizado fondo cristiano y de porosa base popular» (Romero Tobar, 2006: 105), un canon en el que figuran el *Cantar* y su protagonista como ejemplos de la esencia nacional, y en que se funden, pues, tanto el personaje histórico como su plasmación literaria.[45] Amador de los Ríos había publicado en 1845, en cuatro entregas, una semblanza de Rodrigo Díaz en la sección «Tradiciones populares españolas» de *El Laberinto. Periódico universal. Revista semanal del globo y del tiempo*. No desprecia ningún episodio, y todos van documentados con fragmentos de los romances y del *Cantar*. Ya entonces constataba el crítico la interpretación nacionalista de la figura del héroe, no por legendario menos válido, y la importancia del pasado como sustrato del carácter nacional:

> Aun en nuestros días, en que se han querido borrar de un golpe las costumbres y los recuerdos antiguos para crear un nuevo orden de cosas más conforme con los adelantos de la época, no ha podido desprenderse el pueblo de la memoria de los primeros héroes castellanos, y al entonar esos himnos que han llevado en la guerra que acaba de presenciar Europa mil veces a la victoria a nuestros ejércitos, se han oído repetir los nombres de los Gonzalos y Ramiros, y se ha invocado la sombra del Cid como *paladium* de la libertad de España. Esto prueba lo que hemos dicho anteriormente: un pueblo que no puede volver la vista atrás para gozar en sus antiguas glorias, no espera en modo alguno un porvenir venturoso. [...] ¡Dichosa España que cuenta con

45 Hacen un repaso de estas valoraciones Galván y Banús (1999).

> tantos recuerdos, y que por entre el desastroso presente que la abruma, entrevé un porvenir de felicidad y bienandanza! (1845: 390)

Pero será en su *Historia crítica de la literatura española* (1861-1865) donde se ocupe detalladamente de la figura del Cid y de los diversos testimonios conservados. En el tomo III, de 1863, aborda el estudio del *Cantar,* al que confiere valor político: «no con menor brío [que las *Mocedades de Rodrigo*] nos representa el *Poema de Mío Cid* la protesta de esa misma nacionalidad ofendida contra los intentos feudales, traídos a Castilla a fines del siglo XI y halagados por don Alfonso VI y por sus áulicos»; su protagonista es «la bandera, el símbolo de aquella independencia popular que se irrita al espectáculo de la predilección alcanzada en la corte de Castilla por los magnates» y «el defensor de los fueros y libertades de Castilla» e «impertérrito debelador del mahometismo»; los guerreros que le siguen sacrifican sus vidas «en aras de la religión y de la patria, a quien Mío Cid personifica» (1863, III: 116-118). Encarna «la doble protesta del sentimiento de la libertad y de la independencia de Castilla», y refleja, «con la constitución social y política de Castilla en aquellos apartados tiempos, los deseos y aspiraciones de la nación entera» (1863, III: 168-169). En consecuencia, el Cid es «símbolo de las libertades y de la independencia castellana, y en una palabra el héroe de la religión y de la patria» (1863, III: 196). Paralelamente al encumbramiento del personaje como emblema nacional, Amador procede a una exaltación de las cualidades tanto militares como humanas y sociales del héroe: «El Cid es vasallo, es padre y es esposo [...]. Es, en una palabra, leal con su rey hasta el idealismo; tierno y cariñoso con su esposa y sus hijas; generoso y magnánimo con los vencidos: dadivoso con los suyos; espléndido para con los extraños; prudente y moderado en el triunfo; terrible y exterminador, como el rayo, en los combates» (1863, III: 196-197).

Pero la importancia de la valoración de Amador de los Ríos radica en que al reconocimiento del personaje como símbolo colectivo suma una tajante apreciación de su valor artístico. Confiere al *Cantar* la condición de auténtico poema épico, en el que, si bien el sentimiento popular es el responsable de «la realización de aquel pensamiento nacional» (1863: 118), se manifiesta una voluntad estética individual, y aboga, en consecuencia, por un único poeta que da forma a la creación del pueblo. Plantea la contradicción en la que incurren quienes lo consideran una simple crónica, pero cuestionan su veracidad, y se opone a los que han tenido en cuenta más «la rudeza de las formas exteriores que la esencia misma de las cosas», aduciendo que «el valor histórico del *Poema de Mío Cid* se hallaba no en relación con los hechos ni con los caracteres, sino en el sentido de las costumbres y de las creencias». Así,

> puede crear un pueblo [...] un gran carácter, ennobleciéndolo con sus propias ideas y sentimientos y levantándolo a las regiones del idealismo; pero al ligar su existencia a una acción más o menos complicada y regular, al colocarlo en diversas situaciones en las cuales deba conservar la unidad que le embellece, ha menester sin duda del arte, en cuyo momento aparece ya el poeta para revestir esa misma creación de formas determinadas, purificándola, digámoslo así, de las inconexiones e inconsecuencias de la tradición oral, y legando a la edad futura un tipo, si no más grande, más definido y perfecto. [...] No a multitud de poetas o juglares, sino a uno solo, fue debida su redacción artística, por más que la creación del personaje, tal como el poeta logra revelarla, existiera ya en la mente y aun en cantos más rudos, vagos y pasajeros del pueblo. (1863: 122-124)

En fin, para Amador el *Cantar* es «peregrina joya de nuestra primitiva poesía» (1863: 201-203, 215).

En 1865 pronuncia y publica Milá y Fontanals su *Oración inaugural acerca del carácter general de la literatura española,* disertación de apertura del curso en la Universidad de Barcelona. Después de valorar el *Cantar* como auténtico poema épico, lo considera representativo del carácter nacional: «Obra maestra de nuestras narraciones heroicas, suelo fecundo en que principalmente arraigó la poesía histórica castellana, si un monumento único debiera escogerse como trasunto del espíritu nacional, este sería el elegido» (1865: 16).[46] Este mismo texto encabeza su *De la poesía heroico-popular castellana,* de 1874, donde hace un repaso cronológico de la valoración de la épica y los romances. Glosa la trayectoria del Campeador, excusa sus posibles defectos y repasa los testimonios que de él dan cuenta hasta llegar al *Cantar,* que resume, pero del que rehúsa hacer un análisis detenido porque, «hecho ya cumplidamente, cuanto es posible, por señalados escritores, preferimos mostrar el cuadro sin duda más grandioso de

46 Para los relevantes estudios de Milá y Fontanals, Menéndez Pelayo y Menéndez Pidal, aquí muy resumidos, pueden consultarse Sanmartín Bastida (2002*b*) y Bautista (2013).

nuestra poesía heroica»; reproduce numerosos fragmentos y ofrece una valoración encomiástica: ingenuo, expresivo, sencillo, carente de artificio y amaneramiento, y, en suma, obra maestra (1874: 219-249, 240-241).

Se percibe, pues, en la segunda mitad del siglo, un considerable y progresivo aumento del interés por la literatura épica, animado por la pervivencia del imaginario romántico (presente en Zorrilla), la continuada indagación en la identidad nacional (el nacionalismo de Amador le lleva a entender la literatura popular como elemento identificador de lo propiamente español; Pozuelo, 2000; Fernández Prieto, 2011: 449), y, como se verá, el incremento de investigaciones sobre la épica europea. A ello contribuyen las ideas de Gaston Paris (Sanmartín, 2002*b*: 146, 158), que, tal y como estaba planteando Milá en la misma fecha, considera en su *Histoire poétique de Charlemagne* que la épica está unida al concepto de *nación* y es creación colectiva del pueblo: «L'épopée n'est outre chose en effect que la poésie nationale développée, agrandie, centralisée» (1865: 3).

Las valoraciones, sin embargo, no son siempre homogéneas, aunque, por lo general, se sigue considerando el carácter primitivo de la lengua mientras se ensalzan los valores heroicos y nacionales del héroe. Juan Valera, que con posterioridad matizaría sus opiniones, consideraba acabado el movimiento romántico en su discurso de recepción en la RAE, en 1862, y aseguraba que no hay en España poesía popular antes del siglo XV:

> Los romances o no existen o valen poco antes de esta época. En buen hora pretendan los señores Wolf, Durán y Pidal ver en el poema del Cid un centón de romances primitivos; el poema del Cid parecerá siempre a los más de sus lectores un trabajo artificial y erudito, donde se nota el esfuerzo para expresarse en una lengua ruda y apenas formada, y donde se imita la versificación francesa de las *canciones de gesta.* (1862: 29)

Con idéntica ocasión, Luis Fernández-Guerra y Orbe, en su disertación sobre el origen popular y la rima de los romances (contestada por su hermano Aureliano), considera el *Cantar* como muestra de una lengua auténticamente castellana (1873: 11, 31). Frente al desapego indiferente de Valera, sorprenden la vehemencia y el entusiasmo de Francisco de Paula Canalejas, que no escatima expresiones encomiásticas para vincular tanto la figura del héroe como el *Cantar* con la nacionalidad española en la colección de sus discursos pronunciados en el Ateneo de Madrid, *La poesía épica en la antigüedad y en la Edad Media* (1869): Rodrigo Díaz es el responsable de la unidad nacional. Reconociendo que en el siglo XI «la unidad española no existía, existían solo elementos diferentes, e intereses las más veces enemigos», el elemento que vino a cohesionar todos esos elementos en una aspiración común fue el Campeador:

> Los elementos existían, pero en ebullición y discordantes; faltaba una idea que confundiera en un grito de inmensa resonancia todos los elementos [...] ¿Y qué idea mejor que la de España? [...] ¿Y quién abarcará con robusta mano las banderas castellanas y leonesas [...]? Rodrigo Díaz de Vivar. En él se resume la historia española, religión, sentimientos, vida pública, deseos y aspiraciones del pueblo español, todo lo entraña esa gigantesca figura que nace en el siglo XI, y que vivirá en tanto exista la nacionalidad española.

Por otro lado, siguiendo a Amador de los Ríos, considera complementarios todos los testimonios del Cid: «El Cid que se anuncia en la leyenda es el Cid del romancero, y el que se completa en las crónicas y el poema; su única diferencia consiste en que la leyenda nos ofrece a Rodrigo en sus primeros momentos [...], en tanto que el poema nos presenta ya la figura de Conquistador de Valencia más grande y más completa». La identificación de Rodrigo con la esencia nacional se materializa en el *Cantar:* bebiendo de los demás testimonios, «el canto de gesta se ha convertido en Poema y la unidad nacional ya es un hecho en el espíritu y en el alma de la península. El Cid es la personificación del pueblo español, expresa el momento supremo de nuestra nacionalidad, es el símbolo vivo de nuestra historia» (1869: 127-131). Criterios románticos sigue manejando José Fernández Espino en su *Curso histórico-crítico de literatura española,* de 1871: destaca algunas escenas que maravillan «por la belleza descriptiva y por la naturalidad que reina en toda la narración» y subraya su carácter nacional; su autor «hizo lo mismo que Homero y Dante: ambos inspiráronse en las noticias, en las creencias y en los sentimientos de su época; aquel, como estos, dejó grabado también en su poema el espíritu de su nación» (1871: 44-46). Manuel de la Revilla y Pedro de Alcántara, en su obra *Principios de Literatura General e Historia de la literatura española,* siguen ponderando la condición del poema como emblema del carácter nacional: «El espíritu nacional, el sentimiento cristiano y las ideas caballerescas campean en toda la obra con tanta sencillez como originalidad, en consonancia con el carácter y estado del pueblo español en aquellos tiempos» (1872: 297).

Muy curiosa es la opinión, ceñida a lo estrictamente literario, de Narciso Campillo, que viene a llenar el vacío que señalaba Aradra (2000: 208-

209) en las colecciones de textos escolares y antologías del último tercio del siglo por lo que respecta a la figura del Cid: en su *Florilegio español* (1885) le concede «valor como documento literario, como narración histórica y como obra poética». Campillo valora extraordinariamente el poema, con el que comienza el volumen segundo de su antología: «la obra más notable, no solo de su tiempo, sino que puede afirmarse sin vanagloria nacional ni temor de engaño que ninguna se produjo comparable a ella en diez siglos, desde el eclipse de la cultura grecorromana hasta la *Comedia* del gran poeta florentino Dante»; en consecuencia, el poeta está a la altura de su obra: «Resulta que el autor no era un escritor vulgar, sino un verdadero poeta, capaz de presentar descripciones y relatos llenos de entusiasmo, frescura y valentía. A veces nos recuerda la ingenua sencillez de Homero; a veces también procede con cierto artificio dramático, perfectamente graduado». Y ello a pesar de que trata de ofrecer una visión ponderada de la obra, retomando criterios dieciochescos, como los de Sánchez, a propósito de la rudeza del lenguaje:

> Diversas opiniones sostienen los literatos acerca del mérito de este poema, pues mientras unos lo consideran apreciable solo por su antigüedad, como documento para la historia de nuestra lengua, otros le prodigan desmesurados elogios. No tienen razón. La obra es todo lo buena que podía ser en su tiempo. El instrumento de la poesía es la palabra, y nadie puede exigir al artista delicadeza y perfección en su trabajo si el instrumento de que ha de valerse es todavía imperfecto y rudo. (1885: 1-4)

Casi a finales de siglo, sigue habiendo voces que aprecian el *Cantar* únicamente en su dimensión simbólica, dejando ver claramente que todavía es la necesidad de construir un pasado sobre el que sustentar la nacionalidad la que impulsa la valoración del poema (Mainer, 1981: 445). Así ocurre con las de Juan García Al-Deguer y Hermenegildo Giner de los Ríos, quienes en su *Curso de literatura española,* de 1889, transcriben algunos fragmentos del *Cantar,* cuyo valor literario y cualidades poéticas aminoran mientras exaltan al personaje en virtud de su significación nacionalista: aunque es «el monumento literario más importante» de la época,

> concurren a darle esta importancia no las galas del lenguaje, ni los primores de la lengua ni los vuelos de la poesía, que nada de esto tiene ni era posible que lo tuviese entonces, sino la grandeza de la figura del héroe y el ser reflejo fiel del espíritu cristiano y caballeresco que animaba al pueblo español de aquellos rudos tiempos y lo empeñaba en la épica lucha que produjo nuestra nacionalidad. (1889: 5)

Para ponderar su valor literario serán definitivas las aportaciones de Menéndez Pelayo y Menéndez Pidal (Sanmartín, 2002*b*). En el segundo volumen de la *Antología de poetas líricos castellanos* (1891) reconoce Menéndez Pelayo, de la mano de Milá y Fontanals, el carácter nacional del *Cantar,* que juzga con criterios similares a los románticos: es «poesía vivida y no cantada, producto de una misteriosa fuerza que se confunde con la naturaleza misma» y «canto no aprendido, indócil muchas veces a la ley del metro y al yugo de la rima»; «la figura del héroe, tal como el poeta la trazó, es para nosotros símbolo de la nacionalidad, y fuera de España se confunde con el nombre mismo de nuestra patria» (1891: 315). Será ya a principios del siglo XX, en 1906, cuando le dedique una monografía, *La epopeya castellana en la Edad Media. El Cid.* Por lo que respecta a Menéndez Pidal, poco puede añadirse al reconocimiento general de sus trabajos sobre el Cid. Desde *El Cantar de Mío Cid: texto, gramática y vocabulario,* de 1893, y *La leyenda de los infantes de Lara,* de 1896, defiende el carácter anónimo y popular de la épica y los romances —obras individuales que recogen el sentir popular en un principio, luego manipuladas por los juglares y el pueblo, que las refunden continuamente hasta su fijación por escrito—, idea que sostuvo en sus posteriores investigaciones. Es el responsable del enaltecimiento definitivo de la figura, tanto literaria como histórica, del Cid (en franca oposición a Masdeu y a Dozy) en múltiples trabajos que precedieron a *La España del Cid,* de 1929: en *El Cid en la historia*, de 1921, critica tanto la «rabiosa cidofobia» como la «malévola biografía» de ambos; para Menéndez Pidal, el Cid, buen conocedor de las leyes, habría obrado conforme al derecho de la época; su relación con los moros sería ambivalente: leal y generoso con los moros españoles, pero terrible y violento con los aliados de los almorávides, lo que justificaría tanto la amistad del Campeador con el rey de Zaragoza como su crueldad con los valencianos (1921: 16, 27-31). Antonio Machado y Álvarez había traducido a Dozy en 1872 (*Investigaciones acerca de la historia y de la literatura de España durante la Edad Media),*[47] propiciando la nueva difusión de sus teorías. El libro de Ulick Ralph Burke, *A History of Spain, from de earliest times to the death of Ferdinand the Catholic,* de 1895, se basa a menudo en Dozy para recrear la

47 Sevilla / Madrid, Administración de la Biblioteca Científica-Literaria / Librería de Victoriano Suárez.

idea de un Cid que, a pesar de haber sido «avaricious, faithless, cruel and bold, a true soldier of fortune», fue incomprensiblemente idealizado por la imaginación popular: «the Cid still maintains a reputation which is one of the enigmas of history» (1895: 180-186). Menéndez Pidal seguiría rebatiendo a Dozy y al defensor de este último, Van Praag, también holandés, en 1934. A pesar de estas reticencias, terminarían imponiéndose las tesis de Menéndez Pidal y su engrandecimiento tanto del héroe como del *Cantar.* Georges Cirot, cercano a las ideas de Menéndez Pidal y autor de trabajos sobre la maurofilia española, da cuenta, en su reseña a *La España del Cid,* de este triunfo: «Le Cid de Dozy, le *condottiere,* est mort. Celui de Risco n'avait pas beaucoup vécu. Il y a maintenant celui de Pidal. Celui-la vivra et restera» (1929: 361).

La desmitificación del héroe

La función primordial de la épica es convertirse en elemento cohesionador de una comunidad «nacional» al vincularse, en mayor o menor grado, con acontecimientos históricos significativos e identificar al protagonista con los intereses y las aspiraciones colectivos de esa comunidad. Parece claro que en estas dos centurias se le ha reconocido ese cometido al *Cantar.* Sin embargo, los reparos que se le han hecho se basan, por un lado, en argumentos estéticos clasicistas, puesto que, además de su rudeza, no reúne los requisitos aristotélicos y, en consecuencia, no alcanza la categoría de poema épico (una percepción que desde el siglo XVIII intentan paliar voces que aducen el primitivismo tanto de la época como del lenguaje); en segundo lugar, en la inexistencia de pruebas contundentes de la veracidad tanto del héroe como de los episodios. Pero en la gran mayoría de los casos, hasta finales del XIX, e incluso con posterioridad, el carácter simbólico del personaje, asociado a la identidad nacional, se ha mantenido a lo largo del tiempo, aunque con una evidente polivalencia interpretativa:[48] si un

48 Sanmartín ha analizado la recepción de los textos medievales y la evolución del medievalismo en el siglo XIX (no muy distintas en el resto de países europeos). La exaltación de la Edad Media crea, en el fondo, la imagen manipulada de una España que «con resistencia quijotesca se opone a la nueva civilización», cuando «España vivió el positivismo, y atacó las tradiciones y el medievalismo de *castillos y damas*» (2004: 234-235).

patriotismo bélico y triunfalista inspira la mención del héroe en el himno liberal de Riego,[49] que exalta el valor y la osadía de los soldados españoles, las mismas cualidades persistirán en la manipulación ideológica de la imagen del Campeador (junto con otros héroes nacionales, como Bernardo del Carpio o Guzmán el Bueno) llevada a cabo por el franquismo, que volvió a desempolvar las glorias patrias y las figuras heroicas.[50] Explicaba E. Inman Fox que, en los procesos en los que se construye la identidad del país, es lógica la recuperación de los mitos nacionales: la búsqueda del carácter nacional lleva a una indagación en el *genio* del pueblo y su idiosincrasia en la literatura y el arte, y a menudo esa búsqueda termina «en la mitificación, y hasta en la invención, de ciertas características» (1998: 201). La canonización del Cid en su doble faceta heroica y literaria llevada a cabo por alguno de los nombres que acabo de reseñar parece responder a esa propuesta.

Sin embargo, la evocación del glorioso pasado histórico como antídoto ante un presente mediocre fue cuestionado a raíz de las circunstancias del fin de siglo, cuando las miradas tratan de dirigirse hacia el futuro y el progreso obviando el inútil regodeo en los triunfos pretéritos.[51] En la literatura se resalta la faceta humana del Cid, como hacen Rubén Darío en el conocido poema «Cosas del Cid», de *Prosas profanas* (1901), centrado en el episodio legendario del leproso, o Manuel Machado en «Castilla», de *Alma*

---

49 «Seremos valientes, / seremos osados. / ¡Cantemos, soldados, el himno a la lid! / De nuestros acentos / el orbe se admire, / y en nosotros miren / los hijos del Cid. / ¡Soldados, la patria / nos llama a la lid! / Juremos por ella / vencer o morir».

50 Cf. al respecto María Eugenia Lacarra, «La utilización del Cid de Menéndez Pidal en la ideología militar franquista», *Ideologies and Literature: A Journal of Hispanic and Luso-brazilian Literatures,* 3, 12 (1980), pp. 95-127; Dagmar Vandebosch, «El Cid desenterrado. Avatares de un mito nacional en el contexto de la guerra civil española (Antonio Machado y Gregorio Marañón)», en Beatriz Mariscal y Teresa Miaja de la Peña (coords.), *Las dos orillas. Actas del XV Congreso de la Asociación Internacional de Hispanistas,* México, FCE, 2007, pp. 427-441, Armando López Castro, «El Cid en la literatura española a partir de 1939», *Cuadernos para la Investigación de la Literatura Hispánica,* 33 (2008), pp. 455-468, y Francisco Javier Peña Pérez, «La sombra del Cid y de otros mitos medievales en el pensamiento franquista», *Norba: Revista de Historia,* 23 (2010), pp. 155-177. Recientes imágenes fotográficas del líder de Vox lo muestran a caballo, con una barba poblada, y en la actitud altiva que en el imaginario popular tiene el Cid Campeador.

51 Reacción esta que guarda, salvando las distancias, ciertas similitudes con las ideas de los «antiapologistas» del siglo XVIII. Cf. al respecto Isabel Román Gutiérrez, «De polémicas y apologías: el debate sobre el progreso de España en las respuestas a Masson de Morvilliers y la historiografía ilustrada», *Dieciocho,* 44 (2021), pp. 125-162.

(1902); en este último, además de recoger la escena sentimental del héroe, compadecido de los burgaleses, temerosos de la amenaza real, se proyecta la otra cara del heroísmo y la gloria: «El ciego sol, la sed y la fatiga. / Por la terrible estepa castellana, / al destierro, con doce de los suyos / —polvo, sudor y hierro—, el Cid cabalga». El mismo Manuel Machado incluye en «Los primitivos» el poema «A Alvar Fáñez (Retrato)», que no centra su atención en el héroe, sino en su compañero de armas, y ensalza la imagen guerrera del personaje a la vez que evoca la versificación del *Cantar* e invita a su lectura; sin embargo, en «Yo, poeta decadente», de *El mal poema* (1909), ofrece una visión irónica en la que la mención a los «bisnietos del Cid» contrasta con el antiheroico presente: «Yo, poeta decadente, / español del siglo veinte, / que los toros he elogiado, / y cantado / las golfas y el aguardiente..., / y la noche de Madrid, / y los rincones impuros, / y los vicios más oscuros / de estos bisnietos del Cid». Pero será su hermano Antonio Machado el que ofrezca una visión que contrasta el heroísmo y la gloria legendarios y el presente miserable de la tierra castellana:

La madre en otro tiempo fecunda en capitanes,
madrastra es hoy apenas de humildes ganapanes.
Castilla no es aquella tan generosa un día,
cuando Myo Cid Rodrigo el de Vivar volvía,
ufano de su nueva fortuna, y su opulencia,
a regalar a Alfonso los huertos de Valencia.[52]

Los valores heroicos encarnados por el héroe parecen carecer de utilidad en el presente de la nación. Sanmartín (2001) se ha encargado de revisar la actitud de rechazo hacia el medievalismo de los regeneracionistas y los llamados «noventayochistas» (Costa, Mallada, Picavea, Ganivet, Morote, Unamuno), que se manifestaron contrarios a la imagen nostálgica de una nación imperial sustentada por el recuerdo de las gestas heroicas y las

52 De la presencia del Cid en los poetas de la llamada «generación del 27» se ha ocupado F. J. Díez de Revenga, «El *Poema de Mío Cid* y su proyección poética posterior (ficción e imagen)», *Estudios Románicos,* 13-14 (2001-2002), pp. 59-85. Sobre la trayectoria siguiente del héroe pueden verse también Armando López Castro, «El Cid en la literatura española a partir de 1939», *Cuadernos para la Investigación de la Literatura Hispánica,* 33 (2008), pp. 455-468, y Francisco Javier Peña Pérez, «El mito del Cid en la sociedad española contemporánea», *Arqueología, historia y viajes sobre el mundo medieval,* 36 (2010), pp. 64-75.

glorias medievales, amparo de gobernantes ineptos y rémora del progreso. Por ello solo me detendré en Joaquín Costa, la figura que con mayor empeño e insistencia trató de desvincular la figura guerrera del Cid de la necesaria regeneración patria. Si a lo largo de la segunda mitad del siglo los más relevantes historiadores de la literatura (Amador de los Ríos, Milá y Fontanals, Menéndez Pelayo) enaltecían los valores heroicos del personaje, que asociaban a la esencia nacional, Costa se encargará de despojarlo de ellos. Su interpretación del Cid es muy distinta, y se manifiesta desde sus primeros trabajos (publicados en el *Boletín de la Institución Libre de enseñanza*), cuyo propósito es sustituir el simbolismo de los valores heroicos del Cid guerrero por los morales del Cid jurista; es un tema sobre el que volverá recurrentemente, y que se centra, sobre todo, en la tan traída y llevada lealtad de Rodrigo al rey, elemento central de su manipulación ideológica en función de intereses variables a lo largo del tiempo: si los liberales moderados admitían la lealtad a la monarquía, los liberales en el exilio devalúan la figura del héroe por lo que consideran un sometimiento vergonzoso ante la tiranía. Contra esta última imagen reacciona Costa: en «Representación política del Cid en la epopeya española», de 1878, se opone a la imagen de un Cid sumiso ante el rey que la crítica contemporánea ha proporcionado y defiende su comportamiento como ajustado a las leyes de la época, aportando las referencias oportunas: la potestad del rey para desterrar a sus súbditos era legal, y el Cid no ofrece una muestra de sumisión, sino que se limita a acatar la ley vigente; por la misma razón, el rey se vio obligado, cediendo a las legítimas exigencias de Rodrigo, a jurar en Santa Gadea, episodio que encarna la prevalencia de la justicia y el derecho frente a la prepotencia de la monarquía. Una vez más, es la supuesta lealtad incondicional del Cid al rey la que orienta su interpretación política. En esa fecha relativamente temprana, 1878, comienza la desmitificación del Cid como héroe y su encumbramiento como jurista:

> El Cid, el patrocinador de la honra patria, el portaestandarte de la independencia, el fuerte castillo de la nacionalidad, el terror de la morisma, es también el terror de los reyes, el custodio de las libertades, el austero guardador de la ley: reivindica a la nación su territorio y revela al pueblo la conciencia de su derecho; riega el suelo con ríos de sangre africana y al propio tiempo, hincha los aires de acentos liberales, que no han cesado ni un momento de resonar en nuestra historia. La musa justiciera y patriótica ha encontrado su símbolo. (1878: 155)

En «El derecho y la coacción en la poesía popular española», de 1884, atribuye al conjunto de poemas épicos españoles carácter revolucionario: «La epopeya española se halla penetrada de esa vigorosa oposición que le da cierto sabor y cierta intención revolucionaria», de manera que sus héroes (Fernán González, Bernardo del Carpio, el Cid) «lo son por enfrentarse a reyes tiranos» (1884: 376). Mayor calado tiene «El programa político del Cid Campeador», de 1885. Allí acusa a «los críticos de nuestro tiempo», menos atentos a las crónicas y los romances que al *Cantar* (que considera escrito por Per Abbat, más partidario de la monarquía y el clero que de la nobleza y de Castilla, y que por lo tanto modifica interesadamente los acontecimientos), de haber hecho «un Cid más legendario que el Cid mismo de la leyenda»: han malinterpretado su comportamiento al entenderlo como un modelo de lealtad y sumisión al monarca, ignorando que en realidad la actitud del héroe muestra un escrupuloso acatamiento de las leyes feudales en vigor. Así, estos críticos (Southey, Tapia, Buckle,[53] Amador de los Ríos...) han mostrado al Cid de la leyenda como el representante de un «monarquismo exaltado y servil, rayano en idolatría, [...] que sufre resignado y humilde las sinrazones del monarca y le da gracias por sus agravios y lame la mano que lo azota»; Hinard, por su parte, encontró en el personaje «un sentimiento tan sombrío y feroz, un odio tan vivo hacia los enemigos de la religión cristiana que por fuerza debía echar raíces en la patria de tal monumento la odiosa institución del Santo Oficio». En contrapartida, Costa mitifica otros aspectos del Cid (incurriendo en evidentes anacronismos), y en concreto su consciencia política, ahora mucho más necesaria que el valor o la audacia. Estos son algunos puntos del idealizado «programa político» del héroe:

> Yo diría que la figura del Cid representa todo un programa político, y que su vida es una lucha incesante por llevar ese programa a la realidad: lucha religiosa, contra el Papado; lucha nacional, contra el Imperio; lucha territorial, contra los sarracenos; lucha política, contra los reyes. Este programa podría

53 La única referencia que hace Henry Thomas Buckle al Cid, en el capítulo «La civilización en España», en el segundo tomo de su *Historia de la civilización en Inglaterra,* de 1861, que fue traducido ese mismo año al español en un volumen independiente, es que el héroe es una muestra del «extraordinario apego a sus reyes, desarrollado por las circunstancias [la invasión musulmana] en el pueblo» (Londres, Imprenta de Levey, Robson y Franklyn, 36).

> resumirse en esto: respecto de Europa y el Imperio, la autarquía de la nación, más absoluta; respecto del pontificado, la condenación del ultramontanismo y la independencia civil del Estado [...]; respecto del islam, la tolerancia, considerando a sus creyentes como elemento integrante de la nacionalidad; respecto de la Península, la unión federativa de sus reinos; tocante a las relaciones entre la autoridad y los súbditos, el imperio absoluto de la ley y la constitución [...]; y por último, respecto de la tiranía, el derecho a la insumisión.

El ideario político del Cid que deduce y resume en las anteriores líneas sigue teniendo plena vigencia y actualidad para Costa: «no ha pasado todavía al panteón de las historias muertas, y España debe estudiarlo seriamente» (1885: 242-243).

Todo esto le llevaría a pronunciar el célebre y, en su momento, polémico aforismo «doble llave al sepulcro del Cid, para que no vuelva a cabalgar», que había encabezado una de sus disertaciones en la Cámara Agrícola del Alto Aragón en 1898,[54] según el propio Costa afirma en el famoso discurso que pronunció en los Juegos Florales de Salamanca (invitado en 1901 por Unamuno), *Crisis política de España,* donde recoge los trabajos precedentes, intensificado su afán regeneracionista por el desastre colonial. Frente a las críticas que había recibido ese aserto (entre otros, por parte de Azorín en un artículo publicado en *El Progreso* el 22 de abril de 1900, puesto que suponía renunciar «a la tradición, el arte, la historia y la leyenda» y proscribir «la abnegación, el heroísmo, la generosidad, la nobleza, todo lo que hay de grande y de sincero en nuestro pueblo»), se defiende con insistencia: «En 1898, España había fracasado como estado guerrero, y yo echaba doble llave al sepulcro del Cid para que no volviese a cabalgar, pero es porque antes me había asomado a él para conversar con el Cid repúblico, no con el Cid guerrero, y me había este declarado en larga *interview* su pensamiento social y político». Y ese es el Cid que es preciso resucitar, un Cid jurista «que decida en el pleito actualmente planteado entre la nación y sus gobernantes», puesto que ya el héroe «de yelmo y Tizona» había salido de su tumba en otras ocasiones:

> el héroe del Vivar ha abandonado más de una vez su enterramiento para montar su viejo caballo de guerra, siempre que por invasiones de extraños la

54 «Mensaje y programa de la Cámara Agrícola del Alto-Aragón», 13 de noviembre de 1898.

> independencia nacional ha peligrado; y no veo por qué ha de serle vedado salir del mismo modo para subir a estrados como juzgador, cuando por delitos de propios la mitad de la nación ha perdido su independencia y la de la otra mitad corre grave peligro.

Menciona un episodio del reinado de Alfonso VIII, pero se refiere también claramente a la invasión napoleónica. Todavía se sigue defendiendo en 1907, cuando publica en *El Ribagorzano* (13 de septiembre de 1907), un diario que él alentó, «El Cid en Santa Gadea. Lecciones para la España actual», con parte del texto que ya estaba incluido en *Crisis política de España.* También en 1908 envía a *La Publicidad* (23 de marzo) unas páginas: quiere cerrar con doble llave la tumba del Cid no «para regenerar la patria», sino «para que no caiga en la tentación de seguir a los muslimes al otro lado del Estrecho, ni solo o aliado o suizo de Francia; para que no intente meterse en trato con nuevos judíos y levantar empréstitos con destino a construcción de acorazados, no a edificación de escuelas...».

Su empeño es, en fin, deshacer la imagen imperialista y guerrera de España que el Cid encarnaba: «Todo cuanto se me ha alcanzado es sustituir en la dirección de la sociedad al héroe burgalés por un tenedor de libros de la Cámara de Comercio de Burgos». Le interesa mucho más la jura en Santa Gadea que las hazañas bélicas: la jura es «un glorioso momento de la vida del Campeador, en que se nos representa como una categoría de razón, cubiertos los arreos de guerrero con la toga de magistrado, austera encarnación de la ley, celoso guardador del sentido moral de la gobernación», y «constituye una de las más sublimes concepciones épicas de todos los siglos». El pueblo no necesita ahora al Cid de Valencia: «ahora, el Cid que necesitamos resucite es el otro, el de la toga, el de Santa Gadea. [...] ¿Me preguntáis dónde está? En nuestros propios pechos, en los pechos de los españoles, os respondo». El pueblo, encarnación de ese Cid jurista, ha de juzgar a los responsables del desastre del 98, y en particular a los ministerios de la Guerra y de la Marina. Aspira, además, a que el país se desprenda de un pasado heroico inútil y paralizante, y que cambie las armas por el trabajo:

> Deshinchemos esos grandes nombres, Sagunto, Numancia, Otumba, Lepanto, con que se envenena a nuestra juventud en las escuelas [...]. Desmontemos de su pedestal al Gran Capitán y al Duque de Alba, a Leyva y Hernán Cortés, a Alejandro Farnesio y don Juan de Austria, y elevemos en él a Fernando de Aragón e Isabel de Castilla, a Cisneros y Legazpi [...]. Resista-

> mos la nueva política militar, en que los fracasados de la vieja nos embarcan locamente para seguir desangrando a las clases trabajadoras y consumir en pólvora y rancho recursos que aseguran no hay para obras públicas ni para escuelas [...]. El honor y la seguridad de la Nación no se hallan hoy en manos de los soldados; están en manos de los que aran la tierra, de los que cavan la viña, de los que plantan el naranjo, de los que arrancan el mineral, de los que forjan el hierro, de los que conducen el tren, de los que pastorean la cabaña, de los que arrancan el mineral, de los que forjan el hierro, de los que equipan las naves, de los que tejen el algodón, [...] de los que estampan libros, de los que acaudalan la ciencia, de los que hacen los hombres y los ciudadanos enseñando a la niñez. (1901: 19-34, 47-48)

Desde 1898 había difundido el lema «escuela y despensa», objetivos que deberían sustituir al militarismo, en sus proyectos regeneracionistas: «La escuela y la despensa, la despensa y la escuela: no hay otras llaves capaces de abrir camino a la regeneración española; son la nueva Covadonga y el nuevo San Juan de la Peña para esta segunda Reconquista que se nos impone, harto más dura y de menos seguro desenlace que la primera» (1900: 219).

Me detengo, finalmente, en el caso de Pérez Galdós, cercano a los regeneracionistas, y en especial a Costa, cuya influencia recibe. En sus *Novelas contemporáneas,* iniciadas en 1881 con *La desheredada,* su propósito es incitar a los españoles a trabajar en el presente y olvidarse de inútiles glorias pasadas (recuérdense los delirios de Isidora Rufete). Su nacionalismo le lleva a respetar profundamente la Edad Media y a los castellanos, que cumplieron en su momento con su cometido heroico y guerrero, pero no acepta la influencia de su simbolismo en el presente. Su diagnóstico de los males de la nación se basa en la historia reciente (no en vano el primero de los *Episodios nacionales* se sitúa en 1805). Juan Santiuste, personaje de *Aita Tettauen,* novela de la cuarta serie de los *Episodios* (1905), profesa un heroísmo trasnochado que le lleva a convertir a los militares españoles, ante la inminencia de la guerra de África, en émulos del Cid: «¡Qué gloria ver resucitado al soldado de Castilla, el castellano Cid!» (I, 3); su entusiasmo guerrero, sin embargo, se desvanece tras conocer la dureza de las batallas: «Esas flores eran el Cid, Fernán González, Toledo, Granada, Flandes, Ceriñola, Pavía, San Quintín, Otumba... Pues bien, Pedro: de esas flores no queda en mi espíritu más que una hojarasca que huele a cosa rancia y descompuesta...» (II, 4).

En 1907 prologa el libro de José María Salaverría *Vieja España (Impresión de Castilla).* Emblema y escenario de un pasado glorioso que contrasta con la miseria presente, Castilla, «el duro suelo de donde extrajo todo su jugo la energía hispánica», es ahora «desolado taller de nuestra historia [...], solar ingente de tantas noblezas desvanecidas, hoy mal poblado de españoles que trabajosamente se adaptan al vivir moderno [...], desnuda de su grandeza heroica». Evoca respetuosamente la figura del Cid al hilo de la mención de sus despojos, por aquel entonces depositados en una caja en el ayuntamiento burgalés, haciéndose eco de la leyenda de que habían llegado hasta Alemania: «Esto de que anden por el mundo muchas personas que aseguran haber visto los huesos del Cid, es una profanación de la Historia, y el mayor escarnio que puede hacerse a la dignidad de un pueblo» (1907: V-XI). Pero el futuro no se construye con la evocación nostálgica de una historia memorable, sino con el trabajo, enaltecido por Galdós a lo largo de su trayectoria, y la ciencia: «Conserva el pueblo castellano la matriz de las virtudes que le dieron predominio en la edad de las heroicas grandezas. Pero los tiempos heroicos pasaron y hemos venido a un vivir pacífico y laborioso, sin espadas ni demás chirimbolos de Marte, combatiendo el mal humano con las armas de las artes y la ciencia». Finalmente, este es el epitafio que imagina, con claro eco de la «doble llave» de Costa, para la sepultura del Cid:

> Aquí yacemos dormidos
> yo el buen Cid y mi Jimena.
> Non me guarden con cerrojos,
> ni me aferren con cadenas,
> que por mucho que me llamen
> no he de salir de esta fuesa.
> Terminó su curso el sol
> de mis sonadas proezas,
> y las batallas que a España
> han de dar prestancia nueva
> non se ganan con Tizonas,
> ni Coladas ni Babiecas. (1901: XXXV)

La visión del personaje cambia, pues, hacia el final de la centuria y los inicios del siglo XX, bajo la mirada regeneracionista. Pero cabe advertir también la aparición de las tesis «individualistas» de Joseph Bédier sobre la épica (*Légendes épiques, recherches sur la formation des chansons de geste,* 1908-1913) que defienden que la autoría del *Cantar* no se debe a la colectividad popular, sino a un escritor, o escritores, particulares y cultos, cuyos propósitos podrían tener un carácter más interesado y menos idealista y desprendido que la elaboración popular. Como apunta Mainer, este cambio de orientación en los estudios filológicos perjudica la interpretación heroica, tradicional, colectiva y nacional tanto del héroe como de los testimonios literarios:

> ya no hay un patrimonio legendario colectivo, sino un autor único que, en sustancia, trabaja sobre documentos y crónicas, a respetable distancia de los hechos históricos; ya no se habla de una multitud de variantes, existentes o perdidas, sino de un claro sentido de la propiedad intelectual que, a veces, se ve traicionado por un copista interesado o una piratería manifiesta; ya no se concibe un entusiasmo épico colectivo y patriótico, sino unos intereses concretos de monasterios competidores en el culto de tales reliquias (y la consiguiente atracción de peregrinos) o de familias que calculan el beneficio de crearse una ascendencia ilustre, cuya exaltación se confía a la fértil imaginación de un específico escritor. (2004: LXVI-LXVII)

Final

En suma, mientras que el aquilatamiento literario del *Cantar* ha ido afianzándose progresivamente hasta convertirlo en una obra canónica de la épica europea, la dimensión simbólica del personaje ha sufrido continuos vaivenes, siempre a merced de circunstancias históricas, políticas o ideológicas. En el último tercio del siglo XVIII, coincidiendo con la publicación del *Cantar* y los ataques de Masson de Morvilliers, se fragua la identificación del Cid con la esencia del pueblo español, que, sirviéndose de argumentos literarios, pero sobre todo históricos, ofrecían un pasado legendario y heroico del que otras naciones carecían. La vinculación de esa imagen con el carácter del pueblo español se consolida definitivamente con ocasión de la reacción nacionalista de la guerra de la Independencia (y el advenimiento del Romanticismo). El triunfo militar del pueblo requería un referente, un héroe guerrero y popular, y esa identificación se plasma en la producción literaria. En 1898, cuando otro suceso de singular calado, la derrota política y militar y la pérdida de las colonias, viene a sacudir la conciencia de los españoles, vuelven a recrudecerse los interrogantes acerca de la idiosincrasia y la esencia de España, y los intelectuales se ven obligados a revisitar y reinterpretar el mito, despojándolo de sus rasgos belicistas para atribuirles otros más acordes con el progreso científico y político de Europa.

Al hilo de otro terrible acontecimiento, la guerra civil española, se abrirán las dobles llaves del sepulcro del guerrero, que volverá a cabalgar como símbolo de los nuevos vencedores. El mito ha traspasado las fronteras espacio-temporales (sirvan como ejemplos la película de Anthony Mann en 1961 o, más recientemente, la novela *Sidi* de Arturo Pérez Reverte, de 2019, y el éxito editorial de *El Cid. Historia y mito de un señor de la guerra,* de David Porrinas González, del mismo año).[55] Recientemente ha llegado a la televisión bajo el formato de serie: *El Cid,* de Amazon Prime (2020-2021), y el capítulo «Tiempo de leyenda» (2016) dedicado al héroe en *El ministerio del tiempo,* que trata de desmitificar la figura del héroe mediante una trama que mezcla la documentación histórica y la ciencia ficción y se sirve de complicados mecanismos para, finalmente, restaurar la leyenda.[56] Como el *Cantar,* el héroe de Vivar no está definitivamente enterrado: por el contrario, goza de extraordinaria salud. La peripecia interpretativa del Cid a lo largo de los siglos parece confirmar las palabras que escribió Unamuno en 1925:[57] «No extrañe nadie que oponga la leyenda a la patraña. La leyenda es la verdadera historia, pues la leyenda es lo que creen los hombres que ha existido. Y lo que uno cree que ha sucedido influye más en su acción que lo que sucedió de veras».

---

55 Madrid, Desperta Ferro, 2019. En Buenos Aires se publicaron las dos novelas que María Teresa León dedicó al personaje y su esposa: *Don Rodrigo Díaz de Vivar, el Cid Campeador* (Peuser, 1954) y *Doña Jimena Díaz de Vivar, gran señora de todos los deberes* (Losada, 1960). En 2000 se publicó la novela *El Cid,* de José Luis Corral (Barcelona, Edhasa). Aunque la película de Anthony Mann, protagonizada por Charlton Heston y Sophia Loren y rodada en España, tuvo un enorme éxito mundial y contribuyó a la difusión universal de la figura del héroe (se restauró y reestrenó en 1993), no fue la única. Miguel Iglesias Bonns realizó *Las hijas del Cid* (basada en un drama homónimo de Marquina, de 1908) en 1963; más recientemente, en 2003, ganó el Goya a mejor película de animación *El Cid. La leyenda*, de José Pozo. Entre ambas, una disparatada parodia de Angelino Fons, *El Cid cabreador* (1983). Asimismo, se ha realizado una serie infantil de animación, *Ruy, el pequeño Cid,* con episodios imaginarios sobre la infancia del Campeador (1980). A ellos hay que sumar un documental, *La ruta del Cid,* de 1950, dirigido por Miguel Melcón, Ismael Palacio y C. Rodríguez, y el cortometraje de Jesús Franco *El destierro del Cid,* basado en el *Cantar* (1960). También en el teatro del siglo XX ha estado presente el Cid: *Las hijas del Cid,* de Eduardo Marquina (1908), la adaptación de *Las mocedades del Cid,* de Guillén de Castro por Luis Escobar, *El amor es un potro desbocado* (1959), y *Anillos para una dama,* de Antonio Gala, que se centra en la peripecia sentimental de Jimena tras la muerte del Cid y tiene una clara lectura política (1973).

56 Cf. al respecto Ruth Gutiérrez Delgado, «Desmontando al Cid: la reconstrucción desmitificadora del héroe hispánico en *El ministerio del tiempo*», *Hispanófila,* 190 (2020), pp. 83-102.

57 Comentario al soneto LIV de *De Fuerteventura a París.*

Bibliografía

AGUILAR PIÑAL, Francisco (1984), «Cándido María Trigueros y el *Poema del Cid*», *Nueva Revista de Filología Hispánica,* 33, pp. 224-233.

ALCALÁ GALIANO, Antonio (1828), *An Introductory Lecture delivered in the University of London,* Londres, John Taylor.

ÁLVAREZ BARRIENTOS, Joaquín (2004), «Nación e historia literaria a mediados del siglo XVIII en España», en Leonardo Romero Tobar (ed.), *Historia literaria / Historia de la literatura,* Zaragoza, PUZ, pp. 101-114.

ÁLVAREZ BARRIENTOS, Joaquín (2010), «Martín Sarmiento (1695-1772) y Luis José Velázquez (1722-1772) en los orígenes de la historia literaria española», en Victoriano Gaviño y Fernando Durán (eds.), *Gramática, canon e historia literaria. Estudios de Filología española entre 1750 y 1850,* Madrid, Visor, pp. 11-48.

ÁLVAREZ JUNCO, José (2001), *Mater dolorosa. La idea de España en el siglo XIX,* Madrid, Taurus.

ÁLVAREZ JUNCO, José, y Gregorio DE LA FUENTE MONGE (2013), «La evolución del relato histórico», en José Álvarez Junco (coord.), *Las historias de España. Visiones del pasado y construcción de la identidad* (vol. 12 de *Historia de España,* Josep Fontana y Ramón Villares, dirs.), Barcelona / Madrid, Crítica / Marcial Pons, pp. 5-403, pp. 55-327.

AMADOR DE LOS RÍOS, José (1845), «Rodrigo Díaz de Vivar», *El Laberinto,* t. II, núms. 34, 35 y 36, pp. 369-370, 378-379 y 387-390.

AMADOR DE LOS RÍOS, José (1861 y 1863), *Historia crítica de la literatura española,* Madrid, Imprenta de José Rodríguez, t. I y III.

ANDERSON, Benedict (1983), *Imagined Communities: Reflections on the Origin and Spread of Nationalism,* Londres, Verso.

ANDRÉS, Juan (1784), *Origen, progresos y estado actual de toda la literatura,* Madrid, Antonio de Sancha, t. II.

ANDREU MIRALLES, Xavier (2016), *El descubrimiento de España. Mito romántico e identidad nacional,* Barcelona, Taurus.

ARADRA SÁNCHEZ, Rosa María (2000), «Ejemplo de apertura de un canon: la literatura medieval», en José María Pozuelo Yvancos y Rosa María Aradra Sánchez, *Teoría del canon y literatura española,* Madrid, Cátedra, pp. 189-209.

ARANDA PÉREZ, Francisco José (2014), «De invenciones, controversias y polémicas historiográficas y políticas en la monarquía hispánica en tiempos de Quevedo (y aún un siglo después)», *La Perinola,* 18, pp. 15-61.

BAKER, Edward (1990), «Introducción: la problemática de la historia literaria», en Bridget Aldaraca, Edward Baker y John Beverley (eds.), *Texto y sociedad: problemas de historia literaria,* Ámsterdam / Atlanta, Rodopi, pp. 11-18.

Baker, Edward (2001), «Nuestras antigüedades: la formación del canon poético medieval en el siglo xviii», *Hispania,* LXI, 209, pp. 813-830.

Bautista, Francisco (2013), «El descubrimiento de la épica medieval y los comienzos de la filología española», en Julián M. Ortega Ortega y Rebeca Sanmartín Bastida (eds.), *Pasados apropiados. El medievalismo español del siglo xix,* Barcelona, Nausícaä, pp. 193-249.

Blanco García, María Pilar (ed.) (2010), *El Cid y la guerra de la Independencia: dos hitos en la historia de la traducción y la literatura,* Madrid, Universidad Complutense de Madrid.

Blanco White, José María (2010), «Bosquejo de la historia del entendimiento humano en España desde la restauración de la literatura hasta nuestros días», en Fernando Durán López (ed.), *Ensayos de crítica e historia literaria,* Sevilla, Fundación Lara.

Borao, Jerónimo (1842), *Las hijas del Cid,* Zaragoza, Establecimiento Tipográfico.

Bretón de los Herreros, Manuel (1839), *Vellido Dolfos,* Madrid, Imprenta de don José María Repullés.

Burke, Ulick Ralph (1895), *A History of Spain, from de earliest times to the death of Ferdinand the Catholic,* Londres, Longmans, Green & Co.

Caballero, Fernán (1984), *Clemencia,* Julio Rodríguez-Luis (ed.), Madrid, Cátedra.

Caballero, Fernán (1994), *Genio e ingenio del pueblo andaluz,* Antonio Gómez Yebra (ed.), Madrid, Castalia.

Cadalso, José (2000), *Cartas marruecas,* Emilio Martínez Mata (ed.), Barcelona, Crítica.

Calzada Borrallo, Carmen (2022), «La recuperación de la literatura medieval española desde Alemania: Dieze, Bouterwek y Friedrich Schlegel», en Mercedes Comellas (ed.), *La invención romántica de la Edad Media. Representaciones del Medievo en el siglo xix,* Sevilla, EUS, pp. 47-84.

Campillo, Narciso (1885), *Florilegio español,* Madrid, Librería de Hernando, t. ii.

Canalejas, Francisco de Paula (1869), *La poesía épica en la antigüedad y en la Edad Media,* Madrid, Tipografía de Gregorio Estrada.

Carnerero, José María (1832), «Sobre clásicos y románticos», *Cartas españolas,* t. v, cuad. 47 (12 de abril), pp. 31-36.

Caveda, José (1852), *La poesía considerada como elemento de la historia,* Madrid, Imprenta del Ministerio de Fomento.

Cebrián, José (2003), «Un *Plan para la historia filosófica de la poesía* a través de la prensa», en *Desde el siglo ilustrado,* Sevilla, Universidad de Sevilla / Instituto Feijoo de Estudios del Siglo XVIII.

Chacón y Calvo, José María (1934), «El P. Sarmiento y el *Poema del Cid*», *Revista de Filología Española,* 21, pp. 142-157.

Cirot, Georges (1929), «Ramón Menéndez Pidal, *La España del Cid*», *Bulletin Hispanique,* 31, 4, pp. 356-361.

Comellas, Mercedes (2017), «Argumentos poéticos para un debate político: la poesía del Siglo de Oro en los años del exilio romántico», *eHumanista,* 37, pp. 143-171.

Comellas, Mercedes (2018), «La construcción de la identidad literaria española en el exilio liberal: los artículos de José Joaquín de Mora en *The European Review* (1824-1826)», en Salvador García Castañeda y Alberto Romero Ferrer (eds.), *José Joaquín de Mora o la inconstancia. Periodismo, política y literatura,* Madrid, Visor, pp. 255-272.

Comellas, Mercedes (2021), «La "Escuela propiamente española": la polémica sobre el lenguaje poético y la idea de nación», *Dieciocho,* 44, Anejo 8, pp. 247-279.

Comellas, Mercedes (2022), «La invención romántica de la Edad Media o los orígenes medievales del Romanticismo», en Mercedes Comellas (ed.), *La invención romántica de la Edad Media. Representaciones del Medievo en el siglo XIX,* Sevilla, EUS, pp. 11-46.

Concha, Joseph (s. f.), *La diadema en tres hermanos,* Barcelona, Carlos Gibert y Tutó. Disponible en: <https://idus.us.es/handle/11441/123899>.

Concha, Joseph (1797), *El más heroico español,* Madrid, Oficina de Cruzado. Disponible en: <https://archive.org/details/A25018504>.

Conde, José Antonio (1820), *Historia de la dominación de los árabes en España, sacada de varios manuscritos y memorias arábigas,* Madrid, Imprenta que fue de García, t. I y II.

Costa, Joaquín (1878), «Representación política del Cid en la epopeya española», *Boletín de la Institución Libre de Enseñanza,* t. II, núms. 41 y 42, pp. 155-156 y 163-164.

Costa, Joaquín (1884), «El derecho y la coacción en la poesía popular española», *Boletín de la Institución Libre de Enseñanza,* t. VII, n.º 189, pp. 371-377.

Costa, Joaquín (1885), «El programa político del Cid Campeador», *Boletín de la Institución Libre de Enseñanza,* t. IX, n.º 205, pp. 241-244.

Costa, Joaquín (1900), *Reconstitución y europeización de España. Programa para un partido nacional,* Madrid, Impr. San Francisco de Sales.

Costa, Joaquín (1901), *Crisis política de España,* Madrid, Establecimiento tipográfico de Fortanet.

De Alba, Juan (1846), *Los infantes de Carrión y las hijas del Cid,* Madrid, Imprenta de Vicente Lalama.

De Arjona, Manuel María (1806), «Plan para una historia filosófica de la poesía española», *Correo literario y económico de Sevilla,* 294 (23 de julio), pp. 113-119.

De Berganza, Fray Francisco (1719), *Antigüedades de España,* Madrid, Francisco del Hierro.

De Capmany, Antonio (1786), *Teatro histórico-crítico de la elocuencia española,* I, Madrid, Oficina de Antonio Sancha.

De Capmany, Antonio (1808), *Centinela contra franceses,* Madrid, Gómez Fuentenebro y Cía.

De Cueto, Leopoldo Augusto (1869, 1871, 1875), *Poetas líricos del siglo* XVIII, Madrid, Rivadeneyra, 3 vols.

De la Campa, Mariano (2019), «La Edad Media desde la primera mitad del siglo XVIII. Los orígenes de la erudición moderna», en Jesús Cañas Murillo y José Roso Díaz (eds.), *En los inicios ilustrados de la historiografía literaria española: miradas sobre la Edad Media y el Siglo de Oro (1700-1833),* San Millán de la Cogolla, Cilengua, pp. 3-25.

De la Revilla, Manuel, y Pedro de Alcántara (1872), *Principios de Literatura general e Historia de la literatura española,* Madrid, Tipografía Nacional del Colegio de Sordomudos y de Ciegos, t. I.

De Laviano, Fermín, *La afrenta del Cid vengada,* manuscrito conservado en la Biblioteca Universitaria de Sevilla. Disponible en: <https://archive.org/details/texts>.

De Luzán, Ignacio (1974), *La Poética,* Isabel M. Cid de Sirgado (ed.), Madrid, Cátedra [1737 y 1789].

De Mora, José Joaquín (1824*a*), «Spanish Poetry», *The European Review,* 3, pp. 373-383.

De Mora, José Joaquín (1824*b*), «Spanish Poetry: First Period», *The European Review,* 4, pp. 535-541.

De Mora, José Joaquín (1826), *Cuadros de la historia de los árabes, desde Mahoma hasta la conquista de Granada,* Londres, Ackermann.

Déniz, Domingo (1853), *Nociones de literatura española desde su origen hasta el siglo decimoctavo,* Madrid, Imprenta de J. Martín Alegría.

De Ochoa, Eugenio (1835), «Un romántico», *El Artista,* 1, p. 36.

De Ochoa, Eugenio (1840), *Tesoro de los romanceros y cancioneros históricos, caballerescos, moriscos y otros, adicionado con el Poema del Cid,* Barcelona, A. Pons y Cía.

De Sandoval, Fray Prudencio (1601), *Primera parte de las fundaciones de los monasterios del glorioso padre San Benito,* Madrid, Luis Sánchez.

De Tapia, Eugenio (1840), *Historia de la civilización española desde la invasión de los árabes hasta la época presente,* Madrid, Imprenta de Yenes, t. I.

De Trueba y la Quintana, Antonio (1851), *El Cid Campeador,* Madrid, Imprenta de D. José María Marés.

De Trueba y la Quintana, Antonio (1859), *Las hijas del Cid,* Madrid, Miguel Prats, impresor.

Domínguez Prieto, César (2001), «Las cruzadas en la fundación del Comparatismo. Algunas nociones de geografía literaria y periodología comparadas», *Boletín de la Sociedad Castellonense de Cultura,* 77, pp. 253-314.

Dozy, Reinhardt (1860), *Recherches sur l'Histoire et la Littérature de l'Espagne pendant le Moyen Âge,* Leiden, J. Brill (2.ª ed.), 2 vols.

Durán, Agustín (1851), *Romancero general o colección de romances castellanos anteriores al siglo xviii,* Madrid, Rivadeneyra, t. ii.

Durán López, Fernando (2018), «José Joaquín de Mora contra el romanticismo en la *Crónica Científica y Literaria*», en Salvador García Castañeda y Alberto Romero Ferrer (eds.), *José Joaquín de Mora o la inconstancia. Periodismo, política y literatura,* Madrid, Visor, pp. 179-225.

Egido, Aurora (1979), «Mito, géneros y estilos: el Cid barroco», *Boletín de la Real Academia Española,* 59, 218, pp. 499-528.

Escalante Varona, Alberto (2019), «Calas críticas en la transmisión manuscrita del *Cantar de Mío Cid* a partir de sus copias dieciochescas», *Cuadernos dieciochistas,* 20, pp. 269-302.

Estala, Pedro (Ramón Fernández) (1796), *Poesías escogidas de nuestros cancioneros y romanceros antiguos,* Madrid, Imprenta Real, t. xvi.

Even-Zohar, Itamar (1994), «La función de la literatura en la creación de las naciones de Europa», en Darío Villanueva e Itamar Even-Zohar (eds.), *Avances en teoría de la literatura,* Santiago de Compostela, Universidad de Santiago, pp. 357-377.

Fernández de Moratín, Leandro (1830), *Orígenes del teatro español,* Madrid, Aguado, t. i.

Fernández Díaz, David (2019), «Fisonomías de lo invisible: raza y nación en la literatura decimonónica española», *Cuadernos de la Ilustración y el Romanticismo,* 25, pp. 11-25.

Fernández Espino, José (1871), *Curso histórico-crítico de literatura española,* Sevilla, Imprenta y Librería de la Calle Las Sierpes.

Fernández Prieto, Celia (2011), «Literatura y nacionalismo español (1808-1900)», en José María Pozuelo Yvancos (dir.), *Historia de la literatura española, t. 8. Las ideas literarias (1214-2010),* Barcelona, Crítica, pp. 437-544.

Fernández y González, Manuel (1862), *Cid Rodrigo de Vivar. Drama en tres actos y en verso,* Madrid, Imprenta de T. Fortanet.

Fernández y González, Manuel (1875), *Cid Rodrigo de Vivar (el Cid Campeador. Novela histórica original),* Madrid, Urbano Manini, editor.

Fernandez-Guerra y Orbe, Luis (1873), *Discursos leídos ante la Real Academia Española en la recepción pública del señor don Luis Fernández Guerra,* Madrid, Imprenta y Fundición de Manuel Tello.

Flitter, Derek (1995), *Teoría y crítica del Romanticismo español,* Cambridge, Cambridge University Press.

Flitter, Derek (1998), «La Historia que nos llega: Fernán Caballero y la poética de la tradición», en Milagros Fernández Poza y Mercedes García Pazos (coords.), *Actas del Encuentro Fernán Caballero, hoy,* El Puerto de Santamaría, Ayuntamiento, pp. 89-106.

Flitter, Derek (2000), «Hacia una poética ideológica de la historia: romanticismo y medioevo», en *Romanticismo 7: La poesía romántica,* Bolonia, Il Capitello del Sole, pp. 69-80.

Flitter, Derek (2006), *Spanish Romanticism and the Uses of History: Ideology and the Historical Imagination,* Oxford, Legenda.

Forner, Juan Pablo (1790), *Carta de Bartolo el sobrino de Don Fernando Pérez [...] al editor de la carta de su tío. Publícala el lic. Paulo Ipnocausto,* Madrid, Imprenta Real.

Forner, Juan Pablo (1794), *Amor de la patria,* Sevilla, Hijos de Hidalgo y González de la Bonilla.

Fox, E. Inman (1998), *La invención de España,* Madrid, Cátedra.

Fuentes, Juan Francisco (2000), «La invención del pueblo. El mito del pueblo en el siglo xix español», *Claves de Razón Práctica,* 103, pp. 60-64.

Galván, Luis (2001), *El «Poema del Cid» en España, 1779-1936: recepción, mediación, historia de la filología,* Pamplona, EUNSA.

Galván, Luis, y Enrique Banús (1999), «"Seco y latoso", "viejo y venerable": el Poema del Cid a principios del siglo xx o del cambio en la apreciación de la literatura», *Rilce,* 15, 1, pp. 115-140.

Galván, Luis, y Enrique Banús (2004), *El «Poema del Cid» en Europa: la primera mitad del siglo* xix, Londres, Queen Mary and Westfield College.

Gálvez Amandi, Rafael (1849), *Para heridas las del honor, o el desagravio del Cid,* Madrid, Imprenta de la viuda de D. R. J. Domínguez.

García Al-Deguer, Juan, y Hermenegildo Giner de los Ríos (1889), *Curso de literatura española,* Madrid, Administración de la Biblioteca Andaluza.

García Cárcel, Ricardo (1997), «Las fronteras mentales y culturales. Los problemas de identidad de la España moderna», en Emilio Mitre Fernández, Ricardo García Cárcel y otros, *Fronteras y fronterizos en la historia,* Valladolid, Universidad de Valladolid, pp. 65-82.

García Escobar, Ventura (1859), *El Cid,* Madrid, Imprenta de Manuel de Rojas.

García Hernán, Enrique (2004), «Construcción de las historias de España en los siglos xvii y xviii», en Ricardo García Cárcel (coord.), *La construcción de las Historias de España,* Madrid, Fundación Carolina / Marcial Pons, pp. 127-193.

Garrido Palazón, Manuel (1992), *La filosofía de las Bellas Letras y la historia literaria en España (1777-1844),* Almería, Universidad de Almería.

Gil de Zárate, Antonio (1844), *Manual de literatura. Segunda parte. Examen histórico de la literatura española,* Madrid, Imprenta y Librería de D. Ignacio Boix.

Gómez Moreno, Ángel (2004), «Historia y canon de la literatura medieval: 20 años de evolución y cambios», en Leonardo Romero Tobar (ed.), *Historia literaria / Historia de la literatura,* Zaragoza, PUZ, pp. 161-175.

Gonzalo Morón, Fermín (1846), *Historia de la civilización en España,* Madrid, Imprenta de Francisco Díaz, t. v.

Guillén, Claudio (1998), «Mundos en formación. Los comienzos de las literaturas nacionales», *Múltiples moradas. Ensayo de literatura comparada,* Barcelona, Tusquets, pp. 299-335.

Hartzenbusch, Juan Eugenio (1844), *La jura en Santa Gadea,* Madrid, Imprenta Nacional.

Hegel, Friedrich (1989), *Lecciones sobre la estética* (trad. de Alfredo Brotóns Muñoz), Madrid, Akal.

Jusdanis, Gregory (1990), *Belated Modernity and Aesthetic Culture. Inventing National Literature,* Mineápolis, University of Minnesota Press.

Ladero Quesada, Miguel Ángel (1996), «La "decadencia" española como argumento historiográfico», *Hispania Sacra,* 48, 97, pp. 5-50.

Lafuente, Modesto (1861), *Historia general de España desde los tiempos primitivos hasta la muerte de Fernando VI,* Madrid, Establecimiento Tipográfico de Mellado, t. iii.

Lampillas, Francisco Javier (1783), *Ensayo histórico-apologético de la literatura española contra las opiniones preocupadas de algunos escritores modernos italianos,* Zaragoza, Oficina de Blas Miedes, t. iii.

Lara Garrido, José (2008), «Nación poética y nación política: la construcción cambiante de un paradigma en la historiografía cambiante de Quintana (1795-1833)», en Leonardo Romero Tobar (ed.), *Literatura y nación. La emergencia de las literaturas nacionales,* Zaragoza, PUZ, pp. 373-431.

Lista, Alberto (1853), *Lecciones de literatura dramática española explicadas en el Ateneo Científico, Literario y Artístico,* Madrid, Librería de José Cuesta.

Lista, Alberto (2007), «Variedades», en Leonardo Romero Tobar (ed.), *Alberto Lista, Ensayos,* Sevilla, Fundación José Manuel Lara, pp. 102-107.

Mainer, José-Carlos (1981), «De la historiografía literaria española: el fundamento liberal», en Santiago Castillo (ed.), *Estudios de Historia de España. Home-*

naje a Manuel Tuñón de Lara, Madrid, Universidad Internacional Menéndez Pelayo, vol. 2, pp. 439-472.

MAINER, José-Carlos (1994), «La invención de la literatura española», en José María Enguita y José-Carlos Mainer (eds.), *Literaturas regionales en España. Historia y crítica,* Zaragoza, IFC, pp. 23-45.

MAINER, José-Carlos (2004), «Introducción» a *Benito Pérez Galdós, Prosa crítica,* Madrid, Espasa-Calpe.

MALO DE MOLINA, Manuel (1857), *Rodrigo el Campeador. Estudio histórico fundado en las noticias que sobre este héroe facilitan las crónicas y memorias árabes,* Madrid, Imprenta Nacional.

MARCHENA, José (1820), *Lecciones de filosofía moral y elocuencia,* Burdeos, Imprenta de don Pedro Beaume.

MARTÍN EZPELETA, Antonio (2008), «El concepto de *nación* en la historiografía literaria española», en Leonardo Romero Tobar (ed.), *Literatura y nación. La emergencia de las literaturas nacionales,* Zaragoza, PUZ, pp. 433-465.

MARTÍNEZ DE LA ROSA, Francisco (1831 [1827]), *Poética,* Palma, Imprenta de Villalonga.

MASDEU, Juan Francisco (1783, 1805), *Historia crítica de España y de la cultura española,* Madrid, Sancha, vols. I y XX.

MELÉNDEZ VALDÉS, Juan (1986), *Discursos forenses,* José Esteban (ed.), Madrid, Fundación Banco Exterior.

MÉNDEZ BEJARANO, Mario (1903), *Historia literaria. Ensayo,* Madrid, Alfredo Alonso, t. II.

MENDÍBIL, Pablo, y Manuel de SILVELA (1819), *Biblioteca selecta de Literatura Española, o modelos de elocuencia y poesía,* Burdeos, Impr. de Lavalle joven y sobrino, t. I.

MENÉNDEZ PELAYO, Marcelino (1891), *Antología de poetas líricos castellanos,* Madrid, Librería de la viuda de Hernando, t. II.

MENÉNDEZ PELAYO, Marcelino (1906), *La epopeya castellana en la Edad Media. El Cid,* Madrid, Tipografía de la Revista de Archivos, Bibliotecas y Museos.

MENÉNDEZ PIDAL, Ramón (1921), *El Cid en la historia,* Madrid, Jiménez y Molina.

MENÉNDEZ PIDAL, Ramón (1929), *La España del Cid,* Madrid, Plutarco, 2 vols.

MENÉNDEZ PIDAL, Ramón (1934), «Postdata a *La España del Cid*», *Boletín de la Real Academia de la Historia,* 104, pp. 449-454.

MILÁ Y FONTANALS, Manuel (1865), *Oración inaugural acerca del carácter general de la literatura española,* Barcelona, Imprenta y Librería de Tomás Gorchs.

MILÁ Y FONTANALS, Manuel (1874), *De la poesía heroico-popular castellana,* Barcelona, Librería de Álvaro Verdaguer.

MONTANER, Alberto (2000), «Prólogo» a *Cantar de Mío Cid,* Barcelona, Crítica.

Montaner, Alberto (2002), «Rodrigo y el gafo», en Carlos Alvar Esquerra, Georges Martí y Fernando Gómez Redondo (coords.), *El Cid, de la materia épica a las crónicas caballerescas. Actas del Congreso Internacional «IX Centenario de la muerte del Cid»,* Alcalá de Henares, Universidad de Alcalá de Henares, pp. 121-179.

Montaner, Alberto (2017), «El *Cantar de Mío Cid* y el espíritu de frontera», *Desperta Ferro: Antigua y Medieval,* 40, pp. 40-45.

Montengón, Pedro (1882), *Odas de Filopatro, que publica ilustradas el Dr. D. Joseph Mariano de Beriztain,* Valencia, Joseph y Thomas de Orga.

Morillo Velarde, Ramón (1984), «El "Plan para una historia filosófica de la poesía española" de Manuel María de Arjona. (Contribución a las ideas críticas en España durante el primer tercio del siglo xix)», *Alfinge,* 2, pp. 155-162.

Munárriz, José Luis (1804), *Lecciones sobre la retórica y bellas letras de Hugo Blair,* Madrid, Imprenta Real, t. iv (2.ª ed.).

Nieto Soria, José Manuel (2007), *Medievo constitucional. Historia y mito político en los orígenes de la España constitucional (1750-1814),* Madrid, Akal.

Nieto Soria, José Manuel (2013), «Dos medievos para dos Españas: gestación y claves interpretativas», en Julián M. Ortega Ortega y Rebeca Sanmartín Bastida (eds.), *Pasados apropiados. El medievalismo español del siglo xix,* Teruel, Nausícaä, pp. 15-40.

Núñez Ruiz, Gabriel (2004), «Las historias de la literatura y la enseñanza pública», en Leonardo Romero Tobar (ed.), *Historia literaria / Historia de la literatura,* Zaragoza, PUZ, pp. 303-312.

Ortega y Frías, Ramón (1874), *El Cid Campeador,* Madrid, Imprenta de la Galería Literaria.

Peña Pérez, Francisco Javier (2005), *El surgimiento de una nación: Castilla en su historia y en sus mitos,* Barcelona, Crítica.

Pérez Galdós, Benito (1907), «Prólogo» a José María Salaverría, *Vieja España (impresión de Castilla),* Madrid, Sucesores de Hernando.

Pérez Isasi, Santiago (2006), «El nacimiento de la historia de la literatura nacional española, entre la Ilustración y el Romanticismo: la polémica calderoniana», en Dolores Fernández López, Mónica Domínguez Pérez y Fernando Rodríguez-Gallego López (eds.), *Campus stellae: haciendo camino en la investigación literaria,* Santiago de Compostela, Universidad de Santiago de Compostela, vol. 2, pp. 529-538.

Pérez Isasi, Santiago (2010), «El "nacimiento de la nación" en las historias de la literatura española del siglo xix», en Montserrat Cots y Antonio Monegal (eds.), *Actas del XVIII Simposio de la Sociedad Española de Literatura General y Comparada,* Barcelona, Universidad Pompeu Fabra / Sociedad Española de Literatura General y Comparada, vol. 1, pp. 297-309.

Pérez Priego, Miguel Ángel (1996), «Formación del canon literario medieval castellano», *Ínsula,* 600 (Número monográfico, *Un viaje de ida y vuelta: el canon*), pp. 7-9.

Pérez-Prendes, José Manuel (1962), «Cortes de Castilla y Cortes de Cádiz», *Revista de Estudios Políticos,* 126, pp. 321-431.

Pidal, Pedro José (1840), «Literatura española. Poema del Cid. Crónica del Cid. Romancero del Cid», *Revista de Madrid,* segunda serie, 3, pp. 306-344.

Polo, Francisco (¿1665?), *El honrador de sus hijas.* Disponible en: <https://bibliotecavirtualmadrid.comunidad.madrid/bvmadrid_publicacion/es/consulta/registro.do?id=15479>.

Portolés, José (1986), *Medio siglo de Filología española (1896-1952). Positivismo e idealismo,* Madrid, Cátedra.

Pozuelo Yvancos, José María (2000), «Popular / culto, genuino / foráneo: canon y teatro nacional español», *Theatralia,* 3, pp. 235-260.

Quintana, Manuel José (1807*a*), *Vidas de los españoles célebres,* Madrid, Imprenta Real.

Quintana, Manuel José (1807*b*), *Tesoro del Parnaso. Poesías selectas castellanas desde el tiempo de Juan de Mena hasta nuestros días,* Madrid, Gómez Fuentenebro y Compañía, t. I.

Quintana, Manuel José (1833), *Poesías selectas castellanas. Segunda Parte. Musa épica o colección de los trozos mejores de nuestros poemas heroicos,* Madrid, Impr. de Manuel de Burgos.

Ramos Corrada, Miguel (2000), *La formación del concepto de historia de la literatura nacional española. Las aportaciones de Pedro J. Pidal y Antonio Gil de Zárate,* Oviedo, Universidad de Oviedo.

Ratcliffe, Marjorie (2002), «El teatro épico en el siglo XVIII español: el Cid y Fernán González en dos dramas de Manuel Fermín de Laviano», *Dieciocho,* 25, Anejo 2, pp. 7-200.

Reinoso, Félix José (1806), «Reflexiones sobre el Plan para una historia filosófica de la poesía española», *Correo literario y económico de Sevilla,* 300 (agosto), pp. 161-163, 169-173 y 177-179.

Rico, Francisco (2000), «Estudio preliminar» a *Cantar de Mío Cid,* Alberto Montaner (ed.), Barcelona, Crítica.

Ríos Saloma, Martín F. (2005), «Restauración y Reconquista: sinónimos en una época romántica y nacionalista (1850-1896)», *Mélanges de la Casa de Velázquez,* 35, 2, pp. 243-264.

Ríos Saloma, Martín F. (2011), *La Reconquista. Una construcción historiográfica (siglos* XVI*-*XIX*),* Madrid, Marcial Pons.

Risco, Fray Manuel (1792), *La Castilla y el más famoso castellano. [...]. Historia del célebre castellano Rodrigo Díaz, llamado vulgarmente el Cid Campeador,* Madrid, Oficina de Blas Román.

Rodiek, Christoph (1995), *La recepción internacional del Cid,* Madrid, Gredos.

Román Gutiérrez, Isabel (2017), «Un episodio español de la "querella entre antiguos y modernos": Cándido María Trigueros y su teoría sobre la versificación», *eHumanista,* 37, pp. 103-119.

Romero Tobar, Leonardo (1996), «La Historia de la Literatura Española en el siglo xix (materiales para su estudio)», *El Gnomo,* 5, pp. 151-183.

Romero Tobar, Leonardo (2006), «Regulaciones del canon en el siglo xix», *La literatura en su historia,* Madrid, Arco / Libros, pp. 99-107.

Romero Tobar, Leonardo (2008), «Usos de *literatura nacional española* anteriores al romanticismo», en Leonardo Romero Tobar (ed.), *Literatura y nación. La emergencia de las literaturas nacionales,* Zaragoza, PUZ, pp. 467-489.

Romero Tobar, Leonardo (2012), «La visión del *Volksgeist* en la crítica de los románticos españoles», en Raquel Gutiérrez Sebastián y Borja Rodríguez Gutiérrez (eds.), *Individuo y sociedad en la literatura del xix,* Santander, Tremontorio, pp. 11-20.

Sánchez, Tomás Antonio (1779), *Colección de poesías castellanas anteriores al siglo xv,* Madrid, Sancha, t. i.

Sánchez Barbero, Francisco (1805), *Principios de retórica y poética,* Madrid, Imprenta de la Administración del Real Arbitrio de Beneficencia.

Sanmartín Bastida, Rebeca (2001), «El medievalismo y el año 98», *Voz y Letra,* 12, 1, pp. 61-88.

Sanmartín Bastida, Rebeca (2002*a*), *Imágenes de la Edad Media: la mirada del realismo,* Madrid, CSIC.

Sanmartín Bastida, Rebeca (2002*b*), «La conformación del medievalismo filológico en la segunda mitad del siglo xix español: análisis y perspectivas», *Revista de Poética Medieval,* 8, pp. 145-180.

Sanmartín Bastida, Rebeca (2003), *La Edad Media y su presencia en la literatura, el arte y el pensamiento españoles entre 1860 y 1890,* Madrid, Universidad Complutense.

Sanmartín Bastida, Rebeca (2004), «De Edad Media y medievalismos. Propuestas y perspectivas», *Dicenda,* 22, pp. 229-247.

Sarmiento, Martín (1775), *Memorias para la historia de la poesía y poetas castellanos,* Madrid, Joachin Ibarra.

Sebold, Russell P. (1989), *El rapto de la mente. Poesía y poética dieciochescas,* Barcelona, Anthropos.

Schlegel, August W. (1814), *Cours de littérature dramatique,* París, Paschoud.

Schlegel, Friedrich (1843), *Historia de la literatura antigua y moderna,* Barcelona / Madrid, Librería de J. Olivares y Gavarró / Librería de Cuesta.

Thion-Soriano Mollá, Dolores, y Jorge Urrutia (2013), «Introducción», en Dolores Thion-Soriano y Jorge Urrutia (eds.), *De élites y masas. Textualizaciones,* Madrid, Devenir el Otro.

Ticknor, George (1851), *Historia de la literatura española* (traducción, adiciones y notas de Pascual de Gayangos y Enrique de Vedia), Madrid, Imprenta de La Publicidad a cargo de M. Rivadeneyra, vol. i.

Torrecilla, Jesús (1996), «La luz de la nación en las *Cartas marruecas*», en Francisco La Rubia Prado y Jesús Torrecilla (dirs.), *Razón, tradición y modernidad: re-visión de la Ilustración hispánica,* Madrid, Tecnos, pp. 271-297.

Torrecilla, Jesús (2016), *España al revés. Los mitos del pensamiento progresista (1790-1840),* Madrid, Marcial Pons.

Trigueros, Cándido María (1775), *Poesías filosóficas,* Sevilla, Manuel Nicolás Vázquez y Compañía.

Urzainqui, Inmaculada (1994), «La literatura medieval ante la historiografía literaria del siglo xviii: criterios y actitudes», en María Isabel Toro Pascua (coord.), *Actas del III Congreso de la Asociación Hispánica de Literatura Medieval,* Salamanca, Universidad de Salamanca, vol. 2, pp. 1103-1114.

Urzainqui, Inmaculada (2007), «El Parnaso español en la historia literaria del siglo xviii», *Bulletin Hispanique,* 109, 2, pp. 643-684.

Valera, Juan (1862), *Discursos leídos ante la Real Academia Española en la recepción pública del señor don Juan Valera,* Madrid, Imprenta de Manuel Galiano.

Valero, José Antonio (2002), «Razón y nación en la política cultural del primer dieciocho», *Espéculo. Revista de Estudios Literarios* (Universidad Complutense de Madrid), 22, s. p. Disponible en: <http://www.ucm.es/info/especulo/numero22/razon18.html>.

Vayo, Estanislao de Cosca (1831), *La conquista de Valencia por el Cid,* Valencia, Imprenta de Mompié, 2 vols.

Vega García-Luengos, Germán (2007), *El Cid en el teatro del Siglo de Oro español. Las múltiples caras de una figura persistente. Catálogo de la exposición,* Burgos, Instituto Castellano y Leonés de la Lengua, pp. 49-78.

Velázquez, Luis José (1754), *Orígenes de la poesía castellana,* Málaga, Francisco Martínez de Aguilar.

Zorrilla, José (1882), *La leyenda del Cid,* Barcelona, Montaner y Simón, editores.

ÍNDICE

III.
LAS PLUMAS: HISTORIADORES Y AUTORES LITERATOS

IV.
PERSONAJES: EL CID

Este libro se terminó de imprimir
en los talleres del Servicio de Publicaciones
de la Universidad de Zaragoza
en noviembre de 2023

Títulos de la colección Humanidades

1 Joaquín Lomba Fuentes, *El oráculo de Narciso. (Lectura del Poema de Parménides)*, 2.ª ed. (1992).
2 Luis Fernández Cifuentes, *García Lorca en el Teatro: La norma y la diferencia* (1986).
3 Ignacio Izuzquiza Otero, *Henri Bergson: La arquitectura del deseo* (1986).
4 Gabriel Sopeña Genzor, *Dioses, ética y ritos. Aproximación para una comprensión de la religiosidad entre los pueblos celtibéricos* (1987).
5 José Riquelme Otálora, *Estudio semántico de* purgare *en los textos latinos antiguos* (1987).
6 José Luis Rodríguez García, *Friedrich Hölderlin. El exiliado en la tierra* (1987).
7 José María Bardavío García, *Fantasías uterinas en la literatura norteamericana* (1988).
8 Patricio Hernández Pérez, *Emilio Prados. La memoria del olvido* (1988).
9 Fernando Romo Feito, *Miguel Labordeta. Una lectura global* (1988).
10 José Luis Calvo Carilla, *Introducción a la poesía de Manuel Pinillos. Estudio y antología* (1989).
11 Alberto Montaner Frutos, *Política, historia y drama en el cerco de Zamora. La* Comedia segunda de las mocedades del Cid *de Guillén de Castro* (1989).
12 Antonio Duplá Ansuategui, Videant consules. *Las medidas de excepción en la crisis de la República Romana* (1990).
13 Enrique Aletá Alcubierre, *Estudios sobre las oraciones de relativo* (1990).
14 Ignacio Izuzquiza Otero, *Hegel o la rebelión contra el límite. Un ensayo de interpretación* (1990).
15 Ramón Acín Fanlo, *Narrativa o consumo literario (1975-1987)* (1990).
16 Michael Shepherd, *Sherlock Holmes y el caso del Dr. Freud* (1990).
17 Francisco Collado Rodríguez (ed.), *Del mito a la ciencia: la novela norteamericana contemporánea* (1990).
18 Gonzalo Corona Marzol, *Realidad vital y realidad poética. (Poesía y poética de José Hierro)* (1991).
19 José Ángel García Landa, *Samuel Beckett y la narración reflexiva* (1992).
20 Ángeles Ezama Gil, *El cuento de la prensa y otros cuentos. Aproximación al estudio del relato breve entre 1890 y 1900* (1992).
21 Santiago Echandi, *La fábula de Aquiles y Quelone. Ensayos sobre Zenón de Elea* (1993).
22 Elvira Burgos Díaz, *Dioniso en la filosofía del joven Nietzsche* (1993).
23 Francisco Carrasquer Launed, *La integral de ambos mundos: Sender* (1994).
24 Antonio Pérez Lasheras, Fustigat mores. *Hacia el concepto de la sátira en el siglo* XVII (1994).
25 M.ª Carmen López Sáenz, *Investigaciones fenomenológicas sobre el origen del mundo social* (1994).
26 Alfredo Saldaña Sagredo, *Con esa oscura intuición. Ensayo sobre la poesía de Julio Antonio Gómez* (1994).
27 Juan Carlos Ara Torralba, *Del modernismo castizo. Fama y alcance de Ricardo León* (1996).
28 Diego Aísa Moreu, *El razonamiento inductivo en la ciencia y en la prueba judicial* (1997).

29 Guillermo Carnero, *Estudios sobre teatro español del siglo* XVIII (1997).

30 Concepción Salinas Espinosa, *Poesía y prosa didáctica en el siglo* XV*: La obra del bachiller Alfonso de la Torre* (1997).

31 Manuel José Pedraza Gracia, *Lectores y lecturas en Zaragoza (1501-1521)* (1998).

32 Ignacio Izuzquiza, *Armonía y razón. La filosofía de Friedrich D. E. Schleiermacher* (1998).

33 Ignacio Iñarrea Las Heras, *Poesía y predicación en la literatura francesa medieval. El* dit *moral en los albores del siglo* XIV (1998).

34 José Luis Mendívil Giró, *Las palabras disgregadas. Sintaxis de las expresiones idiomáticas y los predicados complejos* (1999).

35 Antonio Armisén, *Jugar y leer. El Verbo hecho tango de Jaime Gil de Biedma* (1999).

36 Abū ṭ Tāhir, *el Zaragozano, Las sesiones del Zaragocí. Relatos picarescos* (maqāmāt) *del siglo* XII, estudio preliminar, traducción y notas de Ignacio Ferrando (1999).

37 Antonio Pérez Lasheras y José Luis Rodríguez (eds.), *Inventario de ausencias del tiempo despoblado. Actas de las Jornadas en Homenaje a José Antonio Rey del Corral, celebradas en Zaragoza del 11 al 14 de noviembre de 1996* (1999).

38 J. Fidel Corcuera Manso y Antonio Gaspar Galán, *La lengua francesa en España en el siglo* XVI*. Estudio y edición del* Vocabulario de los vocablos *de Jacques de Liaño (Alcalá de Henares, 1565)* (1999).

39 José Solana Dueso, *El camino del ágora. Filosofía política de Protágoras de Abdera* (2000).

40 Daniel Eisenberg y M.ª Carmen Marín Pina, *Bibliografía de los libros de caballerías castellanos* (2000).

41 Enrique Serrano Asenjo, *Vidas oblicuas. Aspectos históricos de la* nueva biografía *en España (1928-1936)* (2002).

42 Daniel Mesa Gancedo, *Extraños semejantes. El personaje artificial y el artefacto narrativo en la literatura hispanoamericana* (2002).

43 María Soledad Catalán Marín, *La escenografía de los dramas románticos españoles (1834-1850)* (2003).

44 Diego Navarro Bonilla, *Escritura, poder y archivo. La organización documental de la Diputación del reino de Aragón (siglos* XV*-*XVIII*)* (2004).

45 Ángel Longás Miguel, *El lenguaje de la diversidad* (2004).

46 Niall Binns, *¿Callejón sin salida? La crisis ecológica en la poesía hispanoamericana* (2004).

47 Leonardo Romero Tobar (ed.), *Historia literaria / Historia de la literatura* (2004).

48 Luisa Paz Rodríguez Suárez, *Sentido y ser en Heidegger. Una aproximación al problema del lenguaje* (2004).

49 Evanghélos Moutsopoulos, *Filosofía de la cultura griega* (2004).

50 Isabel Santaolalla, *Los «Otros». Etnicidad y «raza» en el cine español contemporáneo* (2005).

51 René Andioc, *Del siglo* XVIII *al* XIX*. Estudios histórico-literarios* (2005).

52 María Isabel Sepúlveda Sauras, *Tradición y modernidad: Arte en Zaragoza en la década de los años cincuenta* (2005).

53 Rosa Tabernero Sala, *Nuevas y viejas formas de contar. El discurso narrativo infantil en los umbrales del siglo* XXI (2005).

54 Manuel Sánchez Oms, *L'Écrevisse écrit: la obra plástica* (2006).
55 Agustín Faro Forteza, *Películas de libros* (2006).
56 Rosa Tabernero Sala, José D. Dueñas Lorente y José Luis Jiménez Cerezo (coords.), *Contar en Aragón. Palabra e imagen en el discurso literario infantil y juvenil* (2006).
57 Chantal Cornut-Gentille, *El cine británico de la era Thatcher. ¿Cine nacional o «nacionalista»?* (2006).
58 Fernando Alvira Banzo, *Martín Coronas, pintor* (2006).
59 Iván Almeida y Cristina Parodi (eds.), *El fragmento infinito. Estudios sobre «Tlön, Uqbar, Orbis Tertius» de J. L. Borges* (2007).
60 Pedro Benítez Martín, *La formación de un francotirador solitario. Lecturas filosóficas de Louis Althusser (1945-1965)* (2007).
61 Juan Manuel Cacho Blecua (coord.), *De la literatura caballeresca al* Quijote (2007).
62 José Julio Martín Romero, *Entre el Renacimiento y el Barroco: Pedro de la Sierra y su obra* (2007).
63 M.ª del Rosario Álvarez Rubio, *Las historias de la literatura española en la Francia del siglo* XIX (2007).
64 César Moreno, Rafael Lorenzo y Alicia M.ª de Mingo (eds.), *Filosofía y realidad virtual* (2007).
65 Luis Beltrán Almería y José Luis Rodríguez García (coords.), *Simbolismo y hermetismo. Aproximación a la modernidad estética* (2008).
66 Juan Antonio Tello, *La mirada de Quirón. Literatura, mito y pensamiento en la novela de Félix de Azúa* (2008).
67 Manuela Agudo Catalán, *El Romanticismo en Aragón (1838-1854). Literatura, prensa y sociedad* (2008).
68 Gonzalo Navajas, *La utopía en las narrativas contemporáneas (Novela/Cine/Arquitectura)* (2008).
69 Leonardo Romero Tobar (ed.), *Literatura y nación. La emergencia de las literaturas nacionales* (2008).
70 Mónica Vázquez Astorga, *La pintura española en los museos y colecciones de Génova y Liguria (Italia)* (2008).
71 Jesús Rubio Jiménez, *La fama póstuma de Gustavo Adolfo y Valeriano Bécquer* (2009).
72 Aurora González Roldán, *La poética del llanto en sor Juana Inés de la Cruz* (2009).
73 Luciano Curreri, *Mariposas de Madrid. Los narradores italianos y la guerra civil española* (2009).
74 Francisco Domínguez González, *Huysmans: identidad y género* (2009).
75 María José Osuna Cabezas, *Góngora vindicado: Soledad primera, ilustrada y defendida* (2009).
76 Miguel de Cervantes, *Tragedia de Numancia*, estudio y edición crítica de Alfredo Baras Escolá (2009).
77 Maryse Badiou, *Sombras y marionetas. Tradiciones, mitos y creencias: del pensamiento arcaico al Robot sapiens* (2009).
78 Belén Quintana Tello, *Las voces del espejo. Texto e imagen en la obra lírica de Luis Antonio de Villena* (2010).

79 Natalia Álvarez Méndez, *Palabras desencadenadas. Aproximación a la teoría literaria postcolonial y a la escritura hispano-negroafricana* (2010).
80 Ángel Longás Miguel, *El grado de doctor. Entre la ciencia y la virtud* (2010).
81 Fermín de los Reyes Gómez, *Las historias literarias españolas. Repertorio bibliográfico (1754-1936)* (2010).
82 M.ª Belén Bueno Petisme, *La Escuela de Arte de Zaragoza. La evolución de su programa docente y la situación de la enseñanza oficial del grabado y las artes gráficas* (2010).
83 Joaquín Fortanet Fernández, *Foucault y Rorty: Presente, resistencia y deserción* (2010).
84 M.ª Carmen Marín Pina (coord.), *Cervantes en el espejo del tiempo* (2010).
85 Guy H. Wood, La caza *de Carlos Saura: un estudio* (2010).
86 Manuela Faccon, *Fortuna de la* Confessio Amantis *en la Península Ibérica: el testimonio portugués* (2010).
87 Carmen Romeo Pemán, Paula Ortiz Álvarez y Gloria Álvarez Roche, *María Zambrano y sor Juana Inés de la Cruz. La pasión por el conocimiento* (2010).
88 Susana Sarfson Gleizer, *Educación musical en Aragón (1900-1950). Legislación, publicaciones y escuela* (2010).
89 Julián Olivares (ed.), *Eros divino. Estudios sobre la poesía religiosa iberoamericana del siglo XVII* (2011).
90 Manuel José Pedraza Gracia, *El conocimiento organizado de un hombre de Trento. La biblioteca de Pedro del Frago, obispo de Huesca, en 1584* (2011).
91 Magda Polo Pujadas, *Filosofía de la música del futuro. Encuentros y desencuentros entre Nietzsche, Wagner y Hanslick* (2011).
92 Begoña López Bueno (ed.), *El Poeta Soledad. Góngora 1609-1615* (2011).
93 Geneviève Champeau, Jean-François Carcelén, Georges Tyras y Fernando Valls (eds.), *Nuevos derroteros de la narrativa española actual. Veinte años de creación* (2011).
94 Gaspar Garrote Bernal, *Tres poemas a nueva luz. Sentidos emergentes en Cristóbal de Castillejo, Juan de la Cruz y Gerardo Diego* (2012).
95 Anne Cayuela (ed.), *Edición y literatura en España (siglos XVI y XVII)* (2012).
96 José Luis López de Lizaga, *Lenguaje y sistemas sociales. La teoría sociológica de Jürgen Habermas y Niklas Luhmann* (2012).
97 Ángeles Ezama, Marta Marina, Antonio Martín, Rosa Pellicer, Jesús Rubio y Enrique Serrano (coords.), *Aún aprendo. Estudios de Literatura Española* (2012).
98 Alejandro Martínez y Jacobo Henar (coords.), *La postmodernidad ante el espejo* (2012).
99 Esperanza Bermejo Larrea, *Regards sur le* locus horribilis. *Manifestations littéraires sur des espaces hostiles* (2012).
100 Nacho Duque García, *De la soledad a la utopía. Fredric Jameson, intérprete de la cultura postmoderna* (2012).
101 Antonio Astorgano Abajo (coord.), *Vicente Requeno (1743-1811), jesuita y restaurador del mundo grecolatino* (2012).
102 José Luis Calvo Carilla, Carmen Peña Ardid, M.ª Ángeles Naval, Juan Carlos Ara Torralba y Antonio Ansón (eds.), *El relato de la Transición / La Transición como relato* (2013).

103 Ignacio Domingo Baguer, *Para qué han servido los libros* (2013).
104 Leonardo Romero Tobar (ed.), *Temas literarios hispánicos (I)* (2013).
105 David Pérez Chico (coord.), *Perspectivas en la filosofía del lenguaje* (2013).
106 Jesús Ezquerra Gómez, *Un claro laberinto. Lectura de Spinoza* (2014).
107 David Pérez Chico y Alicia García Ruiz (eds.), *Perfeccionismo: Entre la ética política y la autonomía personal* (2014).
108 Alain Bègue y Antonio Pérez Lasheras (coords.), *«Hilaré tu memoria entre las gentes». Estudios de literatura áurea* (2014).
109 Ernest Sosa, *Con pleno conocimiento* (2014).
110 Rosa Martínez González, *Maurice Blanchot: la exigencia política* (2014).
111 Scheherezade Pinilla Cañadas, *Las ciudades intermitentes. El heroísmo de los muchos en Balzac y Galdós* (2014).
112 Leonardo Romero Tobar (ed.), *Temas literarios hispánicos (II)* (2014).
113 María Isabel Yagüe Ferrer, *Jacinto Benavente. Bibliografía general* (2014).
114 Jesús Martínez Baro, *La libertad de Morfeo. Patriotismo y política en los sueños literarios españoles (1808-1814)* (2014).
115 Javier Aguirre, *Dialéctica y filosofía primera. Lectura de la Metafísica de Aristóteles* (2015).
116 María Coduras Bruna, *«Por el nombre se conoce al hombre». Estudios de antroponimia caballeresca* (2015).
117 Antonio Gaspar Galán y J. Fidel Corcuera Manso, *La gramática francesa de Baltasar de Sotomayor (Alcalá de Henares, 1565)* (2015).
118 Alicia Silvestre Miralles, *La traducción bíblica en san Juan de la Cruz. Subida del Monte Carmelo* (2015).
119 Vanessa Puyadas Rupérez, *Cleopatra VII. La creación de una imagen. Representación pública y legitimación política en la Antigüedad* (2016).
120 Antonio Capizzi, *Introducción a Parménides* (2016).
121 Esther Bendahan Cohen, *Sefarad es también Europa. El otro en la obra de Albert Cohen* (2016).
122 María Leticia del Toro García, *Experimentación, intertextualidad e historia en la obra de Susan Howe* (2017).
123 Luis María Marina, *De la epopeya a la melancolía. Estudios de poesía portuguesa del siglo XX* (2017).
124 Miguel Espigado, *Reír por no llorar. Identidad y sátira en el fin del milenio* (2017).
125 Manuel Hernández Pérez, *Manga, anime y videojuegos. Narrativa cross-media japonesa* (2017).
126 Arturo Borra, *Poesía como exilio. En los límites de la comunicación* (2017).
127 José Luis Calvo Carilla (ed.), *Expresionistas en España (1914-1939)* (2017).
128 Jean-Marie Lavaud y Éliane Lavaud-Fage, *Rapsodia valleinclaniana. Escritura narrativa y escritura teatral* (2017).
129 Juan Vicente Mayoral, *Thomas S. Kuhn. La búsqueda de la estructura* (2017).
130 Maria Fogler, *Lo otro persistente: lo femenino en la obra de María Zambrano* (2017).

131 Stanley Cavell, *¿Debemos querer decir lo que decimos? Un libro de ensayos* (2017).
132 Elena Cueto Asín, *Guernica en la escena, la página y la pantalla: evento, memoria y patrimonio* (2017).
133 Frédéric Lordon, *Los afectos de la política* (2017).
134 Ernest Sosa, *Una epistemología de virtudes. Creencia apta y conocimiento reflexivo (vol. I)* (2018).
135 Ernest Sosa, *Conocimiento reflexivo. Creencia apta y conocimiento reflexivo (vol. II)* (2018).
136 Antonio Capizzi, *Heráclito y su leyenda. Propuesta de una lectura diferente de los fragmentos* (2018).
137 David García Cames, *La jugada de todos los tiempos. Fútbol, mito y literatura* (2018).
138 Gérard Brey, *Lucha de clases en las tablas. El teatro de la huelga en España entre 1870 y 1923* (2018).
139 Luis Arenas, Ramón del Castillo y Ángel M. Faerna (eds.), *John Dewey: una estética de este mundo* (2018).
140 Manuel Pérez Otero, *Vericuetos de la filosofía de Wittgenstein en torno al lenguaje y el seguimiento de reglas* (2018).
141 Juan Manuel Aragüés Estragués, *El dispositivo Karl Marx. Potencia política y lógica materialista* (2018).
142 Jesús Rubio Jiménez y Enrique Serrano Asenjo (eds.), *El retrato literario en el mundo hispánico (siglos XIX-XXI)* (2018).
143 David Pérez Chico (coord.), *Cuestiones de la filosofía del lenguaje* (2018).
144 Jesús Rubio Jiménez, *La herencia de Antonio Machado (1939-1970)* (2019).
145 Adrián Alonso Enguita, *El tiempo digital. Comprendiendo los órdenes temporales* (2019).
146 Antonio Capizzi, *Platón en su tiempo. La infancia de la filosofía y sus pedagogos* (2019).
147 David Pérez Chico (coord.), *Wittgenstein y el escepticismo. Certeza, paradoja y locura* (2019).
148 Aurora Egido, *El diálogo de las lenguas y Miguel de Cervantes* (2019).
149 Pedro Ruiz Pérez (ed.), *Autor en construcción. Sujeto e institución literaria en la modernidad hispánica (siglos XVI-XIX)* (2019).
150 Carlos Clavería Laguarda, *Libros, bibliotecas y patrimonios. Una historia ejemplar* (2019).
151 Juan Manuel Aragüés Estragués, *De la vanguardia al cyborg. Una mirada a la filosofía actual* (2020).
152 José Antonio Vila Sánchez. *Javier Marías. El estilo sin sosiego* (2020).
153 Guillermo Tomás Faci, *El aragonés medieval. Lengua y Estado en el reino de Aragón* (2020).
154 Horacio Muñoz-Fernández (coord.), *Filosofía y cine. Filosofía sobre cine y cine como filosofía* (2020).
155 Adrián Baquero Gotor, *La traición a Diógenes. Lecturas contemporáneas de la filosofía cínica* (2020).
156 J. L. Rodríguez García, *Postutopía* (2020).

157 Jordi Canal, *Vida y violencia. Élmer Mendoza y los espacios de la novela negra en México* (2020).
158 Fernando Durán López y Eva María Flores Ruiz (eds.), *Renglones de otro mundo. Nigromancia, espiritismo y manejos de ultratumba en las letras españolas (siglos XVIII-XX)* (2020).
159 Santiago Díaz Lage, *Escritores y lectores de un día todos. Literaturas periódicas en la España del siglo XIX* (2021).
160 Javier Feijoo Morote, *La estética de Ramiro Pinilla. Idilio, imaginación y compromiso* (2021).
161 Juan Postigo Vidal, *Lugares de sabios. Bibliotecas privadas y ambientes de lectura en el Barroco. Zaragoza (1600-1676)* (2021).
162 Ronaldo González Valdés, *George Steiner: Entrar en sentido. Cincuenta glosas y un epílogo* (2021).
163 Manuel Sacristán Luzón, *Sobre Jean-Paul Sartre,* edición de Salvador López Arnal y José Sarrión Andaluz (2021).
164 Xaverio Ballester, *Orígenes de la lengua valenciana. La hipótesis repoblacionista* (2021).
165 Jesús Ezquerra Gómez, *Pólis y caos. Reflexiones sobre el principio de la política* (2021).
166 Stanley Cavell, *Esta nueva y aún inaccesible América. Conferencias tras Emerson después de Wittgenstein* (2021).
167 José Ángel Bergua Amores, *Nada. Eones, conciencias e ignorancias* (2021).
168 Nuria Aranda García, *Los Siete sabios de Roma en España. Una historia editorial a través del tiempo (siglos XV-XX)* (2021).
169 Manuel José Pedraza Gracia, *Una imprenta hispana del siglo XVII. El Libro de cuentas de Pedro Blusón y Juan Francisco Larumbe (Huesca, 1625-1671)* (2021).
170 Jesús Rubio Jiménez y Enrique Serrano Asenjo (coords.), *El retrato literario en el mundo hispánico, II (siglos XIX-XXI)* (2021).
171 Fulvio Conti, *Dante y la identidad nacional italiana* (2021).
172 Alfredo Saldaña Sagredo, *Romper el límite. La poesía de Roberto Juarroz* (2022).
173 John Dewey, *Lógica. La teoría de la investigación (1938),* edición de Ángel Manuel Faerna (2022).
174 David Pérez Chico (coord.), *Cuestiones de la filosofía del lenguaje: pragmática* (2022).
175 Héctor Caño Díaz, *Cómics en pantalla. Adaptaciones al cine y televisión (1895-1989)* (2022).
176 Ramón Pérez de Ayala, *Auto de fe con Galdós. Ensayos galdosianos, con el epistolario entre los autores* (2022).
177 José Antonio Mérida Donoso, *Borau, un escritor de cine y un cineasta escritor. Hacia el guion de su literatura* (2022).
178 Gabriel Insausti y Luis Galván (coords.), *Palabra y acción. El profetismo en la literatura moderna y contemporánea* (2022).
179 Manuel Ruiz Zamora, *Sueños de la razón. Ideología y literatura* (2022).
180 Raffaele Milani, *Albas de un nuevo sentir. La condición neocontemplativa* (2022).

181 Carmen Peña Ardid y Juan Carlos Ara Torralba (eds.), *La Transición española. Memorias públicas / memorias privadas (1975-2021). Historia, literatura, cine, teatro y televisión* (2022).
182 Ernest Sosa, *Juicio y agencia* (2022).
183 Luis Fernández Cifuentes, *1955. Inventario y examen de disidencias* (2023).
184 J. L. Rodríguez García, *La mirada de Saturno. Pensar la revolución (1789-1850)* (2023).
185 Sara Martín Alegre, *De Hitler a Voldemort. Retrato del villano* (2023).
186 Carlos Marzán y Marcos Hernández, *Constelaciones en torno a la Teoría crítica* (2023).
187 Leonardo Romero Tobar, *Leyendo a Galdós* (2023).
188 David Pérez Chico (coord.), *Cuestiones de la filosofía del lenguaje ordinario* (2023).
189 Sergio Pons Garcés, *La función utópica. Introducción al materialismo blochiano* (2023).
190 Évelyne Ricci y Melissa Lecointre (coords.), *La cultura de los vencedores. Nuevas redes culturales en la España de la inmediata posguerra (1939-1945)* (2023).